Regina Schulz

Er ist doch nur ein kleiner Junge

Wie unser Schulsystem einen
autistischen Jungen seelisch zerstört

Mauer Verlag
Wilfried Kriese
72108 Rottenburg a/N
Buchgestaltung: Wilfried Kriese
Abbildungen: Privat
Titelbild: Privat
2008
ISBN 978-3-86812-148-3

www.mauerverlag.de

Ich danke Frau Noll vom Jugendamt für ihre großartige Unterstützung. Weiter danke ich dem Pfarrer unserer Gemeinde, der immer ein offenes Ohr für mich hatte.
Meinem Rechtsanwalt Dr. Volker Klippert, danke ich für seine Hilfe.
Außerdem möchte ich allen danken, die mich bei diesem schwierigen Weg unterstützt haben,
vor allem meiner lieben Familie.

Die Autorin:
Regina Schulz

Wenn du denkst es geht nicht mehr,
kommt von irgendwo ein Lichtlein her!

Das war für mich immer ein Leitfaden in meinem Leben. Meine verstorbene Tante hatte mir diesen Spruch, irgendwann als ich noch ein kleines Mädchen war, in mein Poesie-Album geschrieben. Als ich größer wurde, habe ich diesen Spruch ein wenig abgeändert:

Wenn du denkst es geht nicht mehr,
unternimm etwas,
dann kommt von irgendwo ein Lichtlein her!

Inhalt

Einleitung

Ich wurde im Jahr 1959 in einem kleinen Dorf in Hessen geboren und wurde auf den Namen Regina getauft. Ich war das dritte Kind einer ganz normalen mittelständigen Familie.
Als ich neun Jahre alt war veränderte sich unser aller Leben. Mein Bruder starb 1968 mit 21 Jahren. Er hatte die Bluterkrankheit, (kein Gerinnungsstoff im Blut). Meine 2 Jahre ältere Schwester und ich haben am Sarg abschied von unserem Bruder genommen. Wir waren auch auf seiner Beerdigung. Diese Beerdigung war das aller Schlimmste in meinem Leben. Wie die Sargträger meinen Bruder in die Erde versenkten; verlor ich den Boden unter meinen Füßen.
Mit 16 hatte ich meinen Schulabschluss gemacht. Danach habe ich eine Lehre begonnen. Mit dieser Veränderung in meinem Leben bin ich nicht klar gekommen. Ich wurde alkoholkrank. Ich habe meine Lehre trotzdem mit 19 erfolgreich beendet.
In diesem Beruf habe ich noch gearbeitet, bis ich 21 Jahre alt war.
Mit 20 habe ich geheiratet, das war 1980.

Mein Mann Ralf wurde 1957 in einer Stadt in der ehemaligen DDR geboren. Er hatte keine leichte Kindheit, seine Mutter war von seinem Vater geschieden worden, als Ralf noch ein kleiner Junge war. Sein Leben mit einem Stiefvater war von Strenge und Schlägen geprägt.
Ralf hat später zu mir gesagt: „Ich bin immer nur verprügelt worden, ich weiß wie man sich als Kind fühlt, mit Unverständnis, Strenge und Prügel groß zu werden. Ich werde meine Kinder niemals schlagen!“. Er hat sich bis heute daran gehalten.
Mit 13 ist Ralf zu Hause ausgezogen. Er hat sich ein kleines Zimmer bei einer alten Frau genommen.
Mit 16 ist er in ein Internat gegangen. Er ist in den Sommerferien, wenn alle anderen Kinder nach Hause fuhren, im Internat geblieben.
Mit 18 wollte Ralf aus der damaligen DDR fliehen, er konnte das Regime und das Leben dort nicht mehr ertragen. Nachdem er seine Meinung über den Staat ein paar Mal öffentlich kundgegeben hatte, wurde der Boden unter seinen Füßen sehr heiß. Ralf versuchte einen Ausbruch über die

Sperranlagen und wurde geschnappt. Er kam ein Jahr ins Gefängnis wegen Republikflucht und Staatsfeindlichkeit.

Nach einem Jahr wurde er unter Aufsicht der STASI entlassen. Die haben ihm sein junges Leben erst recht zur Hölle gemacht. Mitten in der Nacht stand die STASI in seinem Zimmer, stellten ihn an die Wand und durchsuchten sein Zimmer.

Er durfte sich nur innerhalb eines bestimmten Stadtteils bewegen.

Es kam wie es kommen musste. Ralf beging einen erneuten Fluchtversuch. Er wurde wieder eingebuchtet. Wegen Arbeitsverweigerung musste mein armer Mann ½ Jahr in Einzelhaft. Die Haftbedingungen waren sehr grausam und Ralf hat sehr unter diesen Bedingungen gelitten.

1978 wurde Ralf aufgrund von Familienzusammenführung (sein leiblicher Vater lebte in unserem Dorf, in der Nachbarschaft) von der BRD freigekauft.

Im Februar 1979 lernten wir uns kennen und verliebten uns ineinander. Drei Wochen später verlobten wir uns. Ein Jahr später heirateten wir und kurz darauf wurde unsere Tochter Daniela geboren. Ein Vierteljahr später erblickte unsere Nichte Verena das Licht der Welt. Zwei Jahre später wurde unsere Tochter Ines geboren.

Ende des Jahres 1985 gingen Ralf und ich in Therapie und zwar für ein ½ Jahr. Wir beendeten unsere Alkoholtherapie im Sommer 1986 mit Erfolg. Wir beide haben seit fast 23 Jahren keinen Tropfen Alkohol mehr angerührt.

Im Herbst 1986 starb mein Vater. Sein Tod war ein Schock für uns alle. Mein Papa war erst 60 Jahre alt und sein Tod kam völlig überraschend.

Im Dezember 1986 wurde meine Nichte Anne in Norddeutschland geboren. Meine Schwester lebte dort schon sehr lange.

Zur selben Zeit bekam ich, durch all die Aufregung, eine schwere Angststörung. Zwei Jahre habe ich gedacht, die Krankheit geht von alleine weg. Dies war ein Irrtum. 1989 fing ich mit meiner ersten Psychotherapie an. Seit damals habe ich sehr viel Erfahrung mit Therapien gemacht. Ich nehme schon lange Psychopharmaka und habe mein Leben wieder im Griff.

(Bei psychischen Erkrankungen geht es immer auf und ab, wenn man etwas für sich selbst tut und nicht aufhört Hoffnung zu haben, kann man damit Leben.)

1996 wurde meine Schwester schwer krank. Die Ärzte diagnostizierten Brustkrebs. Im Januar 1996 wurde ihr die linke Brust amputiert. Daraufhin hat Ronald, der Mann meiner Schwester, sie verlassen. Er hat es nicht mehr fertig gebracht sie zu berühren, oder anzusehen. Um seine Kinder hat er sich auch nicht mehr gekümmert. Im Dezember 1996 fing meine Schwester an zu sterben. Sie konnte nicht mehr laufen und musste nur noch im Bett liegen. Der Krebs fing an ihre Knochen aufzufressen. Im Januar 1997 haben Ralf und ich meine Schwester Bärbel und die Kinder nach Hause geholt. Mutti und ich haben Bärbel gepflegt bis sie auf ganz furchtbare Weise am 21.04.1997 gestorben ist. Ines hatte einen Tag davor Konfirmation.

Wenn du denkst es geht nicht mehr,
kommt von irgendwo ein Lichtlein her!

Alle Namen in dieser Geschichte sind frei erfunden.
Die Handlungen leider nicht, auch wenn es kaum zu glauben ist, wie mit unseren Kindern in Schulen, Schulbehörden oder sogar bei Kinder- und Jugendpsychologen umgegangen wird. Über die Behandlung der Eltern von auffälligen Kindern lässt sich
ebenfalls nichts Gutes sagen.

Erklärungen:
KJP – Kinder- und Jugend-Psychiatrie, gibt es in jeder größeren Stadt
BFZ – Bildungs und Förder-Zentrum, ist in den Schulen für Lernhilfe zu finden
SPZ – Sozialpädiatrisches Zentrum, gibt es in jeder größeren Stadt
Staatliches Schulamt für die Stadt und den Landkreis, ist die übergeordnete Stelle der Regelschulen Kultusministerium, nimmt den höchsten Rang in der Schulhyrachie ein. Es gibt für jedes Bundesland ein Kultusministerium. Jedes Bundesland hat eigene Schulgesetze

Baby und Kleinkind

Wie sich die Wogen um unser Leben allmählich geglättet haben, beschlossen wir, mein Mann Ralf und ich, doch noch mal ein Kind zu bekommen. Wir waren so um die 30 Jahre und unsere Töchter Daniela und Ines waren über 10 Jahre.
Ich wollte immer eine große Familie haben und ich hatte Ralf nun endlich davon
überzeugt. Leider hat es zu diesem Zeitpunkt nicht geklappt und ich sagte mir, "mach dir keinen Stress dass wird schon."
Im Jahre 1996 erkrankte meine Schwester mit 39 Jahren an Brustkrebs. Meine Mutter, Ralf und ich pflegten sie, bis sie am 21.04.1997 auf furchtbare Weise sterben musste. Unsere Familie vergrößerte sich nun auf zwei Mädchen mehr, denn die beiden Töchter meiner Schwester zogen bei uns ein.
An ein Kind habe ich nun nicht mehr gedacht und plötzlich kündigte sich dann doch noch ein Baby an. Wir freuten uns alle unwahrscheinlich über dieses tolle Ereignis. Als Leon am 15.03.1999 geboren wurde, waren wir alle unwahrscheinlich glücklich.

Ein kleiner Junge bei den vielen Mädchen war ganz toll.
Zu diesem Zeitpunkt lebten mein Mann Ralf, 41 Jahre, meine Mutter, unsere Oma, 78 Jahre, Daniela meine Tochter 18 Jahre, Verena Tochter meiner Schwester 18 Jahre, Ines meine Tochter 16 Jahre und Anne Tochter meiner Schwester 12 Jahre in unserem Haushalt. Wir hatten zu diesem Zeitpunkt noch sehr viele Tiere. Zwei Hunde, drei Katzen, Hühner, Hasen und Meerschweinchen. Ich war zu diesem Zeitpunkt 39 Jahre alt.
Leon's Geburt war für uns beide sehr anstrengend, erst wollte er zu früh kommen und als es endlich soweit war, hat er es sich anders überlegt und wollte nicht mehr den warmen Mutterleib verlassen.
Daraufhin wurde ich während die Wehen immer stärker wurden narkotisiert. Die Ärzte haben meinen Sohn mit unter Verwendung einer Zange (Zangengeburt) geholfen das Licht der Welt zu erblicken.
Leon wog 3160g, war 51 cm klein und hatte einen Kopfumfang von 34 cm. Überall an seinem Kopf waren Hämatome von der Zangengeburt. Seine wenigen Haare auf seinem Kopf waren hellblond und er wirkte sehr verrunzelt. Es war Liebe auf den ersten Blick.
Leider hatte ich den schönsten Augenblick einer Mutter verpasst, wenn das Baby zur Welt kommt und man es auf den Bauch gelegt bekommt, kann man das Wunder spüren. Ich war bei Leon's erstem Schrei noch in Narkose und bedauerte es sehr, dieses Wunder nicht direkt miterlebt zu haben.
Dies sollte der schönste Tag meines Lebens sein. Zu diesem Zeitpunkt konnte ich aber noch nicht ahnen, wie schwer uns das Leben mit Leon gemacht werden würde.
Meine Mutter hatte in den letzten Jahren sehr abgebaut, sie wurde immer dünner, war sehr oft krank und wollte nicht mehr leben.
Als Leon in unser Leben trat, fing meine Mutter wieder an zu leben!
Sie hat Leon oft in ihren Armen gehalten und der kleine Junge gab seiner Oma wieder neuen Lebensmut:
Leon tat uns allen gut. Nach dem vielen Sterben in unserer Familie und der großen Trauer war Leon für uns der Beweis: „das Leben geht weiter!"
Als Baby hatte er eine ganz normale Entwicklung, er war ein sehr fröhliches Kind welches schon sehr früh an allem interessiert war, was um

ihn herum passierte. Er schlief nur in seinem Bett, was aus Platzmangel in unserem Schlafzimmer stand, weder im Kinderwagen noch woanders wollte er schlafen. Was bei uns kein Problem darstellte, da es an Kindermädchen in unserem Haushalt nur so wimmelte.
Ich musste oft aufpassen, dass er nicht zu sehr verwöhnt wurde, was mir nicht immer gelang.
Als Baby schrie Leon nicht viel, er schrie nur, wenn er Hunger oder Schmerzen hatte.
Ansonsten schimpfte er oft in Babysprache vor sich hin.
Mein Sohn schlief von Anfang an in seinem Kinderbettchen. Er brauchte ¼ Jahr bis er nachts keinen Hunger mehr hatte und bis sich die 4 Stunden-Regelung bei ihm einspielte.
Er wurde trotzdem jede Nacht 1 bis 2 Mal wach und hatte Durst, ich habe ihm immer nur abgekochtes Wasser nachts gegeben. Ich hatte gelesen, dass süße Getränke die Kinder veranlassen ihre Trinkgewohnheiten nie zu ändern. Und so hoffte ich viele Jahre, Leons´ Durst würde irgendwann nachts aufhören und ich könnte einmal durchschlafen.
Mit ½ Jahr musste ich meinen Sohn mit dem Kinderschlafsack im Bettchen festbinden. Ich weiß, dass diese Maßnahme heute nicht mehr praktiziert wird, ich wusste mir aber keinen anderen Rat, da mein Sohn sehr unruhig war und ohne diese Maßnahme nicht einschlafen konnte. Zu dieser Zeit fing Leon schon an vor dem Schlafen gehen seinen Kopf in schnellen Bewegungen zu schütteln.
Ich machte mir auch keine Gedanken, als mein Sohn seine ersten Worte recht spät, mit einem Jahr, sprach. Ich dachte mir jedes Kind ist anders, das eine früher, das andere später.
Umso erstaunlicher war es, das eines seiner ersten Worte „Markise" war und er die Aussprache perfekt beherrschte. Sein zweites Wort war Licht, dies war zwar nicht so schwer in der der Aussprache aber doch sehr ungewöhnlich, da doch die meisten Kinder als erstes Mama oder Papa sagen. Diese beiden Wörter waren für ihn ungeheuer bedeutend und so musste in seinem Schlafzimmer auch immer das Licht brennen.
Von der Markise auf unserem Balkon war er ebenso angetan. Am Anfang zeigte er Angst. Jedes mal, wenn einer aus unserer Familie sie öffnete oder schloss, fing er ganz jämmerlich zu weinen an. Später wich die Angst dem Interesse. Von da an öffnete und schloss er sie pausenlos.

Leon bekam sehr spät seine Zähne, er war bereits über 1 Jahr alt und die Zähne kamen fast alle auf einmal. Mein armes Kind hatte Wochenlang Bauchschmerzen und Ralf und ich mussten uns nachts abwechseln um ihn hin und her zu tragen, seinen Bauch zu reiben und seinen Kiefer einzuschmieren.
Seit diesem Zeitpunkt fing Leon an seine Essgewohnheiten zu ändern. Sein ständiges Hungergefühl wich einer anhaltenden Appetitlosigkeit, die er bis heute noch beibehalten hat.
Essen ist Pflicht! So haben es meine Töchter schon gesehen und bei Leon ist es auch nicht anders. Meine Kinder sind alle sehr dünn.
Bei jeder Kinderarztuntersuchung wurde bei meinem Sohn festgestellt, er sei zu groß und sein Gewicht sei viel zu wenig.
Leon's Lieblingslektüre war der Stern, den musste er ständig in seinem Bett haben. Habe ich es gewagt, ihm zum Einschlafen eine andere Zeitschrift zu gegeben, schließlich ist der Stern nicht gerade das perfekte Kinderbuch, hat er lauthals geschrieen. Es musste halt der Stern sein, den er erst gelesen und dann zerrissen hat.
Leon saß sehr oft bei seiner Oma in der Küche in seinem Laufstall und spielte sehr lange Zeit mit seinen Spielsachen. Als ganz kleiner Junge war Leon sehr lieb, er war mit allem zufrieden und weinte so gut wie nie.
Er betrachtete seine Umwelt mit einer ungeheuren Neugier. Ich hatte das Gefühl, mein Sohn saugte die Bilder seiner Umgebung mit seinen Augen auf.
Besonders interessant, wie könnte es anders sein, war Oma's Küchenlampe, die direkt über Leon's Laufstall hing. Irgendwann begann mein Sohn diese Lampe mit
seinen Spielsachen abzuschießen. Wir dachten „der trifft eh nicht" und lachten darüber.
Leon hatte es aber doch geschafft. Er traf die Lampe mit einem seiner Bauklötze. Ein riesiger Jubelschrei ertönte aus Leon's Mund und mein Sohn war voller Scherben. Meine Mutter sagte „Oh Gott, oh Gott" fasste sich an die Stirn und legte den Kopf in den Nacken. Ich holte Leon aus dem Laufstall und entfernte sämtliche Glasscherben.
Es war niemandem etwas passiert. Mein Sohn hatte nicht eine einzige Schramme abbekommen. „Was hast du denn da wieder angestellt?" Eine dumme Frage von mir, ich konnte ja sehen, was passiert war. Leon sagte

auf einmal: „Oh Gott, oh Gott“, fasste sich an die Stirn und legte den Kopf in den Nacken. „Licht putt.“ Wir haben uns darüber kaputtgelacht, selbst die geschockte Oma musste lachen.
Wir haben noch lange darüber gelacht und Leon merkte, wie toll er mit diesem Spruch „oh Gott, oh Gott, Licht putt“ ankam, dabei legte er die Hand an die Stirn und den Kopf in den Nacken.
Leon's Lieblingstiere waren die Hühner, die konnte er stundenlang mit Gras füttern und sie beobachten. Außerdem brauchte mein Sohn ungeheuer viel Bewegung, er war im Haus kaum zu halten, wir mussten bei Wind und Wetter mit ihm raus.
Die Spaziergänge in unserem Dorf hat unsere Oma übernommen, sie hat dann mit Leon Verwandte und Bekannte besucht und ist mit ihm ins Feld gegangen.
Er blieb bis er ca. 3 Jahre war an Oma's Hand und es war da noch alles so ziemlich in Ordnung.
Mit ca. 3 Jahren wollte Leon nicht mehr an Oma's Hand, er riss sich los und rannte davon, Oma kam nicht mehr hinterher. Sie rief nach Leon, doch der reagierte nicht. So hat Oma es aufgegeben mit Leon weiterhin Spazieren zu gehen.
Meine Mutter sagte mir:“ Ich bin einfach zu alt dafür. Leon ist schneller als ich, jetzt muss jemand anderes mit ihm Spazieren gehen.“ Dieser Jemand war natürlich ich. Da ich oft sehr viel zu tun hatte, ließ ich Leon im Garten herumlaufen, dort konnte er nicht weglaufen, dachte ich.
Leon fand heraus, dass man auch über den Zaun klettern konnte, so besuchte er oft unsere ringsherum wohnenden Nachbarn. Diese waren vom meinem Sohn sehr angetan und hatten ihn gern bei sich.
Das er aus seinen Fehlern nicht lernte, wie andere Kinder, ist uns erst viel Später richtig bewusst geworden. Leon hatte nämlich eine ganz schlechte Angewohnheit, er machte immer den Elektroherd an und fasste auf die heiße Herdplatte. Obwohl er sich die Finger regelmäßig verbrannte, fasste er trotzdem immer wieder darauf.
Solche Sachen machte er auch mit eingeschalteten Glühbirnen, mit Kerzen und
anderen Dingen die ihn schmerzten. Er tat dies immer und immer wieder und
wunderte sich jedes Mal aufs Neue über die Schmerzen an seiner Hand.

Obwohl ich sagen muss, dass Leon kein sehr großes Schmerzempfinden hatte.

Als er dann so richtig fitt auf den Beinen war, kletterte Leon auf alles worauf man nur klettern kann. Wir haben unsere Fensterriegel mit Schlössern versehen und versucht ihn irgendwie vor seinem eigenen gefährlichen Verhalten zu beschützen, was manchmal sehr schwer war und obendrein auch noch sehr anstrengend war.

Im Alter von zwei Jahren und ein paar Monaten war mein Sohn auf einmal verschwunden. Er hatte sich still und leise auf Erkundungstour in den Ort gemacht.

Natürlich haben wir nach unserem Bemerken gleich Suchtrupps gebildet und die Straßen nach Leon abgekämmt. Als meine Tochter Daniela ihren Bruder bei einer Frau auf dem Arm in der Nähe unseres Hauses gefunden hatte, hatte er seine Hose verloren und das mitten im Winter. Als sie nach der Hose fragte, was mit ihr passiert wäre, bekam sie als Antwort:" Ich musste mal Pipi und da war sie nass und ich hab sie weggeschmissen." Die Hose ist bis heute nicht aufgetaucht.

Beim zweiten Mal war es noch dramatischer, wir hatten nun immer die Haustür verschlossen um einen erneuten Ausbruch von Leon zu vermeiden, trotzdem ist er ausgebüchst.

Irgendjemand hatte vergessen die Haustür abzuschließen und in diesem Moment war er weg. Wir haben überall in unserem Dorf gesucht, aber von Leon keine Spur. Wir waren so verzweifelt, dass wir die Polizei rufen wollten und ich habe mir die schrecklichsten Dinge ausgemalt, was alles passiert sein könnte. Als wir dann nach Hause kamen, stand Leon bei uns im Flur und fragte ganz unbeteiligt, wo wir denn gewesen seien. Wir waren so erleichtert und fingen alle an zu weinen. Leon fand das sehr komisch, er interessierte sich aber nicht weiter dafür.

Beim dritten Mal haben wir irgendwie gar nicht mitbekommen, dass Leon schon wieder weg war. Ich war die Hühner füttern und jeder dachte Leon wäre mit mir gegangen. Es war eiskalter Winter. Als ich nach der Fütterung wieder ins Haus kam, klingelte an der Haustür eine nette Dame und brachte uns unseren Ausreißer nach Hause. Leon hatte nur eine Strumpfhose und einen dünnen Pullover an und weinte herzzerreißend. Er hatte plötzlich doch Angst bekommen und versprochen, niemals wieder wegzulaufen.

Die Dame, die Leon nach Hause brachte, hatte Leon nach seiner Adresse gefragt, und tatsächlich wusste der kleine Knirps den Straßennamen und sogar unsere Hausnummer, er wusste seinen vollständigen Namen, sein alter und auch unsere Telefonnummer mit Vorwahl. Er sprach zwar noch sehr undeutlich und nicht in ganzen Sätzen, aber die nette Frau wusste daher, wo sie Leon abliefern konnte.
Danach ist er nur noch einmal Ausgerissen, aber viel später, als Verena ein zweites Mal ausgezogen ist. Wir haben ihn ganz schnell bei einer gemeinschaftlichen Suchaktion wieder gefunden. Unser Kind hatte den Besen mitgenommen und den REWE
Parkplatz gekehrt. Diesmal war das Weglaufen nicht ganz so dramatisch, denn Leon war schon älter, und kannte sich viel besser im Dorf aus.
Das war jedes Mal eine entsetzliche Aufregung, ich war immer kurz vor einem
Nervenzusammenbruch und den anderen ging es wahrscheinlich genau-so.

Als wir im Jahr 2002 angebaut haben, um jeden unserer Kinder ein eigenes Zimmer zu geben, ist Leon in einem unbewachten Augenblick auf das Gerüst, welches um den Anbau war, geklettert und zwar bis oben hin.
Wie ich ihn versucht habe auf den Straßenverkehr vorzubereiten, wollte er immer vor die fahrenden Autos laufen. Irgendwann fing ich dann an zu verzweifeln, weil Leon immer das Gegenteil von dem machte was ich ihm sagte.
Leon hat zu dieser Zeit schon alle Farben benennen können, er hat sich das
französische Alphabet selbst beigebracht; indem er eine französische Quizsendung in der es um Buchstaben ging, sich regelmäßig angeschaut hat und sich diese
Buchstaben im französischen einprägt hatte. Es hat eine Weile gedauert, bis ich bemerkt habe, dass er alle Buchstaben beherrschte.
In dieser Zeit ging Leon ein Jahr lang in die Krabbelgruppe bei uns im Ort. Diese
besuchte er zwei Vormittage in der Woche, er kam gut mit den Kindern, die im gleichen Alter waren, zurecht. Er war nicht aggressiv und hat

sich dort gut angepasst. Leon ist dort sehr gerne hingegangen. Dieser Tatbestand beruhigte mich sehr und ich dachte, mein Kind ist doch ganz „normal.“

Leon liebte Menschen, je mehr desto besser. Es kamen und gingen in jener Zeit eine Menge Jugendlicher bei uns ein und aus. Leon war meist der Mittelpunkt aller, die sich bei uns aufhielten. Das gefiel meinem Sohn, er flirtete mit jedem und dachte sich sehr viele Dinge aus, um die Aufmerksamkeit aller auf sich zu lenken.

In dieser Zeit fing Leon an, seine Vorliebe für das Kochen zu entwickeln, was bis heute noch andauert.

Mein Sohn kletterte auf einen Stuhl, von dort auf die Arbeitsplatte der Küche und fing dann an, die Küchenschränke nach Kochutensilien zu durchsuchen. Er fand etliche Gewürze, Mehl Zucker usw. mischte alles auf der Arbeitsplatte und fügte dem

ganzen Aufwaschmittel hinzu. Dann schmiss er alles auf den Küchenboden und

versuchte unsere Hunde dazu zu bringen das ganze zu verspeisen. Denen

schmeckte diese Pampe natürlich nicht, sie gingen angewidert davon.

Solche Aktionen brachte mein Kind in ganz kurzer Zeit über die Bühne. Er brauchte nur wenige unbewachte Minuten dazu, um sein Werk durchzuführen.

Heute betreibt er seine Kocherei viel professioneller, er schlägt noch Eier dazu und andere Sachen aus dem Schrank, an die er jetzt viel besser herankommt. Natürlich rührt er heute alles in eine Schüssel. Da er mit 9 Jahren, über viel längere Zeit allein in der Küche bleiben darf, hat Leon sein Hobby sehr verfeinert. Er lässt jetzt auch das Spülmittel weg, so dass seine Experimente wenigstens die Hühner fressen dürfen

Erste bewusste Wahrnehmung, „Leon ist anders“

Leider wurde mir, als Leon so ca. 3 Jahre war, immer mehr bewusst, dass er sich nicht so wie andere Kinder verhält. Sein Gefahrenverhalten änderte sich nicht, er machte noch immer das Gegenteil von dem was ich ihm sagte. Wenn ich ihm sagte, klettere nicht auf einen Baum, saß er in einem unbewachten Augenblick garantiert oben. Er kam grundsätzlich nicht mehr herunter, das Hochklettern war für meinen Sohn sehr einfach, aber das Runterklettern gelang ihm beim besten Willen nicht mehr. Ich ließ ihn sogar eine Zeit lang auf dem Baum schmoren, aber alles half nichts. Er kletterte immer wieder auf Bäume.

Mein Junge öffnete bei seiner Oma das Küchenfenster und stellte sich auf die

Fensterbank, (unsere Oma wohnt im ersten Stock unseres Hauses, trotzdem geht es ganz schön weit hinunter bis zur Straße). Leon fand das toll. Ich erlitt jedes Mal einen echten Schock.

Ich hatte wirklich alles versucht, die Gefahren für unser Kind zu beseitigen, dass war aber irgendwie nicht zu schaffen, da Leon immer wenn wir eine Gefahrenstelle

gesichert hatten, eine neue Herausforderung fand.

So kletterte er z.B. auf das Dach unseres Schuppens, oder stieg in die oberste Etage, in der er sich eigentlich nie aufhielt, aus dem Fenster und kletterte von dort auf unser Hausdach.

Mein Kind hatte „Gott sei Dank“ einen Schutzengel. Ich habe ihn oft in Gedanken irgendwo herunter fallen sehen. Dieser Gedanke brachte mich zur Verzweiflung.

Manchmal fühlte ich mich total hilflos. Ich versuchte mit meinem Sohn zu reden,

dabei hatte ich immer das Gefühl mit der Wand zu reden, denn Leon reagierte nicht auf meine Ansprachen.

In dieser Zeit entwickelte mein Kind Aggressionen, diese reagierte er erst einmal an den Hühnern ab. Es war, als wenn Leon irgendein Ventil brauchte, um wieder etwas zu sich selbst zu finden.

Leon war sehr unruhig, er war ständig in Bewegung. Er interessierte sich nicht für seine Spielsachen. Leon konnte nicht spielen, er konnte nicht zuhören, er konnte nicht aufräumen und er wehrte sich gegen alles, was sich nach Anweisung anhörte. Er befolgte keine Regeln und irgendwie war ihm alles egal.

In dieser Zeit wurde Leon dann auch noch von unserem Hund ein zweieinhalb Jahre alter Hoverwart Rüde in den Kopf gebissen. Leon konnte hierfür allerdings nichts, er hatte sich dem Hund genähert, ihn gestreichelt und ist beim weggehen von hinten in den Kopf gebissen worden. Den Hund habe ich gleich einem Bekannten ohne Kinder gegeben und Leon kam mit ihm nicht mehr in Berührung.

Den Hundebiss hat er bis heute noch nicht vergessen, obwohl dieser schon so lange zurückliegt. Der arme Junge wurde unter Narkose mit 10 Stichen am Kopf genäht, was er allerdings sehr tapfer überstanden hat. Auch beim ziehen der Fäden hat er eine halbe Stunde auf dem Behandlungstisch gelegen ohne sich zu bewegen, oder zu jammern. Es war eigenartig, ich habe mein Kind noch nie über einen so langen Zeitraum in völliger Ruhe erlebt.

Durch unsere Kuvasz Hündin hat Leon wieder zutrauen zu Hunden bekommen und seine Angst ganz schnell überwunden. Vielleicht hat sein vermindertes
Schmerzempfinden und Anders sein auch dazu beigetragen. Er ist kurze Zeit wieder auf alle Hunde ohne jegliche Angst zugelaufen und hat mit ihnen gespielt.

Leon hatte grundsätzlich vor keinem Tier Angst, egal wie groß es war. Für ihn waren Tiere nur dann interessant, wenn er sie streicheln konnte, und mein Sohn streichelte alles, was er erwischen konnte.

Nach dem aggressiven Verhalten unseres Hundes hatte ich Angst, dass Leon wieder gebissen werden könnte, auch hier hatte er sehr viel Glück, dass ihm bis jetzt nichts mehr geschehen ist.

Ich versuchte ihm ständig klar zu machen, dass man an Tiere, die man nicht kennt, nicht herangeht und schon gar nicht streichelt, ohne den Besitzer zu fragen. „Ich kenne doch alle Tiere“ war seine Antwort und ich versuchte meine Angst zu
unterdrücken, um das Kind nicht zu verunsichern.

In der Nachbarschaft lebt eine Familie die Schweine besitzt, dort ging Leon
regelmäßig in Begleitung seiner Oma hin um diese zu besuchen. Diese Tiere fand Leon eine Zeit lang ungeheuer spannend. Er wollte dort stän-

dig hingehen, da Oma nicht immer Zeit oder Lust hatte Leon dorthin zu begleiten, erlaubte ich ihm die Nachbarn alleine zu besuchen. Das machte Leon sehr stolz, er fühlte sich sehr groß, weil er alleine jemanden besuchen durfte.

Er besuchte auch manchmal unser Nachbarkind, ein Mädchen, dass ein Jahr jünger wie Leon ist. Mit diesem kleinen Mädchen klappte es genau wie in der

Krabbelgruppe. Leon konnte sich sehr gut unterordnen und anpassen. Die beiden Kinder spielten und Anja hatte das Sagen. Leon war komischer Weise mit diesen Anweisungen zufrieden und führte sie ohne murren aus.

Wenn Anja von Sophie besuch bekam und die beiden Mädchen sich ständig stritten, sagte Anjas Mutter: „Wollt ihr Leon nicht mal fragen, ob er mit euch spielen möchte?“ Beide Mädchen kamen zu uns rüber und wollten Leon zum Spielen abholen. Mein Sohn freute sich darüber und ging begeistert mit. Anja und Sophie beschlossen, dass Leon nun das Sagen hatte und die drei Kinder spielten den ganzen Nachmittag ohne sich zu streiten. Solange die Kinder noch klein waren passierte das öfters.

Leider waren Anweisungen zu Hause dafür da, sie nicht zu befolgen und Mama

wütend zu machen! Ich versuchte meine Forderungen durch Strafen durchzusetzen, aber Leon war es egal ob er Fernsehverbot bekam, eine andere Konsequenz fiel mir nicht ein, denn Fernsehen war momentan das einzig Wichtige in Leon's Leben, obwohl er nie lange in die Glotze schauen konnte.

Ich versuchte es mit einem „stillen Stuhl“, auch „Nachdenkstuhl“ genannt. Dieser Stuhl stand in unserem Schlafzimmer und dort musste er oft sitzen, wenn er mal wieder etwas ausgefressen hatte. Leon blieb zwar sitzen, er schrie und heulte aber die ganze Zeit. Er stellte seine Sirene auch nicht ab, wenn ich ihm erklärte, dass er erst wieder rauskommen kann, wenn er sich beruhigt hat. Er beruhigte sich fast nie und ich wusste jetzt wirklich nicht, wie ich mich verhalten sollte. Also funktionierte ich den Stuhl als „Zehn-Minuten-Stuhl“ um, denn ich konnte meinen Sohn nicht den

ganzen Tag dort sitzen und schreien lassen.

Mir war schnell klar, dass mein Kind die Zusammenhänge zwischen gehorchen und Strafe nicht realisieren konnte. Jetzt war guter Rat teuer! Ich experimentierte ständig und versuchte irgendwie mein Kind in den Griff zu bekommen, was leider nicht
gelang.

Zu seinem 3. Geburtstag bekam Leon von seinem Onkel und seiner Tante einen Sandkasten geschenkt. Dieser Sandkasten wurde den ganzen Sommer über Leon‘s Lieblingsspielzeug. Er schaffte es tatsächlich am Tag eine ½ Stunde ohne
Langeweile dort zu verbringen. Ich hatte die Hoffnung nicht aufgegeben, etwas zu finden, mit dem Leon sich gern beschäftigen konnte. Leider war der Sandkasten nur eine kurze Zeit für meinen Sohn interessant und später schaute er diesen nur an, wenn er Besuch hatte und dieses Kind mit ihm im Sandkasten spielen wollte.

Unser Anbau war nun fertig gestellt und Leon bekam endlich sein eigenes Zimmer, welches genau unserem gegenüberliegt. Erst hat Leon sich sehr darüber gefreut, die Freude ging dann aber ganz schnell in große Trauer über. Leon wollte unbedingt sein Kinderbett behalten, was leider nicht möglich war, denn er hatte die ganzen Stangen durchgebrochen und das Bett war sehr ramponiert, so dass wir es nicht mehr aufstellen konnten. Er wollte plötzlich auch kein neues Zimmer mehr, Leon jammerte ständig, er hätte Angst und er wolle unbedingt wieder bei uns in seinem Kinderbett schlafen.

Durch gutes zureden, bitten, und auch schimpfen haben wir es dann irgendwie
geschafft, dass er doch in seinem Zimmer einschlief. Er schlief nur mit Festbeleuchtung, haufenweise „Gute Nacht“ Geschichten und ganz viel kuscheln ein. Leon tapste trotzdem regelmäßig nachts in unser Bett und schlief dann durch. Außer er hatte Durst, was sehr häufig der Fall war, obwohl es bei mir nachts nur reines
Leitungswasser gibt.

Dieses Ritual, nachts bei Mama und Papa kriechen, hat sich bis heute gehalten.

Ich hatte gehofft, jetzt wo Leon ein eigenes Zimmer hat, würde er sich mehr für seine Spielsachen interessieren, es änderte sich aber nichts an Leon‘ s Interessen. Er lief immer noch den ganzen Tag herum und fing

1000 Dinge an und beschäftigte sich höchstens 5 Minuten mit einer Sache. Er hinterließ überall ein riesiges
Durcheinander.
Wenn ich ihn zum Aufräumen bewegen wollte, hatte ich immer einen schweren Kampf vor mir.
Ich setzte mich mit Leon zusammen und spielte mit ihm, ich dachte vielleicht muss er Spielen lernen. So spielte ich mit ihm Autofahren, Höhle bauen, wir spielten mit
Puppen, die noch von meinen Töchtern stammten und vieles mehr. Es war ein
Versuch, Leon auf seine Spielsachen aufmerksam zu machen und sein Interesse zu wecken, aber es war vergebene Liebesmühe. Leon konnte sich auch hier nicht
länger beschäftigen, er ging und ich saß mit den Spielsachen alleine in seinem
Zimmer.
Mit ca. vier Jahren wurde Leons Verhalten einen Tick extremer er fing nun an die Hühner richtig zu quälen, er jagte und trat sie und versuchte sie hochzunehmen,
danach schmiss er sie in die Luft. Dieses Verhalten rächte sich ganz schnell von
allein, denn unser Hahn griff ihn regelmäßig an, so dass Leon sich nicht mehr in die Nähe der Hühner traute. Jetzt versuchte er das gleiche Spiel mit den Katzen und
unseren Hasen. Bei diesen Tieren hatte er ganz schlechte Karten. Die Katzen gingen ihm erst aus dem Weg, wenn das nicht klappte kratzten sie ihn ganz ordentlich.
Genau wie die Hasen, die gleich brummend auf ihn zuhüpften. Diese Spiele mit den Tieren wurde dadurch immer weniger. Wenn ich dazwischen gegangen bin wurden Leon's Wutattacken nur noch schlimmer und ich bemerkte recht schnell, dass unsere Tiere es besser schafften ihn zur Raison zu bringen.
Mit unserer Joshy, der großen weißen Hündin war und ist Leon bis heute noch ein Herz und eine Seele, er teilt mit ihr sein essen und schmust mit ihr, er würde Joshy nicht wehtun und er liebt sie sehr. Auch der Hund liebt ihn tief und innig.

Wenn jemand Fremdes zu Besuch kam musste ich sie immer von dem Gast trennen und in ein anderes Zimmer sperren, sonst hätte sie sich vor Leon gesetzt und jeden
angeknurrt der Leon zu nahe kam.
Mein Sohn wurde immer unruhiger, er schlief abends ganz schlecht ein, er hatte viele Bilder vom ganzen Tag in seinem Kopf, so sagte er mir und viele dieser Bilder
machten ihm Angst.
Auch wurde die Nacht für uns sehr kurz, mein Kind öffnete morgens um ca. 5,00 Uhr die Augen, sprang aus dem Bett und war gleich voll in Action. Ich musste sehen, dass ich so schnell wie möglich hinter ihm herkam, denn ich konnte ihn jetzt gar nicht mehr aus den Augen lassen. Ich entwickelte die totale Angst, er könnte wieder
irgendwelche gefährlichen Ideen haben.
Leon wurde immer rastloser, wenn sich niemand mit ihm beschäftigte, lief er herum und tat Dinge die ihm in den Kopf kamen. Er fing an zu malen, schaffte es aber nicht länger wie 5 Minuten sich damit zu beschäftigen. Er sprang dann auf und fing etwas Neues an. Er schaffte es hier auch nur ein paar Minuten sich zu konzentrieren. Selbst das Fernsehen interessierte ihn nur Minutenlang. Es gab eigentlich nichts, mit dem Leon sich längere Zeit beschäftigte.
Ich konnte meinen Sohn auch nirgendwo mehr mit hinnehmen. Wenn wir Bekannte besuchten, war er nicht mehr zu bremsen. Leon ging an sämtliche Schränke, er
inspizierte alle Zimmer und fasste wirklich alles an. Manchmal ging etwas zu Bruch. Er schoss beispielsweise die Wandlampe seiner Tante mit einem Ball gezielt ab.
Ich traute mich nirgendwo mehr mit ihm hinzugehen. Beim Spazierengehen lief er
regelmäßig mit einem ungeheuren Tempo davon. Diese Jagerei habe ich ebenfalls aufgegeben.
Trotz allem ließ ich mich auf einen Besuch in Leipzig bei meinen Schwiegereltern ein. Wir wollten nur vier Tage bleiben. Dieser Besuch war Stress pur. Oma und Opa hatten wenig Verständnis für so ein „lebhaftes Kind“. Wir unternahmen sehr viel,
besuchten alte Bekannte von Ralf und gingen oft Spazieren. Die

Krönung war der Zoobesuch in Leipzig. Den Zoo durchquerten wir in zwei Stunden. Die Tiere dort

waren nicht zum Streicheln, also waren sie für Leon uninteressant. Wir rasten durch das gesamte Zoogelände hinter ihm her und waren am Ende des Besuchs sehr

erledigt.

Ich wunderte mich, dass Leon auf der lagen Fahrt ungeheuer lieb war, er konnte Stundenlang Auto fahren ohne zu motzen. Leon schlief nie im Auto ein, er schaute die ganze Zeit fasziniert aus dem Fenster.

Trotz der ruhigen Autofahrt war ich, als wir von diesem Besuch nach Hause kamen, fix und fertig.

Am liebsten hätte ich mich mit meinem Sohn verkrochen. Also mied ich eine Weile die Öffentlichkeit, um mich nicht schämen zu müssen.

Leon war bis zu diesem Zeitpunkt viel mit seinen Schwestern unterwegs. Daniela fuhr mit ihm zur Sesamstraße, die in unserer Stadt gastierte. Dort war er ein sehr lieber und höflicher Junge, der keinerlei Angst vor diesen großen Figuren und den vielen Menschen hatte. Er ließ sich mit Bert fotografieren und war total begeistert. Auch im Schwimmbad gab es keinerlei Schwierigkeiten, dort war Leon vollkommen lieb und sehr höflich, hier hatte er wirklich Manieren und gehorchte aufs Wort.

Es lag wahrscheinlich daran, dass mein Sohn das Schwimmbad sehr liebte. Leider kann er bis heute noch nicht schwimmen. Keiner von uns durfte ihm zu nahe kommen, so konnten wir ihm nie zeigen welche Bewegungen man beim Schwimmen macht.

Zu anderen Gelegenheiten weigerten sich meine Töchter, Leon mitzunehmen.

Früher hatten sie ihn oft mitgenommen. Sie fuhren mit ihm Einkaufen, oder

besuchten Freunde und Bekannte. Nun benahm sich mein Sohn sehr schlimm und so kapselten wir uns total von der Außenwelt ab.

Ich wendete mich später Hilfe suchend an Leon's Kinderarzt, da ich eingesehen

hatte, dass Isolation nicht der richtige Weg ist.

Dr. Bauer empfahl mir, mich umgehend mit der pädagogischen Frühförderung und dem Sozialpädiatrischen Zentrum in Verbindung zu setzen, was ich dann auch sofort tat.

Es war Frühlingsanfang im Jahre 2003, als ich mich um Fachkundige Hilfe für
meinen Sohn und mich bemühte.
Die Dame vom Sekretariat der Pädagogischen Frühförderung hörte mir geduldig zu, wie ich ihr meine Sorgen schilderte und versprach mir, dass eine Sozialarbeiterin sich bei mir melden würde, um einen Gesprächstermin zu machen. Dass war der Anfang einer langen Odyssee, in der ich versuchte jemanden Fachkundigen zu finden, der mir helfen konnte, herauszufinden was mit meinem Sohn los ist und wie ich mich ihm gegenüber verhalten muss, um ihm zu helfen einen adäquaten Weg in die Zukunft zu beschreiten.

Erste Hilfen und erste Diagnosevermutungen

Die Dame von der Pädagogischen-Frühförderung war wirklich eine sehr Nette, sie kam die erste Zeit einmal die Woche zu uns nach Hause und wir hatten ganz viele Gespräche, auch mit den anderen Kindern, meinem Mann und Oma. Sie kümmerte sich auch um den Antrag zur Integration für den Kindergarten.
Außerdem ging Leon jetzt einmal die Woche eine Stunde zur Ergotherapie was ihm sehr gut tat. Diese Ergotherapie musste vom Kinderarzt regelmäßig verschrieben werden.
Leon unterschrieb seine Stundenzettel selbst. Zu dieser Zeit bestand er immer darauf alles selbst zu unterschreiben.
Mein Sohn konnte in englisch, französisch und deutsch bis 20 zählen und die Zahlen zusammensetzen; z. B: 3 und 3 ist 33, 4 und 8 ist 48 usw. Dieses Wissen ist für
einen Vierjährigen äußerst ungewöhnlich. Ich dachte aber nicht weiter darüber nach.
Leon's ganz großes Lieblingshobby war und ist auch heute noch der Computer, die Play-Station und der Gameboy. Er kannte sich zu der Zeit viel besser mit dem
Computer aus wie ich. Er fuhr ihn alleine hoch, konnte selbstständig ins Internet
gehen und auch Spiele und CDs selbstständig installieren. Er hat bei seinem Vater und seinen Schwestern nur zugeschaut und schon konnte er diese Dinge. Ich musste ständig aufpassen, dass er nicht an den Computer oder eines dieser Spiele ging. Wenn sein Papa nach Hause kam haben beide miteinander Computer oder die
anderen Teile gespielt und Leon war total happy.
Was besonders bei diesen Spielen und auch beim Fernsehen auffiel, war dass Leon ständig auf und ab sprang und keine Minute ruhig dabei sitzen konnte.
Irgendwann in dieser Zeit fiel das Wort ADHS (Aufmerksamkeits Defizit Hyperaktivität Syndrom), über dieses Thema habe ich mir ein Sachbuch gekauft, vieles was darin stand traf auf Leon zu. Ich glaubte das ich des „Rätsels Lösung“, vielleicht ein

Stückchen näher gekommen war. Sicher war ich mir aber nicht und ich wollte diese Erkrankung unbedingt beim SPZ abklären lassen.
Leider sind die Termine in der Kinder- Psychiatrie sehr schwer zu bekommen und die Wartezeiten sind teilweise sehr lang. Deswegen hat der Besuch im SPZ so lange gedauert.
Bis zu diesem Termin habe ich wie gesagt das Buch gelesen und ganz viel spekuliert. Ralf mein Mann sagte immer: "Ich weiß überhaupt nicht was du immer hast, der Junge ist doch ganz normal, ein bisschen wild, aber ich finde nichts seltsam an Leon, ein ganz normales Kind."
Mein Mann war der festen Überzeugung, dass Leon's Verhalten meine Schuld war. Er meinte, ich hätte das Kind zu viel bewacht, ich hätte ihn viel mehr alleine machen lassen sollen. Mein Mann sagt mir auch heute noch: „Der Junge ist nur so aus dem Häuschen, weil er seinen Freiheitsdrang mit dir als Mutter nicht ausleben konnte. Du bist viel zu ängstlich geworden und außerdem habt ihr das Kind zu viel verwöhnt!"
Ich musste mir im laufe der Zeit von vielen Außenstehenden ähnliche Aussagen
gefallen lassen. Ich hörte oft, dass meine Angststörung schuld an Leon's Verhalten sei, dass ich mich nicht genug um mein Kind kümmern würde usw. Niemand wusste über sehr lange Zeit, was mit meinem Kind nicht stimmte, da ist es das Einfachste der Mutter die Schuld zu geben. Ich habe mir über lange Zeit sehr viele Vorwürfe
anhören müssen und hatte oft ein schlechtes Gewissen.
Irgendwann habe ich mir dann gesagt, Leon ist vielleicht ein verwöhntes und behütetes Kind, aber dass alleine kann nicht der Grund für seine Aufmerksamkeitsstörung und seine innere Unruhe sein. Ich habe mir Kritik dieser Art immer zu Herzen genommen und versucht es besser zu machen. Leider war, trotz der gut gemeinten Ratschläge, nichts dabei was eine Änderung herbeiführte.
Ich hoffte, die Meinung eines Fachmannes könnte uns weiterhelfen.
Endlich war es soweit, der Termin im SPZ rückte ganz nahe und meine Nerven
waren sehr angespannt. Ich hatte Angst und fühlte trotzdem Erleichterung, in der Hoffnung, dass die Ungewissheit endlich ein Ende hat und mir gesagt wurde wie ich mit Leon umzugehen habe, oder das mir geholfen wird wie ich den Stress zu Hause besser bewältige.

Diese Hoffnung besteht bis heute noch, die Spekulationen über das, was meinem Kind fehlt schwirrt immer noch in meinem Kopf herum und bis heute hat auch wirklich niemand gesagt, „ aus welchem Grund Leon so Verhaltensauffällig ist.“

Der Besuch beim SPZ hat folgendes ergeben:

Datum : 15.08.2003, Untersuchung vom 07.07.2003

Zur Vorgeschichte:

Leon ist das dritte Kind seiner gesunden Eltern. Zwei bereits erwachsene

Schwestern sind gesund und haben sich normal entwickelt. Bis auf eine Migräneneigung in der Familie sind keine neurologischen Erkrankungen erwähnenswert. Die Schwangerschaft der damals 39jährigen Mutter mit Leon verlief unkompliziert. Es wird ein Nikotinabusus von ca. 15 Zigaretten pro Tag angegeben. Die Geburt erfolgte per Vakuumextraktion am Termin

(39. SSW, 3.160 g, Apgar 8/9, Nabelschnur-ph 7,42).

Leon‘s Neugeborenenzeit verlief unauffällig, die frühkindliche Entwicklung verlief, insbesondere im Hinblick auf die Motorik, verzögert. So lernte er mit 12 Monaten Kriechen und mit 17 Monaten das freie Laufen. Erste Worte sprach Leon

mit 1 ½ Jahren, während der Vater bereits 14 bis 15 Monate die ersten Worte

vernommen hat. Längere Sätze kamen mit drei Jahren hinzu. Erkrankungen werden nicht beschrieben. Im Alter von zwei Jahren erlitt er einen Hundebiss.

Aktuelle Anamnese:

Die jetzige Vorstellung erfolgt aufgrund verschiedener

Entwicklungsdefizite und

Problemen mit Leon’s Verhalten. Die Eltern berichten, dass Leon ein sehr

anstrengendes Kind sei, der ein extrem trotziges und ungehorsames Verhalten zeigt. Typischerweise täte Leon genau das, was man ihm verbiete. Darüber hinaus sei er sehr lebhaft und könne sich nicht anhaltend auf ein Spiel konzentrieren. Alleine mit dem Computer, auf dem er schon einzelne Worte (Papa, Mama, Opa, Oma) geschrieben hat, sei er länger zu beschäftigen gewesen. Sein Interesse daran hat in letzter Zeit wieder zugenommen.

Die Eltern berichten darüber hinaus von Leon's mangelnder Gefahreneinschätzung und seiner mangelnden Fähigkeit, aus Fehlern zu lernen. So sei er häufig aggressiv gegenüber Tieren und Hunden, gehe auch immer wieder auf fremde Tiere zu, obwohl er bereits gebissen wurde. Auch bei heißen Gegenständen scheine er nicht die Gefahr zu lernen. Leon's Schlafverhalten, was zwischenzeitlich problematisch gewesen sei, hat sich in letzter Zeit gebessert. Er schläft alleine und gut in seinem eigenen Bett ein, geht aber regelmäßig nachts ab 24,00 Uhr in das elterliche Bett, wo er bis zum Morgen durchschläft. Seit Anfang des Jahres haben die Eltern Kontakt zur pädagogischen Frühförderung aufgenommen. Ab September wird Leon auch den Kindergarten in Ehlen besuchen, ein Integrationsplatz wurde sowohl beantragt wie auch bewilligt. Ergotherapie wird seit ca. einem halben Jahr durchgeführt, die Eltern sehen leichte Fortschritte in der Entwicklung

Untersuchung: 4 Jahre alter Junge
Länge 115 cm -> 97 Percentile (plus 2,5 SD)
.Gewicht 16,5 kg 50. Percentile
Kopfumfang 53,5 cm 90. Percentile

Damit groß gewachsener, ausgeprägt schlanker, blond gelockter Junge mit einem relativ großen und schmalen Kopf. Die Nase wirkt prominent und gerade, die Augen relativ in ihrer Höhle. Die Ohren sind etwas tief angesetzt, der Abstand der frontalen Milchzähne ist relativ weit. Wir sahen keine neurologisch signifikanten Hautveränderungen. Bis auf eine Phimose unauffälliger internistischer Untersuchungsbefund.

In der formalen neurologischen Untersuchung zeigen sich im Bereich der Hirnnerven keine isolierten Ausfälle und keine Seitendifferenzen. Kurzzeitig sieht man einen diskreten Strabismus convergens alternans (Leon hat laut Eltern eine Brille, die er nicht trägt). Die Muskulatur ist von normaler Kraft und Trophik, in Ruhe ausgesprochen locker gesteuert, die Muskeleigenreflexe lassen sich

Seitengleich normal aktiv auslösen, es finden sich keine pathologischen Reflexe und keine
Bewegungsstörungen. Keine Hinweise auf Sensibilitätsstörungen. Die Diadochokinese gelingt Leon als Drehbewegung der Arme, darüber hinaus
Unflüssigkeiten beim Fingeroppositionsversuch. Leon geht mit sicherem Gangbild, Zehenspitzen- und Fersengang gelingen ihm angedeutet, das monopedale Hüpfen gelingt maximal ein- bis zweimal, Einbeinstand nur ein- bis zwei Sekunden möglich. Beim An- und Auskleiden benötigt Leon Hilfe, die die Mutter rasch gewährt. Leon spricht in kurzen, einfach strukturierten Mehrwortsätzen. Die z. T. unverständlich und am Ende vernuschelt sind. Leon gibt auf an ihn gestellte Fragen meist nur knappe und kurze Antworten, wobei der Eindruck entsteht, dass er nicht immer wert auf die Richtigkeit der Antwort legt. So beantwortet er die Frage, wann er denn fünf werde, mit „in einer halben Stunde" und wendet sich ab. Bei Anforderung zu zählen hört er bei acht Klötzen bei der Zahl fünf auf und bleibt bei der Behauptung, es seien fünf. Auch sonst erscheint das Sprachverständnis nicht immer sicher alters entsprechend. Im Verhalten wirkt Leon eigenwillig, zeitweise unbeteiligt.

Neuropädiatrische Diagnose:
1. Leichte allgemeine Entwicklungsstörung, EQ um 80 F89)
2. Deutliche Verhaltensauffälligkeiten mit Eigensinn, Provokation und perseverativen Zügen (F 07.0)
3. Faciale Auffälligkeiten
4. Phimose

Bemerkungen:
Bei der heutigen Untersuchung fanden sich keine Hinweise auf eine chronisch oder progredient verlaufende neurologische Erkrankung. Auch fanden sich keine sicheren Hinweise auf das vorliegen eines Syndroms, obwohl Großwuchs, Dolichocephalie sowie einzelne faciale Auffälligkeiten vorhanden sind. Der Schwerpunkt für Leon's Förderkonzept sollte im pädagogischen Bereich liegen. Wir wiesen auf die Rolle von der pädagogischen Frühförderung hin und verwiesen zusätzlich auf die Möglichkeit einer Erziehungsberatungsstelle. Ausdrücklich begrüßen wir den geplanten

Kindergartenbesuch sowie vorgesehene Integrationsmaßnahme. Aufgrund verschiedener motorischer Schwächen ist Ergotherapie indiziert, zusätzliche Therapien sind derzeit nicht erforderlich. Zentral wichtig ist eine einheitliche Erziehungsgestaltung der gesamten Familie.

Empfehlungen:
1. Zentral wichtig sind Fördermaßnahmen aus heilpädagogischem Bereich: Besuch des integrativen Kindergartens
-Begleitende Beratung durch die pädagogische Frühförderung
-Beratung einheitlicher Erziehungshaltung
2. Fortsetzung der Ergotherapie
3. Regelmäßige augenärztliche Kontrolluntersuchung
4. Wiedervorstellung zur neuropädiatrischen Verlaufskontrolle

Die Vorstellung im SPZ brachte uns leider keinen Schritt weiter, ich war zwar sehr froh, dass Leon kein Syndrom oder eine andere Krankheit hatte, nur änderte sich sein Verhalten leider dadurch auch nicht.
Die Gespräche mit der Dame von der pädagogischen Frühförderung halfen mir
persönlich sehr, sie hat mir mein ständiges schlechtes Gewissen ausgeredet, "ich sei Schuld, dass Leon so trotzig ist." In unseren wöchentlichen Gesprächen versicherte sie mir, dass ich und die Familie den Jungen richtig behandeln. Er war und ist als Nachzügler zwar verwöhnt, was in unserer Lebensgemeinschaft verständlich ist,
aber er hat viele gute Vorbilder und bekommt auch alle Lebenssituationen gut erklärt. Wir benutzen keine Schimpfworte, wir essen normal, Leon sieht nur
Kindersendungen im Fernsehen, die ihm ausgesucht werden, abgesehen von seinen Quizsendungen, die aber keinem Kind schaden. Seine Computer usw. - Spiele
werden zeitlich ganz eng bemessen, er darf diese Spiele nur noch im Beisein seines Vaters und altersgemäß begrenzte Spiele spielen. Fernsehsendungen schauen die Mädchen und ich abwechselnd mit ihm, um seine Fragen, die er zu seinen
Sendungen stellen könnte, zu beantworten;(er hatte leider nie Fragen zu

Irgend etwas). Kurzum wir waren zu diesem Zeitpunkt eine ganz normale
Durchschnittsfamilie.
Ich hatte zwar schon seit längerem eine Angststörung, die äußerte sich dadurch, dass ich nicht alleine das Haus verlassen konnte, dieser Tatbestand wurde aber durch meine Töchter und unsere Oma ausgeglichen, die Leon mit zum Einkaufen nahmen, mit ihm auf den Spielplatz gingen und in Begleitung ging ich mit ins Schwimmbad und mit Spazieren.
Unsere Familie unternahm einmal im Jahr, meist im Spätsommer eine Ausflugstour in einen Erlebnispark, dort kamen auch oft die vielen Freundinnen und Freunde
meiner Kinder mit. Es war für alle Beteiligten immer ein wunderschöner Tag und
Leon durfte nun viel mehr von diesen Abenteuergerätschaften benutzen.
Mir fiel in diesem Jahr besonders auf, dass Leon in Alles einsteigen wollte, so fuhr er Wasserbahn, Achterbahn und viele andere schnelle Dinge und jubelte bei jeder schnellen Fahrt. Es gab nichts vor dem mein Sohn Angst hatte. Im Laufe der Jahre, also je älter Leon wurde desto weniger traute er sich in diesen Parks, das letzte Mal im Herbst 2007, fuhr er nirgends mehr mit.
Wir sind in diesen Parks essen in einem Restaurant gegangen, hier hatte Leon
ungeheuer gute Tischmanieren, er aß anständig und stopfte sich den Mund nicht voll. Er blieb sitzen bis alle mit dem Essen fertig waren und er konnte korrekt „bitte und danke" sagen. Dies verwunderte uns alle sehr, zu Hause war anständiges essen nicht möglich.
Außerdem hörte Leon aufs Wort, er lief nicht weg und konnte tatsächlich über die Attraktionen sprechen. Er erzählte mit einer Begeisterung, die ich bei ihm noch nie wahrgenommen hatte. Hier war mein Sohn plötzlich ein ganz normales Kind.
Die Autofahrt mit Leon war wieder ganz klasse, mein Sohn konnte lange Zeit still
sitzen und schaute sich interessiert die Gegend an. Den ganzen Tag provozierte
Leon nicht ein einziges Mal.
Zu Hause war dann alles wieder beim Alten. Wenn Leon über längere

Zeit ein „normales Kind“ war, wurde sein Benehmen anschließend besonders schlimm, es war, als wenn er sich furchtbar angestrengt hatte und plötzlich musste ein Ventil geöffnet werden.
Mein Sohn wurde dann besonders unruhig, er provozierte und ärgerte seine Mitmenschen aufs Übelste. Dabei zog er alle Register und tat nur verbotene Dinge, in ganz schneller Reihenfolge. Fast mechanisch waren seine Handlungen und sehr gezielt. Dass ging so lange bis seine Schwestern sich mit ihm prügelten oder eine von ihnen weinte. Oder bis Oma verzweifelt um Hilfe rief und ich mich vor Zorn kaum noch im Griff hatte. Leon genoss die Hilflosigkeit seiner Familienmitglieder. Er war in solchen Momenten überhaupt nicht zu bremsen, keiner kam an ihn ran und keiner konnte ihn so richtig stoppen. Leon hatte plötzlich Macht, die er richtig genießen wollte. Hilflosigkeit und Verzweiflung machte sich in unserer Familie breit und Leon fand das toll, wenn er alle so richtig fertiggemacht hatte, wurde er plötzlich zuckersüß und versprach jetzt lieb zu sein.
Da der Besuch im SPZ nichts ergeben hatte und trotz Beratung der pädagogischen Frühförderung Leon‘s Verhalten sich nicht veränderte, beschloss ich unsere Isolation von der Außenwelt erst einmal beizubehalten. Wir versuchten es zwar zwischendurch noch ein paar Mal unter andere Menschen zu gehen, doch ich blamierte mich jedes Mal, weil ich Leon’s seltsamen Aktionen nicht stoppen konnte.
So hoffte ich auf den Kindergarten, denn Leon langweilte sich zu Hause sehr.
Andererseits hatte ich auch große Angst vor dem Kindergartenbesuch meines
Sohnes. Wenn er sich im Kindergarten so benehmen würde wie zu Hause, vielleicht schmeißen die Erzieherinnen ihn gleich wieder raus-.

Der Kindergarten, eine sorglose Zeit

Am ersten September 2003 ging Leon mit 4 ½ Jahren in den Kindergarten. Durch seinen integrativen Kindergartenplatz kam Leon gleich in eine kleinere Gruppe, „die blaue Gruppe“. Er fühlte sich dort sehr wohl. Er wollte anfänglich wie alle Kinder, dass ich auch dort bleiben sollte, diese Phase war aber schnell vorbei.

Leon ist gleich den ganzen Tag im Kindergarten geblieben, dieser begann morgens um 7,30 Uhr und endete um 16,30 Uhr.

Es gab zwar Anfangsschwierigkeiten, aber niemand kam auf die Idee, Leon die Kindergartenbetreuung zu verwehren. Ich dachte mein Sohn wäre sehr stark und selbstbewusst, im Laufe der Kindergartenzeit wurde ich eines Besseren belehrt.

Leon wollte am Anfang im Kindergarten keinen Mittagsschlaf machen, er zappelte und schimpfte und störte die anderen Kinder sehr. Die Betreuerinnen ließen sich eine Menge einfallen, um ihm das Ruhen schmackhaft zu machen. Sie lasen meinem Sohn Geschichten vor, was aber schnell langweilig wurde. Eine der Betreuerinnen hat ihn dann für eine längere Zeit festgehalten, um ihn zum Ruhen zu zwingen, (Festhaltetherapie) aber was bei vielen Kindern schnell funktionierte, klappte bei Leon gar nicht. Irgendwie schafften beide Betreuerinnen es dann gemeinsam Leon zum Ruhen zu bewegen. Er bekam eine Hängematte und wurde massiert, danach war er zufrieden und schlief sogar manchmal ein.

Mein Kinderarzt lobte den integrativen Kindergartenplatz, in unseren Gesprächen immer wieder, er meinte wir hätten viel ärger mit Leon bekommen, wenn wir ihn
normal angemeldet hätten. So hat das Kindergartenpersonal sich ganz anders auf Leon eingestellt und sei viel verständnisvoller.

Frau Albert von der pädagogischen Frühförderung hatte jedes halbe Jahr ein Treffen, mit allen Personen die mit Leon's Erziehung zu tun hatten organisiert. Darüber sind Protokolle erstellt worden. Zu diesen Treffen sagte unser Kinderarzt immer: „ Es
wäre wirklich schön, wenn für alle Kinder solche Besprechungen stattfinden würden, eine ideale Betreuung auf die kein Kind verzichten dürfte.“

Leider habe ich die ganzen Jahre feststellen müssen, dass alle guten Pläne, individuelle Betreuung, selbst etliche Grundrechte für die Förderung von Kindern mit
Verhaltensauffälligkeiten, von den zuständigen Stellen nicht besonders ernst
genommen werden und meist aus finanziellen Gründen oder durch Unflexibilität und Engstirnigkeit zum Scheitern verurteilt sind.
Im Kindergarten waren die Bemühungen Leon zu fördern und ihm seine fehlenden sozialen Verhaltensweisen beizubringen sehr umfangreich und die Absprachen mit uns als Eltern und auch mit den Geschwistern waren sehr positiv.
Leon hatte bemerkt, dass alle an einem Strang ziehen und keine Ausweichmöglichkeiten mehr für ihn vorhanden waren. Er hat so sehr schnell gelernt, wie er sein Verhalten ändern musste um nicht überall anzuecken.
Der Umgang mit anderen Kindern wurde nach anfänglichen Schwierigkeiten immer besser und Leon wurde zu einem beliebten Spielkameraden. Seine Regelauffassung verbesserte sich unwahrscheinlich schnell, er reagierte nicht mehr so störrisch und es kam sogar so weit, dass er die anderen Kinder darauf aufmerksam machte, wenn sie sich nicht Regelkonform verhalten hatten.
Auch zu Hause wurde das Leben um vieles angenehmer. Wir richteten uns danach was uns die Kindergärtnerinnen angeraten hatten und gaben Leon genau wie seine Betreuerinnen einen ganz engen Rahmen, um ihm Sicherheit zu geben. Das heißt: Enge Grenzen setzten, keine Ausnahmen machen, einen ganz klar geregelten
Zeitablauf, wenig Veränderungen, wenn Veränderungen dann konnten die nur mit einer klaren Aussprache gemacht werden. Mit der Zeit bekam Leon viel
Selbstsicherheit.
Es musste noch viel an seiner Motorik gearbeitet werden. Alles Weitere steht in den Protokollen von unseren Besprechungen:

Förderkonzept vom 16.12.2003
Ort, Kinderarztpraxis Dr. Bauer
Anwesenden
Kinderarzt Dr. Bauer
Herr und Frau Schulz, Eltern
Frau Michail Ergotherapeutin
Frau Körbel Kindergarten
Frau Straßberger Kindergarten
Frau Albert pädagogische Frühförderung

Zur Entwicklung des Kindes:
Frau Michail behandelt Leon seit März 2003. Er kommt regelmäßig was eine gute Bedingung für die Therapie ist. Seine Konzentration steigert sich von anfänglich 7 Minuten bis jetzt auf 20 Minuten. In der Ausdauer hat er insgesamt dazu gewonnen. Die Regelakzeptanz war anfangs etwas schwierig, auch hier hat er Fortschritte gemacht. Er liebt die Erbsenkiste und spielt in der Kiste, ohne die Erbsen nach außen zu verstreuen. Durch Wiederholung schafft er sich Sicherheit. Er probiert seit neustem Dinge zu verändern. Er lässt sich insgesamt gut führen. Das motorische Problem ist geringer geworden. Seine Muskulatur ist eher hypothon, das zeigt sich u. a. an einem Kopfwackeln. Die grobmotorische Koordination fällt ihm noch schwer. Insgesamt ist Leon sehr begeisterungsfähig, reagiert auch auf Anforderungen, jedoch nicht immer adäquat.
Kindergarten: Leon ist seit 1.09.2003 im Kindergarten. Am Anfang hatte er große Angst. Die Frage war, was erwartet mich hier? Während Leon zu Beginn des Kindergartens leicht ablenkbar war, sich kaum konzentrieren konnte, ihm das Sitzen im Stuhlkreis sehr schwer fiel, hat er heute in allen Bereichen gute Fortschritte gemacht. In der Zwischenzeit wurde ein Regelbewusstsein bei ihm entwickelt und er kann sich an die wesentlichen Regeln gut halten. Während der Kontakt zu Kindern am Anfang schwierig war, nimmt er ihn jetzt teilweise auf, wobei zu viele Bezugspersonen ihn überfordern. Die Aufnahme des Kontaktes erfolgt auch häufig noch über Schubsen etc. Die anfangs kleinkindhafte Fantasiesprache hat sich verbessert. Er malt sehr gern mit Wasserfarben, macht Rollenspiele und ist im hauswirtschaftlichen Bereich sehr engagiert. Insgesamt zeigt er gute kognitive Leistungen, er merkt beispielsweise sofort wer fehlt. Er

braucht jedoch Rituale und bei Veränderungen reagiert er erst einmal erstaunt. Sich mittags zu beruhigen fällt ihm oft noch schwer.
Die Eltern ergänzen an dieser Stelle, dass er zu Hause auch kaum ruhig bleiben kann. Er ist eigentlich nur ruhig mit dem Gameboy, wobei genau hier die Schwierigkeit ist, dass das Spiel auf dem Gameboy sehr schnell ist und er aber körperlich ruhig bleibt. Herr Dr. Bauer Kinderarzt weist darauf hin, dass er einfach noch mehr Bewegung draußen im Freien in der Natur, im Wald usw. braucht. Zu Hause müsste das Fernsehen öfter aus sein und er braucht einen engen Kontakt beispielsweise beim Regelspiel spielen und in anderen Situationen. Es geht insgesamt darum das er lernt sich zielgerichtet zu bewegen.
Vereinbarung:
Damit er besser ruhen kann, liegt er im Kindergarten nun in der Hängematte, es geht besser. Es werden in Zukunft noch mehr feste Reize eingesetzt, Igelball, Massage usw. Wichtig wird im Weiteren noch die Einzelzuwendung sein. Zu Hause ist es wichtig, dass die Arbeit im Kindergarten sich dort wieder findet. Die Eltern könnten beispielsweise eine Sammelmappe zu seinen Bildern anlegen, ihn fragen, was er im Kindergarten gemacht hat, aber auch zu Hause auf einen regelmäßigen Ablauf achten. Im Kindergarten wird es noch mehr darum gehen, dass er lernt, sich auch ohne Erwachsene beschäftigen zu können, um noch mehr auf andere Kinder zuzugehen. Positive Einzelzuwendung ist auch für zu Hause sehr wichtig. Der Gameboy sollte öfters aus sein. Sprachlich hat er sich gebessert, er braucht noch Förderung über Spiele, Wort- und Sprachspiel.

Förderkonzept 12.07.2004
Teilnehmer
Frau und Herr Schulz, Eltern
Herr Dr. Bauer Kinderarzt
Frau Michail Ergotherapeutin
Frau Körbel Kindergarten
Frau Straßberger Kindergarten
Frau Albert pädagogische Frühförderung

Zur Entwicklung des Kindes

Ehepaar Schulz: Leon hat sich sehr verändert im letzten Jahr. Er hat sich insgesamt sehr gut entwickelt. Diese Entwicklung bezieht sich in erster Linie auf den Kindergarten – zu Hause gibt es leider noch Probleme.
Frau Körbel und Frau Straßberger: Leon ist viel sicherer geworden bezüglich der Abläufe, der Bezugspersonen im Kindergarten. Er ist insgesamt fröhlich und positiv gestimmt. Sein Wunsch ist es, sich regelkonform zu verhalten. Teilweise entwickelt er ein hinterlistiges Verhalten, das aber auch von Intelligenz zeugt. Er hat ein hohes Bedürfnis nach Selbstständigkeit. In letzter Zeit möchte er gern auch die anderen Kinder besuchen. Sehr viel Wert legt er auf Wertschätzung. Bezüglich seiner lebenspraktischen Fähigkeiten muss er lernen, noch stärker auf seine Sachen zu achten – man muss ihn immer wieder daran erinnern. Manchmal versucht er einen gegen den anderen auszuspielen. Wenn ihm etwas wichtig ist, kann er sich sehr gut konzentrieren. In nächster Zeit sollte Leon vor allem sein Dorf und die Umgebung besser kennen lernen, z.B. den Spielplatz. Seine Körperspannung ist nach wie vor nicht gut. Er ist z.B. auf den Baum geklettert und kam dann nicht mehr herunter. Er zeigt sich schlaff, wenn irgendeine Sache ihm keinen nutzen bringt. Leon geht sehr gern in den Wald. Es wäre sehr schön, wenn seine Familie mit ihm in den Wald ginge und er ihr die Aufenthaltsorte des Kindergartens zeigen könnte, Feinmotorisch bastelt und schneidet er, er malt gegenständlicher, er knetet sehr gern. Bezüglich der Sprache ist sein Satzbau noch manchmal durcheinander. Es fällt ihm schwer, verschiedene Reize zu koordinieren. Beim Essen verhält er sich sehr gut. Er braucht insgesamt einen festen Rahmen.

Frau Michail Ergotherapeutin: Leon ist noch sehr hypothon, beim Klettern hat er gute Fortschritte gemacht. Er ist insgesamt ein Meister des Ausweichens. Er möchte oft positive Anerkennung und lässt sich ungern bestimmen. Das Hauptproblem ist sicher nicht die Motorik.

Vereinbarungen:
Wir halten folgende Vereinbarungen mit den Eltern fest:

1. Bewegung und Sport ist für Leon besonders wichtig. Es wäre gut, wenn die Familie mit ihm öfter in den Wald geht, Fahrrad fährt usw. Sinnvoll wäre auch der Beginn des Kinderturnens in der

Gemeinde, wobei Leon an diesem Tag nachmittags nicht in den Kindergarten gehen sollte, wegen Gefahr der Überforderung.
2. Im Urlaub wäre es sinnvoll, wenn Herr Schulz mit ihm mehrere Aktionen auch mal allein machen würde.
3. Leon braucht beim Essen einen festen Rahmen. Es wäre gut, wenn Frau Schulz mit ihm regelmäßig zu Hause Frühstücken würde.
4. Der Gameboy sollte möglichst wenig im Einsatz sein.
5. Für den Wald wäre ein neuer Waldrucksack sehr gut.
6. Sinnvoll wäre es, wenn Leon Freunde auch mit nach Hause einladen oder sie auch besuchen könnte, z.B. Jens mit dem er sehr viel zusammen ist.

Alle sonstigen Maßnahmen laufen so weiter und wir vereinbaren einen neuen Termin, wobei dieser im Kindergarten stattfinden soll.

Es wurden noch mehr dieser Protokolle von Zusammenkünften aller Beteiligten erstellt, und zwar jedes halbe Jahr. Und Leon verbesserte sich und sein Verhalten von mal zu mal. Habe ich mich früher nicht getraut Leon mit zu anderen Leuten zu nehmen, so konnte ich das jetzt, ohne Angst haben zu müssen, dass er auf „Tischen und Bänken tanzt". Er war zwar kein Musterknabe und er hat es sich nicht nehmen lassen sämtliche Lampen der Besuchten anzuschauen und nachzusehen ob eine Markise vorhanden ist, aber er hat sich sehr gut benommen und gezeigt, dass er auch Manieren hat.
Ich bin mit Leon noch zu einem Logopäden gegangen, da er immer noch Sprachprobleme hatte. Der Logopäde stellte fest, dass Leon's unverständliches Gemurmel, was er manchmal an den Tag legte, von seiner Unaufmerksamkeit her rührte. Er interessierte sich einfach nicht dafür, wenn ihm einer etwas sagte. Wenn Leon etwas langeilig fand, brachte er die unangenehmen Dinge ganz schnell hinter sich. Daher gab er keine überlegten Antworten, und bei anderen Tätigkeiten arbeitete er sehr ungenau.
Wenn wir mit Leon Gesellschafts-Spiele spielten, war er an Ausdauer kaum zu schlagen. Er spielte echt wie ein Profi, was er auch heute noch sehr gern tut. Dabei hat er jedes Spiel ungeheuer schnell verstanden, selbst Spiele in denen man Zahlen oder Buchstaben aneinanderlegen

musste. Er lernte mit zwei Jahren Mau Mau und als die große Tochter Daniela eines Tages nach Hause kam und mit jemanden Skip-Bo (ein strategisches Kartenspiel) spielen wollte, sie aber keinen fand, schnappte sie sich einfach meinen Leon und spielte mit ihm. Er hatte das Spiel erstaunlicher Weise sehr schnell verstanden und so „zockten" die Beiden stundenlang dieses Kartenspiel.

Wir haben an Gesellschaftsspielen ein ungeheuer großes Sortiment angelegt. So eine Menge Spiele hatten unsere Mädchen nicht. Dafür konnten die Mädchen mit Puppen, Autos usw. spielen, Leon kann bis heute nicht alleine mit Spielsachen spielen.

In dieser Zeit hat sich in unserem Leben viel verändert Verena war bereits zu ihrem Freund gezogen, kurz darauf ist Ines ebenfalls mit ihrem Freund nach K. gezogen.

Leon entwickelte langsam aber stetig immer mehr imaginäre Ängste, er hatte Angst vor Menschen mit großen Zähnen, dicken Menschen und verschiedenen Musikstücken von Annes Handy. Zu dieser Musik gehörten Figuren, z.B. ein tanzendes Nilpferd, vor dem sich Leon unwahrscheinlich fürchtete. Anne hatte noch eine tanzende sehr dicke Frau auf ihrem Handy. Immer wenn Leon diese Melodien hörte hielt er sich die Ohren zu und rannte davon. Obwohl diese Bilder zu der Musik wirklich nicht angst einflößend waren. Heute weiß ich, dass es falsch war, denn wir haben uns aus diesen, nicht nachvollziehbaren Ängsten, einen Spaß gemacht. Leon wollte aber auch jedem Neuen diese Bilder zeigen. Deshalb haben wir damals seine Angst nicht ernst genommen. Ich muss gestehen, wir haben seine imaginären Ängste bis heute nicht verstanden, vielleicht haben wir uns deshalb darüber lustig gemacht.

Abends im Bett sagte mir Leon dann, er könne die Augen nicht schließen, da die dicke Frau vor seinen Augen erscheinen würde. Ich habe ihm lange erklärt, dass er sich davor nicht zu fürchten braucht, trotzdem dauerte es sehr lange bis er an solchen Abenden einschlief. Er entwickelte noch andere Ängste, wie die vor fremden Jungs.

Auf dem Spielplatz hat er nur mit Mädchen gespielt, auch mit Älteren, zum Beispiel Vanessa. Vanessa ist zwei Jahre älter als er und mit ihr konnte Leon richtig spielen. Falls ein Junge auf ihn zukam, wollte Leon ganz schnell nach Hause. Warum? Ich weiß es nicht.

Später ereignete sich im Kindergarten ein Vorfall, der Leon's Ängste noch auf ältere Mädchen erweiterte. Leon war irgendwie an den Türgriff der Ausgangstür im Kindergarten gekommen, machte sie auf und verschwand nach draußen. Dort hat er Vanessa getroffen, die ihm freundlich „Hallo“ sagte. Leon bekam einen riesigen Schreck, (er wusste wahrscheinlich, dass es falsch war, einfach aus dem Kindergarten zu verschwinden) und lief ganz schnell zurück in den Kindergarten, warf sich seiner Betreuerin Frau Körbel in die Arme und weinte bitterlich. Keiner konnte sein Verhalten begreifen – wahrscheinlich hatte er ein schlechtes Gewissen – Wir vermuteten, dass Leon sich von Vanessa ertappt fühlte. Seitdem hatte Leon Angst vor Vanessa. Wenn sie in den Kindergarten zu Besuch kam, versteckte Leon sich und wenn sie sich auf dem Spielplatz trafen, wollte Leon sofort nach Hause. Er weinte jedes Mal bitterlich. Diese Angst vor Vanessa übertrug sich auch auf andere Mädchen mit kurzen Haaren, Vanessa hatte kurze Haare. Anschließend hatte er Angst vor größeren Mädchen mit schwarzen Haaren, Vanessa hat schwarze Haare. In der Schule dann begann Leon Ängste vor allen größeren Mädchen zu entwickeln, er hatte den Vorfall immer noch nicht vergessen. Die Angst vor Jungen legte sich bald darauf wieder, dafür kamen neue Ängste und gingen wieder. Wir wissen bis heute nicht wieso der Junge Angst vor so harmlosen Dingen haben kann.

Leon konnte und kann einen ganz schön blamieren, als ich ihn in den Kindergarten brachte kam ein dicker Mann die Straße herauf und Leon schrie lauthals „Mann ist der fett“. Ich glaube solche Situationen hat schon jede Mutter erlebt. Doch ab einem gewissen Alter wissen Kinder ganz genau, dass man solche Dinge nicht mehr laut sagt. Leon weiß das bis heute nicht. Solche Sachen sagte er auch beim Einkaufen und anderen Gelegenheiten. Diese Situationen waren oft sehr peinlich. Wenn einer Mundgeruch hatte, nach Schweiß roch, einen Pickel im Gesicht hatte, einen Leberfleck oder eine Warze. Leon sah und roch alles und er sagte das der betreffenden Person immer schön laut direkt ins Gesicht und alle bekamen dies mit, wie peinlich! Als ich ihn darauf ansprach und ihm zu erklären versuchte, dass man so etwas nicht tut, sagte er nur: „ Das ist doch die Wahrheit und die Wahrheit muss ich doch sagen“. Was sollte ich ihm darauf erwidern, er hatte ja Recht.

Ausnahmsweise etwas erlauben, ich habe ganz schnell gelernt, dass das bei Leon zu ständig neuen Forderungen führte. Ausnahmsweise bedeutet für ihn immer. Mein Sohn war einmal krank und hatte Fieber, es ging ihm wirklich schlecht, da habe ich bei ihm ausnahmsweise die Schlafzimmertür abends offen stehen lassen. Nach der Krankheit wollte ich die Tür wieder zu machen, da gab es einen furchtbaren Spektakel. Diesen Kampf hat Leon gewonnen, die Tür blieb offen bis er eingeschlafen war.

Leon hatte oft sehr hohes Fieber, dann benahm mein Sohn sich wie ein ganz „normales Kind". Seine körperlichen und seelischen Funktionen waren durch das Fieber und das Paracetamol-Präperat (Fieber und Schmerzmittel) so weit heruntergesetzt worden, dass Leon für diese Zeit nicht aufgedreht war. Er konnte dann in Ruhe lesen, Geschichten anhören, blieb vor dem Fernseher auf dem Sofa liegen. Leon hatte nur einen ganz großen Tic, wenn er krank war, er sprach nur mit mir und ließ sich von niemand anderen anfassen. Er ignorierte die anderen Menschen um sich herum einfach und reagierte nur auf meine Worte.

Natürlich hat mein Sohn auch viele gute Eigenschaften, wenn unsere Jüngste ihre Freundinnen mit nach Hause brachte, hatte Leon unwahrscheinlich tolle Komplimente für die Mädels parat. Beispielsweise erzählte er einer Freundin: „Ich bin so sehr verliebt in dich, willst du mich heiraten?". Er gab allen ein Küsschen, bat ihnen zu trinken an und hatte Sprüche drauf wie: „Du hast so wunderschöne Augen, sie leuchten wie schimmernde Diamanten", oder „deine Haare sind besonders schön, sie glänzen wie Gold", oder „ich lade dich in ein tolles Hotel ein, dort machen wir richtig schöne Ferien; Anne muss uns überall hinfahren, wohin wir wollen….." Ich überlegte und sprach mit den anderen Familiemitgliedern, woher er diesen Kram hat, aber keiner von uns wusste wie er auf solche Sprüche kam.

Diese ganzen tollen Komplimente hat Leon auch heute noch in seinem Sprachgebrauch, den er zwar nicht mehr so oft benutzt wie früher, aber er macht seine Mitmenschen damit manchmal immer noch sprachlos.

Leon konnte auch sehr gut tanzen, er stellte sich vor seinen Spiegel im Kinderzimmer und tanzte wie ein Weltmeister, er übte für einen Auftritt vor Annes Freundinnen und er hatte immer erfolg damit.

Die Freundinnen wollten sich kaputtlachen und Leon versuchte immer andere Sachen, Sprüche, Komplimente, Tanzen, Singen – um die Mädchen zum Lachen zu bringen. Das machte ihn richtig stolz und er fühlte sich sehr wichtig. Als das Tanzen allein nicht mehr so gut bei den Mädchen ankam und er nicht mehr so im Mittelpunkt stand, zog er sich die Hose aus. Eine komische Reaktion aber es funktionierte, er stand wieder im Mittelpunkt. Problematisch wurde es wie Leon älter wurde. Als Kleinkind war die Darstellung sehr amüsant und alle lachten. Je älter er aber wurde, desto weniger lustig wurden seine Vorstellungen. Leon konnte das nicht begreifen, dass das was er jetzt tat weniger Interesse fand wie vorher. Ich hätte diese Sachen wohl schon von Anfang an unterbinden sollen, aber wie bekanntlich jeder weiß, hinterher ist man immer schlauer.

Wenn die Freundinnen dann genug gelacht haben und Leon aus Annes Zimmer schmissen, musste ich eingreifen, er war ganz verrückt nach den Mädchen und konnte nicht verstehen, dass diese auch mal allein sein wollten.

Solche Situationen endeten bei uns meist in einem Machtkampf und ich durfte diesen nicht verlieren, Wenn ich einmal nicht die Kraft hatte mich durchzusetzen, diese Machtkämpfe waren sehr langwierig und kosteten viel Kraft, hatte ich dieses Thema für lange Zeit verloren.

Leon kannte im Kindergarten und auch häufig im Dorf sämtliche Nachnahmen bzw. Vornamen, seiner Mitmenschen, er grüßte jeden, wirklich jeden mit Namen. Viele Mütter im Kindergarten kamen auf mich zu und erzählten mir oft, wie erstaunt sie seien, dass Leon ihre Namen kennt und wie höflich er doch sei. Er vergaß nie jemanden zu grüßen, er ließ auch immer Grüße bestellen, wenn er andere Familienmitglieder kannte. Selbst in der Stadt grüßte er jeden, der uns entgegenkam und war immer sehr empört wenn die Leute nicht Zurückgrüßten. Er ist auch heute noch auffallend freundlich und grüßt jeden mit Namen. Die Namen seiner Mitmenschen kann er sich immer noch sehr gut merken und weiß immer wie bestimmte Leute heißen, er hat die Namen auch noch nie verwechselt. Dadurch fiel und fällt Leon sehr positiv auf, denn Freundlichkeit ist heute eigentlich nicht mehr in Mode.

Der Hausmeister der Schule sagte einmal es sei eine Ausnahme, wenn eine Mutter zu ihm „Guten Morgen“ sagt und bei den Kindern sei es noch schlimmer.

Leon kannte auch die Namensschilder auf der Garderobe im Kindergarten

ganz genau, eine Praktikantin erzählte mir, sie dachte Leon könne lesen, da er sämtliche Namen auf den Schildern richtig benennen konnte.
Er war auch im Kindergarten für seinen Charme bekannt. Als einmal eine Betreuerin, die in Mutterschutz war, die Kinder besuchte, freuten sich alle diese Frau wieder zu sehen, alle riefen „Hallo", Leon lud sie zum Frühstück ein.
Weitere Veränderungen kündigten sich an, Ines war umgezogen und Verena trennte sich von ihrem Freund, sie zog wieder ein. Ines zog von K. zurück in unser Dorf, sie hatte Heimweh und so konnte sie uns oft besuchen. Dass Verena wieder zurückgekommen war und Ines immer in greifbarer Nähe war, fand Leon ganz toll, er blühte regelrecht auf. Er hatte seine ganze Familie wieder beisammen.
Leider bleibt die Zeit im Leben nicht stehen, und so ist Daniela ausgezogen, sie wohnte dann in K. mit ihrem neuen Freund zusammen. Daniela, an der Leon besonders hing, da sie oft zu Hause war und auch viel mit ihm unternommen hatte.
So fuhr Daniela mit dem fast 5 jährigen Leon und einem Bekannten Schlitten, an einem beliebten höheren Berg in der Nähe, der gut besucht war. Der Bekannte war mit seinem Schlitten schon vorgefahren und als Daniela es endlich geschafft hatte den Berg hinunter zu rodeln sagte ihr der Bekannte, dass soeben ein kleiner Junge auf einem Plastikschlitten alleine die Bahn herunter gerodelt sei: „Mit einem Affenzahn ist der Junge gegen den Baum geknallt. Manche Eltern spinnen doch, so einen kleinen Wurm unbeaufsichtigt zu lassen. Die Rodelbahn ist viel zu steil und gefährlich". Daniela wurde ganz verzweifelt, das Kind war Leon, er hatte sich auf den Schlitten gesetzt und war abgedüst. Meine Tochter hatte nämlich Turnschuhe zum Rodeln angezogen und kam nicht so schnell hinterher, da sie immer wieder ausrutschte. Sie lief so schnell sie konnte mit ihren Turnschuhen zu diesem Baum, wo der Kleine furchtbar am schreien war. Wie sie dort ankam, hatte eine nette Frau mein armes Kind auf den Arm genommen. Die Menschen hatten alle Mitleid mit meinem Sohn, denn sie dachten, Leon hätte sich die Beine gebrochen. Leon war irgendwie mit den Beinen zuerst auf den Baum aufgeprallt. Daniela und ihr Bekannter kamen schnell nach Hause, es war „Gott sei Dank" nichts gebrochen und Leon hat sich auch schnell wieder beruhigt.

Danach beteuerte Leon, dass er niemals wieder mit Daniela Schlitten fahren würde.
Nun war seine geliebte Schwester ausgezogen und Leon sagte nichts, kein Wort, er zeigte seine Trauer durch sein Verhalten. Er provozierte und tat alles was verboten war. Gut, dass er zu dieser Zeit noch in den Kindergarten ging, dort wurde er immer wieder aufgefangen und die Kindergärtnerinnen besprachen ihre Vorgehensweise mit uns Eltern, so konnten wir ebenfalls in diese Richtung agieren.
Dann zog Verena auch wieder mit einem neuen Freund nach K. Leon hatte sich gerade an sie und ihren Freund, der ebenfalls eine Weile bei uns gewohnt hatte, gewöhnt. Es war immer das gleiche Spiel, Leon spielte verrückt. Wir berieten uns mit den Betreuerinnen im Kindergarten und er fing sich meist nach 1 bis 2 Wochen wieder.
Ein Trost für Leon war, dass er seine Schwestern immer mal am Wochenende besuchen durfte, er schlief bei ihnen und sie unternahmen als Entschädigung fürs Ausziehen viele schöne Sachen mit ihm. Sie fuhren mit ihm Straßenbahn, was ganz neu für ihn war, gingen mit ihm Schwimmen, oder in den Kleintierzoo, gingen mit ihm Essen oder Bummeln, besuchten Kinovorstellungen, welche für Leon besonders anstrengend waren, da er dort lange sitzen musste, was ihm besonders schwer fiel. Trotzdem fand Leon die Kinobesuche ungeheuer spannend, er fand die Toiletten im Kino sehr interessant. Deshalb musste mein Sohn ständig auf das Klo, vom Film bekam er nur die Hälfte mit.
Leon war jedes Mal begeistert und besuchte seine Schwestern sehr gern. Auch Ines, die in unserer Nähe wohnte, besuchte er öfters und übernachtete auch bei ihr, was er ebenso toll fand.
Leider wohnte Ines zu dieser Zeit auf der anderen Seite des Dorfes, wir mussten
über die Hauptstraße, die sehr stark befahren ist und wo die Autos rasen. Deshalb durfte Leon dort nicht alleine hingehen. In die Nähe dieser Straße zu gehen, war strengstens verboten, woran Leon sich auch hielt.
Bis auf einmal, Leon durfte zu dieser Zeit alleine vom Kindergarten nach Hause gehen. Er war sehr stolz auf seine errungene Selbstständigkeit. Es funktionierte ganz toll, Leon war sehr pünktlich, er benötigte zwar für den Weg, für den man eigentlich nur 5 Minuten brauchte, ca. ½ Stunde, aber länger brauchte ich nicht zu warten. Eines Tages kam Leon auch nach

dieser Zeit nicht nach Hause, ich suchte den Weg zum Kindergarten ab und erkundigte mich, wann die Kindergärtnerinnen meinen Sohn nach Hause geschickt hatten. „Der ist pünktlich um 16,00 Uhr gegangen". War mein Kind nun wieder unterwegs im Dorf, mussten wir wieder anfangen ihn überall zu suchen. Ich dachte „Bitte nicht, keine nervenaufreibenden Suchaktionen mehr!" Als ich, ganz aufgeregt auf dem nach Hause Weg war, traf ich meinen Sohn heulend auf der Straße vor unserem Haus. „Wo warst Du?" Leon heulte ununterbrochen und ich konnte kein Wort verstehen. Ich zog ihn an der Hand hinter mir her, die Treppe hoch, ins Haus. Ich nahm ihn eine Weile in den Arm und er erzählte mir: „Ich bin ins Plus gegangen und wollte einkaufen. Ich musste über die verbotene Straße. Dann hat mich die Verkäuferin übelst angeschrien, weil ich kein Geld hatte. Ich bin dann ganz schnell zu dir gelaufen!" Ich wollte zu einer Standpauke ansetzen, kam aber nicht dazu, denn Leon fing wieder bitterlich an zu weinen. „Das mache ich nicht wieder. Die hat mich furchtbar angeschrien und ich habe ganz große Angst bekommen!"

Leon wiederholte solche Aktionen nie mehr, er ist mindestens ½ Jahr nicht mehr mit uns ins Plus gegangen. Er sagte immer: „Ich habe Angst vor den Verkäuferinnen."

Ich bin der Verkäuferin bis heute dankbar für ihre schnelle Reaktion. Leon würde nie mehr ohne bezahlen zu können in ein Geschäft gehen. Dieser Vorfall war meinem Sohn tatsächlich eine Lehre. Vielleicht lernt Leon doch aus schlechten Erfahrungen?

Unsere gemeinsame Lieblingsbeschäftigung war zusammen Hühner misten, dafür war Leon zu haben. Wehe ich habe das mal alleine gemacht, dann konnte er wütend werden. Also haben wir von nun an die Hühner immer gemeinsam gemistet. Wir haben auch heute noch viel Spaß dabei und ich merke wie gut es für Leon ist sich mal so richtig auszupowern. Wir haben oft zusammen Holz zum Heizen in unseren Unterstand gefahren und im Holzstall gestapelt. Wir haben Gras für die Hasen gemäht, erst habe ich gemäht und Leon hat das Gras zusammengerecht und in den Korb gesteckt, dann durfte er mähen und ich habe das Gras gemacht. Dies war unsere Lieblingsarbeit, auch heute noch. Leon kann mittlerweile mit dem Rasenmäher so gut umgehen wie mit dem Balkenmäher, mit unserem Entmooser, ebenfalls ein Motorgerät, befährt er unseren ganzen Rasen und mäht am anderen Tag mit dem Rasenmäher darüber.

Unser Gartengelände beträgt 1.500qm. In diesen Arbeiten ist Leon recht ausdauernd, obwohl sein Interesse an diesen Dingen langsam abnimmt. Bei den Arbeiten im Haushalt habe ich es viel schwerer ihn zu kleineren Aufgaben anzuhalten. Seine Schuhe ordentlich auf ihren Platz zu stellen, oder die Jacke aufzuhängen, seinen Teller in die Spülmaschine zu stellen oder den Müll runter bringen. All das bedeutet immer Strenge oder gutes Zureden, wobei ich festgestellt habe, wenn ich mehrmals lieb bitte, war und ist Leon eher bereit sich auf seine Aufgaben einzulassen.
Durch den Kindergarten, die Ergotherapie und die Beratung der pädagogischen Frühförderung hatte mein Sohn sehr viel gelernt, Er war recht ausgeglichen und zufrieden. Am Anfang der Kindergartenzeit wirkte Leon bei den Betreuerinnen sehr ängstlich und unsicher, auch das hatte sich gelegt. Leon konnte sich jetzt im Stuhlkreis genauso gut ausdrücken und Geschichten erzählen, wie die anderen Kinder. Er hatte in kürzester Zeit viele soziale Regeln gelernt und der Umgang mit anderen Kindern war bei ihm jetzt „normal“. Hatte er am Anfang versucht durch Schubsen und Boxen Kontakt mit den Kindern aufzunehmen, so fanden seine Kontaktaufnahmen jetzt durch Fragen „kann ich mitspielen usw.“ statt. Leon konnte sich auch länger auf Spiele einlassen, er spielte mit den Mädchen in der Puppenecke und konnte auch an anderen Fantasiespielen teilnehmen. Mein Sohn liebte es in den Kindergarten zu gehen und die Betreuerinnen hatten Leon auch sehr gern.
Ich denke, wir waren alle Stolz darauf, dass aus dem unsicheren Leon, der sich auf nichts konzentrieren konnte und viele andere Probleme hatte, ein so toller Junge geworden war.

Ein Fiasko bahnt sich an. Leon wird für die Einschulung getestet

Im September 2004 wurden mein Mann Ralf und ich mit Leon auf das Gesundheitsamt in W. bestellt. Integrationskinder wurden dort auf ihre Schultauglichkeit überprüft. Leon musste ein paar seltsame Zeichnungen abmalen und dann sind wir von der zuständigen Ärztin aufgerufen worden.

Sie untersuchte unser Kind, fand die Zeichnungen ungenau und stellte ihm anhand eines Zettels mehrere Fragen. Die Fragen bezüglich des Zettels hat Leon beantworten können, leider musste die Ärztin ihm diese Vorgänge mehrfach erklären bis Leon verstand. Er musste seinen Namen schreiben, was er auch gut konnte und sie stellte meinem Kind noch einige Fragen zu seiner Person. Normalerweise konnte Leon zu dieser Zeit sämtliche Daten zu seiner Person beantworten, er wusste wo wir wohnen, Straße, Hausnummer, Wohnort, Telefonnummer mit Vorwahl und sogar die Postleitzahl. Leider bemerkte ich, dass Leon keine Lust mehr hatte mit dieser Frau zu sprechen, also antwortete er irgendwelche Sachen, die ihm gerade so einfielen. Das war voll daneben gegangen, wir bekamen gesagt, unser Junge hätte eine zu große Fantasie, wobei ich nicht verstanden habe, dass Fantasie ein Nachteil ist.

Na gut, sie war halt der Meinung Leon sei Entwicklungsverzögert, wo ich ihr recht gegeben habe. Seine Antworten passten nicht zur Fragestellung. Die Ärztin kam zu dem Ergebnis, dass für Leon eine Vorschule die bessere Alternative zur Schule sei. Ich fand diesen Vorschlag nicht schlecht. Kurze Zeit später mussten Leon und ich zum Schultest, Leon war sehr aufgeregt zeigte dies aber nicht. Wie immer konnte ich seine Gefühle nur irgendwie erraten. Mein Sohn musste wieder ein Bild malen. Anschließend holte die zu der Zeit in unserer Schule tätige Direktorin Frau Rosenheim ca. 4-6 Kinder zum Test in ihr Büro. Uns Eltern ließ sie in der Zeit Fragebögen ausfüllen. Frau Rosenheim hatte die Kinder höchstens 10 bis 15 Minuten in ihrem Büro, dann kamen die Nächsten. Den Eltern wurde gesagt, die Direktorin würde sich, wenn irgendetwas nicht in Ordnung wäre, umgehend bei den Eltern melden. Ich habe den Fragebogen wieder abgegeben und bin gegangen. –Was ich nicht wusste, das es einem Verbrechen gleich kam die Integration im Kindergarten

nicht anzugeben. Was ich übrigens bewusst verschwiegen habe, warum? weiß ich nicht, es war so ein Gefühl.-
Die Schule ließ lange Zeit nichts von sich hören, so dachten wir, dass unser Kind im September 2005 in die Schule kommen würde.
Ca. im November, auf jeden Fall vor den Weihnachtsferien bestellte uns die Direktorin Frau Rosenheim zu einem Gespräch in die Schule. Mein Mann Ralf, Leons Vater hat lange Haare und ist tätowiert, als Frau Rosenheim uns begrüßte wusste ich sofort, dass sie sich über uns schon eine Meinung gebildet hatte. Keine vornehme Kleidung, lange Haare des Mannes und auch noch Ohrringe! Ich kenne diesen Blick, er kommt immer dann, wenn die Verkäuferin im Supermarkt nachfragt, ob unsere EC-Karte auch gedeckt ist.
Und so verlief auch das Gespräch. Zuerst machte Frau Rosenheim uns Vorwürfe, dass ich den Integrationsplatz im Kindergarten nicht angegeben hatte, sie sprach ungeheuer unfreundlich und sehr bestimmend. Dieser Tonfall bringt mich sehr in Rage, vor allen Dingen, wenn ich so herablassend behandelt werde, obwohl die Frau mich nicht kennt und überhaupt nichts von uns weiß.
Ralf reagiert auf solche Sachen immer etwas belustigt und er blieb ganz ruhig. Er antwortete der Dame, weil er genau wusste, dass ich etwas Zeit brauchte um mich wieder zu beruhigen. Er sprach von einem Versehen meinerseits und versuchte etwas Ruhe in das Gespräch zu bekommen. Frau Rosenheim fuhr nun fort. Leon hätte mit ihr und den Kindern gewürfelt und konnte 3 und 3 nicht zusammenzählen, bei ihm war 3 und 3 = 33. Ich erwiderte darauf, dass der Kinderarzt sowie Frau Albert von der pädagogischen Frühförderung angeraten hatten, mit Leon keinerlei schulischen Dinge zu üben, damit er sich nicht langweilt, wenn er zu viel von diesem Stoff beherrscht. Frau Rosenheim erwiderte darauf, dass es nicht auf seine Rechenleistung ankäme, sondern sie hat festgestellt, dass Leon einen Sprachfehler hätte und somit auf die Sprachbehindertenschule gehöre. Pause- wir waren beide sehr perplex und konnten im ersten Moment gar nicht reagieren. Ich fragte: „Wieso denn das? Der Logopäde hat doch gesagt Leon habe keinen Sprachfehler?“ „Ich sage es ist so, und ich kann das beurteilen, wenn er nicht in der Sprachbehindertenschule (wird meist Sprachheilschule genannt) aufgenommen wird, dann geht er eben in die Vorschule und von da aus direkt in die Schule für Lernbehinderte! Lassen

Sie sich das mal richtig durch den Kopf gehen, reden Sie nicht mit anderen Leuten darüber, auch nicht mit Ihren anderen Kindern. Wenn ich Ihnen diesen Vorschlag mache, dann ist das genau das Richtige für Ihren Sohn.“

Niemand hat mir später so richtig geglaubt, dass eine Schuldirektorin so mit Eltern zukünftiger Schüler gesprochen hat, aber es war wirklich so, Ralf kann das bestätigen- unfassbar- Ich wollte das Gespräch noch fortführen und habe gekocht. Frau Rosenheim unterhielt sich nicht mehr mit mir, denn Widerworte konnte sie nicht vertragen, was mir später übrigens von anderen Müttern bestätigt wurde. Sie unterhielt sich nur noch mit Ralf, dieser fragte nach einem Integrationsplatz in der Schule. Die Direktorin meinte nur kurz: „ Sie können es versuchen, aber den bekommen Sie nicht genehmigt.“ Damit war für sie das Gespräch beendet. Ich hatte einen so dicken Hals, dass ich tatsächlich drei Tage lang Schluckbeschwerden hatte.

Wir redeten natürlich mit unseren Kindern und auch mit anderen Menschen über dieses „seltsame Gerede“ von der Direktorin. Am Ende kam heraus, dass sie ohne das Einverständnis der Eltern nichts machen kann und sie auch ganz bestimmt nicht alleine darüber bestimmen kann auf welche Schule Leon zu gehen hat.

Ich ließ bei unserem Kinderarzt einen Sprachtest machen, irgendwie war ich total verunsichert. Am Vormittag, wir wollten gerade zum Kinderarzt, rief mich Frau Rosenheim an und gab mir den Rat keinen Sprachtest beim Kinderarzt zu machen, ich könnte ihr vertrauen. Was für ein Zufall, ich war wirklich durcheinander. Ich bin aber doch zum Kinderarzt gefahren und wir haben einen Sprachtest gemacht. laut diesem Test und Dr. Bauer hat Leon keinen Sprachfehler.

Mich hat die Aussage von Frau Rosenheim mit der anschließenden Sonderschule aufgeschreckt. Deshalb habe ich eine Bekannte angerufen, die ebenfalls Lehrerin ist und mit ihr habe ich über die Sonderschule nach der Vorschule gesprochen. Sie teilte mir mit, dass eine Vorschule eine gute Sache für entwicklungsverzögerte Kinder sei und die Sprachheilschule eine noch bessere Schulform darstellt. Es sei aber ungewöhnlich, dass ein Kind im Anschluss an diese Schule nicht auf die Regelschule zurückkommt. Eine Zuweisung auf die Sonderschule treffe nur in ganz seltenen Fällen zu. (Sprachheilschulen und Vorschulen arbeiten darauf hin,

Kinder in Regelschulen zu integrieren). Außerdem haben in so einem Fall die Eltern immer ein Mitspracherecht.

Weihnachten verlief bei uns so wie immer, alle Kinder und Schwiegerkinder, die Oma und wir anderen, (Leon, Anne, Ralf und ich) trafen uns wie jedes Jahr zu Heiligabend bei uns zu Hause. In den letzten zwei Jahren war unsere Familie auf einige Schwiegersöhne angewachsen. Wir verstanden uns alle Gut, haben gemeinsam gegessen und anschließend Bescherung gemacht. Der Weihnachtsmann kam auch und Leon zeigte keinerlei Furcht vor ihm. Wenn der Weihnachtsmann sagte: „Warst du auch immer artig?“ Antwortete Leon mit einem unverfrorenem „Ja!“ Wenn der Weihnachtsmann Leon auf bestimmte Versäumnisse aufmerksam machte, sagte er keck: „Ich hab doch alles gemacht wie es mir gesagt wurde, außerdem bin ich ein lieber Junge, also was bekomme ich von Dir geschenkt?“ Der Weihnachtsmann musste lachen und gab ihm seine Geschenke. (Der Weihnachtsmann war unser Nachtbar. Leon hat uns erst viel später darüber berichtet, dass er den Weihnachtsmann erkannt hat).
Wir spielten danach den ganzen Abend die neuen Gesellschaftsspiele, die Leon geschenkt bekommen hatte, manchmal mussten wir auch ein zwei, dreimal dasselbe Spiel spielen. Wir haben dabei viel gelacht und Leon war glücklich, alle seine Geschwister waren zu Hause, dass war das allerschönste an Weihnachten.
Ich habe noch vergessen zu erwähnen, dass Leon in der Kindergartenzeit mit jedem Fremden mitgegangen wäre. Er hat jeden Fremden angesprochen, wenn etwas zu erfragen war, er ist überall mit hingegangen, hat auf Geburtstagen wildfremde Kinder angesprochen, er fragte mich „wie soll ich das machen,“ ich antwortete ihm, wie ich es machen würde, so ging er zu den Kindern: “Hallo, ich bin der Leon, kann ich mit euch spielen,“ es klappte jedes Mal. Leon hatte zu diesem Zeitpunkt keine Schwierigkeiten auf normalem Weg Kontakt zu Kindern aufzunehmen und sich mit anderen Kindern zu verstehen. Er spielte ihre Rollenspiele oder auch andere Kinderspiele und war sogar recht beliebt.
Neue Erkenntnisse zu einem Syndrom wurden mir bewusst. Leon hat wenig oder gar kein Mitgefühl, wenn ein Huhn stirbt weint er ganz herzzerreißend, aber wenn von uns jemand krank ist, oder schmerzen hat,

ruft Leon lachend; „selber Schuld". Er tut ungeheuer abgebrüht, dabei ist er sehr sensibel. Mein Sohn versteckt seine Gefühle und erkennt keine Gefühle von anderen Menschen. Die meisten Schwierigkeiten mit anderen Kindern liegen, glaube ich daran, dass Leon keine Mimik erkennen kann, er kann Stimmungen nicht einschätzen, kann verschiedene Tonlagen nicht auseinander halten (böse sein, streng sein, lustig sein, traurig sein, Leon erkennt diese Stimmungen nicht) und zeigt selber kaum Gefühlsregungen. Ich habe bei ihm in den ganzen Jahren nur zwei oder drei Mal eine Enttäuschung auf seinem Gesicht gesehen. Irgendetwas stimmt nicht mit meinem Kind, ich weiß nur nicht was.
Leon redet immer noch sehr wenig, ab und zu fällt ihm ein Ereignis ein, dass er mir so nebenbei erzählt. Dieses Ereignis lag aber schon einige Zeit zurück. Was im Kindergarten los war, habe ich nur von den Kinder gartenbetreuerinnen erfahren.
Im Neuen Jahr haben Ralf und ich einen Antrag für „Gemeinsamen Unterricht" geschrieben. Frau Albert von der pädagogischen Frühförderung half mir dabei. Sie war sehr zuversichtlich, da Deutschland einen sehr schlechten Platz bei der Pisa Studie erzielte. Die Schulbeamten sorgten sich sehr und hatten etliche Verbesserungen im Hinblick auf Förderung der Schüler vor. So schrieben wir am

05.01.2005 an das Staatliche Schulamt folgenden Brief:
Sehr geehrte Damen und Herren,
hiermit beantragen wir „Gemeinsamen Unterricht" für unseren Sohn Leon, geb. am 15.03. 1999, für das erste Grundschuljahr 2005 in der Grundschule.
Wir sind einverstanden mit der Durchführung eines sonderpädagogischen Gutachtens, das den Bedarf zur Integration in der Grundschule feststellen soll.
Mit freundlichen Grüßen

Damit verabschiedete sich Frau Albert von der pädagogischen Frühförderung von uns, ich möchte mich recht herzlich bei ihr für ihre Unterstützung bedanken, ohne ihre Hilfe wären wir nicht so gut vorangekommen und wären sehr hilflos gewesen.

Am 19.01. 2005 kam die Antwort des staatlichen Schulamtes:
Beschulung Ihres Sohnes Leon, geb. am 15.03. 1999
Sehr geehrte Frau Schulz,
Sehr geehrter Herr Schulz,
Wie mir von der Schulleitung der Grundschule mitgeteilt wurde, sind bei ihrem Kind nach seinem gegenwärtigen Entwicklungsstand möglicherweise Schwierigkeiten bei der Beschulung im nächsten Schuljahr (Klasse 1, der Grundschule) zu erwarten.
Ich habe deshalb im Interesse Ihres Kindes eine pädagogisch-diagnostische- Überprüfung angeordnet, durch die festgestellt werden soll, ob bei Ihrem Kind sonderpädagogischer Förderbedarf vorliegt.
Die Überprüfung wird von der Lernhilfe Schule (BFZ) in W. durchgeführt. Sie erhalten von dort aus weiteren Bescheid.
Über das Ergebnis des Sonderpädagogischen-Überprüfungsverfahren werden Sie zu gegebener Zeit informiert werden.
Hochachtungsvoll

Im Januar 2005, also nach dem Schreiben des staatlichen Schulamtes, bin ich wegen einer Schilddrüsenoperation ins Krankenhaus in der kleinen Nachbarstadt gekommen. Ich war nur ca. 1 Woche dort in stationärer Behandlung. Danach ging es mir sehr schlecht, hatte ich vorher schon psychische Probleme, so waren es nun Riesenbeschwerden. Mein Hormonhaushalt war total zusammengebrochen, wodurch meine Nerven verrückt spielten. Es hat ziemlich lange gedauert bis ich mich wieder erholt hatte. Zum Glück ging Leon schon eine ganze Weile allein in den Kindergarten und er kam auch ganz allein wieder nach Hause. Er war bis auf ein-zwei Mal pünktlich und ich schaffte es mit der Zeit immer besser mich zu Hause wieder um alles zu kümmern.
Dann stand unsere Silberhochzeit bevor, wir planten eine große Feier in einer Gaststätte. Ich habe die Einladungskarten entworfen und verschickt, wir hatten das Essen bestellt. Alles war vorbereitet.
Wir freuten uns alle auf dieses Fest, besonders Leon, der Feste über alles liebte und er beteuerte oft, er könne es gar nicht erwarten, „Ich freue mich so darauf.“ sagte er ständig.
Mit den Erzieherinnen des Kindergartens sprach ich noch mal über die Schule, sie waren wie schon früher der Meinung, dass Leon unbedingt in

die Regelschule am Ort gehen müsse. Er hat, wie schon gesagt, sehr viel Angst vor Veränderungen. Der neue Ort und die neuen Bezugspersonen wären für ihn ein großes Problem. Mein Kind würde aber hier seine Freunde aus dem Kindergarten behalten. Dieser Tatbestand würde ihm sehr helfen, mit der neuen Situation fertig zu werden.
Am 02.03.2005 erhielten wir einen Brief von der Schule für Lernhilfe, die einen Überprüfungstermin für den 07.03. festsetzte. Dies bedeutet, dass ein Lehrer mit einer zusätzlichen Ausbildung von der Schule für Lernhilfe für ca. 3 Tage Stundenweise in den Kindergarten kommen würde, um Leon kennen zu lernen, sich ein Bild über ihn mit Hilfe der Kindergärtnerinnen zu machen und anschließend noch einige Tests mit Leon durchführen würde.
Ich weiß nicht mehr genau, ob mein totaler Nervenzusammenbruch vor oder nach dieser Ankündigung war. Auf jeden Fall bekam ich von unserem Hausarzt drei bis vier Tage lang Psychopharmaka gespritzt. Aber eines Nachts war es dann soweit, ich konnte nicht mehr, ich hatte das Gefühl ich müsse sterben. Ich habe rum geschrien und ganz furchtbar geheult. Leon ist in dieser Nacht zu Anne aufs Zimmer gegangen, hat sich neben sie gelegt und hat teilnahmslos gesagt: „Mama stirbt gerade." Keine Träne, keine sonstigen Emotionen, er sagte es so wie „der eine Apfel ist faul". Als ich im Nachhinein davon hörte, lief es mir kalt den Rücken runter.
Ich wurde von einem Krankenwagen in die nahe gelegene Nervenklinik gebracht. Unseren Silberhochzeitstag verbrachten Ralf und ich zusammen mit unseren Mädchen in der Nervenklinik, mit Kaffee, Kuchen und 25 roten Rosen. Die große Feier wurde abgesagt.
Nach 3 Wochen Klinikaufenthalt bin ich wieder nach Hause gekommen. Leon freute sich wirklich mich wieder zu sehen, er versicherte mir, „Mama, ich habe dich ganz doll vermisst, ich bin so froh, dass du wieder da bist, die anderen haben mich immer geärgert. Jetzt bist du wieder da und kannst mich wieder ins Bett bringen und wir können ganz doll kuscheln."
Ich war auch ganz doll glücklich, wieder zu Hause zu sein. Ich war froh, dass mein Krankenhausaufenthalt noch vor der Schule war, denn wie gesagt so etwas wirft Leon aus der Bahn.
Es war Ostern 2005, und da ich keine Ostereier oder einen Osterhasen

geschenkt bekommen hatte, habe ich mir einen kleinen Hund gewünscht. Nach vielem Bitten und Betteln, habe ich erreicht, dass mein Mann sich hat erweichen lassen. Er kann mir sowieso keinen Wunsch abschlagen. In unserer Wochenendzeitung stand ein Züchter, der kleine Malteser verkaufte. 8 Wochen waren sie alt und der Züchter wohnte nicht weit von uns entfernt. Ich hatte das alles schon insgeheim geplant und so fuhren wir zu dem Züchter und kauften ihm einen kleinen Malteserrüden ab. Was war das für ein kleines Wollbündel von Hund, Leon nannte ihn Johnny. Er wurde für Leon so etwas wie ein kleiner Bruder. Er und Johnny waren von Anfang an ein knuffiges Paar. Die Beziehung zu Johnny war anders wie zu Joshy. Joshy respektiert Leon und er würde sie niemals ärgern. Johnny und Leon zanken sich wie Geschwister und wie Geschwister sind sie unzertrennlich. Die anderen Tiere haben unseren Neuzugang als Baby akzeptiert und haben ihn auch so behandelt. Nun musste Joshy auf Leon und Johnny aufpassen, was für sie nicht immer leicht war.
Ralf erzählte mir, dass der Überprüfungslehrer bei ihm gewesen sei, er berichtete mir, Herr Kaufmann sei ein sehr verständnisvoller Mann, der einen Bericht von der Schule und dem Gesundheitsamt über Leon erhalten hatte, in dem ein kleiner, verschlossener, überängstlicher Junge beschrieben wurde. Herr Kaufmann hatte sich vorher viele Gedanken darüber gemacht, wie er an den Jungen herankommen sollte ohne ihn total zu verschrecken. Der Lehrer war sehr überrascht, was für ein Kind er vorfand. Nämlich ein vollkommen offenes Kind, welches ohne vorbehalte auf ihn zukam, sich mit Namen vorstellte und ihm ungezwungen den Kindergarten zeigte. Leon stellte ihm die Erzieherinnen und auch etliche Kinder mit Namen vor und war auch sonst für alles was Herr Kaufmann an Tests, Gesprächen usw. mit ihm vorhatte vollkommen zufrieden.
Mein Sohn hatte sich auf Herrn Kaufmann eingelassen und hatte mit dem Lehrer viel Spaß.
Herr Kaufmann unterhielt sich mit Ralf über die Familie und Leon. Er wollte die Familiensituation und alles um Leon wissen, um einen detaillierten Bericht erstatten zu können. Als ich Herrn Kaufmann später kennen lernte, war mir sofort klar, warum Leon von Anfang an einen so guten Draht zu dem Lehrer hatte. Ein sehr netter Mann ohne Falsch. Ich hatte von anderen Müttern von Herrn Kaufmann gehört und das alle

Kinder gut mit ihm zurecht kamen. Auch die Mütter hatten eine sehr gute Meinung von ihm. Er war Integrations- Lehrer in der damaligen 4. Klasse und war allgemein beliebt. Die ganze Klasse profitierte von ihm. Ich dachte, dieser Mann ist ein Lehrer für Leon.
Herr Kaufmann las uns sein sonderpädagogisches Gutachten vor, erklärte viele darin enthaltenen Einschätzungen und ließ uns mit unserer Unterschrift unser Einverständnis bestätigen.
Kurz darauf erfuhr ich, dass der Sonderpädagoge, Herr Kaufmann, nicht mehr in Hessen unterrichtete, warum weiß keiner.

Am 11 05.2005 kam das Gutachten von dem staatlichen Schulamt:

Beschulung Ihres Sohnes Leon, geboren am 15.03.1999

1. Hessisches Schulgesetz vom 17. Juni 1992 (GVB1. I S. 233) in Fassung vom 2.08.2002 (GVB1. I S 465) in Verbindung mit § 18 der Verordnung über sonderpädagogische Förderung vom 22. Dezember 1998 (AB1. 199, S. 47).
2. Mein Schreiben vom 19.01.2005, Az.: wie oben
3. Die in meinem Auftrag von der Sonderschule durchgeführte Beratung
4. Ihr Antrag auf Beschulung im gemeinsamen Unterricht

Anlage: Kopie des pädagogisch-diagnostischen Gutachtens

Sehr geehrte Damen und Herren,
mit Datum von heute stelle ich aufgrund der Ergebnisse des sonderpädagogischen Überprüfungsverfahren gemäß § 54 Abs. 2 Hess. Schutzgesetz in Verbindung mit § 18 Abs. 6 der Verordnung über sonderpädagogische Förderung fest, dass bei Ihrem Sohn Leon sonderpädagogischer Förderbedarf im Sinne einer Schule für Erziehungshilfe besteht.

Sie haben als Eltern ein Wahlrecht, ob ihr Kind im Rahmen des „Gemeinsamen Unterrichts“ die allgemeine Schule oder die Sonderschule besucht (§ 54 Abs. 3 Hess. Schulgesetz, § 20 der Verordnung über sonderpädagogische Förderung vom 22.12.98).

Sofern Sie für Ihr Kind eine sonderpädagogische Förderung im Rahmen des „Gemeinsamen Unterrichts“ wünschen, wäre dies bis spätestens zwei Wochen nach Zugang dieser Verfügung bei meinem Amt erneut zu beantragen. Ich weise allerdings darauf hin, dass personelle Möglichkeiten für eine sonderpädagogische Förderung an einer allgemeinen Schule nur in einem sehr begrenzten Umfang zu Verfügung stehen.
Diese Stellen reichen bei Weitem nicht aus, um alle Wünsche nach Durchführung gemeinsamen Unterrichts erfüllen zu können. Deswegen ist es notwendig, unter den gestellten Anträgen Prioritäten zu setzen.
Das Staatliche Schulamt wird hierbei in der Weise vorgehen, dass zunächst die Fälle positiv beschieden werden, in denen zielgleicher Unterricht möglich ist. Der bei Ihrem Sohn Leon festgestellte Förderbedarf im Sinne einer Schule für Erziehungshilfe kann im Wege eines zielgerechten Unterrichts erfüllt werden.

Mit den verbleibenden Stellen werden solche Anträge auf gemeinsamen Unterricht bewilligt, bei denen mehrere Schüler in einer Gruppe gefördert werden können.

Das Ergebnis der pädagogischen Überprüfung entnehmen Sie bitte dem beigefügten sonderpädagogischen Gutachten.
Mit freundlichen Grüßen

Rechtsmittelbelehrung

Gegen diesen Bescheid kann innerhalb eines Monats nach Bekanntgabe Widerspruch eingelegt werden. Der Widerspruch ist schriftlich oder zur Niederschrift bei dem staatl. Schulamt für den Landkreis und der Stadt K. zu erheben. Dabei sollten die zur Begründung dienenden Tatsachen und Beweismittel angegeben werden.
Die Bearbeitung des Widerspruches unterliegt den Bestimmungen des Hessischen Verwaltungskostengesetzes und der Kostenordnung für den Bereich des Kultusministeriums.

1. Sonderpädagogisches Gutachten

2. Name und Anschrift, Eltern
Beginn der Schule 1.08. 2005
Besuchte Einrichtung Kindergarten seit 1.09.2003
Untersuchungszeitraum März 2005
Gutachter

3. Untersuchungsanlass/Fragestellung:
Leon ist von der Grundschule in H. zur Überprüfung auf sonderpädagogischen Förderbedarf gemeldet worden, da sich Auffälligkeiten bei der schulärztlichen Untersuchung und beim Anmeldegespräch in der Grundschule gezeigt hat. Die Untersuchung soll seinen aktuellen Entwicklungs- und Leistungsstand feststellen und Aufschluss geben über die Möglichkeiten und Bedingungen der Beschulung zum Schuljahresbeginn 2005/06.

4. Vorgehen bei der Untersuchung
Gespräch mit dem Vater
Gespräche mit den Erzieherinnen seiner Kindergartengruppe
Beobachtung in der Gruppe und in der Einzelsituation
CFT 1, Intelligenztest
Strukturbezogene aufgaben zur Prüfung mathematischer Einsichten Teil 1 nach Kutzer/Probst (Auswahl)
Körperkoordinationsübungen in Anlehnung an KTK
Sprachüberprüfung
5. Ergebnisse
Familiäre Geschichte und Situation

Leon lebt mit seinen Elter in einem kleinen Dorf. , er hat zwei erwachsene Schwestern. Außerdem leben in der Familie noch zwei Töchter von Frau Schulz's verstorbener Schwester, die auch bereits erwachsen sind. Nach Aussagen des Vaters, (mit der Mutter konnte ich nicht sprechen, da sie zurzeit im Krankenhaus ist) sollte bei Leon als „Nachzügler“ die

Erziehungsarbeit optimal gestaltet werden. Er sei nur von Erwachsenen umgeben und von diesen umfassend „entertaint" worden.
Auch ein zeitgerechter Kindergartenbesuch sei unterblieben. Erst als Auffälligkeiten bezüglich Sprache, Motorik und Verhaltensentwicklung deutlich wurden, sei auf Anraten der SPZ in Kassel eine Ergotherapie begonnen worden (März 2003). Seit 1.09.2003 besuchte Leon als Integrationskind den Kindergarten.

Kindergarten:
Die Erzieherinnen beschreiben Leon als ein Kind, dass in kurzer Zeit außergewöhnliche Fortschritte gemacht habe.
Er sei voller Ängste, leicht ablenkbar und kaum konzentrationsfähig gewesen. Kontaktaufnahme zu anderen Kindern und altersgemäßes Sozialverhalten sei nur wenig gelungen.
Im Laufe der Kindergartenzeit sei Leon viel sicherer geworden bezüglich der Abläufe und der Bezugspersonen im Kindergarten. Er sei insgesamt fröhlich und positiv gestimmt, habe ein hohes Bedürfnis nach Selbstständigkeit und nach regelkonformen Verhalten, Er sei viel sicherer geworden in seinem sozialen Verhalten und – abhängig von seiner Tagesform- ein beliebter Spielpartner bei den anderen Kindern. Allerdings zeige er auch gelegentlich fast hinterlistiges Verhalten (Spielsachen wegnehmen/ Schuld abweisen).
Seine Fähigkeiten im lebenspraktischen Bereich hätten sich entwickelt, jedoch zeigten sich noch öfters Schwierigkeiten bei der persönlichen Organisation (z.B. Aufräumen von Spielsachen, Anziehsachen usw.) Dinge, die ihm wichtig seien, könne er gut aushalten, zeige ansonsten jedoch Tendenz, sich entziehen zu wollen. Er benötige auch sehr feste Vorgaben und Regeln und die Sicherheit einer überschaubaren Gruppe und eines Ansprechpartners, der ihm Anlehnung und auch die nötige Sicherheit für Öffnung biete.
Sein Regelverhalten sei deutlich verbessert.
Unbekanntes verunsichere ihn jedoch noch deutlich und er reagiere dann teilweise ängstlich und mit verstärktem Rückzug auf einen Erwachsenen.

Im Wahrnehmungsbereich falle auf, dass er viele Reize nicht angemessen filtern und koordinieren könne.
Er zeige gute Gedächtnisleistungen, die allerdings in Stresssituationen nicht immer abrufbar seien.
Seine Sprache habe sich verbessert. Er schweife nicht mehr so viel ab und wechsele das Thema, seine Interaktionen mit Kindern seien besser geworden, er könne Folgen seines Verhaltens deutlich besser einschätzen.
Insgesamt sei festzustellen, dass Leon in relativ kurzer Zeit umfassende Fortschritte gemacht habe und seine erheblichen Defizite deutlich reduziert habe. Die Zusammenarbeit mit den Eltern sei gut und die Verzahnung und auch Umsetzung der Kindergartenarbeit mit dem familiären Bereich sei erfreulich.

4.2. Ergebnis der Untersuchung

4.2.1 Verhaltensbeobachtung

Leon ist ein freundlicher, offener Junge, der mir die Kontaktaufnahme zu ihm leicht machte. Er stellte mir die Erzieherinnen der Gruppe und alle anwesenden Kinder namentlich vor und zeigte mir völlig unverkrampft die Gruppenräume.
Bei der Hospitation war zu beobachten, dass er unverkrampft und kooperativ mit den anderen Kindern spielte, allerdings auch, dass er sich aus Spielsituationen, die ihn nicht sonderlich ansprachen, herauszog. Eine auffällige Fixierung auf die Erzieherinnen war nicht festzustellen, jedoch Rückversicherung in für ihn nicht angemessenen bzw. überfordernden Situationen.

4.2.2 Lernvoraussetzungen / kognitive Entwicklung

Bei der Überprüfung war Leon offen und spontan, unbefangen und motiviert. Seine Konzentrations- und Aufmerksamkeitsspanne war altersgerecht angemessen. Bei ihn nicht interessierenden Aufgabenstellungen versuchte er abzubrechen und benötigte Zuspruch und Ermutigung.
In der störungsfreien Einzelsituation spricht Leon langsam und formuliert angemessen, Vokabular und grammatische Strukturen sind angemessen, lediglich einige Konsonantenverwechselungen (k/t; b/p) fielen unregelmäßig auf.
Leon erkennt Mengen im Zahlenraum bis 6 analog, ebenso Größer-

und Kleinerbezeichnungen im Zahlenraum bis 10, kann Vorgänger und Nachfolger im

Zahlenraum bis 10 sicher benennen. Unsicherheiten zeigte er anfänglich bei der Unabhängigkeit einer Menge von Größe und Anordnung ihrer Elemente (Repräsentanz und Invarianz). Nach Erklärung und Versprachlichung konnte er jedoch sichere Aussagen machen.

Seine Feinmotorik ist unauffällig. Er kann altersgerecht sicher schneiden, die Stifthaltung (Rechtspräferenz) ist völlig unauffällig

Grobmotorisch zeigt sich eine eher hypotone Muskelspannung. Er wirkt etwas schlaff, seine Körperspannung scheint reduziert.

Die Gleichgewichtsreaktionen sind labil. Der Einbeinstand gelingt nicht ausreichend sicher, monopedal überhüpfen, seitlich hin und her springen erscheinen etwas unkoordiniert.

Beim CFT 1 erreichte einen Gesamt-IQ von extremen 144. Es ist von einer hohen Intelligenz auszugehen.

1. Interpretation der Ergebnisse / Empfehlung

   Leon ist ein fröhliches und in der Grundtendenz positiv gestimmtes Kind. Als sehr viel jünger als seine Schwestern haben seine Eltern versucht, bei ihm in der frühkindlichen Erziehung und Prägung sozusagen alles richtig zu machen Er ist von den umgebenden Eltern und den erwachsenen Geschwistern umfassend und vereinnahmend überbehütet und überwiegend „entertaint" worden.

   Abgeschottet von seiner realen Umwelt haben grundlegende Sozialerfahrungen und Grenzziehungen nicht stattgefunden, bis sich Abweichungen und Deformationen

   manifestiert hatten. Nach Vorstellung beim SPZ fand dann ab September 2003 der Kindergartenbesuch als Integrationskind im Kindergarten, begleitet von ergotherapeutischer Behandlung statt.

   Dort im Kindergarten hat Leon quasi im Schnelldurchgang mit nachhaltigem Erfolg und überdauernder Konstanz, die ihm bis dahin nicht möglichen Entwicklungen nachgeholt, nach Einschätzung des Kindergartens mit ausgezeichnetem Erfolg. Gleichwohl sind noch erhebliche Defizite vor allem in angemessenen Sozialverhalten,

in der Konzentration, der Selbstwahrnehmung, der Umwelt-, Selbst- und Körpererfahrung feststellbar.
Aufgrund der raschen und nachhaltigen stetigen positiven Entwicklungsschritte ist – vor allem auch nach der Einschätzung der Erzieherinnen – mit hoher Sicherheit davon auszugehen, dass die noch fehlenden Entwicklungsschritte ihm sicher und schnell gelingen werden. Nach meiner und auch nach der Einschätzung der Erzieherinnen – sie empfehlen dringend die Schule als angemessenen Lernort – ist Leon Schulreif. Sein kognitives Potenzial und seine Fortschritte sind enorm, sodass eine günstige Prognose sicher scheint. Allerdings wäre aufgrund der oben beschriebenen Defizite die Einschulung in die Grundschule ohne begleitende Unterstützung nicht anzuraten.
Leon hat zurzeit noch Anspruch auf sonderpädagogische Förderung nicht im Sinne der Schule für Lernhilfe, sondern allenfalls im Sinne der Schule für Erziehungshilfe.
Er benötigt noch intensive Zuwendung und Unterstützung bei der Anbahnung der noch nicht ausreichend gelingenden sozialen Interaktionen, einen Raum der ihm die Sicherheit des Rückzugs und des Aufgefangenseins gibt und der Unterstützung bei den notwendigen Öffnungen in den sozialen Prozessen.
Der anzudenkende Zeitrahmen beträgt nach meiner Einschätzung und auch der Einschätzung seiner Erzieherinnen das 1. Schulbesuchsjahr. Danach sollte Leons Situation neu bewertet werden.

2. Ergebnis der Aussprache mit dem Vater.
3. Leons Vater ist von mir über die Ergebnisse der Untersuchung und die rechtlichen Bestimmungen informiert worden.

Wenn ich im Nachhinein über die Kindergartenzeit und das pädagogische Gutachten nachdenke und mir so überlege welch fröhliches, lebenslustiges und
aufgeschlossenes Kind Leon zu dieser Zeit war, könnte ich weinen. Bei später
erstellten pädagogischen Gutachten, denke ich sofort: „Was haben die nur aus

meinem Kind gemacht.“ Warum alles so gekommen ist weiß ich bis heute nicht, aber wir werden es hoffentlich doch noch erfahren.

Nach diesem Gutachten traf kurze Zeit später noch ein Schreiben vom staatlichen Schulamt ein. In diesem Schreiben wurde mir mitgeteilt, dass das pädagogische Gutachten Leons eine gute Prognose vorhersagt und bei seiner IQ-Höhe von 144% werde eine zusätzliche Förderung nicht benötigt, Leon wäre normal ohne jegliche Zusatzhilfe in die Grundschule einzuschulen.

In diesem Jahr hatte ich bereits zwei Krankenhausaufenthalte hinter mir, meine Mutter wurde in diesem Jahr ebenfalls dreimal ins Krankenhaus eingewiesen. Es kam jedes Mal ein Krankenwagen. Wenn Leon den Krankenwagen kommen sah, ging er zu Anne ins Zimmer. Es kam bei ihm zu keinerlei Regung. Bei der dritten Einweisung seiner Oma, konnte Leon nicht schnell genug flüchten. Er musste mit ansehen, wie zwei Sanitäter seine geliebte Oma mit einer Trage in den Krankenwagen hoben. Als Leon weglaufen wollte, habe ich ihn festgehalten und den beiden Sanitätern erklärt, dass mein Sohn schreckliche Angst um seine Oma hat, da er nicht weiß was mit ihr im Krankenwagen passiert.
Beide Herren waren sehr nett und haben Leon aufgefordert hinten im Krankenwagen mitzufahren, damit er genau sieht, dass seiner Oma nichts geschieht. Da dieser Krankenhausaufenthalt auf keine schwerwiegende Erkrankung zurückzuführen war, war es möglich Leon unbeschadet mitfahren zu lassen. Als wir während Oma's Untersuchung im Krankenhaus eintrafen, hatte Leon für den Moment die Angst vorm Krankenwagen und Krankenhaus so ziemlich überwunden. Er wirkte recht ausgeglichen und er erzählte von sich aus, wie er sich mit den Pflegern unterhalten hat, dass diese ihm alles erklärt haben und richtig nett mit ihm waren. Natürlich wusste Leon sofort die Namen der beiden Krankenpfleger und hat später noch lange darüber gesprochen. Er weinte auch gar nicht, als Oma noch im Krankenhaus bleiben musste, denn an seiner Oma hängt Leon sehr.
Danny musste im selben Jahr auch noch zweimal ins Krankenhaus, Ralf meinte dazu, „wir könnten ein Zelt vorm Krankenhaus aufstellen“. Ich bin nur froh, dass all diese Dinge noch während der Kindergartenzeit

passiert sind, denn hier war Leon wirklich gut aufgehoben. Und gerade weil es im Kindergarten so gut klappte, auch im Hinblick auf die Kinder, die mit ihm in die Schule kommen würden, dachte ich, dass es in der Schule genauso laufen würde und war relativ zuversichtlich.

Wir sind nun mal eine sehr große Familie und bei vier erwachsenen Mädchen bleibt es dann auch nicht aus, dass sich Familienzuwachs ansagt. Ines war schwanger. Leon wurde Onkel. Termin war im Januar. Mein Sohn fand das „cool". Von nun an schaute er im Fernsehen die Sendung, wo Frauen Babys bekommen. Ich wollte gern mit ihm darüber reden, aber Leon winkte ab und sagte:" Ach Mama, ich weiß schon alles." Er ging auf sein Zimmer und tat so, als wenn er etwas suchen würde, nur damit ich nicht weiter fragen sollte. Ich denke, zu diesem Zeitpunkt hat Leon sich keine Gedanken darüber gemacht, was es bedeutet Kinder zu bekommen und dass da ein kleines Wesen auf die Welt kommt, welches ein ernsthafter Konkurrent im familiären Rang sein könnte. Es sollte später, sehr schwer für ihn werden, nicht mehr die volle Aufmerksamkeit zu bekommen.

Im Juli 2005 fuhren Ralf, Leon und ich für eine Woche in Urlaub. Wir hatten einen Trip in die Schweiz geplant denn Leon wollte sich unbedingt die hohen Berge anschauen, die er in der Trickfilmserie Heidi schon immer bewundert hatte.
Wir mieteten uns eine kleine Ferienwohnung auf der Alm. Ich war mir überhaupt nicht darüber im Klaren, wie hoch wir bis zu unserer Wohnung in den Bergen fahren mussten. Wir fuhren eine unbefestigte, schmale Straße, mit Unmengen scharfen Kurven. Ich dachte ich verliere den Boden unter den Füßen und hatte ein entsetzliches Gefühl in meiner Magengegend. Ich habe Höhenangst, die hohen Berge waren gar nichts für mich. In der Mitte der nach oben führenden Strecke fing ich an zu schreien „ich will hier raus, ich fahre keinen Meter mehr mit im Auto." Meine Männer haben sich kaputtgelacht und ich bin den Rest des Weges hinter dem Auto hergelaufen.
Wir hatten eine süße kleine Wohnung, diese Wohnung gehörte zu einem Bauernhof mit Kühen, die jeden morgen auf die Alm getrieben wurden und abends wieder in den Stall gingen. Oben auf dem Berg lag ein

kleines Dorf, dass wir zu Fuß besucht hatten. „So muss das Dörfli bei Heidi sein".

Leon fand das sehr faszinierend, die Bauweise der Häuser in den Berg, die steile, kurvenreiche Straße. Leon liebt die Natur. Da ich Angst vor der Höhe hatte, haben wir unsere Spaziergänge ins Tal verlegt. Leider mussten wir dazu den Berg immer wieder rauf und runter fahren, für mich waren dies schreckliche Augenblicke, über die meine Jungs sich lustig machten.

Wir fuhren in die italienische Schweiz, fuhren dort mit einem Dampfer über den Lugano-See. Hier machte Leon viele Bekanntschaften, auf dem Dampfer sprach er z.B. eine italienische Oma an, Diese alte Dame sprach etwas deutsch, ich sprach etwas französisch und so versuchten wir drei uns zu verständigen. Als wir dort Essen gingen, trafen wir ein nettes älteres, Schweizer Ehepaar, mit dem Leon gleich ins Gespräch kam. Leon bestellte sich Spaghetti und die Frau besorgte ihm einen Löffel beim Kellner, der nur italienisch Sprach. Die Leute wollten sich über Leon's Essversuche mit den Spaghettis kaputtlachen. Wir mussten ebenfalls darüber lachen. Wir sind dann durch viele Tunnel wieder zurück zu unserer Wohnung gefahren. Die Schweizer Berge sind sehr beeindruckend und ein Wunder der Natur. Für Leon eine ganz neue Erfahrung. Seither interessiert mein Sohn sich sehr für Geographie.

Eine Geschichte in diesem Urlaub darf ich nicht auslassen. Die Bauersleute hatten eine Enkeltochter, die bei ihren Großeltern zu Besuch war. Leon spielte öfters mit dem Mädchen, die zwei Jahre älter war wie Leon. Die Beiden haben sich gut verstanden und hatten beschlossen weiter oben in den Bergen ein Picknick zu veranstalten, nur die beiden Kinder. Ich war mir nicht ganz sicher, ob ich Leon alleine gehen lassen sollte, aber Ralf überredete mich dazu, „Leon auch mal etwas zuzutrauen." Also marschierten die beiden Kinder los. Wir konnten sie die geschwungene Straße nach oben gehen sehen. Nach ca. ½ Stunde kam das Mädchen die Straße wieder herunter gerannt und Leon rutschte halb nackt, nur noch mit der Unterhose bekleidet, den wirklich steilen und hohen Abhang hinunter. Ich habe geweint vor Angst und konnte mich nicht mehr beruhigen, wenn mein Sohn jetzt abrutschen würde, könnte niemand ihn mehr aufhalten, den riesigen Berg hinunterzustürzen. Selbst Ralf rannte hin und her und wusste nicht was er machen sollte. Leon ist den Berg heil heruntergekommen und meinem Mann standen ebenfalls die Tränen in den Augen, er fand meine Angst plötzlich nicht mehr lustig. Das kleine Mädchen kam ebenfalls den Weg herunter gerannt und schimpfte entsetzlich, ich verstand kein Wort. Sie sprach Schweizerdeutsch. Sie übersetzte später, Leon hätte nicht hören wollen, obwohl sie ihm gesagt hatte, dass es zu gefährlich ist den Berg herunterzurutschen. Leon lachte nur und meinte: „Das war ganz toll!“

Wir haben uns dadurch den Urlaub nicht vermiesen lassen. Wir sind noch an einem Bergsee gewesen mit eiskaltem Wasser, in diesem See badete mein Sohn eine halbe Stunde, wir mussten ihn regelrecht aus dem Wasser ziehen, Leon hatte gar nicht bemerkt, dass das Wasser des Sees eiskalt war.

Es war alles in allem ein schöner Urlaub. Ich war aber dann doch froh, dass wir wieder nach Hause mussten und eine Erleichterung machte sich in mir breit, da ich diesen Berg nicht mehr hoch und runter fahren musste.

Die Hölle beginnt, Leon kommt in die Schule

Leon wurde im September 2005 in die Grundschule eingeschult. Mama und Papa alle Geschwister und Cousinen, auch seine Omas, Onkel und Tante waren mit. Erst ging es in die Kirche, danach haben wir ganz viele Fotos vor der Kirche gemacht, dann gingen wir alle zusammen in die Schule. In der Turnhalle haben die alten Drittklässler zwei ganz tolle Aufführungen vorgetragen. Es gab ganz viel Beifall und alle dort anwesenden Menschen waren sehr fröhlich. Anschließend wurden die Namen der zukünftigen Erstklässler aufgerufen. Die Kinder mussten nach vorne zur Bühne gehen, die kleinen Mäuse mit ihren riesigen Ranzen und den großen Zuckertüten, stellten sich jeweils zu dem Lehrer bzw. Lehrerin von dem sie aufgerufen wurden. Mein kleiner Junge bekam die Lehrerin Frau Seidel. Ich war heilfroh, dass Leon zu der Lehrerin gerufen wurde,

denn den anderen möglichen Lehrer kannte ich noch von der Zeit meiner Töchter,
(dieser Lehrer gibt Jungs keine guten Noten, außer die Eltern sind von Beruf etwas „Besseres". Ich habe mit einer Mutter von Ines Schulkameradin gesprochen, diese hatte einen Beschwerdebrief an das Schulamt über diesen Lehrer geschrieben. Ich muss ganz vorsichtig mit meiner Formulierung sein, kleine Mädchen fallen diesem Lehrer gern um den Hals und er findet das toll. Darüber hatte Frau Zeissler sich beschwert, denn wer von den Mädchen, Herrn Schmidt, contra zu diesem Verhalten gibt, hat ganz schlechte Karten und wird den Jungen zugeordnet. Ich hatte versucht, dieses Thema bei einer Besprechung mit der Direktorin anzusprechen, aber in der Schule reagierte genauso wenig einer darauf wie damals das Schulamt.)
Ich habe später öfter von anderen Müttern von Söhnen die Bemerkung gehört, - mein Kind hat für den Herrn Schmidt eindeutig das falsche Geschlecht-. Jedenfalls wurde Frau Seidel Leons Klassenlehrerin, sie fällt durch ihr äußeres sofort auf. Sie hat ganz bunte Haare ist recht klein und wirkt sehr unruhig. Wenn Leon eine bunthaarige Klassenlehrerin bekommen hatte, konnte der am Körper bunte Ralf gar nicht mehr nach seinem Äußeren beurteilt werden, dachte ich…

Die Kinder gingen mit in ihren jeweiligen Klassenraum und wir Erwachsenen tranken Kaffee und aßen Kuchen. Die Eltern aus einer anderen Klasse hatten Bänke und Tische auf den Schulhof gestellt, es war sehr gemütlich und das Wetter war herrlich. Nach ca. 1 Stunde kamen die Kinder aus ihren Klassenräumen und wir gingen alle wieder nach Hause.

Die Direktorin Frau Rosenheim hatte die Schule noch vor der Einschulung der Kinder verlassen und zwar für immer. Sie ist an eine andere Schule versetzt worden oder wollte versetzt werden, wie rum auch immer ich habe kaum Bedauern von Seiten irgendeiner Mutter gehört. Ich selbst empfand diese Veränderung in der Schule als gutes Omen und war relativ optimistisch, dass wir (Eltern und Lehrer) doch noch kooperieren konnten.

Die Grundschule in unserem Ort hatte schon sehr lange den Ruf, dass sie Kinder, die nicht ins schulische Raster passen ganz schnell auf andere Schulen abschieben. Kinder mit Problemen machen Arbeit und Ärger.

Um das vorgegebene Lernziel auf dem schnellsten Wege zu schaffen, sind nur Kinder, die unproblematisch sind, an unserer Grundschule richtig zu integrieren.

Unsere Nachbarin kam vor etlichen Jahren einmal ganz verzweifelt zu mir, ihre erstgeborene Tochter wurde aufgrund von Lernschwäche auf die staatliche Sonderschule für Lernhilfe umgeschult, ihre zwei Jahre jüngere Tochter wurde in der zweiten Klasse ebenfalls auf die Schule für Lernhilfe umgeschult. Sie hat mir die Zeugnisse der zweiten Tochter gezeigt, es waren nur meist Zweien und Dreien, auch mal eine schlechtere Note in dem Zeugnis ihrer Tochter. Ich konnte es einfach nicht fassen, dass ein Kind mit so einem Zeugnis in die Sonderschule für Lernhilfe gehen musste. Der Hammer war, dass der Junge der Nachbarin gar nicht erst die Chance bekam in die hiesige Grundschule eingeschult zu werden, sondern direkt in die Schule für Lernhilfe eingeschult werden sollte. Ich riet meiner Nachbarin sich Hilfe zu holen, und sie sollte sich das auf gar keinen Fall gefallen lassen. Meine Nachbarin ist kurze Zeit später in einen anderen Ort umgezogen. Zwar nicht wegen ihrer Kinder, sondern wegen einem neuen Mann. Ich habe nichts mehr von ihr gehört.

Darüber musste ich andauernd nachdenken, es ging mir einfach nicht mehr aus dem Kopf. Ich habe mir selbst fest versprochen, dass meinem Kind so etwas nicht passieren wird.

Die Lehrer in unserer Schule sind aber jetzt Andere wie damals und Frau Rosenheim, die ehemalige Direktorin, die höchstwahrscheinlich die alten Entscheidungen mittragen wollte, war gegangen und eine neue Schulleiterin, Frau Wagner, hatte ihren Dienst angetreten.

Diese Veränderungen gaben mir nun ein Gefühl der Erleichterung und daher kam mein Optimismus.

Leider wollte mein Sohn auf gar keinen Fall in die Schule, die Kinder waren zwar die Selben wie im Kindergarten, aber der Ort und die Betreuungspersonen hatten sich verändert. Sein ganzer vormittäglicher Ablauf war ein vollkommen anderer. Ich sprach oft und lange mit ihm über die Schule, dass man da viel lernt, alles was man später zum Leben braucht usw. Leon antwortete mir: „Mama, ich kann im Kindergarten genauso viel lernen, außerdem vermisse ich alle so, die noch im Kindergarten geblieben sind."

Wenn ich jetzt an übersinnliche Fähigkeiten glauben würde, was ich

schon manchmal tue, nur nicht in diesem Fall, hätte ich angenommen, - Leon wusste genau was auf ihn zukommt- das war aber nicht der Fall, für ihn war die Veränderung schwer zu verkraften. Eigentlich ist es immer so gewesen und zukünftig wird es auch immer so sein. Wir müssen nur lernen damit richtig umzugehen.
Es war mir irgendwie damals schon klar, dass wir, meine Familie und ich, einen Anhaltspunkt brauchten, wie wir Leon besser helfen konnten und können.
Ich musste mein Kind das erste Jahr in die Schule bringen, ich fand das zwar nicht so toll, aber Leon bestand darauf. Ich bin diesem Wunsch bereitwillig nachgekommen, denn so konnte ich morgens manchmal, wenn ich Frau Seidel sah, versuchen mit ihr zu sprechen.
Ich glaube, Frau Seidel hatte das nicht so gern, denn wenn ich sie auf Leon ansprach sagte sie: „Es liegt kein Grund vor, sich um Leon zu sorgen, er ist ungeheuer intelligent, er hört bei den Worten die Buchstaben heraus, ich muss nur aufpassend, dass er nicht unterfordert wird. Sein Lesen ist ganz super, sein Rechnen genauso und Buchstaben lernen und Schreiben fliegt ihm wie von selbst zu. Es gibt überhaupt keine Schwierigkeiten.“ Ich war irgendwie misstrauisch, ich bin immer misstrauisch, also erwiderte ich ihr, „wir müssten uns trotzdem einmal unterhalten, Leon hat einige Eigenarten und Schwierigkeiten über die wir einmal sprechen müssten, damit Sie sich darauf einstellen können.“ „Das können wir ja später machen.“ war ihre Antwort.

In den Herbstferien im Oktober 2005 fuhren Ralf, Leon und ich für eine Woche nach Bayern, in die Nähe von Passau. Ralf hatte im Internet Kontakt zu einer früheren Schulkameradin aufgenommen, die jetzt in Bayern wohnt. Die Beiden hatten sich in einem kleinen Ort in der Nähe Passaus verabredet. So fuhren wir in ein Hotel außerhalb des Ortes, wo wir uns ein kleines Apartment gemietet hatten. Das Wetter war schön, auch die Fahrt dorthin war recht angenehm. Das Apartment war sehr schön eingerichtet. Die ganze Sache hatte nur einen Haken. Leon hatte Fieber und das nicht gerade wenig. Da mein Sohn immer einmal Fieberschübe bekam, dachten wir, dass die Temperatur nicht sehr lange so hoch bleiben würde. Leider hatten wir uns diesmal geirrt. Das Fieber ging nicht weg, also blieben Leon und ich in unserem Apartment, wäh-

rend Ralf sich mit seiner Klassenkameradin traf. Wir versuchten spazieren zu gehen, aber mein Sohn legte sich nach jeden 100 Metern auf die Straße und konnte nicht mehr laufen.
Ich fing an mir Sorgen zu machen und hatte überlegt, ob wir den Urlaub nicht abbrechen sollten. Ralf fand das eigentlich auch besser, aber wir wollten noch ein, zwei Tage abwarten. Wir gingen in dem Ort zu einem netten Kinderarzt, der außer Fieber bei Leon nichts feststellen konnte. Mein Sohn hatte keine Grippe und auch sonst keine Infektionskrankheit. Wir hofften, dass sein Zustand sich doch noch bessern würde. Nach drei Tagen Urlaub, rief unsere Nichte Verena von zu Hause, bei uns an. Sie erzählte unser Nachbar sei an den Folgen seiner Krebserkrankung gestorben. Diese Botschaft traf mich voll, knallhart. Es war der 22.10. 2005.
Ich kannte unseren Nachbarn schon aus der Sandkastenzeit und ich fing an zu zittern, meine Nerven spielten verrückt. Wir blieben noch einen Tag und sind dann vorzeitig abgereist. Leon's Fieber hielt sich noch eine Woche und meine Nerven benötigten ebenfalls noch 14 Tage bevor sie sich wieder beruhigt hatten.
Dies war der erste Urlaub, den wir abbrechen mussten, aber es hatte keinen Sinn, sich in der Fremde ständig weiterzuquälen.
So vergingen Tage und Wochen und wir hatten eine Weile Ruhe. Außerdem hatten wir ungeheures Glück, das bei uns endlich einmal Frieden herrschte. Keine Veränderungen innerhalb der Familie standen an. Ines war zwar nach Weihnachten, da wir wieder alle zusammen verbrachten, wegen Blutungen für ein paar Tage ins Krankenhaus gekommen. Die Blutungen waren aber nicht ganz so tragisch, da für Ines und das Kind keinerlei Gefahr bestand.
Sie kam nach Hause und alles war in Ordnung. Leon fand das diesmal auch gar nicht schlimm. Er zeigte wie immer keine Reaktion, sagte dann aber später zu mir, „Im Krankenhaus passiert nichts schlimmes, ich habe das bei Oma gesehen. Ines wäre sowieso nichts passiert, denn im Krankenhaus sind alle nett." Diese Reaktion hatten wir den zwei netten Krankenpflegern zu verdanken, die Leon einmal im Krankenwagen mitgenommen hatten. Dies hatte der Junge nicht vergessen.
Die Weihnachtsferien vergingen und Leon musste wieder in die Schule.
Leon war sehr unordentlich, er zog die Strumpfhose über die Hose, er

verschluderte sein Sportzeug, er vergaß seine Bücher oder Hefte in der Schule und ausgerechnet die, mit denen er Hausaufgaben machen musste.
Aber es gab keine Probleme? Ich sprach mit Leon darüber und er sagte: „Ist doch nicht so schlimm." Ich sprach mit der Klassenlehrerin darüber, die sagte: „Das wird schon." Na ja, ich sehe zu viel und mache mir zu viele Gedanken, beruhigte ich mich selbst. Auch Ralf sagte: „Was du immer hast, das wird sich schon alles von alleine regeln."

So vergingen die Tage.
Am 10. Januar wurde Ines Mutter, sie bekam ein wunderschönes kleines Mädchen. Die Eltern nannten die Kleine, Laura. Leon fing an zu grübeln, wie er die Kleine im Krankenhaus zum ersten Mal zu Gesicht bekommen hatte und alle ein riesiges Tamtam um so ein winziges Wesen machten.
Als Ines mit der Kleinen nach Hause kam und uns eine Weile nicht besuchen konnte, fing Leon an ganz still zu werden. Er fing nachts an ins Bett zu machen, was er ganz lange nicht mehr getan hatte. Er schämte sich ganz fürchterlich dafür und ich beruhigte ihn mit den Worten, „das kann jedem mal passieren. Wir versuchen, dass du abends weniger trinkst und dann klappt es auch wieder nachts aufs Klo zu gehen." Leider funktionierte das nicht ganz so. Es passierte noch immer, aber es wurde weniger mit der Zeit.
Ines besuchte uns nun regelmäßig mit der kleinen Laura, damit ihr zu Hause nicht die Decke auf den Kopf fiel. Ihr Freund war bei der Bundeswehr und kam nur, wenn überhaupt, am Wochenende nach Hause. Ines fühlte sich unsicher und einsam. So kam sie jeden Tag. Leon war im Zwiespalt, er mochte das kleine Baby, er durfte sie füttern und wickeln, mit ihr schmusen und sie auf dem Arm halten. Trotzdem kam Eifersucht auf, auch wenn wir uns wirklich bemüht hatten, ihn überall mit einzubeziehen und uns besonders intensiv um ihn kümmerten.
Leon war Eifersüchtig. Nur diese Eifersucht ließ er niemals an Laura aus, er war und ist sehr sanft mit ihr und hat sie ungeheuer lieb. Wenn die Beiden längere Zeit getrennt sind, jammern sie nach einander. Leon ließ seine Wut an Ines aus, er beschimpfte sie und fing an nach ihr zu schlagen. Er gebrauchte alle Schimpfwörter, die er bisher in seinem kurzen

Leben irgendwo aufgeschnappt hatte. Das war wirklich nicht schön, er musste deswegen so oft in seinem Zimmer auf seinem Nachdenkstuhl sitzen, dass ich dachte er bekommt Blasen an seinem Hintern.
Sein Benehmen zu Hause war nicht so schlimm, wie das Benehmen, welches er in der Schule an den Tag legte. Er muss sich furchtbar aufgeführt haben. Ich kannte solche Attacken schon aus dem Kindergarten. Er macht alles was eigentlich verboten ist und zwar in einer Geschwindigkeit, der man nicht folgen kann.
Was da im Einzelnen in der Schule über Tage hinaus geschehen ist, weiß ich nicht. Leon erzählte nichts und die Klassenlehrerin sagte mir auch nichts Genaues.
Aus dem Kindergarten weiß ich, dass solche Aussetzer, Leon dazu bringt, seine Betreuerin vollkommen zu überfordern. Er machte das Licht an und aus, hörte nicht auf die Worte der Erzieherin. Als diese sich näherte und ihn fast greifen konnte, wand er sich unter ihr weg und rannte zu den Spielsachen. Er schmiss diese quer durch den ganzen Raum. Seine Wutanfälle waren so schlimm, dass die anderen Kinder Angst vor Leon hatten. Die Erzieherin rief immer wieder nach ihm, doch er reagierte damit, dass er das Fenster öffnete und Sachen raus schmiss. In solchen Momenten konnte keiner ihn erreichen. Wenn dann nach einer längeren, nervenaufreibenden Zeit, die Erzieherin ihn dann doch erwischten, haben sie ihn in ihr Büro gesperrt, damit er sich erstmal abreagieren konnte. Diese Maßnahme konnten sie aber nur einmal ausführen, da Leon stolz war, im Büro eingesperrt zu sein. Durch diese „Strafe" fühlte mein Sohn sich in seinem Verhalten auch noch bestärkt.
Leon hatte sich für seine Aktionen immer den Augenblick ausgesucht, wenn eine Erzieherin mit den Kindern alleine war, so entstand der Eindruck, dass seine Aktionen geplant waren und er wirkte echt bösartig.
Ich sprach oft mit den Kindergärtnerinnen darüber und wir waren uns einig, dass seine Aktionen nicht geplant waren. Er hatte diese Ärgerideen nur dann, wenn er sehr unter Stress stand, wenn Leon ausgeglichen war, passierte so etwas nicht.
Nun bekam ich ein ausführliches Gespräch mit der Klassenlehrerin und der Frau Kraft vom Berufsförder- und Bildungszentrum (BFZ). Sie teilten mir mit, dass Leon sich in letzter Zeit sehr verändert hätte. War

er im 1. Halbjahr sehr aufmerksam, so wurde es nun von Tag zu Tag schlimmer mit ihm. Er hole während des Unterrichts seine Flöte aus dem Schulranzen und fing an darauf zu spielen. Er schwatzte ständig dazwischen, und störte seine Klassenkameraden, er fing an sie zu boxen und zu schupsen. Seine Leistungen würden rapide abfallen, wenn er so weiter mache, wäre er für die Klasse nicht mehr tragbar. Wenn Frau Seidel ihn vor die Tür setzen würde, weil sie sein Stören nicht mehr ertragen könne, würde er sich darüber freuen und auch noch damit angeben.
Ich versuchte zu erklären, dass wir nun endlich anfangen müssten zusammen zu arbeiten, dass wir versuchen müssten Leon wieder aufzufangen, da er durch die Veränderung in der Familie so reagieren würde. Darauf reagierten Beide nicht, die Dame vom BFZ bekundete, sie würde Leon nun unter ihre Fittiche nehmen und mit ihm zwei bis dreimal die Woche zu arbeiten, um herauszufinden warum der Junge so reagiere. Damit endete das Gespräch und ich ging mit einem unguten Gefühl nach Hause.
Mein Gefühl hat mich leider nicht getäuscht, es hatte begonnen, dagegen waren die paar Schwierigkeiten vor und während der Kindergartenzeit nur ein kleines Etwas. Das Seltsame daran war, dass Leon jetzt anfing gerne in die Schule zu gehen. Er schimpfte nicht mehr über das Lernen und die Lehrerin, er fand Frau Seidel nett und er erzählte mir immer davon wie gespannt er auf den nächsten Buchstaben, die nächste Geschichte usw. wäre.
Nach meiner Meinung beherrschte er den Stoff aus dem FF. Seine Hausaufgaben die er zwar ungern machte, erledigte er in wenigen Minuten. Vorlesen, ich habe nie gedacht, dass ein Kind nach einem halben Jahr Schule so gut lesen kann.
Lesen ist auch heute noch Leons Steckenpferd, er hat sehr viele Bücher und hat sie schon alle gelesen, kaufe ich ihm ein neues Buch freut er sich sehr darüber und liest gleich los.
Leider lief es in Mathematik nicht so gut, dort hatte er den Herrn Schmidt zum Lehrer, die Schwierigkeiten waren da schon vorprogrammiert. Wie erwartet waren Leons Leistungen bei diesem Lehrer nicht besonders. Mein Sohn lehnte den Herrn Schmidt vollständig ab. Er vergaß ständig seine Mathebücher und Mathehefte in der Schule und wenn er diese tatsächlich mal mit nach Hause gebracht hatte, erfuhr ich nach einigen Nachforschungen, dass Leon die Mathematik-Sachen einfach in

die Mülltonne geschmissen hatte.

Ich fragte meinen Sohn, wie er so etwas nur tun konnte. Er antwortete mir und stampfte dabei mit den Füßen auf: „Ich will nie wieder rechnen und ich will nichts mehr damit zu tun haben, ich hasse den Herrn Schmidt, der schreit mich immer nur an. Ich habe ihm heute gesagt er soll seinen Scheiß alleine machen - oder sind Sie etwa zu blöd dafür!“ Ich war vollkommen baff. Was sollte ich sagen, ich hatte bisher vermieden über diesen Lehrer zu sprechen, da Leon meine Antipathie nicht bemerken sollte. (Kinder mit einer engen Beziehung zu ihrer Mutter fühlen diese Art von Stimmungen sehr schnell, z.B. hat die Mutter angst vor Hunden, überträgt sich das automatisch auf die Kinder, ein Ekel vor Spinnen bekommen die Kleinen sofort mit und ekeln sich ebenfalls vor Spinnen. Kinder spüren auch sofort, wen die Mutter mag oder nicht) nun musste ich diesen Lehrer in Schutz nehmen, ob mir das wohl gelingen würde?

Es gelang, denn Leon bemerkte meine Ablehnung für diesen Lehrer nicht. Er bekam irgendwie keine meiner Stimmungen mit. Ich hatte Höhenangst, Leon hat diese Tatsache nie mitbekommen, wenn ich mich schlecht fühlte, steigert Leon sein Tempo und jeder Erziehungskampf wurde zum Krampf. Leon bemerkte zwar meine Abneigung für diesen Lehrer nicht, aber er blieb stur wie ein Ochse, was immer ich auch sagte, nichts kam an. Zu guter letzt versuchte ich Leon zu erklären, dass man immer tun muss was die Lehrer oder Eltern einem sagen. Für ein Kind ein sehr schwaches Argument, aber mir fiel nichts mehr dazu ein. Leon erklärte mir, vollkommen von sich selbst überzeugt: „Mir hat keiner was zu sagen, ich bin der Chef und ich mache was ich will.“ Dafür ging er auf seinen Nachdenkstuhl in seinem Zimmer und zwar diesmal 20 Minuten. Ich weiß, dass meine Reaktion unangemessen war und ich mir etwas Anderes als eine Bestrafung hätte einfallen lassen müssen. Damit konnte ich Leon bestimmt nicht überzeugen, aber mir fiel echt nichts mehr ein. Leon ist auch heute noch oft davon überzeugt, dass er sein eigener Herr ist und dass er tun kann was er will, obwohl er genau weiß, dass er dann auch für sich selbst sorgen muss. Er weiß, dass ihm keiner mehr das Essen macht, er auf sich selbst aufpassen muss und die unangenehmen Dinge ganz allein erledigen muss. Ralf und ich haben ihm erklärt, dass

ein Chef diese Eigenschaften haben muss. Darauf antwortete Leon nie, er lenkt einfach auf ein anderes unverfängliches Thema oder schaltet seinen Schalter im Kopf auf aus.
Kurz darauf sprach ich den Herrn Schmidt in der Klasse an, ob er nicht darauf achten könnte, dass Leon sein Mathebuch in seinem Ranzen hat, wenn er nach Hause ging. Da hatte ich aber was gesagt, er maulte mich echt ganz blöd an, „der Junge ist alt genug selbst darauf zu achten. Ich mache so etwas grundsätzlich nicht.“ Oh, Donner und das vor all diesen Kindern! Um vor den Kindern keinen Streit anzufangen, bin ich einfach gegangen und habe mir meinen Teil gedacht. Ein Pädagoge ist der mit Sicherheit nicht, nach über zwanzig Jahren Schule. Was für ein Arsch!
Eines Morgens wurde ich von der Sekretärin aus der Schule angerufen, ich sollte Leon trockene Kleidung mitbringen und trockene Schuhe. Es hatte ein paar Tage wie aus Eimern geregnet und auf dem Schulhof bildeten sich große Pfützen. Leon liebte Pfützen und er hüpfte in der ersten großen Pause so lange darin herum, bis er bis auf die Unterhose nass war. Als ich ihm die Sachen brachte, saß er in seinem Klassenzimmer, in ein großes weißes Betttuch gewickelt und lachte sich kaputt. Auch die anderen Kinder lachten darüber. Herr Schmidt war gerade der unterrichtende Lehrer und dieser Lehrer wollte gerade loslegen. Wieder mal vor den Kindern. Ich holte mein Kind aus dem Klassenraum und drehte diesem Mann den Rücken zu. Ich ignorierte den Herrn einfach. Leon und ich verließen den Klassenraum ganz schnell, damit dieser Herr nicht wieder auf die Idee kam mich vor den Kindern anzumaulen.
Herr Schmidt ließ sich auch an Elternsprechtagen nicht sprechen, jedenfalls nicht von den Eltern der Klasse von Frau Seidel. Auch an anderen Gesprächen hat er nie teilgenommen. Herr Schmidt überließ Frau Seidel sämtliche Mitteilungen über die Leistungen in seinen Fächern.
Frau Kraft vom BFZ begann nun Leon zu testen und zu testen, dass war ihre Art herauszubekommen was mit dem Kind nicht zu stimmen scheint. Und „ Oh Wunder, sie fand es ganz schnell heraus. Ich wurde wieder in die Schule bestellt, diesmal wurden mir von Frau Kraft einige Tests gezeigt, die Leon mit ihr gemacht hatte. „Er war sehr willig und hat sehr gut mitgearbeitet“, so Frau Kraft. Die Ergebnisse sind sehr schlecht geworden, sein IQ läge so um die 80%.“. Ich war ganz perplex, „ sein IQ war doch bei 145% „ erwiderte ich, „wie kann das sein?“ Frau Kraft hat

mich darüber aufgeklärt, das der CFT – Test von Herrn Kaufmann ungenau sei und dass es daher sein kann, dass er nicht stimmt. „Was schlagen Sie vor" fragte ich. Nun musste ich erfahren, dass für meinen Sohn nur eine Möglichkeit bestände, er müsse in die Schule für Lernhilfe wechseln. Ich bin mal wieder gegangen und hatte den Kopf voll Gedanken.
Mir kamen wieder die Gerüchte über unsere Dorfschule und die Nachbarin in den Sinn und dass ich es nicht zulassen würde, meinem Sohn am Anfang seines Lebens seine Chance auf Bildung zunichte gemacht würde. So habe ich es immer empfunden, obwohl ich von allen Seiten beredet wurde, dass die Bildungschancen heute bei den Sonderschulen nicht mehr so schlecht wären wie früher und diese Kinder jede Chance auf Weiterbildung haben.
Ich wäre mit der Schule für Lernhilfe vielleicht einverstanden gewesen, wenn diese Lehrer andere, überzeugendere Argumente gebracht hätten. Ich habe beim besten Willen nicht verstanden, wie ein Kind, das als Kleinkind und auch später im Kindergarten so schnell begreifen konnte plötzlich Lernbehindert sein kann.
Die Schulleitung hat sich nicht einmal mit dem Kindergarten in Verbindung gesetzt. Es hat die Damen nicht interessiert, was für ein Kind mein Sohn ist und wie man mit ihm umgehen muss. Ich empfand diese Praktik als sehr unvernünftig, denn bei Schwierigkeiten fragt man doch als erstes, diejenigen die darüber am besten Bescheid wissen, oder?
Ines, meine jüngere Tochter begleitete mich bei allen Gesprächen, die ich in der Schule und später in anderen Institutionen führte. Ich hatte immer noch große Schwierigkeiten alleine irgendwo hinzugehen. Im Nachhinein bin ich sehr froh darüber, dass ich immer eine Zeugin mit dabei hatte, denn viele Dinge die sich in der Schule abspielten sind unglaublich.
Wir diskutierten zu Hause noch einmal ausführlich über Leon, sein Verhalten und seine Leistungen. Keiner von uns begriff, warum der Test von Herrn Kaufmann auf einmal nicht richtig sein sollte. Wir waren alle Ratlos, aber wir waren uns auch alle darüber einig, dass Leon keine Lernschwäche hat und im Moment auf gar keinen Fall auf eine der staatlichen Sonderschulen umgeschult werden darf. Er war bisher sehr gut mitgekommen und zu Hause beherrschte er seine Hausaufgaben immer noch sehr gut.
(- Wir waren uns alle darüber im klaren, dass ein Kind mit Lernschwäche

niemals auf eine Schule gehörte wo es sich quälen muss. Ralf und ich haben unsere Kinder schulisch nicht unter Druck gesetzt, außer wir bemerkten eine ungeheure Faulheit. Ich war immer der Meinung, man kann aus einem Kind nicht mehr rausholen, wie dessen Potenzial zulässt. Von daher fassten wir eine Lernhilfe Schule nur dann ins Auge, wenn ein wirklicher Grund dafür vorliegt).

Ich machte erneut einen Termin mit der Schule und zwar wieder mit Frau Kraft, sie war die Einzige, die mit mir bereitwillig einen Termin machte und Zeit für mich hatte. Ich hätte gern von Frau Kraft einige Informationen darüber gehabt, wie ein Kind von jetzt auf plötzlich einen derartigen Lernknick haben konnte. Ich äußerte zwar meinen Verdacht, dass Laura geboren wurde und Leon zu dem Zeitpunkt emotional Überfordert war, aber er müsste sich längst wieder gefangen haben.

Frau Kraft vom BFZ hatte überhaupt keine Ahnung von Leon's seelischer Verfassung, im Gegenteil sie war der festen Überzeugung, dass dieser Tatbestand, Laura's Geburt, nichts mit Leon's Lernschwierigkeiten zu tun hatte. Ihre Theorie enthielt eine ganz andere Überzeugung, nämlich Leon sei einfach überfordert und könne dem Lernstoff nicht mehr folgen, da er lernbehindert ist. Ich konnte einfach nicht fassen, mit welcher Selbstsicherheit diese Frau vor mit saß und ihre Geschichte verkaufen wollte. Es sah tatsächlich so aus, als wenn sie daran glaubte. Ich versprach ihr, mir alles durch den Kopf gehen zu lassen, und dann bei ihr nochmals Vorzusprechen.

Ich habe nach diesem Gespräch beim BFZ angerufen um mir die Telefonnummer von Herrn Kaufmann geben zu lassen. Ich erwischte Jemanden, der Herrn Kaufmann persönlich kannte und nach längerem betteln (ich bin entsetzlich in Nöten, ich brauche dringend ein klärendes Gespräch mit Herrn Kaufmann, sonst weiß ich nicht mehr was ich machen soll), rückte der nette Herr, oder Dame, ich weiß nicht mehr genau was es war, die private Telefonnummer von Herrn Kaufmann raus. Ich rief ihn noch am selben Abend an.

Ich schilderte ihm die Unterhaltungen mit Frau Kraft. Herr Kaufmann teilte mir mit, Frau Kraft sei eine Kollegin von ihm und er würde mit ihr und mit Leons Klassenlehrerin sprechen. Es täte ihm so leid, wie alles mit Leon gelaufen wäre und er hätte fest daran geglaubt, dass Leon die Schule locker schaffen würde. Er sagte aber auch, dass er leider nicht

mehr beim hiesigen BFZ arbeitet, und deshalb seien seine Möglichkeiten sehr begrenzt. Zu dem Ergebnis seines CFT-Tests sagte er, dass Leon fast allein an diesem Test gearbeitet hätte, er hätte ihn lediglich aufgefordert seine Arbeit zu beenden. Das Ergebnis könne daher nicht in Frage gestellt werden. Auch die Aussagen der Kindergärtnerinnen würden dieses Ergebnis bestätigen. Leon wäre kein Lernhilfekind.
Aufgrund dieses Gespräches machte ich wieder einen Termin in der Schule zu einem Gespräch mit Frau Kraft. „Nein, ich werde es nicht zulassen, dass Leon auf die Lernhilfeschule kommt, er wird an keine der beiden staatlichen Schulen kommen, weder Lernhilfe- noch Erziehungshilfe-Schule ich möchte erst wissen, warum mein Sohn einmal ganz toll lernt und sehr intelligent ist und ein andermal kann er nicht bis 3 zählen, da kann doch irgendetwas nicht in Ordnung sein. Vielleicht gibt es eine Möglichkeit seine augenblickliche Schwäche irgendwie zu überbrücken, lassen sie sich etwas einfallen, wie man meinen Sohn fördern kann. Ich werde versuchen irgendwie mitzuhelfen. Ich brauche dringend etwas Zeit, um mir über die Geschehnisse Gedanken zu machen und eine Lösung zu suchen." Sie akzeptierte meinen Vorschlag vorerst und versprach mir, mit Leon Lernübungen zu machen, die ihm helfen sollten seine Schwachpunkte auszubessern.
Leons Halbjahreszeugnis in der ersten Klasse war ein Brief von seiner Klassenlehrerin, darin stand:

Februar 2006
Lieber Leon!
Schade! Nachdem es einige Zeit richtig gut lief, lässt deine Aufmerksamkeit wieder nach. Oft bist du müde oder lustlos. Am Unterricht nimmst du nur interessenbedingt teil. Arbeitsaufträge löst du nur halb oder gar nicht. Das macht mich traurig, da du es doch zeitweise kannst.
Bitte versuche, stets gespitzte Stifte im Mäppchen zu haben und deine Arbeitsblätter ordentlich abzuheften.
Deine Frau Seidel
Leon gab mir keine Antwort zu diesem Zeugnis, es interessierte ihn gar nicht.
Leon hatte wie jedes Jahr am 15.03. 2006 Geburtstag. Er wurde jetzt schon 7 Jahre. An den Kindern sieht man, wie schnell die Jahre vergehen

und wie schnell man alt wird.

Dieses Jahr hatte Leon, mit meiner Erlaubnis ca. 8 Kinder eingeladen. Es war das 1. Mal, dass Leon Kinder zu seinem Geburtstag eingeladen hatte. Leider hatte ein beliebter Junge abgesagt und so kamen die Absagen von mehreren Kindern, die diesem Jungen nachahmten. Zum Schluss waren es mit Leon 4 Kinder. Diese Drei, zwei Mädchen und 1 Junge, waren mit Leon zusammen im Kindergarten und waren zu dieser Zeit miteinander befreundet. Leon machte es nichts aus, dass die anderen Kinder abgesagt hatten, er freute sich über die verbleibenden Gäste und es wurde ein toller Nachmittag. Meine Töchter waren alle vier zu Hause und machten mit den Kleinen ganz viele Spiele. Das gefiel den Kindern, sogar das altbewährte Topfschlagen haben wir gemacht und die Kinder waren begeistert.

Nach diesem Geburtstag schleppte sich das nächste halbe Jahr so dahin. Während des Elternsprechtages, in dem ich ausschließlich mit Frau Seidel sprach und nicht mit dem Herrn Schmidt, da dieser sich zu keinem Elterngespräch herabließ, berichtete mir die Lehrerin, dass Leon manchmal gut mitarbeiten würde, aber seine Mitarbeit immer dann aufhörte, wenn er selbstständig etwas erarbeiten musste. Er sei oft müde und ab und zu hole er mitten im Arbeiten die Flöte heraus und fing an Lieder zu spielen. Wenn sie ihn vor die Tür setzte freute er sich darüber.

Seine Leistungen waren nicht sehr gut, wobei er es aber immer wieder schaffte zwischen die schlechten Beurteilungen mal eine gute Arbeit abzuliefern. Noten gab es in der ersten Klasse nicht, daher konnte auch kein Kind sitzen bleiben und die Schule stufte in der ersten Klasse auch keinen zurück (außer es liegen schwerwiegende Gründe vor).

Der Herr Schmidt hatte die Parallelklasse von Frau Seidel. und dort fiel auf, dass diese Klasse immer kleiner wurde. Ich weiß bis heute nicht wohin die Kinder alle verschwunden sind, da ich die Meisten von ihnen nicht kannte.

Ich unterhielt mich mit anderen Müttern darüber und wir stellten Ende des Schuljahres fest, dass neun Kinder aus der Klasse von Herrn Schmidt rausgenommen wurden. Dadurch wurden die Kinder im Jahrgang eins erheblich weniger und so wurden die Klassen am Ende des Schuljahres zusammengelegt. Frau Seidel übernahm die Kinder als Klassenlehrerin. Damit wurde ihre Belastung als Lehrerin viel größer. Eine Mutter erzähl-

te mir, dass nun eine Menge Verhaltensauffällige Kinder in dieser Klasse seien. Wobei, so seien einige Mütter sich einig, Leon zu den relativ braven Kindern zählen würde. Ich war sehr beeindruckt von der Meinung, die andere Mütter mit dieser Mutter teilten. Nur die Lehrerin war anderer Meinung und so wurde ich ein Paar Mal im 1. Halbjahr der zweiten Klasse in die Schule gerufen, wo ich immer wieder dasselbe mitgeteilt bekam. „ Leon stört den Unterricht, seine Leistungen sind schlecht, er hat wenig Strukturen und ist koordinationslos.“ Ich fragte ob er denn ADHS haben könnte, dies wurde verneint. „ Was ist denn dann mit ihm los?“ Schulterzucken. Dass Leon kein ADHS hat, hatte mir schon die Ergotherapeutin mitgeteilt, Leon sei mit Sicherheit nicht Hyperaktiv.
Diese Kinder haben keine Minute Ruhe, sie können nie still sitzen, sind ständig in Bewegung, schlafen abends sehr schwer und sehr spät ein, sie stehen morgens sehr früh auf und fangen gleich wieder an zu zappeln. Diese Kinder stehen unter Dauerstress. Leon hat vielleicht eine Aufmerksamkeitsstörung, nein die hat er sicher. Aber ein Syndrom wurde damals bei der Untersuchung im SPZ ausgeschlossen.
Ich weiß nicht, vielleicht wird Leon sich doch noch positiv verändern, er wird ja auch älter und vernünftiger. So dachte ich und beruhigte mich immer selber. So schlimm ist er auch gar nicht, da gibt es andere Kinder, die viel Schlimmer sind, z.B. die Kinder bei der Super Nanny (Fernsehserie)), so ist Leon noch lange nicht.

Das Abschlusszeugnis der ersten Klasse sah so aus:

Jahrgangsstufe 1 Schuljahr 2005/2006 2. Halbjahr
Leon hat sich nach einer kurzen Eingewöhnungsphase bemüht, dem Unterrichtsgeschehen zu folgen und ab und zu Beiträge einzubringen. Es fällt ihm meist schwer, sich im Schulalltag mit all den vorhandenen Regeln zu Recht zu finden. Sein kaum vorhandener Leistungswille beeinträchtigt den geforderten Lernerfolg. Somit ist Leon noch nicht allen Lernzielen der Anfangsklasse gerecht geworden.
Bei der Erläuterung der Arbeitsaufträge hört er oft nicht zu und benötigt deshalb zusätzlich und differenzierte Anweisungen von Mitschülern oder Lehrkräften.
Seine Hausaufgaben erledigt er sehr unregelmäßig. Oft fehlen

Arbeitsmaterialien, wodurch eine erfolgreiche Mitarbeit nicht mehr gewährleistet ist. Leon muss sich mehr bemühen, gewissenhaft mit seinen Lernmitteln umzugehen und Ordnung in Schultasche und am Arbeitsplatz zu halten.
An unseren gemeinsamen Unterrichtsgesprächen beteiligt er sich gern, hat jedoch Probleme, sich klar und zusammenhängend zu äußern… Das Lesen bereitet ihm viel Freude, und er beherrscht es recht gut, bekannte Texte gut vorzutragen. Bei fremden Geschichten benötigt er einige Vorbereitungszeit. Sowohl beim Abschreiben als auch beim Schreiben von Diktaten unterlaufen Leon noch viele Fehler. Dabei zeigt er oft Desinteresse.
In Mathematik rechnet er bis 20. Bei Abweichungen von bekannten Aufgabeformen benötigt er zusätzliche Hilfestellungen. Wenn er konzentriert mitarbeitet, kann er kleinere Aufgaben relativ schnell im Kopf lösen.
Bei sportlichen Tätigkeiten lässt sich insbesondere bei Lauf- und Ballspielen eine geringe Reaktionsschnelligkeit und wenig körperliche Belastbarkeit erkennen.
Mit wechselndem Interesse nimmt Leon am Religionsunterricht teil.
Sein Verhalten gegenüber Mitschülern muss sich noch ändern. Er muss versuchen, freundlicher und rücksichtsvoller zu sein, um seine bestehenden schulischen Freundschaften aufrechterhalten zu können.

Versäumnisse 10 Tage alle entschuldigt1 Stunde entschuldigt
14. Juli 2006

Nach dieser Zeugnisausgabe begannen die Sommerferien. „Gott sei Dank", endlich ein paar Wochen keine Schule und keine Probleme. Wir wollten noch einmal eine Woche in Urlaub fahren. Länger wie eine Woche ging bei uns nicht. Ich wäre gerne mal länger irgendwohin gefahren, denn immer wenn wir uns gerade richtig wohl fühlten, mussten wir wieder nach Hause. Ralf ist selbstständig und seine Hauptarbeitszeit ist im Sommer. So durfte er nicht länger der Arbeit fernbleiben. Meine Mutter litt sehr, wenn ich mal nicht zu Hause war und ich brauchte immer einen Babysitter für die Oma. Außerdem haben wir sehr viele Tiere, die versorgt werden müssen. Meine Töchter übernahmen all diese Tätigkeiten. Obwohl alle, außer Ines, zur Arbeit mussten. Sie arrangierten es so, dass unsere Oma nicht allein zu Hause war.

Wir fuhren eine Woche mit dem Auto an die Nordsee. Leon wollte einmal ans Meer. Wir mieteten uns eine kleine Ferienwohnung in Strandnähe. Das Wetter war durchwachsen. Der Himmel war sehr oft bedeckt, aber es war nicht kalt. Wir gingen oft ans Meer, leider verschwand das Wasser zu oft. Wir liefen dann zwar im Watt herum, dies war anfänglich recht aufregend für Leon, aber mit der Zeit fand er das verschwindende Meer sehr langweilig. Mein Sohn wartete sehnsüchtig auf die hohen Wellen, die nicht kamen. Das Meer war an diesem Strandabschnitt sehr flach und man musste lange im halbhohen Wasser waten, bevor man eine tiefere Stelle erwischte. Einmal wollte Leon ins tiefere Wasser gehen und Ralf meinte, unser Junge wäre nun alt genug, alleine ins Meer zu waten. Ich hatte ihn ständig im Auge und Leon war wirklich sehr vorsichtig. Mein Sohn fing an ängstlich zu werden und traute sich kaum noch etwas zu. Deshalb versuchten wir, Leon soviel wie möglich zuzutrauen, damit sein Selbstvertrauen wieder aufgebaut werden konnte. Er war sehr stolz, wenn er Dinge selbstständig machen durfte, aber mein Sohn traute sich nur noch sehr wenig alleine. So ging er immer nur ein Stückchen weit ins Meer hinein und kam dann nach ein paar Minuten wieder zu uns an den Strandkorb um sich zu vergewissern, dass wir dort noch saßen und auf ihn warteten. Ich dachte, das klappt alles hervorragend, nun kann ich endlich mal etwas in meinem Buch lesen. Zwischendurch suchte ich meinen Sohn mit den Augen und fand ihn auch fast immer auf Anhieb. Plötzlich, als ich wieder aufschaute um nach Leon Ausschau zu halten war mein Kind verschwunden. Ich fing an unruhig zu werden, wollte mir aber nichts anmerken lassen, da Ralf mich immer als Übermutter bezeichnete. Ich stand auf, ging ein paar Schritte ins Meer, aber mein Kind blieb verschwunden: Ich fragte die Leute nach einem kleinen Jungen mit einem Kopftuch, dass trug Leon neuerdings immer am Strand. Sie hatten mein Kind zwar gesehen, wussten aber nicht wohin er gegangen war. Ralf hatte nun auch bemerkt, dass unser Junge nicht mehr zu sehen war. Ralf marschierte gleich los, um die Strandpromenade nach Leon abzusuchen. Ich ging in die andere Richtung und ging dabei ins Meer hinein. Im Wasser und weiter unten am Strand war Leon nicht, ein gefragter Mann sagte mir, dass er den Jungen gesehen hatte und zeigte in die Richtung, in die mein Mann unterwegs war. Ich ging zurück zum Strandkorb, wenn Leon dort auftauchte, wollte ich dort auf ihn warten. Ich musste mich auch unbedingt hinsetzen, da meine Beine irgendwie nicht mehr funktionieren wollten und mein Herz raste wie wild. Ich schaute ständig auf die Uhr und ging in der nähe des Strandkorbes auf und ab. Ca. eine halbe Stunde dauerte die Tortour, da sah ich Ralf und Leon Hand in Hand auf mich zukommen. Ich schloss meinen Sohn in die Arme und war so froh ihn wieder zu haben. Leon war nicht weggelaufen um die Umgebung zu erkunden, „Mama, ich laufe doch nicht mehr weg, ich bin doch kein Baby mehr! Als ich aus dem Wasser kam, habe ich euch überall gesucht und nicht gefunden." Damit war die Sache für Leon erledigt, er wollte in unsere Ferienwohnung zurück, damit wir ins Hallenbad im Haus gehen konnten. „Ich will jetzt endlich schwimmen, hier das Wasser geht schon wieder weg!" Ralf erzählte mir auf dem nach Hause Weg, dass Leon sich irgendwie verlaufen haben musste. Ein netter Mann war gerade mit ihm zum Schlüsselverleih der Strandkörbe unterwegs um Leon dort abzugeben. Leon hatte ganz schön Angst, welche ich nachvollziehen konnte. Hier war es schlimmer für ihn abhanden zu kommen, als in seinem Heimatdorf, wo er sich auskennt. Seit diesem Abenteuer ließ ich meinen Sohn nicht ein einziges Mal mehr aus den Augen, ich wurde wieder zu einer richtigen Glucke. Von Ralf hörte ich keinerlei Kommentare zu meiner Reaktion. Wir haben in diesem Urlaub noch mehrfach ein Salzwasserbad mit richtigen Wellen besucht, jetzt hatte Leon seine Wellen und richtiges, sauberes Salzwasser. Mein Sohn und ich saßen oft im Whirlpool und Leon fand das Babybad sehr faszinierend. Da er sich größere Rutschen in Schwimmbädern zu dieser Zeit nicht mehr zutraute, wollte mein Kind ständig in dieses Babybad, wo es verschiedene kleine Rutschen gab, die er toll fand.

Einen Tag vor unserer Abreise wollten Reni und die Freundin ihrer Mutter uns an der Nordsee besuchen. Meine Schwester wohnte die letzten Jahre vor ihrem Tod in Norddeutschland und Reni, ihre ältere Tochter fuhr oft zu der Freundin meiner Schwester in die „alte Heimat", wie Reni Norddeutschland nannte. Die Freundin hieß ebenfalls Bärbel und ich hatte Leon erzählt, „Bärbel besucht uns." Als die Beiden bei uns gegen Abend eintrafen war mein Sohn ungeheuer enttäuscht. Leon hatte seine

Tante Bärbel erwartet, die hängt nämlich bei Oma an der Küchenwand und er hatte sich so darauf gefreut sie einmal in echt zu sehen. Ich muss gestehen, dass ich ziemlich verwirrt war, damit hatte niemand von uns gerechnet. Reni wollte gerade mit einer Erklärung ansetzen, da lenkte Leon schon wieder ab. Dieses Thema war für ihn im Moment erledigt und er hatte keine Lust zuzuhören. Wir hatten dann doch noch einen schönen Abend. Mit einer Ausnahme, die Freundin meiner Schwester ist etwas korpulent. Leon fiel natürlich nichts Besseres ein und sprach sie darauf an, seine Ausdrucksweise war wieder mal sehr peinlich: „Warum bist du so fett?“ Bärbel reagierte darauf sehr locker und war nicht beleidigt.
Nach einem guten Essen und einem ausgiebigen Spaziergang sind die Beiden wieder fortgefahren und für uns ging wieder ein Urlaub vorbei. Leon war wie immer auf der Heimfahrt äußerst lieb, er schlief sogar ein Bisschen auf unserer nach Hause Fahrt.
In den restlichen Ferien gammelten wir erst einmal. Das bedeutete für mich etwas ausschlafen, wenn mein Sohn es zuließ. Meist durfte ich nicht länger wie neun Uhr schlafen, Leon fand, dass ich lange genug geschlafen hatte und er wollte unbedingt, dass ich aufstehe. Wenn ich dann endlich aus den Federn gekrochen war, erwartete mich meist jeden Tag ein wildes Durcheinander in der Küche und im Wohnzimmer. Leon hatte beim Fernsehen gefrühstückt. Ich konnte von Glück sagen, wenn der Hund nicht alles weg gefressen hatte. Leon platzierte das Essen neben sich auf dem Sessel, dabei holte er alles aus dem Kühlschrank, worauf er Appetit hatte. Leon ist ein sehr schlechter Esser, er knabberte meist alles an und den Rest holte Joshy sich, wenn mein Sohn kam um mich zu wecken, oder andere hübsche Ideen hatte.
Zu seinem siebten Geburtstag bekam Leon ein kleines Goldfischaquarium mit zwei Goldfischen. Die Fische waren ein Geschenk seiner Schwestern. Plötzlich wollten alle ein Aquarium kaufen, so kaufte Ralf sich ein ganz Großes, Ines kaufte sich ein Kleines und Reni kaufte sich ebenfalls ein kleines Aquarium. Diesen Sommer hatte Leon eine Idee. Er holte das Fischnetz, fing seine Goldfische und setzte sie bei seinem Vater ins Aquarium, sein Kommentar dazu: “Ich wollte eure Kampffische mit den Goldfischen kämpfen sehen.“ Es kam noch schlimmer, er setzte etliche Fische von Ralf in sein Goldfischbecken und verstopfte die Pumpe.

Leons Kommentar: "Ich wollte mal sehen, wie die Fische ohne funktionierende Pumpe ersticken!" Ich fing an zu schimpfen, doch Leon erwiderte mir: „Mama, ich musste das unbedingt ausprobieren, um zu sehen was passiert, ich will doch nicht dumm bleiben, ich muss dringend dazu lernen!" Was sollte ich darauf erwidern, am frühen Morgen, ich konnte noch gar nicht richtig denken. „Entweder du räumst jetzt alles wieder auf, oder das Fernsehen ist auf der Stelle aus!" In so einer Situation wurde Leon erst recht bockig, „ich lasse mich nicht erpressen, räum du doch auf, schließlich hast du mich nicht beaufsichtigt!" Dieser kleine Knirps wurde noch frech, dafür ging das Fernsehen aus und Leon musste auf seinen Nachdenkstuhl. Das Geschrei aus seinem Zimmer ließ die Leute auf der Straße stehen bleiben. „Wie soll ich diesem Kind nur beikommen?" Bis heute habe ich noch ungeheure Schwierigkeiten mit meinem Sohn fertig zu werden, er begreift das System Strafe, Belohnung, Leistung nicht. Er begreift die sozialen Regeln nicht und lernt nicht aus seinen Fehlern. Seine Sprüche bringen mich zur Weißglut und er merkt meine Stimmungsänderung nicht. Wie soll das bloß weitergehen.

Leon besuchte nun die zweite Klasse der Grundschule in unserem Dorf. Er hatte sich bisher nicht zum positiven verändert, sondern er ging immer weiter Rückwärts. Dies war nicht mehr das fröhliche Kind, was vom Kindergarten in die Schule gewechselt hatte. Einmal waren seine Leistungen schlecht, wenn seine Leistungen sich verbesserten, war sein Verhalten nicht zu ertragen. Er hatte Aufmerksamkeitsstörungen und ich bemerkte, dass er nicht altersgerecht agierte. Es machte ihm nichts aus den Pullover linksherum anzuziehen. Er kam mit heruntergelassener Hose aus der Schule, weil er den Knopf nicht zumachen konnte. Schuhe mit Schnürsenkeln konnte er nicht mehr anziehen, da er sie nicht mehr binden konnte. Mein Kind verschluderte seine Buntstifte, Bleistifte, Hefte und er vergaß ständig seine Jacke anzuziehen. Manchmal war die Putzfrau in der Schule so nett und half ihm beim Anziehen. Sie sorgte manchmal dafür, wenn es besonders kalt war, dass Leon seine Jacke nicht vergaß und machte sie ihm auch zu, damit er nicht fror. Einige Mädchen halfen ihm am Anfang des 2. Schuljahres noch beim Schuhe zubinden und ab und zu half ihm eine Lehrerin den Hosenknopf zuzumachen. Ganz oft vergaß er trotzdem seine Jacke in der Schule, denn die Putzfrau konnte nicht ständig aufpassen, dass Leon seine Jacke anhatte. Die anderen

Kinder lachten Leon nicht aus, da sie ihn aus dem Kindergarten kannten und dass von ihm gewohnt waren. Dies war aber kein Dauerzustand, es war nur eine Frage der Zeit bis die Kinder anfingen ihn zu hänseln. Kinder können sehr grausam sein. Im Moment hatte Leon diesbezüglich keine Schwierigkeiten. Leon zog sogar einmal nach dem Sportunterricht die Strumpfhose über die Hose. So lief er den ganzen Tag in der Schule herum und kam auch so nach Hause. Niemand in der Schule kümmerte sich darum, es war allen egal. Ich fragte hinterher nach, warum ihm niemand gesagt hätte, dass er sich richtig anziehen sollte. Sie hatten es ihm wohl gesagt, aber niemand interessierte sich dafür und Leon war ebenfalls alles egal.

Ich diskutierte ständig mit Leon über seine Ordnung, wir übten zu Hause das Anziehen, das Einordnen seiner vielen Schulblätter in die jeweiligen Ordner und auch das Einordnen der Stifte in die Federmappe. Unter großem Protest und mit ganz übler Laune machte Leon alles Richtig. Solange ich neben ihm stand und ihn beaufsichtigte konnte er alles korrekt. Sowie ich ihm den Rücken zuwendete hörte er mit seinen schulischen Übungen auf und machte irgendetwas anderes. Es war wie verhext, ich bekam keine Ordnung in mein Kind. Er wollte nicht, oder vielleicht konnte er auch nicht anders.

Alle paar Wochen bekam ich Bescheid von Frau Kraft vom BFZ oder Frau Seidel Leons Klassenlehrerin, „Leon ist nicht mehr tragbar für diese Klasse, er muss unbedingt auf eine andere Schule.“ „An welche Schule denken Sie denn so.“ Blöde Frage, natürlich die staatliche Lernbehinderten Schule, oder ganz nach Leon‘s Benehmen war es auch die Erziehungshilfeschule. So konnte es nicht weitergehen, dass wusste ich, aber was soll ich tun, was ist Richtig? Nun kam bei Leon wieder diese seltsame Kontaktaufnahme zu anderen Kindern. Er fing an die Kinder zu boxen und zu schubsen und versuchte die Mädchen, die er mochte zu küssen. Das war seine Art „Hallo ich bin der Leon, möchten wir spielen“, oder „beachte mich“ zu sagen. Das Küsschen geben bedeutete bei ihm „ich mag dich“. Leider wurde diese Kontaktaufnahme von den anderen Kindern und Erwachsenen, vollkommen missverstanden. Ich machte mir echt Sorgen. Im Nachhinein frage ich mich ernsthaft, warum die Lehrerinnen immer nur auf die beiden Schulen bestanden haben? Warum wurde der Schulpsychologe nicht einmal zur Hilfe gerufen? In

den Büchern über Autismus, Hochbegabung oder ADHS steht so schön beschrieben, dass bei Kindern diese Erkrankung, von den Lehrern erkannt wird und diesen Kindern die bestmögliche Förderung zu Teil wird. Hochbegabung gehört zu diesen beiden anderen Erkrankungen, da die Symptome im schulischen Bereich ähnlich sind. Nicht die Schusseligkeit wie bei Leon, aber es findet bei Kindern mit Hochbegabung oftmals ebenso eine Verweigerung der Mitarbeit statt, wie dies bei Leon der Fall ist. (Einen Spruch für Hochbegabte habe ich einmal auf einem Info-Blatt gelesen, dort stand „Hochbegabung ist die schönste Behinderung.)
Bei Leon erkannte niemand irgendetwas. Die Hochbegabung, so die Lehrer gibt es bei Leon nicht. Eine Fehleinschätzung des Herrn Kaufmann, der diesen Intelligenztest (CFT), mit Leon gemacht hatte.
ADHS habe ich ebenfalls in der Schule angesprochen. „Leon ist nicht Hyperaktiv, das hat er auch nicht.“ Da es verschiedene Formen von ADHS gibt, wo die Hyperaktivität raus fällt und das entsprechende Kind unter Aufmerksamkeitsdefizit leidet. Zusätzlich wie bei ADHS sämtliche Umweltgeräusche ungefiltert und ungeordnet im Gehirn aufnimmt und dabei nicht weiß, welches der aufgenommen Geräusche, Stimmen, Farben, Schattierungen, Gemurmel und sämtliche vorhandenen Hintergrundgeräusche alles gleichzeitig bei diesem Kind im Bewusstsein auftaucht, so dass dieses Kind nicht weiß, welches der empfangenen Geräusche usw. jetzt für diesen Moment wichtig sind, das haben sie mir nicht gesagt.
ADHS kann auch bei einem Kind der Fall sein, wenn es ganz in sich zurückgezogen ist. Leon hat also diese beiden Symptome nicht, was ist es denn dann?
Es ist auch niemand auf die Idee gekommen, dass Leon wieder in sein altes Kleinkindverhalten zurückgefallen war. Auch hierfür musste es eine Erklärung geben. Welche Erklärung?
Wieder kam ein Anruf aus der Schule, die Direktorin Frau Wagner wünschte ein Gespräch mit mir. Ich hatte wirklich keine Lust mehr in die Schule zu gehen, nach jedem dieser Gespräche wurde mir übel und ich konnte nachts nicht schlafen, weil ich mir das Hirn zermarterte. Wie immer machte ich trotzdem einen Termin, ich dachte „du kannst dein Kind nicht im Stich lassen, sonst machen die mit ihm was sie wollen und dann geht Leon unter.“

Auf in den nächsten Kampf, der letzte ist das bestimmt nicht.
Wie immer trottete Ines treu und brav mit ihrer Mutter zum Kampfgeschehen. Frau Wagner schaute ganz übel drein, was jetzt. „Ihr Sohn ist für diese Schule nicht mehr tragbar, er stört vehement den Unterricht, schubst und schlägt die Kinder, seine Leistungen sind sehr schwankend und tendieren zu ganz schlechten Noten. Wenn das mit ihm nicht besser wird und er nicht aufhört die anderen Schüler während des Unterrichts zu stören, muss ich so Leid es mir tut zugelassene Strafen verhängen. Das bedeutet er wird aus der Klasse entfernt und muss ein bis 2 Stunden in der 1. Klasse verbringen." „Ich habe schon immer um Strafen bei schlechtem Benehmen für Leon gebeten. Es wird allerhöchste Zeit, dass Leon merkt, er kommt mit seinen Faxen nicht mehr durch. Leon braucht energisch gesetzte Grenzen, er verlangt förmlich danach." Die Frau war baff, ich unterschrieb eine Einverständnis-Erklärung, dass Leon bei Störungen in die 1. Klasse verbannt wird. Dann durfte ich wieder gehen. Es ist wirklich kaum zu glauben, diese Strafen und auch andere Strafen wurden nie eingesetzt. Anscheinend war Leon doch nicht so schlimm. Es kann auch sein, dass mein Sohn es irgendwie gerochen hatte, dass etwas im Busch war, er schaffte es von heute auf morgen vollkommen anders zu sein.

Einmal war er unheimlich lieb und ein andermal konnte man ihn nicht mehr ertragen. Zu Hause hatte er feste Regeln, er machte sogar seine Hausaufgaben und er beherrschte den Stoff. Ob er immer alle Hausaufgaben zu Hause machte kann ich nicht sagen, ich verlor langsam den Überblick über die Geschehnisse in der Schule. Bei unseren zwei bis dreimonatigen Gesprächen in der Schule wurde mir nie ganz klar, inwieweit Leon dort überhaupt auffiel, was er dort so verwerfliches tat.

Die Direktorin rief mich einmal an, eine Mutter hätte sich beschwert, Leon würde ihre Tochter schlagen und schubsen. Dieselbe Mutter rief ebenfalls bei mir an und beschwerte sich. Ich erkundigte mich bei anderen Müttern, die mir erstaunliches mitteilten. Dieses Mädchen wurde von allen Kindern der Klasse verprügelt, alle Eltern aus dieser Klasse wussten davon und es war trotz allem nicht zu schaffen die Kinder davon abzuhalten auf dem Mädchen rumzuhacken.

Ich sprach trotzdem mit Leon darüber, weil ich solches Verhalten einfach ganz schlimm finde. „Mama, wenn alle die Johanna schlagen muss ich das doch auch tun, sonst steh ich dumm da." Ich versuchte ihm zu erklären, wie schlimm es für das Mädchen sei, so behandelt zu werden und das sie bestimmt ganz furchtbar traurig darüber ist, dass keiner sie leiden mag. „Mama, ich hab doch schon gesagt, dass alle Kinder das so machen, warum soll ich das denn nicht tun?" „Hast du denn Spaß daran, dieses kleine Mädchen zu schlagen?" Fragte ich Leon. „Quatsch, das macht doch keinen Spaß, ich tu das nur, weil alle anderen das auch machen. Und außerdem haut die mich auch und lacht mich immer aus. Das ist nicht OK!" Ich konnte Leon das falsche Handeln in dieser Situation nicht begreiflich machen, wenn er jemanden nachahmte hatte ich keine Chance.

Mir war damals nicht klar, dass Leon nachahmen musste um unter anderen Kindern zu bestehen.

Leon stand in den Pausen oft alleine in einer Ecke, wenn er sich in die Menge traute, dann nur um seinen Freund Till zu begrüßen, der durch seine Körperbehinderung Leon immer sehr nahe stand und eher bereit war, als andere Kinder, sein Anders-Sein zu akzeptieren. Leon mag den keinen Till sehr gern. Danny sagte dazu, „Leon erkennt Tills Behinderung nicht, er behandelt ihn ganz normal, wie alle Kinder." Till wird von allen Kindern gemocht, der Unterschied zwischen Leon und anderen Kindern ist, dass Leon keinerlei Rücksicht auf Till nimmt und in gar keiner Weise bemerkt, dass der Junge nicht geschubst usw. werden darf. Für solche Feinheiten im Leben hat Leon kein Gefühl.

Es kamen immer neue Erkenntnisse hinzu, die auf eine Form von Autismus hinweisen könnten.

Ich habe mal einen Bericht über Albert Einstein, dem Erfinder der Relativitätstheorie gelesen. Er war ein begnadeter Physiker, ein Genie, sein IQ war sehr hoch. Trotzdem war er in der Schule nicht mitgekommen, er hatte ganz schlechte Zeugnisse und war auch schon mal die Klasse wiederholen. Er hatte sehr viele Schwierigkeiten in zwischenmenschlichen Gefühlen und Beziehungen. Dieser Albert Einstein hatte lt. diesem Zeitschriftenbericht „Asperger", eine Form von Autismus. Asperger-Autismus ähnelt von der äußeren Symptomatik dem ADHS, nur ist Asperger eine seelische Erkrankung und es gibt etliche Fehlfunktionen im Gehirn, ADHS ist ein von äußeren Einflüssen herbeigeführtes Syndrom, welches aber kein soziales Fehlverhalten beinhaltet.

Es war mal wieder eine von meinen Ideen. Diese Ideen durfte ich meiner Familie nicht mitteilen, die hatten alle langsam genug von meinen Diagnosen, „Frau Doktor" nannte Ralf mich oft „sagt den Ärzten was sie für eine Erkrankung festzustellen haben."

Er und die Kinder konnten meine Verzweiflung einfach nicht richtig verstehen. Als ich dann noch mal in die Schule musste um wieder die Nachricht abzuholen, „ ihr Kind muss in die Lernhilfeschule, er verkraftet die Überforderung nicht!" Hatte ich die Nase voll, manchmal sah es echt so aus, als ob Frau Kraft auf Kinderfang für ihre Lernbehinderten Schule ging. Ihr fiel einfach nichts anderes ein. Sie wollte mir wieder etwas über Teilleistungsschwächen, und über ihre schlechten Testergebnisse erzählen. Das ging jetzt schon seit so langer Zeit, ich konnte ihr einfach nicht mehr zuhören.

Das Jugendamt

Ich blieb bei meiner Auffassung, dass Leon kein Lernhilfekind sei und schon gar kein Erziehungshilfekind. Ich war der Meinung, Leon habe irgendeine Störung, Syndrom oder etwas Ähnliches. Die Hochbegabung war bei mir ebenfalls noch im Hinterkopf.
Als die Direktorin Frau Wagner, die Klassenlehrerin Frau Seidel und Frau Kraft vom BFZ nun anfingen mich in die Enge treiben zu wollen und eine Entscheidung von mir forderten, die ihren Wünschen, nämlich Lernbehinderten –Schule, entsprechen sollte fing ich an zu agieren. Ich musste jetzt anfangen etwas gegen dieses Abschieben meines Kindes zu tun.
Also wendete ich mich an die anderen Mütter in Leons Klasse. Ich unterhielt mich über die auftretenden Probleme in Leon's Klasse. Es gab dort einige schwierige Kinder wie ich erfuhr und etliche Kinder waren schon gegangen, hautsächlich aus der Klasse von Herrn Schmidt. Ich klärte mit einigen Müttern Streitigkeiten die Leon mit diesen Mitschülern hatte und erzählte, dass die Lehrer Leon in die Sonderschule abschieben wollten. Eine Mutter sprach in der Schule offen aus, was sie dachte: „ Erst haben sie den kleinen Felix abgeschoben und jetzt ist der Leon dran, mal sehen wen die sich als nächstes aussuchen!"
Als letztes auf meiner Telefonliste rief ich den Elternbeirat an und erzählte von Leon's Abschiebung auf die Lernhilfeschule. Die Dame vom Elternbeirat wusste schon darüber bescheid und vereinbarte ein Gespräch mit Frau Seidel, dem Elternbeirat und uns Eltern, um über Leons versuchte Abschiebung in eine andere Schule, Klarheit zu bringen.
Das Gespräch fand noch die gleiche Woche statt und die Klassenlehrerin versicherte Ralf und mir, sie wolle Leon auf keinen Fall abschieben. Dieses Gespräch war ein sehr manierliches und ruhiges Gespräch. Es verlief auch ganz anders wie Ralf und ich gedacht hatten. Frau Seidel berichtete von Leon's Schwierigkeiten, die mir schon alle bekannt waren. Aufmerksamkeitsdefizit, kein selbstständiges Arbeiten, Schwierigkeiten im sozialen Bereich. Leon sei aber nicht frech und er sei wirklich hilfsbereit. Er würde sich manchmal bemühen, den Anforderungen zu entsprechen, würde aber wenn er gar nicht mehr konnte auf die Toilette gehen um sich zu entziehen. Ich versprach Frau Seidel mich um eine

evtl. Diagnose zu bemühen und sie versprach mir, Leon noch etwas Zeit zu geben und es nochmals mit ihm zu versuchen. Sie wollte versuchen ihn in der Klasse zu halten. So ging ich mit neuer Hoffnung aus diesem Gespräch und die Dame vom Elternbeirat sagte: "Na also, wie du gesehen hast, will niemand den Leon abschieben. Wenn du irgendwelche Probleme hast, ruf mich einfach an." Ralf und ich bedankten uns bei ihr für ihren Einsatz und wir verabschiedeten uns von einander.
Wieder ging ich zum Kinderarzt Dr. Bauer und schüttete ihm mein Herz aus. Er las das pädagogisch diagnostische Gutachten des Herrn Kaufmann, hörte mir zu und überlegte. Er machte mir den Vorschlag, ich solle mich mit dem Jugendamt in Verbindung setzen um dort einen Platz in der „AGIL" Nachmittagsbetreuung zu beantragen. Dort werden Kinder betreut, die keine Strukturen haben und unter starken sozialen Schwächen leiden. Außerdem meinte er, ich müsste einen Kinder- und Jugendtherapeuten konsultieren, weiterhin sei eine starke Zusammenarbeit mit den Lehrern angezeigt. Außerdem müsste ich mich mit der Schule für Lernhilfe in Verbindung setzen, da diese Institution mit „AGIL" zusammenarbeitet.

AGIL ist der Name, der am Horteingang steht. Für diese Abkürzung habe ich keine Bedeutung gefunden: Es handelt sich hier um eine Tagesgruppe, eine Ambulante Jugendhilfe die vom Landkreis (Aus- und Fortbildungsverbund „AuF" im Landkreis) finanziert wird.
Was ist die Tagesgruppe? Die Tagesgruppe ist ein Ort für Kinder, der dazu dient das Kind in seiner momentanen Lebenssituation ernst zu nehmen und dementsprechend optimal zu fördern.
Die Hilfe ermöglicht, dass die Kinder in ihren Familien bleiben können und die Eltern soviel Unterstützung erhalten, dass Probleme überwunden werden können. Ein weiterer Grundpfeiler ist die Bildung einer tragfähigen Beziehung zu Eltern und Kind geprägt von Vertrauen, Respekt und Verständnis. Die Versorgung des Kindes in seiner Familie muss gewährleistet sein.
Das Konzept der TAGESGRUPPE ermöglicht und erfordert kontinuierliche Elternarbeit. Ziel ist, dass Eltern und Kinder ihren Alltag wieder gemeinsam meistern.

Rechtsgrundlage für die Arbeit der TAGESGRUPPE ist §27 in Verbindung mit §32 KJHG (SGB VIII).
Die Verweildauer in der TAGESGRUPPE beträgt in der Regel 2 Jahre.

Welche Kinder können betreut werden?
In der TAGESGRUPPE werden Kinder mit Verhaltensauffälligkeiten aufgenommen. Dazu gehören:
Rückzug/Ausgrenzung
Angstzustände
Leistungsverweigerung
Aggressionsprobleme
Auffälliges Sexualverhalten
Traumatisierte Kinder
Kinder mit Gewalterfahrungen

Voraussetzung für eine Aufnahme in die TAGESGRUPPE ist der Besuch einer Schule oder einer auf den Schulbesuch hinführenden Maßnahme.
Das Aufnahmealter liegt zwischen 6 und 12 Jahren. In Ausnahmefällen wird nach dem Entwicklungsstand entschieden.
Die Gruppe setzt sich aus maximal 8 Kindern zusammen.

Was bieten wir an?
Raum für persönliche Entfaltung bietet die Villa der ehemaligen Kleiderfabrik. Mit 1000qm Außenfläche und mehreren Räumen zum Wohlfühlen.

Unsere Angebote:
Erlernen von sozialen Kompetenzen
Förderung der schulischen Entwicklung
Kreatives Gestalten
Mädchen- und Jungenspezifische Angebote
Sport und Bewegung
Erlebnispädagogische Angebote (Ferienfreizeiten)
Naturerlebnisse

Die Angebote setzen eine aktive Elternmitarbeit voraus um eine optimale Weiterentwicklung zu ermöglichen.

Wie kommen Sie zu uns?
Für erste Informationen stehen die Mitarbeiterinnen und der Mitarbeiter der TAGESGRUPPE zur Verfügung.
Vor einer Aufnahme erfolgt ein ausführliches Gespräch. Es besteht für das Kind die Möglichkeit im Rahmen eines Probeaufenthaltes die TAGESGRUPPE kennen zu lernen. In Zusammenarbeit mit dem Jugendamt wird über die Aufnahme ihres Kindes entschieden.

Wer sind Wir?
1 Diplom-Sozialpädagogin und Familientherapeutin
1 Erzieherin, autorisiert als Kursleiterin für das Gordon-Familientraining
1 Erzieher mit handwerklicher Ausbildung und Erfahrung
1 Hauswirtschaftskraft
1 Zivildienstleistender

Als ich zu Hause „AGIL", in Verbindung mit dem Jugendamt ansprach, wollten meine Familienangehörigen mir den Kopf abreißen. Meine Mutter fing gleich an zu weinen und meinte, dass Jugendamt würde uns das Kind wegnehmen. „Man hört so oft davon, dass das Jugendamt einfach daher kommt und Kinder aus guten wie schlechten Familienverhältnissen rausholt und ins Heim steckt". Ralf war richtig wütend er schimpfte: „Leon ist ein ganz normales Kind, er wird in der Schule bestimmt wieder besser, wenn du damals nicht diesen blöden Integrationsplatz beantragt hättest, wäre denen in der Schule gar nichts aufgefallen, es wäre überhaupt nichts passiert. Leon fängt sich wieder, alle Kinder haben einmal so eine Phase. Außerdem lass bloß die Finger vom Jugendamt, wenn die erst einmal jemanden auf dem Kieker haben, den lassen die nie mehr in Ruhe. Wer weiß, was wir dann noch alles an Scherereien bekommen. Zum Psychoklempner kannst du meinetwegen gehen, aber lass mich aus dem ganzen anderen Scheiß raus. Ich will keine Schuld haben, wenn das in die Hose geht." Ich erwiderte, „Wir waren doch damals wegen Anne und Reni auch auf dem Jugendamt und haben dort viel Hilfe bekommen, das

Jugendamt hat dafür gesorgt, dass die Kinder nicht getrennt wurden. Da Beide einen anderen Vater haben, wäre das durchaus möglich gewesen. Kein Jugendamt nimmt einem einfach so die Kinder weg." Ralf: „Das war doch eine ganz andere Situation, wenn die Väter der Mädchen darauf bestanden hätten, sie selbst großzuziehen, hätten wir gar nichts machen können, so waren alle Beteiligten sich einig und alles war klar." Die Kinder waren ebenfalls der Meinung von Ralf, sie waren der Meinung ich leide an Verfolgungswahn und würde alles ungeheuerlich übertreiben. Nun war ich also auf mich allein gestellt, jedenfalls bis ich meine Familie davon überzeugt habe, dass ich diesen Schritt gehen muss. Lediglich Ines sagte mir still und leise, dass sie mich auf jeden Fall mit dem Auto überall hinfahren würde und mich auch begleiten würde. Danny und Anne hatten wirklich genug mit sich selbst zu tun, ich glaube sie wollten sich einfach nicht damit belasten. Reni wohnte zwar in der Nähe, musste aber morgens zwei Stunden mit dem Zug zur Arbeit fahren und kam abends immer erst spät zurück. Sie hat mir dann per Telefon zugehört und wollte auch etwas davon hören. Sie gab mir Ratschläge und hat nicht alles rigoros abgelehnt wie die anderen.
Danny hatte nämlich zu dieser Zeit sehr viel ärger mit ihrem Freund, sie trennte sich von ihm und hatte gleich wieder einen Neuen zu dem sie dann auch gleich zog. Sie wollte sich die Blöße nicht geben wieder bei Mama und Papa unterzukriechen. Außerdem schmiss Danny ihr Studium (Wirtschaftswissenschaften) und fing an ihren bisherigen Job, Inventuren und Verräumung, als Ganztagsbeschäftigung zu machen. Leon trauerte sehr um seinen Ex-Schwager Steffen, den er sehr mochte. Auch wir anderen fanden es sehr schade, dass Danny sich von Steffen trennte. Leon fragte Danny: „Wenn du deine Vogelspinnen bei Steffen lässt, musst du ihn doch immer besuchen, dann kann ich doch mit dir gehen!" Daniela hatte nämlich zwei tolle Vogelspinnen, die Leon niemals versuchte zu streicheln, er sagte zu uns: „Ich bin doch nicht blöd, die sind doch giftig, wenn die einen beißen stirbt man!" Zu Leons Leidwesen nahm Danny ihre Vogelspinnen mit zu ihrem neuen Freund und von Steffen haben wir nie wieder etwas gehört.

Anne war der Meinung ich müsse mich unbedingt schonen um keinen Nervenzusammenbruch mehr zu bekommen. Durch die Aufregung ging

es mir in letzter Zeit wirklich nicht besonders. Aber ich wollte nicht krank werden, ich wollte unbedingt meinem Kind helfen aus seinem Tiefpunkt herauszukommen und dazu benötigte ich unbedingt fachmännische Hilfe.
Also rief ich ein paar Tage später beim BFZ an und erkundigte mich über die „AGIL-Gruppe“. Man gab mir dort eine Telefonnummer und den Namen der Leiterin. Hier erfuhr ich, dass ich, wie Dr. Bauer mir schon mitteilte, eine Kostenübernahme beantragen musste, danach dürfte ich mich noch mal melden.
Also machte ich einfach einen Termin mit der Sozialarbeiterin vom Jugendamt Frau Kröger. Sie schrieb einen Hilfeplan (erstellte Hilfepläne vom Jugendamt werden anschließend aufgeführt) und hatte für meine Probleme wirklich ein offenes Ohr. Ich erzählte ihr von den Bedenken meiner Familie und sie erklärte mir, dass es früher tatsächlich so war, dass man den Menschen die Kinder schnell wegnahm. Im Gegensatz zu heute kamen nur Menschen mit dem Jugendamt in Verbindung, die ihre Kinder schlecht behandelten. Ich solle meine Familie beruhigen, niemand würde uns den Jungen wegnehmen. Sie sei sowieso nur dafür da, den Hilfe suchenden Eltern mit Rat und Tat zur Seite zu stehen. Frau Kröger versprach mir, sich wieder bei mir zu melden, um zu besprechen wie wir am besten vorgehen können.
Danach rief ich beim SPZ (Neuropädiatrie mit Sozialpädiatrisches-Zentrum) an um auch dort einen Termin zu machen, diesmal kam ich an einen alten erfahrenen Herrn, dieser Herr Wolter hatte Leon’s Herz in Sekundenschnelle erobert.
Er durfte mit Herrn Wolter Unterlagen fotokopieren und wurde von ihm richtig wichtig genommen. Leon fühlte sich gleich akzeptiert und strahlte über sein ganzes Gesicht. Ich berichtete Herrn Wolter über die plötzliche Veränderung von Leon in der Schule, über die Geschehnisse im Kindergarten und dass Leon im Moment zu Hause wieder anfing sich in seiner geistigen Reife zurück zu entwickeln und seine alte Sturheit usw. wieder vollkommen zurückgekommen ist. Er bekam von mir auch berichtet, dass Leon von der Schule als Lernhilfekind eingestuft wurde und in die Schule für Lernhilfe abgeschoben werden sollte. Herr Wolter setzte sich mit Leon zusammen und fing an mit ihm mündlich irgendwelche Tests aus einem Buch zu machen. Er forderte Leon während des

Tests immer wieder auf sich zu konzentrieren, „guck mal richtig hin und überlege." Leon guckte richtig hin, aber überlegen tat er nicht, er ratterte die Ergebnisse aus diesem Buch nur so herunter und Herr Wolter nickte dabei. Nach ungefähr der Hälfte des ihm vorliegenden Buches klappe Herr Wolter das Buch zu und schaute mich an. „Na was meinen Sie?" Ich zuckte nur mit den Schultern. Herr Wolter sprach weiter: „Also ich bin mit Ihrem Jungen die Testfragen durchgegangen, genau die Sachen wovon Frau Kraft vom BFZ meinte, er hätte in diesem Bereich Teilleistungsschwächen und habe mir durch ein paar andere Testfragen ein Bild gemacht, wie hoch der IQ Ihres Sohnes evtl. sein könnte. Es ist zwar nicht ganz so genau wie bei schriftlich erstellten Intelligenztests, aber ich habe über 20 Jahre Berufserfahrung mit solchen Verfahren und ich kann Ihnen hier und heute mitteilen, dass Ihr Sohn mit 100%-iger Sicherheit keine Teilleistungsschwächen hat, außerdem liegt sein IQ so um die 130%. Für mich, wenn ich mir Leon so anschaue, hat er womöglich in Stresssituationen eine Verfügbarkeitsstörung. Wir müssen nun herausfinden, was in der Schule mit ihm los ist. Dafür werde ich mich mit Ihrer Schule in Verbindung setzen und einen Termin für ein Gespräch mit sämtlichen Beteiligten veranlassen.
Ich werde Sie und Ihr Kind zukünftig vertreten, dabei werde ich so eine ähnliche Rolle wie Frau Albert von der pädagogischen Frühförderung übernehmen. Ich rufe Sie in ein paar Tagen an und werde Ihnen den Termin in der Schule mitteilen."
Etwas später bekam ich Besuch vom Jugendamt, zwei Sozialarbeiterinnen, Frau Kröger und Frau Noll klingelten an unserer Haustür. Ich bekam einen furchtbaren Schrecken, sollte mein Mann und die Oma doch recht behalten, bekam ich jetzt den totalen Ärger?
Beide Damen führte ich in unser Wohnzimmer, was „Gott sei Dank" aufgeräumt war, Oma bemerkte nicht, dass ich Besuch bekommen hatte, darüber war ich sehr froh, sie hätte einen Schock bekommen können. Die Damen vom Jugendamt und ich unterhielten uns bei einer Tasse Kaffee über ihre Funktionen beim Jugendamt. Mir zitterte die Tasse Kaffee in den Händen und Joshy hörte nicht auf zu bellen. Ich hatte sie zwar ins Schlafzimmer gesperrt, nur schnell weg mit dem Hund. Joshy merkte meine Unsicherheit und meine Furcht, sie hätte die beiden Frauen in der Luft zerrissen, nur um mich zu beschützen. Sie bellte und bellte, ich rief

nach ihr, es dauerte bestimmt über eine halbe Stunde bis mein Hund sich langsam wieder beruhigte.
Wie gesagt erzählten die beiden Frauen, dass sie Sozialarbeiterinnen seien und mit mir über Leon reden wollten. Frau Kröger hatte einen Betreuungsantrag gestellt und wollte mir Frau Noll vorstellen. Frau Noll arbeitet beim Jugendamt als Beistandschaft und half Eltern bei Erziehungsproblemen, beim Umgang mit Schulen und Lehrern, vermittelt zwischen beiden Parteien und kümmert sich um die Kinder, indem sie etwas mit den Kindern unternimmt und dann versucht herauszufinden wo die eigentlichen Probleme herkommen. Sie kümmert sich auch um evtl. Schulwechsel und eine adäquate Beschulung. Sie begleitet die Eltern zu Gesprächen bei Pädagogen, übersetzt Amtsdeutsch, damit auch die Eltern wissen, was in den Briefen von Schulen oder Psychologen steht. Außerdem versucht sie die ganze Familie kennen zu lernen, um Beratungsgespräche zu führen. Sie kümmert sich um familiäre Probleme und bei Kostenübernahmen hilft sie mit den Eltern zusammen die entsprechenden Anträge zu stellen.
Leon war zu diesem Zeitpunkt zu Hause und Frau Noll unterhielt sich ganz locker mit ihm. Es gelingt nur wenigen Menschen zu Leon auf Anhieb einen Zugang zu bekommen, Frau Noll war eine der wenigen Menschen die dies sofort geschafft hat. Frau Kröger und Frau Noll machten mir den Vorschlag, dass Frau Noll für Leon eine Beistandschaft übernehmen könnte. Ich war im ersten Moment nicht so sehr davon überzeugt, ich wollte eigentlich diesen „AGIL“ Platz für mein Kind. Ich hatte darüber kurz mit Leon's Klassenlehrerin gesprochen und diese war davon begeistert. Endlich war in der Schule mal jemand mit meinem Vorschlag einverstanden. Ich wollte wenigsten versuchen es denen mal recht zu machen.
Ich bat mir etwas Bedenkzeit aus und wollte mich erst einmal um diesen „AGIL“ Platz kümmern um mich endgültig zu entscheiden.
Das war geschafft, ich hatte Kontakt zum Jugendamt, die Jugendamts mitarbeiterinnen waren sehr nett, zwangen mir keine Entscheidung auf und sie haben nicht mit einem Wort erwähnt, dass ich mich nicht richtig um Leon kümmern würde. Im Gegenteil, sie lobten mein Engagement für meinen Sohn und waren bereit mir in dieser schwierigen Situation beizustehen.

Erst einmal fingen nach diesem Gespräch die Herbstferien an. In der ersten Woche hatte ich Leon bei den Ferienspielen in unserer Kirchengemeinde angemeldet. Leon ging die ganze Woche voller Begeisterung zum Pfarrer. Sie bauten zusammen einen Drachen, den sie auch anmalten und steigen ließen, sie machten einen Ausflug, spielten Spiele und zu guter letzt machten die Kinder mit ihren Betreuern ein Lagerfeuer und brieten darin Kartoffeln. Leon fand das ganz toll, es machte ihm ungeheuren Spaß. Ich erkundigte mich zwischendurch bei unserem Pfarrer, wie es denn mit Leon so laufen würde. Der Herr Pfarrer Schleich, sprach nur gutes über meinen Jungen: „Leon ist ein liebenswürdiger und höflicher Junge, er ist sehr schüchtern und zurückhaltend. Ich habe mit ihm überhaupt keine Schwierigkeiten!"
Am Freitag war die letzte Veranstaltung bei den Ferienspielen und am Samstag wollten wir eine Woche nach Bayern fahren. Diesmal waren die Oma, Ines mit Laura, Leon und ich mit von der Partie. Ines hatte zu der Zeit einen Opel und so passten wir alle fünf in das Auto. Wir fuhren in einen Ferienpark in dem wir uns eine kleine Ferienwohnung gemietet hatten. Wir freuten uns alle darauf, denn dort gab es ein Wildgehege, ein Freibad, ein Hallenbad und viele andere schöne Dinge. Leon ging die ersten zwei Tage in den dort angebotenen Kinderhort, für halbe Tage. Die Dame dort wollte ihn eigentlich nicht im Hort haben, sie war die einzige Aufsichtsperson und hatte Angst Leon würde die anderen Kinder ärgern. Leon wirkte viel älter als er eigentlich war. Er ist für sein alter sehr groß und zu dieser Zeit hatte mein Sohn sich mal wieder mit der Hundescher-Maschine eine Glatze geschoren. Vielleicht wirkte er für die Frau Angst einflößend. Ich versicherte ihr, dass mein Sohn ein ganz lieber sei und so durfte er diesen Tag dort bleiben. Die beiden anderen Tage freute die Dame sich, als ich Leon vorbeibrachte.
Wir hatten gerade angefangen das Gelände zu erkunden und waren ein Mal auf dem Spielplatz der Ferienanlage, da wurde mein Kind krank. Er bekam furchtbares Darmbluten und Durchfall, wir gingen zu Kinderarzt in diesem Ort, der konnte aber nichts feststellen. Er gab uns ein paar Durchfalltabletten mit und meinte, Leon müsse sich unbedingt schonen. Die gleiche Nacht fing Ines an, entsetzliche Schmerzen im Bauchbereich zu bekommen, wir gingen den anderen Morgen gleich wieder zu diesem Arzt, der bei Ines Blinddarm vermutete. Als wir in

unsere Ferienwohnung zurück kamen und Ines schon wieder Schmerzen bekam und ich meinen kleinen blassen Sohn ansah, der wie ein Häufchen Elend vor sich hin schaute, spielten meine Nerven wieder verrückt, ich bekam eine Panikattacke vom Feinsten. In solchen Momenten müsste ich mich ablenken, am Besten an die frische Luft gehen und mich auf andere Gedanken bringen. Aber ich sah meine Kinder an und hatte nur noch den einen Wunsch nach Hause zu fahren. Diesen Wunsch äußerte ich und alle wollten plötzlich nach Hause. Wir packten kurzerhand und haben diesen Urlaub nach 4 Tagen abgebrochen.
Zu Hause wurde bei Leon ein Pilz im Darm festgestellt, der die Blutung verursachte. Leon durfte nichts mit Zucker essen, um dem Pilz die Nahrung zu nehmen. Wenn meine Hungerrippe jetzt auch nichts Süßes mehr essen darf, weiß ich auch nicht, noch dünner darf er nicht werden. Leon hielt diese Anti-Zucker-Diät nicht lange durch, aber die Blutungen kamen trotzdem nicht wieder. Bei Ines waren die Schmerzen wie weggeblasen, sobald wir zu Hause ankamen.
Ich musste mich wieder auf meinen Alltag konzentrieren, zu dem im Moment die Entscheidung AGIL oder Beistandschaft gehörte.
Ich überlegte was ich nun tun sollte, am Besten wäre Beides gewesen, „AGIL“ und die Beistandschaft, aber eines wurde nur finanziert also musste ich mich entscheiden.
Was möchte ich für Leon verändern? Wie kann man ihm am Besten helfen, dazu muss ich genau wissen was fehlt meinem Kind? Wo sind seine Schwächen, wo seine Stärken? Was ist los mit Leon?
„Fangen wir mit der letzten Frage an: Leon ist sehr seltsam, er schaut beim Sprechen seinem Gegenüber nicht in die Augen, er antwortet, wenn er überhaupt antwortet kurz und bündig, oder er sagt einfach irgendetwas, nur um nicht nachzudenken. Leon ist sehr ungeduldig (ein Perfektionist), alles bei ihm muss sofort klappen, wenn nicht alles so klappt wie er es will, dann schmeißt er einfach alles hin. Einen zweiten Versuch gibt es nur ganz selten. Z.B. Leon wollte Fahrrad fahren lernen, er bekam von einem Bekannten ein kleines Fahrrad ohne Stützräder. Als er versuchte damit zu fahren, konnte er sein Gleichgewicht nicht halten und somit fiel er mitsamt dem Fahrrad um. Er hatte sich dabei nicht wehgetan, ich wollte ihm helfen, aber nein, ich durfte ihm nicht helfen. „Entweder es klappt jetzt von allein oder ich will das Fahrrad nicht mehr“. Es funkti-

onierte nicht, das Fahrrad wurde in die Ecke geschmissen und erst viel später, ich glaube es verging ½ Jahr wieder aus der Ecke geholt.
Leon wollte eine Geschichte abschreiben, in ein neues Heft, welches er geschenkt bekommen hatte. Er schrieb zwei Sätze. Es waren 3 Fehler im Abgeschriebenen, mein Sohn warf alles in die Ecke und hatte keine Lust mehr.
Leon lässt sich nicht helfen und kann, seiner Meinung nach alles allein.
Leon hat kein Mitgefühl, er lacht jeden aus unserer Familie aus, wenn man krank ist, sagt er „selber Schuld."
Leon kann auch mit seinen eigenen Gefühlen nicht viel anfangen, er schreit und tobt, oder weint bitterlich, wenn er seinen Willen nicht bekommt. Wenn er Schmerzen hat, darf keiner ihn anfassen oder trösten, er ruft lauthals „au, au", ich weiß dann oft nicht was ich machen soll.
Leon hat wenig Vertrauen zu mir oder jemand anderen aus der Familie, er hat Verlustängste und weiß nicht wann ihn jemand auffangen möchte.
Wie wir versuchten ihm das Schwimmen beizubringen, blieb er immer auf Abstand, keiner durfte ihm zu Nahe kommen oder anfassen. Er ließ es nicht zu, dass jemand ihm den Arm unter den Bauch legt, er hatte immer Angst unterzugehen.
Leon hat imaginäre Ängste, seit neustem hat er Angst vor einem Wandschrank in unserer obersten Etage, der schon immer da war.
Leon kann nicht aufräumen, er versteht nicht wenn ich ihm sage „jetzt räumst du dein Zimmer auf". Ich muss ihm jedes Teil, was er wegräumen soll, einzeln erklären.
Er kann auch in der Schule nicht selbstständig arbeiten und benötigt oft die Unterstützung der Lehrerin.
Leon ist sehr spontan, er handelt erst und dann denkt er, damit hat er sich schon jede Menge Ärger eingehandelt.
Leon lässt sich von anderen Menschen, besonders von anderen Kindern leicht beeinflussen. Er fragt auch oft Kinder, die ihn überhaupt nicht leiden können, ob sie sich mit ihm Verabreden wollen. Er bemerkt nicht, wenn jemand wütend ist. Anstatt nachzugeben macht er immer weiter und wundert sich dann, wenn er von dem jeweiligen Kind eine „verpasst" bekommt, oder zu Hause in sein Zimmer auf den Nachdenkstuhl muss.
Am aller Schlimmsten ist Leon's Dickkopf, er weiß alles, kann alles allei-

ne, lässt sich nichts erklären und wenn ich ihm etwas verbiete macht er es extra. Ich habe dadurch ebenfalls wenig Vertrauen zu ihm. Ich versuche ihm dass klar zu machen und auch die Gefahren zu erklären, in die er sich durch sein Verhalten begibt. Davon will Leon nichts wissen und deshalb darf er auch nicht an bestimmte Orte. Es ist für mich immer Glücksache, ob er sich daran hält.

Außerdem ist Leon der Überzeugung keiner hätte ihm etwas zu sagen. Dabei will er gar nicht der Chef sein, er weiß dass er damit überfordert ist.

Seine Schwächen sind, was ich eben beschrieben habe, seine Stärken liegen dahinter versteckt.

Leon kann eigentlich alles wenn er nur will, er kann rechnen, lesen, schreiben und alles sogar richtig und schnell. Wir haben alle (die ganze Familie) auf

spielerischem Wege erlebt, wie schnell er und gut er all diese Dinge beherrscht. Er lernt ungeheuer schnell auswendig.

Am Nikolausabend gehen die Kinder in unserem Dorf auf „Süßigkeitenjagd“ und müssen einen Spruch oder ein Gedicht aufsagen. Leon geht an diesem Tag, seitdem er sein 4. Lebensjahr erreicht hat, auf „Süßigkeitenjagd“. Da ich diesen Tag regelmäßig vergessen habe, musste Leon einen Spruch kurz vor dem Süßigkeiten einsammeln auswendig lernen. Ich habe diesen Spruch Leon 2 oder 3 Mal vorgesagt und er hat ihn super bei den Leuten im Dorf vorgetragen. Es war zwar immer nur ein kleiner Spruch, aber immerhin: z. B. „ich bin die kleine Maus, ich habe kein zu Haus, gib mir ein Stück Speck, dann bin ich wieder weg“. (selbst gereimt), „oder ich bin der kleine Zwerg, ich komm nicht übern Berg, gib mir ein Stück Speck, dann bin ich wieder weg“ usw.

Leon hat in der ersten Klasse mit dem Flöte spielen angefangen. Er ist sehr musikalisch. Zu Weihnachten hat er ein Keyboard von seiner Oma geschenkt bekommen, darauf übt er schon kräftig und er möchte in Zukunft auch professionellen Unterricht bekommen.

Leon hat eine ungeheuerliche Ausdauer beim Spazierengehen, beim Rennen und Draußen rumtoben, er friert fast nie, weil er ständig in Bewegung ist.

Er knetet gern und ist im Memorie nicht zu schlagen. Er spielt mit uns oft Karten, Mau, Mau, Skip-Bo, er spielt Dame, Mühle, Mensch ärgere

Dich nicht und seit neustem nimmt er in der Schule an einer Tischtennis AG, Schach AG und Chor AG teil. Leon hat auch Judo gemacht, wollte dort aber nicht weitermachen, da er bis dato nicht verstehen konnte, dass man sich im Spaß bekämpfen kann. Darüber war er sehr erschüttert, hieran bemerkt man besonders, dass Leon nur mit Mädchen groß geworden ist.

Leon ist besonders höflich und freundlich, er hat, wenn er will ganz tolle Manieren und kann sich exzellent benehmen. Wenn er trotz der vorherrschenden Vorurteile, gegenüber Leon doch mal von einem Kind nach Hause zum Spielen eingeladen wurde, habe ich immer positive Rückmeldungen von den jeweiligen Eltern bekommen. Leon sei höflich, sehr angepasst, er gehe nirgends unaufgefordert an irgendwelche Schränke. Er fragt, wenn er Durst hat, ist beim Essen und Trinken sehr manierlich und würde unheimlich gut mit dem jeweiligen Kind spielen.

Zitat eines Vaters: „Ich habe anfänglich gar nicht mitbekommen, dass er überhaupt bei uns war, dann dachte ich er wäre ein Mädchen, weil es für Jungen in dem alter ungewöhnlich ist, so ruhig zu sein. Erst jetzt wo du mich anrufst muss ich doch mal gucken, ob das überhaupt Leon ist. Wenn er es ist schicke ich ihn pünktlich nach Hause."

Wie kann ich ihm helfen?" Gute Frage ? Keine Ahnung!

Ich rief bei „AGIL" noch mal an und fragte, was genau ihr Programm sei und ob mein Kind in dieser Gruppe gut aufgehoben wäre. „Eigentlich passt Ihr Kind nicht in unsere Betreuungsgruppe. Die Lehrer möchten gerne, dass Ihre Schüler zu uns kommen, da dieses Programm ihnen ihre Arbeit erleichtert. Nur für Leon ist das hier nicht das Richtige. Bei uns sind hauptsächlich Kinder aus problematischen Familien und diese Kinder sind zum größten Teil lernbehindert. Selbst wenn wir Leon aufnehmen wollten, wäre im Moment kein Platz frei. Wartezeit 1 Jahr."

Klasse, ich bedankte mich höflich, machte einen Termin mit Frau Kröger der Sozialarbeiterin vom Jugendamt und schrieb mit ihr einen Antrag auf Beistandschaft, die Frau Noll übernehmen sollte. Ich habe darauf bestanden dass Frau Noll die Beistandschaft von Leon übernimmt, da ich keine Überraschung mit einem anderen Betreuer erleben wollte, den Leon womöglich ablehnen könnte. „Dann können wir uns die Beistandschaft gleich sparen, denn wenn weder Leon noch ich mit einer neuen Person auskommen, bringt uns die ganze Aktion nichts."

Frau Kröger konnte mir nichts versprechen, aber ich habe dann doch Frau Noll als Betreuerin für Leon bekommen, obwohl sie sehr viel zu tun hatte.
Leon ging nach den Ferienspielen regelmäßig zu den Veranstaltungen der evangelischen Gemeinde in unserem Ort. Er ging 1 Mal im Monat zum Kindergottesdienst, jeden zweiten Montag zur Jungschar und nun wollte Leon sich an dem Krippenspiel zu Weihnachten beteiligen. Ich hatte etliche Bedenken, die ich aber schnell wieder verwarf, denn Leon war beim Pfarrer Schleich ein sehr lieber und aufmerksamer Junge.
Ich telefonierte mit dem Pfarrer, um ihn zu fragen, ob er den Damen in der Schule einmal Leon's andere Seite darstellen könne. Der Pfarrer hatte von sich aus schon ein Gespräch mit der Direktorin, der Klassenlehrerin und Frau Kraft vom BFZ gesucht und ihnen von Leons Verhalten in seinen Veranstaltungen berichtet. Der Herr Pfarrer Schleich hat sich sehr um Leon bemüht und hat versucht sich für meinen Sohn in der Schule einzusetzen.
Wir bekamen nach unserem Antrag beim Jugendamt, das erste ½ Jahr fünf Stunden die Woche genehmigt, die Frau Noll für „den Fall Leon" hatte. Sie führte gleich Gespräche mit Herrn Wolter, vom SPZ, mit den Damen in der Schule und besuchte Leon erst einmal die Woche zu Hause. Dort spielte sie mit ihm Gesellschaftsspiele und ging mit ihm kurze Stecken spazieren oder auf den Spielplatz um den Jungen richtig kennen zu lernen. In dieser Zeit war Leon im Gegensatz zu früher sehr misstrauisch. So lernte Frau Noll Leon erst einmal kennen bevor sie ihn später regelmäßig einmal die Woche für Exkursionen abholte.
Außerdem führte Frau Noll mit meiner ganzen Familie und mir Gespräche um uns kennen zu lernen. Sie kam sogar abends vorbei um Ralf anzutreffen, da dieser durch seine Selbstständigkeit sehr lange arbeitete und irgendwie nie die Zeit fand bei den nachmittäglichen Gesprächen dabei zu sein. Nun konnte er sich nicht mehr drücken. Wir bauten bei dieser netten Frau die Vorurteile gegen das Jugendamt sehr schnell ab und Frau Noll wurde als Freundin in unserer Familie aufgenommen.
Auch Leon verstand sich sehr gut mit Frau Noll und baute mit der Zeit Vertrauen zu seiner Beistandschaft auf, was für Leon nicht einfach ist.
Frau Noll ging auch in die Schule und nahm am Unterricht in einigen Fächern teil.

Herr Schmidt, Leon's ehemaliger Mathematiklehrer, ist nun Leon's Sportlehrer und Frau Noll wollte sich diesen Sportunterricht anschauen. Was sie auch tat. Herr Schmidt sagte zu ihr: „Jetzt werden Sie mal sehen, dass dieser Junge gar nichts macht, was man ihm sagt. Er ist vollkommen unkonzentriert und gehört eigentlich auf die Schule für Erziehungshilfe." Zum Leidwesen von Herrn Schmidt machte Leon in dieser Sportstunde sehr gut mit, er bemühte sich wirklich und Frau Noll fand nichts an seiner Teilnahme oder seinem Verhalten auszusetzen. Sie sprach Herrn Schmidt nochmals auf die Schule für Erziehungshilfe an, doch dieser ging 3 Schritte zurück und sagte „das habe ich ja nicht zu entscheiden, das ist Sache der Klassenlehrerin."

Frau Noll erzählte mir später davon. Ihr war aufgefallen, dass Leon's Sportsachen nicht auffindbar waren. Er turnte in seiner Straßenkleidung. Sie machte mich darauf aufmerksam, dass Leon immer noch Strumpfhosen trug: „Ich befürchte, dass er deswegen seine Turnsachen versteckt hat, da die Kinder ihn wegen der Strumpfhose auslachen. Die sind nämlich nicht mehr in." Dass konnte ich nicht wissen, früher waren Strumpfhosen im Winter normal und Leon hatte mir nie davon erzählt. Ich ging gleich los und kaufte ihm für den Winter einige bunte Leggins. Danach hat Leon seine Turnsachen immer an seinem Haken in der Schule hängen.

Frau Noll telefonierte mit Herrn Kaufmann, dem früheren Mitarbeiter vom BFZ, bei dessen Test Leon den IQ von 142% hatte. Sie sprach mit mir über dieses Telefonat. Herr Kaufmann hatte ihr genau das erzählt, was er mir berichtet hatte. Wir kamen überein, dass irgendetwas in der Schule nicht OK wäre. Leon hatte sich immer noch nicht gefangen, es schien eher immer schlimmer zu werden als besser. Wir erkundigten uns über die Beschulung in einer anderen Grundschule, aber das ging nur über das Schulamt.

Das Schulamt verteidigt in erster Linie die Entscheidung ihrer Lehrer und ein Wechsel wäre doch wieder nur an einer Zuweisung auf die staatlichen Sonderschulen gescheitert. Wir wollten dann erst einmal das Gespräch in der Schule abwarten, an dem Frau Noll gern teilnehmen wollte. Ich habe sie dazu eingeladen. Leider ließ Herr Wolter nichts von sich hören, so telefonierten Frau Noll und ich unabhängig voneinander, um Herrn Wolter endlich per Telefon zu erreichen. Die Sekretärin des SPZ legte

ihm ständig einen Zettel hin, aber irgendwie war es sehr schwierig eine Antwort von Herrn Wolter zu erhalten.
Nach ca. 4 Wochen meldete Herr Wolter sich dann endlich und teilte mir den Gesprächstermin in der Schule mit.
Den darauf folgenden Montag gingen mein Mann, Ralf und ich vormittags in die Schule. Dort erwarteten uns Frau Noll vom Jugendamt, Frau Wagner die neue Direktorin, Frau Seidel Leons Klassenlehrerin, Frau Kraft vom BFZ und Herr Wolter vom SPZ.
Mir rutschte das Herz in die Hose, so viel gebildete Menschen auf einem Haufen, dass war schon unheimlich. Als wir eine Weile geredet hatten, jeder sagte etwas, merkte ich, dass diese Leute auch nicht viel gebildeter waren wie ich. Es kamen an den Haaren herbeigezogene Argumente auf den Tisch und ich hatte immer mehr das Gefühl mein Kind mit aller Macht verteidigen zu müssen.
Dort wurde Leon zum Vorwurf gemacht, er würde stehlen, um seine Strukturlosigkeit darzustellen.
Auf einem Wandertag hatte Leon seinen Rucksack vergessen, ich hatte es ganz verpeilt, dass Wandertag war und habe ihm den Schulranzen mitgegeben Mein Kind hatte zwar Frühstück mit dabei, aber nichts zu trinken. Er verspürte einen riesigen Durst beim Wandern. Er hat einfach seinem Klassenkameraden die Flasche Sprudel ausgetrunken. Außerdem hat er einem anderen Schulkind in der Pause eine Apfelschnitte stibitzt. Das ist stehlen! (Ich habe später mit der Mutter des Kindes gesprochen, dessen Flasche Leon leer getrunken hatte, diese meinte, es wäre gar nicht schlimm gewesen, der Junge hat sich Trinken von einem anderen Mädchen geholt. Sie meinte, dass solche Reaktionen bestimmt nicht kriminelles Verhalten darstellt und in diesem Alter macht das jeder Mal.)
In Leon's Schulakte steht nun verzeichnet, dass er stiehlt!
Dann fing Frau Kraft vom BFZ an von Leon's Lernschwäche zu berichten, sie meinte Leon wäre überfordert und würde dem zu erlernenden Stoff nicht folgen können. Er hätte große Teilleistungsschwächen im räumlichen Denken und räumlichen Zeichnen und in noch einigen anderen Bereichen. Ich weiß gar nicht mehr was sie noch alles aufzählte. Herr Wolter vom SPZ widerlegte ihre Behauptungen mit seinen Ergebnissen und klärte die Anderen darüber auf, dass Leon mit Sicherheit kein Lernhilfekind sei. Wenn dann wäre er ein Erziehungshilfe Kind. Dies

widerlegte Frau Noll durch ihre Erfahrungen, die sie mit Leon gemacht hatte. Sie lehnte Lern- bzw. Erziehungshilfe ab. „Leon ist ziemlich unsicher in seinem Verhalten und gerade nicht gut strukturierte Kinder würde er sofort nacheifern. Vielleicht wäre die Jean-Paul Schule, eine Privatschule, wo Kinder mit beiden Problemen aufgenommen werden, eine gute Alternative. Eine staatlich Lern- bzw. Erziehungshilfe- Schule lehne sie zum Wohle des Kindes ab“. Frau Noll meinte, „Leon braucht eine kleine Klasse, damit eine gute Betreuung gewährleistet ist.“ Ich sagte, dass diese Entscheidung im Moment keiner treffen könne, solange wie niemand den Grund für Leon's Verweigerung benennen könne. „Wenn einer der Anwesenden mit Sicherheit sagen kann, was mit meinem Kind nicht stimmt, bin ich gerne bereit die passende Schule für Leon zu suchen“.

Das konnte natürlich niemand sagen. Nun meldete sich die Klassenlehrerin mit einem neuen Vorwurf zu Wort, sie behauptete steif und fest Leon sei gewalttätig. Ich bin aus allen Wolken gefallen. Ralf sagte dazu in einem sehr ruhigen Ton, „wenn unser Sohn gewalttätig ist, dann muss er das in Ihrer Schule gelernt haben, bei uns ist niemand brutal oder gewalttätig.“ Auf einmal fingen die Lehrer an zu lachen, ich fand das sehr unverschämt. Frau Noll und Ralf ebenfalls, aber keiner von uns sagte etwas dazu, denn wir wollten die Stimmung nicht noch unnötig hoch peitschen.

In Leon's Schulakte steht nun, Leon ist gewalttätig!

Außerdem muss man bei einem Gespräch mit Lehrern immer ruhig und sachlich bleiben und darf keine Kritik äußern, im Gegenteil, man muss ihnen immer das Gefühl geben, dass man ihre Leistungen hoch anerkennt und man sollte ihnen immer das Gefühl geben, sie seien unfehlbar und alle Ideen kommen von ihnen. Man muss immer so tun, als ob sie viel gebildeter als man selbst ist.

Ich habe in diesem Gespräch bemerkt, dass mich keiner der Anwesenden studierten Herrschaften (ausgenommen Frau Noll) ernst nahm. Ich hatte das Gefühl, als wenn sie mich kleine Hausfrau bedauern würden, weil ich überhaupt nichts verstehen könnte (Zu blöd zu begreifen um was es hier überhaupt ging). So erklärte mir die Direktorin Frau Wagner drei Mal, um welche Thematik es sich hier handeln würde. Ich hatte ihr drei Mal erklärt: „Ich habe alles verstanden, sie brauchen mir nichts zu erklären.“

Ihre Reaktion:“ Ich erkläre es ihnen trotzdem noch einmal, damit Sie auch alles verstehen:“

Ich fand dieses Verhalten unmöglich. Wenn ich diese Dame später etwas fragte, weil ich eine Erklärung benötigte, hat sie mir nichts erklärt. Wenn ich keine Erklärung brauchte, da ich den Hergang verstanden habe, fing sie an mich aufzuklären.

Also sagte ich gar nichts mehr, damit Leon hinterher den Frust der Lehrer nicht abbekommt und darunter leiden musste. Er litt schon genug unter diesen Beschuldigungen von Diebstahl und Gewalt.

Frau Noll sagte, „Leon's Leistungen sind doch zurzeit eigentlich gar nicht so schlecht, er hat doch auch gute Noten zwischendurch geschrieben. Wenn ich mit ihm Rechne, Schreibe oder Lese hat er keinerlei Probleme, warum ist das in der Schule so schwer? Bei Gesprächen wurde doch von Ihnen bestätigt, dass Leon dem Unterricht folgen kann, wenn bei ihm Interesse vorliegt. Man müsste sein Interesse auf irgendeine Weise wecken.“ „Außerdem“, sagte ich „kann nicht jedes Kind Akademiker werden, er kommt doch mit, im Moment sind seine Leistungen ein Auf und AB. Ich würde mir wünschen, dass die Klassenlehrerin und ich mehr miteinander kommunizieren, damit ich weiß was in der Schule los ist, dann könnte ich vielleicht sein Verhalten und seine Leistungen von zu Hause aus ein bisschen mitsteuern. Leon erzählte überhaupt nichts von der Schule.“ Frau Seidel erklärte sich bereit, mir jeden Tag besondere Vorfälle ins Hausaufgabenheft zu schreiben.

Dann kamen die Damen und Herren zu dem Schluss, Leon sei mit Sicherheit kein Lernhilfekind. Er solle auf dieser Schule erst einmal bleiben, wenn es gar nicht mehr klappen würde, würde man ihn eher als Erziehungshilfekind einstufen.

Ralf und ich sollten uns aber vorerst keine Sorgen machen, wenn dieser Fall eintreffen würde, würde man uns rechtzeitig Bescheid geben. „Natürlich haben die Eltern ein Mitspracherecht und können jederzeit ein Veto einlegen.“

Wir trennten uns und waren genauso weit wie vorher, das Einzige was ich jetzt erfahren habe, aus welchem Blickwinkel Leon in der Schule betrachtet wird. Frau Noll meinte: „In dieser Schule hat es mit Leon keinen Zweck mehr, hier kommt er nicht mehr hoch, oder die Lehrer müssten ihre Einstellung dem Jungen und den Eltern gegenüber revidieren:“ Ich wollte ihr in diesem Moment nicht glauben, aber was für eine Wahl außer die Jean-Paul Schule hätte ich. Von der Regelschule in unserem Ort kamen außer Lern.- oder Erziehungshilfeschule keine anderen Vorschläge. Die angebliche Zusammenarbeit mit der Schule sah so aus: Die Klassenlehrerin schrieb mir jeden Tag etwas in Leon's Hausaufgabenheft und zwar: „ Leon hat heute mit dem Stuhl gekippelt, Leon hat heute Streit mit anderen Kindern gehabt, Leon hat auf den Tisch gemalt und wollte es nicht wegwischen, Leon hat heute….." So hatte ich mir das eigentlich nicht vorgestellt.

Einen Elternsprechtag erzählte Frau Seidel mir, jetzt hat er sich wieder gefangen, den anderen Elternsprechtag war sein Verhalten unter aller Kanone. Ich bat die Klassenlehrerin, „wenn mein Kind keine Hausaufgaben macht, lassen Sie ihn bitte Nachsitzen, wenn er frech ist und in der Klasse stört geben sie ihm Strafarbeiten auf, wenn … dann packen sie ihn einfach und schütteln ihn, oder stellen ihn in die Ecke! Egal was, nur tun Sie etwas, damit er merkt er muss sich benehmen und anpassen!" „ Nachsitzen lassen, möchte ich ihn jetzt noch nicht, damit er nicht ganz die Lust verliert. Bei Strafarbeiten ist das so eine Sache, er macht ja so kaum Hausaufgaben, wie soll es denn mit der Strafarbeit klappen? Alles Andere darf ich nicht." Ich war verzweifelt, warum soll er keine Hausaufgaben machen, ich machte tagtäglich mit Leon Hausaufgaben. Ich verstand überhaupt nichts mehr. Die Lehrerin sagte nichts mehr zu mir, ich ließ es laufen und so verging das zweite Schuljahr

Psychologen, Psychotherapeuten? Wer sie nicht braucht, kann von Glück sagen

Herr Wolter vom SPZ war wie vom Erdboden verschwunden und tauchte auch nicht mehr auf. Die Sekretärin vom SPZ fand sein Verhalten ganz schrecklich und sprach ihn jedes Mal darauf an mich zurückzurufen. Frau Noll vom Jugendamt wurde ebenfalls ständig von ihm versetzt, sie fing dann an ein FAX nach dem anderen zu schreiben, damit wir wenigstens den Arztbericht von ihm bekamen. Nichts keine Reaktion von Herrn Wolter.

Die Arbeit vom Jugendamt ging weiter, so wurde mir der Erste Hilfeplan nach Hause geschickt:

Fortschreibung des Hilfeplanes nach § 36 Kinder- und Jugendhilfegesetz Anwesende Personen. Die Eltern, Beistandschaft vom Jugendamt Frau Noll Sozialarbeiterin vom Jugendamt Frau Kröger, Leon war kurzzeitig anwesend.

Datum der letzten Erziehungskonferenz: 11.07. 2006
Beginn der Hilfe 11.10.2006
Hilfeart: Ebsch. Gem. § 30 SGB VIII

1. derzeitige Situation des Kindes/der/des Jugendlichen/ jungen Volljährigen/ Familie je nach Art der Hilfe (z.B. Schule, Ausbildung, Kontakte innerhalb der Gruppe etc.)
2. Entwicklung seit dem letzten Hilfeplan im Hinblick auf die vereinbarten Ziele: Bisher gab es eine diagnostische Beurteilung von Leon durch das BFZ (Bildungs- und Förderzentrum, angegliedert der Schule für Lernhilfe).

Im sonderpädagogischen Gutachten des Herrn Kaufmann vor der Einschulung, wurde bei Leon eine überdurchschnittliche Intelligenz mit Einem IQ von 145 % und geringe Sprachprobleme getestet. Im ersten-Schuhalbjahr war Leon dann durch andere Mitarbeiterin des BFZ (Frau Kraft)

Erneut getestet worden, die er emotional von Anfang an abgelehnt hat.

Testergebnisse seien sehr schlecht ausgefallen und zunächst war daraufhin von Seiten der Schule eine Umsetzung von Leon in die Schule für

Lernhilfe oder Sprachbehinderung empfohlen worden. Die Eltern lehnten dies ab.
Zwischenzeitlich gab es einen Kontakt zu Herrn Wolter vom sozialpädiatrischen Zentrum (SPZ). Herr Wolter lernte Leon kennen und kam zu der Einschätzung, dass Leon kein Kind für die Schule für Lernhilfe oder Schule für Erziehungshilfe sei. In einem Gespräch mit der Klassenlehrerin, der Schulleitung, und dem Berufsförder- und Bildungszentrum, Frau Noll. Beistandschaft vom Jugendamt und den Eltern von Leon wurde deutlich, dass bezüglich Leons verschiedene Einschätzungen bestehen. Die Klassenlehrerin Frau Seidel habe berichtet, dass Leon stark auf die Führung durch die Lehrerin angewiesen sei und wenig Kontakt zu anderen Kindern habe. Frau Kraft vom BFZ vermutet eine unterdurchschnittliche Intelligenz. Frühere Tests weisen auf einen stark erhöhten Intelligenzquotienten hin. Herr Wolter habe den Verbleib an der Grundschule empfohlen und die Schulung der Lehrer im Umgang mit den Auffälligkeiten von Leon empfohlen. Gegebenenfalls müsse Leon in eine geeignete Schule wechseln.

Insgesamt respektiere die Schule die Eltern zunehmend, nachdem sie vorher davon ausgegangen war, dass die Eltern ihren Sohn einfach nicht richtig erziehen können. Dabei habe das offensive Vorgehen der Mutter (Probleme im Elternkreis der Klasse öffentlich gemacht) sehr unterstützend gewirkt. Im Rahmen des Elternsprechtags in 2/07 sei erstmals geäußert worden, dass die Schule für Lernhilfe oder Erziehungshilfe derzeit nicht zur Diskussion stehe.
Leon ist bei Dr. Altmann zur psychologischen Diagnostik vorgestellt worden. Ein Kontakt hat stattgefunden. Die allgemeine Diagnostik wird wegen Erkrankung von Leon voraussichtlich erst Ende April abgeschlossen sein. Eine erneute Intelligenzdiagnostik scheint wegen Testverfahrenvorgaben nicht möglich.

Die Eltern berichteten, Leon brauche viel Bewegung und sei sehr eigensinnig. Er gehe gern in die Schule, sei dort aber oft sehr unkonzentriert und könnte sich auch schlecht bei den Hausaufgaben konzentrieren. Belohnungssysteme oder die Androhung von Strafen im Erziehungsverhalten der Eltern interessierten Leon nicht. Es entstehe der

Eindruck, dass für ihn der Zusammenhang von Ursache und Wirkung nicht erkennbar sei.

Frau Noll die Beistandschaft vom Jugendamt berichtet, Kontakt zu Leon bekommen zu haben. Sie nahm einen Beobachtungstag zum Verhaltens Leon auf dem Schulhof wahr und bereitete für die Eltern den Weg zur Diagnostik bei Dr. Altmann vor. Sie wird am Abschlussgespräch mit Dr. Altmann teilnehmen.

Bei ihr entstand der Eindruck, dass Leon wenig Zugang zu seinen eigenen Gefühlen habe. Aus diesem Grund seien andere Kinder häufig irritiert über Leon's Verhalten und gingen ihm eher aus dem Weg. Frau Noll unternehme öfter etwas mit Leon außerhalb des Hauses und habe das Reiten für ihn empfohlen. Leon fiel am Anfang des Reitens durch seine schlechte Körperspannung auf (er konnte kaum das Gleichgewicht halten). Das Reiten soll ihm auch helfen mehr Einfühlungsfähigkeit für Lebewesen zu entwickeln. Die Reitstunde sei eine große Herausforderung für Leon, der er sich aber stelle. Im Anschluss wirke er merklich ausgeglichener.

Zum Spannungsabbau gehe Leon zu Hause zwischenzeitlich zu den Hühnern, um sie zu quälen.

Leon wirke auf Frau Noll süchtig nach Computern. Er tauche in eine virtuelle Welt und alles andere verliert an Bedeutung.

Frau Schulz berichtete, dass Leon an den Ferienspielen in den Herbstferien teilgenommen habe, außerdem gehe er Regelmäßig in die evangelischen Gruppenstunden in der Gemeinde am Wohnort. Die Rückmeldung des Pfarrers sei positiv gewesen, er habe sich für Leon an der Grundschule eingesetzt.

Zu Hause spiele Leon nur mit speziellen Kindern, die ihn zum Teil schon aus dem Kindergarten kennen und einschätzen können. Im Zusammensein mit einem anderen verhaltensauffälligen Jungen aus seiner Schule eskaliere die Situation schnell, da beide sich hochschaukeln würden.

Alle Erwachsenen erleben Leon als sehr eigenes Kind. Frau Noll vermutet, dass bei Leon eine autistische Störung in Verbindung mit Hochbegabung vorliegen könnte.

2.1. Schlussfolgerung für die Fortsetzung der Hilfe

(Bestätigung, Ergänzung, Veränderungen)

Leon und die Familie Schulz haben die Unterstützung durch die Erziehungsbeistandschaft angenommen und sollen weiter begleitet werden.

3 Ziele bis zur nächsten Fortschreibung des Hilfeplanes:
°Psychologische Diagnostik von Leon abschließen
°Entspannter Schulkontakt
°Leon erlebt stärker die Außenwelt
°Mehr Kontakt zwischen Vater und Sohn

Welche Schritte zur Erreichung dieser Ziele sind vereinbart worden, und wer ist dafür verantwortlich?

Handlungsschritte:
Die Eltern nehmen die folgenden Diagnostiktermine mit Leon weiter wahr und nehmen das Abschlussgespräch gemeinsam mit Frau Noll wahr. Daran anschließend wird eine therapeutische Unterstützung für Leon eingeleitet.
Die Eltern haben regelmäßigen Kontakt zur Schule und besprechen offen aktuelle Probleme.
Frau Noll und die Eltern unternehmen regelmäßig mit Leon außerhalb der familiären Situation , um ihn so soziale Anforderungen der Außenwelt stärker erfahren zu lassen und mit ihm reflektieren zu können.
Die Eltern führen Elterngespräche mit Frau Noll und treffen gemeinsame Absprachen zu ihrem Erziehungsverhalten gegenüber Leon
Herr Schulz unternimmt einmal wöchentlich eine gezielte Freizeitaktivität mit Leon.

Hilfeplangespräch vom 20.02.2007 Zu Hause bei Leon.

Weihnachten war wie immer ein tolles Fest für uns, wir sind alle gemeinsam in die Kirche gegangen, etwas ganz Neues für unsere Familie. Leon

spielte den Hirten im Krippenspiel. Wir waren alle aufgeregter wie Leon. Die Kirche war zum Zerplatzen voll und unser Sohn spielte seine Rolle wie ein Profi.
Er hatte seine Sache ganz großartig gemacht.
Doch noch ein schöner Jahresabschluss!

So sieht eine positive Entscheidung des Landkreises für Betreuungsmaßnahme aus:

Gewährung einer Ambulanten Betreuungsmaßnahme nach den §§ 27 ff Sozialgesetzbuch Achtes Buch (SGB VIII) für Ihren Sohn Leon geb. 15.03. 1999

Sehr geehrtes Ehepaar,
Durch den Eilentscheid des Jugendamtes vom 14.09. 2006 wurde Ihr oben genannter Antrag auf Gewährleistung einer ambulanten Einzelbetreuungsmaßnahme für ihren Sohn Leon grundsätzlich bewilligt.
Der Beginn der Maßnahme wird Ihnen rechtzeitig mitgeteilt. Nähere Informationen erhalten sie auf Wunsch von der für Ihren Bezirk zuständigen Sozialarbeiterin.
Die Maßnahme ist zunächst befristet auf ein Jahr ab Beginn. Eine Verlängerung kann nach der Stellungnahme der für Sie zuständigen Sozialarbeiterin als Beschluss der Erziehungskonferenz erfolgen. Hierüber erteilen wir Ihnen ggf. einen erneuten Bescheid.
Rechtsbelehrung:
Gegen diesen Bescheid können Sie innerhalb eines Monats nach Zugang schriftlich oder zu Niederschrift Widerspruch beim Kreisausschuss des Landkreises, Jugendamt einlegen.
Mit freundlichen Grüßen

Wie aus dem Hilfeplan vom Jugendamt hervor ging war ich zu dieser Zeit mit Leon bei einem Kinder- und Jugendpsychologen in Behandlung. Das Jugendamt hatte mir diesen Arzt benannt und auch schon ein telefonisches Vorgespräch mit diesem Arzt geführt. Ich hatte dem

Jugendamt mitgeteilt, dass ich wahllos aus den gelben Seiten Kinder- und Jugendpsychologen angerufen hatte. Nachdem Herr Wolter vom SPZ keinerlei Interesse mehr an Leon hatte und er nicht zu erreichen war, auch nicht über seine Sekretärin, hatte ich verzweifelt versucht einen Termin bei einem anderen Psychologen zu bekommen.

Ich bekam meist den Anrufbeantworter an die Strippe und bat um Rückruf. Von etlichen Praxen bekam ich keine Rückmeldung und bei den Anderen die zurückgerufen hatten, war von Wartezeiten zwischen ½ bis 1 Jahr die Rede. Bei einer Verhaltenstherapeutin habe ich mich auf Anraten von Frau Noll auf die Warteliste setzten lassen. Wartezeit 1 Jahr.

Als ich keine Möglichkeit auf sofortige Hilfe von einem Therapeuten sah, machte Frau Noll einen Kontakt mit dem Herrn Dr. Arnold, Kinder- und Jugendtherapeut aus.

Er soll ein Spezialist in Sachen ADHS und Autismus sein.

Wir haben Anfang Januar mit den ersten drei Therapiesitzungen begonnen. Vorab war ein Gespräch mit den Eltern und Dr. Arnold geplant und wurde durchgeführt.

Er stellte Ralf und mir einige Fragen über unsere Familie, leider hatten wir ausgerechnet eine Meinungsverschiedenheit wegen einem Erziehungspunkt und Dr. Arnold meinte wir sollten uns erst einmal einig sein über unsere Vorstellungen von Erziehung. Eigentlich hatte er ja Recht, aber bei solchen Gesprächen soll man sehr ehrlich sein, denn sonst nutzten Gespräche bei Psychologen überhaupt nichts, da kann es eben mal zu Disputen kommen.

Ich habe Dr. Arnold über meine Angststörungen berichtet und habe ihm ausführlich von Leon erzählt.

Ralf war der Meinung, dass wir Leon zu Hause überbehütet haben, er dürfte nichts allein machen, wir hätten Leon ständig bewacht. Außerdem wäre Leon sehr verwöhnt. Er hat als ganz kleiner Junge alle Erwachsenen in unserem Haushalt gegeneinander ausgespielt.

Ralf hat ja Recht, obwohl ich diesen Fehler ungern zugebe. Ich wollte Leon so lange wie möglich bei mir behalten. Er ist mein letztes Kind, mehr Kinder werde ich nicht bekommen. Ich wollte eigentlich vermeiden, dass er zu schnell groß wird und mich nicht mehr braucht.

Er ist dadurch, dass er als Nachzügler zur Welt kam sehr verwöhnt wor-

den, alle aus unsere Familie lieben den kleinen, großen Jungen sehr. Ich weiß das alles und heute gebe ich meine Fehler zu.
Nur ein verwöhntes Kind ist dann eher wie die Kinder bei der Super Nanny (Fernsehserie über Kinder, die ihre Eltern nicht ernst nehmen) und nicht wie Leon. „Oder?"
Von den Kindergärtnerinnen, der Ergotherapeutin und Frau Albert von der pädagogischen Frühförderung haben wir alle sehr viel gelernt und wir haben so gut es ging versucht den entsprechenden Anweisungen folge zu leisten. Nun haben wir Erziehungshilfe-Gespräche mit Frau Noll vom Jugendamt, da werden wir noch mehr dazu lernen.
Trotz all der gemachten Fehler in der Erziehung glaube ich an eine seelische Erkrankung bei Leon.
Leon hat Schlafstörungen, imaginäre Ängste, Aufmerksamkeitsstörungen usw. Ich sprach den Herrn Dr. Arnold darauf an und bat ihn um eine diagnostische Untersuchung.
„Ich muss wissen, was mit Leon nicht stimmt, wir können ihm nur dann richtig helfen wenn wir die Symptome seiner Erkrankung kennen und dementsprechend eine Therapie für Leon bekommen. Herkömmliche Erziehungsmethoden nützen bei Leon recht wenig. Wir benötigen eine Diagnose ebenfalls für eine adäquate Beschulung.
„ Ich sehe mir den Leon mal an." Nachdem Dr. Arnold das gesagt hatte, konnten wir gehen.
In der darauf folgenden Woche hatte Leon seine erste Sitzung, aber nicht wie erwartet bei Dr. Arnold sondern bei seinem Assistenten, einem gelernten Sozialarbeiter. Wie üblich dauerte eine Sitzung 50 Minuten und wir gingen wieder.
Die nächste Sitzung war eine Woche später, wir haben sie noch besucht. Danach wurde Leon heftig krank, er hatte über 40° C Fieber und ich machte mit der Sprechstundenhilfe aus, dass ich mich wieder melden sollte, wenn es Leon besser gehen würde.
Leon war drei Wochen richtig schlimm krank, ihn hatte die Grippe voll erwischt. Ich hatte der Sprechstundenhilfe bescheid gegeben und so fielen der 3. Termin für Leon und eine angebliche Endbesprechung wegen Krankheit aus.
Eine Endbesprechung nach drei Terminen und einem Gespräch mit den Eltern. Es war mehr wie merkwürdig, dass jemand es schaffen kann in

dieser kurzen Zeit eine Diagnose zu stellen, ohne dass der zuständige Arzt mit Leon in Kontakt kam. Die nächsten Termine waren auf ca. 2-3 Monate verschoben worden, da im Moment kein Termin für Leon frei war. Besser 2-3 Monate warten als 1 Jahr, dachte ich mir.

In der Zwischenzeit fingen die Probleme wieder an, die Probleme hatten wahrscheinlich nicht aufgehört.

Die Schule meldete sich wieder, sie hatten mal wieder eine Überprüfung von Leon geplant. Warum eigentlich nicht, ich ging also wieder in die Schule und unterschrieb den Antrag auf ein „Sonderpädagogisches Gutachten." Dieses Gutachten sollte wieder von dem BFZ aus unserer Kreisstadt durchgeführt werden.

Dieses BFZ ist der Schule für Lernhilfe zugeordnet. Mir erzählte mal ein Lehrer, dass hauptsächlich Sonderschullehrer diese Gutachten durchführen, diese haben eine gesonderte Ausbildung genossen und dementsprechend länger studieren müssen.

Auf ein Neues, schaden kann es ja nicht!

In der Zwischenzeit telefonierte ich des Öfteren mit einer Mutter, die in unserer Nähe wohnt und zwei hochbegabte Kinder hat. Wir tauschten Erfahrungen miteinander aus und zogen Vergleiche zwischen unseren Kindern.

Frau Noll vom Jugendamt hatte diese Familie ebenfalls betreut und nachgefragt, ob ich die Mutter einmal anrufen dürfte. Diese hat spontan zugesagt. Sie hat mir über meinen Kinderarzt Bücher über hochbegabte Kinder zukommen lassen, die ich anfing zu lesen. Ich musste wissen um was es geht, um all das besser verstehen zu können.

Diese Mutter war nach meinen Erzählungen vollkommen davon überzeugt, dass Leon hochbegabt ist. Ihre Kinder hatten die Selben Probleme in der Schule wie Leon. Sie gab mir den guten Rat, mit der Klassenlehrerin zu sprechen, damit diese mit ihren negativen Einträgen im Hausaufgaben-Heft aufhörte. Sie sagte mir: „der Junge muss durch positive Rückmeldungen von Lehrern und Eltern erst einmal motiviert werden. Wenn die Klassenlehrerin das Bedürfnis hat all diese Kinderstreiche aufzuschreiben, dann soll sie dies gesondert tun. Sie könnte ja auch abends bei Ihnen zu Hause anrufen um die negativen Verhaltensweisen von Leon mitzuteilen. In das Hausaufgabenheft gehören positive Geschichten von Leon. Es wird bestimmt mal Sachen geben, die er gut gemacht hat. Der Junge braucht dringend mal wieder das Gefühl etwas richtig gemacht zu haben. Niemand kann ein Kind durch ständige negativen Beurteilungen dazu bringen Motivation zu entwickeln." Außerdem riet sie mir noch ganz vorsichtig mit den Lehrern umzugehen. „Am Besten wäre es, wenn Sie gute Ideen haben, es so dastehen zu lassen, als wenn der oder die Lehrer/in selbst darauf gekommen ist. Mit Lehrern muss man ganz behutsam umgehen, sonst ist das nicht gut für die Kinder."

Es hat mir so richtig gut getan, mit einer Mutter zu sprechen die weiß wie ich mich fühle, eine Leidensgenossin, die es geschafft hat. Ihre Kinder gehen Beide auf ein gutes Gymnasium.

Ich beherzigte die Vorschläge der Mutter und bat die Klassenlehrerin bei passender Gelegenheit mit den negativen Einträgen aufzuhören und vielleicht die Probleme Leon's gesondert mit mir zu besprechen. Außerdem bat ich sie Leon mit positiven Einträgen zu motivieren.

Frau Seidel Leon's Klassenlehrerin war mit meinem Vorschlag einverstanden. Leider hat sie mir weder Leon's Streiche mitgeteilt, noch hat sie positive Dinge über Leon in sein Hausaufgabenheft geschrieben.

Böse Gerüchte

Ich habe in nächster Zeit von einigen Leuten in unserem Ort erfahren, dass in der Schule das Gerücht die Runde macht, die Lehrer würden annehmen, ich würde Leon vernachlässigen. Einer der Lehrer muss wohl einen Spruch losgelassen haben, den Jemand aufgeschnappt hatte, der es eigentlich nicht hören sollte.

Wir wohnen in einem Dorf und ich bin in diesem Dorf geboren, also kennen mich fast alle Alteingesessenen und aus dieser Richtung wurde mir etliches gesteckt.

Nun überschlugen sich die Ereignisse. Leon störte wieder tierisch den Unterricht. anstatt ihn endlich zu bestrafen wurde ich in die Schule bestellt und mir wurde mitgeteilt, dass Leon jetzt endgültig auf die Erziehungshilfe Schule gehen sollte. Die Schulleitung wollte die Überprüfung von meinem Kind noch abwarten, dann wollten sie ihn mit Hilfe des diagnostischen Gutachtens abschieben.

Obwohl ich diese Termine beim Dr. Arnold hatte und Frau Noll vom Jugendamt sich intensiv um Leon kümmerte, war das der Schule gleichgültig und sie wollten meinen Sohn so schnell wie möglich auf eine andere Schule abschieben. Das Motto der Lehrer war; ganz schnell weg mit dem Kind, damit wir keine Arbeit mehr mit ihm haben.

Ich traf zu dieser Zeit eine Mutter, die ich aus dem Kindergarten kannte, beim Einkaufen. Ich fragte sie nach ihrem Sohn und was aus ihm geworden ist. Der kleine Felix (wurde schon einmal vorher erwähnt) war eins der verschwundenen Kinder aus Herrn Schmidt's Klasse. Sie hatte mir eine Menge aufschlussreicher Dinge zu berichten. „Herr Schmidt hat meinem Sohn nicht die geringste Chance gegeben, er wurde von Anfang an, d.h. seit der ersten Klasse vom Lehrer schlecht behandelt. Und als die Lehrer erfahren hatten, dass ich wegen ADHS in Behandlung mit Felix war, fingen sie an mir mitzuteilen mein Kind müsse auf die Schule für Lernhilfe. Dabei hat Felix einen festgestellten IQ von 130%. Darauf hat niemand Rücksicht genommen. Sie haben auch die Behandlung beim Kinderpsychologen nicht abgewartet. Mein Mann und ich haben überlegt, wie wir uns dagegen wehren können. Die einzige und beste Möglichkeit für mein Kind war eine andere Grundschule. So haben wir unsere Sachen gepackt und sind einfach umgezogen. Jetzt geht Felix auf eine andere Grundschule und kommt super zurecht. Er wird jetzt wegen ADHS behandelt und schreibt Einsen und Zweien und macht auch sonst keine Probleme mehr. Durch die Behandlung auf ADHS und den Schulwechsel ist er wieder ein fröhliches, ausgeglichenes Kind."
Nun wurde mir erst recht klar, dass ich um das Recht auf eine adäquate Schulbildung für meinen Sohn kämpfen muss und zwar mit allen mir zur Verfügung stehenden rechtlichen Mitteln.
So machte ich der Lehrerin bei einem Gespräch klar, dass Leon durch loben motiviert werden müsse. Ich unterbreitete ihr den Vorschlag, Leon bei guten Leistungen und gutem Benehmen Sternchen ins Hausaufgaben-Heft zu zeichnen.
Zu Hause habe ich ein großes Poster mit Nummern an die Wand gehängt und Leon erklärt, dass er jedes Mal, wenn er ein Sternchen mit nach Hause bringt, er auf die Zahl im Poster diese Sternchen übertragen darf.
Wir hatten ausgemacht, dass bei einer bestimmten Anzahl von Sternen eine Unternehmung seiner Wahl mit uns zusammen gemacht wird. Er konnte sich aber auch Anstelle der Unternehmung ein Spiel oder

Spielzeug aussuchen. Es musste nur der Sternenzahl entsprechend und für mich finanziell erschwingbar sein.
Frau Seidel war zwar einverstanden, machte aber nur zwei Mal ein Sternchen in sein Hausaufgabenheft.
Ich bat sie nachzusehen, ob Leon alles was er an Hausaufgaben auf hatte in sein Heft schreibt. Da Frau Seidel scheinbar sehr überfordert war und es nicht immer schaffte bei Leon jeden Tag nachzuschauen, ob er auch nichts vergessen hatte, rief ich fast täglich eine Klassenkameradin von Leon an. Ich fragte sie nach den Hausaufgaben und erkundigte mich bei ihr was in der Schule so alles passiert ist. Jana ist ein sehr liebes und zuverlässiges Mädchen, sie ist eins der Kinder mit denen Leon schon seit dem Kindergarten befreundet ist. Er wurde von ihr auch manchmal zum Spielen eingeladen. Sie war auch eins der wenigen Kinder, die zu Leon auf den Geburtstag kam.
Wir unterhielten uns oft länger am Telefon und so erfuhr ich doch noch ein paar wichtige Dinge, die so in der Schule passierten.
Kein Gespräch mit der Lehrerin oder Frau Kraft vom BFZ half Leon zu motivieren, es blieb wie es war.
In Musik hatte mein Sohn immer eine gute Note, dieses Fach interessierte ihn sehr, aber selbst dort fielen seine Leistungen rapide in den Keller.
Frau Noll hatte mit Leon begonnen zum Reiten zu gehen. Es ist eine Art therapeutisches Reiten. Die Kinder müssen dort erst das Pferd kennen lernen, dieses reagiert auf bestimmte körperliche Bewegungen, da die Kinder ohne Sattel und Steigbügel ritten und mit den Händen Kunststückchen machten. Das Pferd muss durch Fuß- Bein- und Körperbewegungen geführt werden.
Am Anfang war Leon sehr schlaff in seinen Bewegungen, er hatte keinerlei Körperspannung und konnte sich kaum auf dem Pferderücken halten. ½ Jahr später war er im Reiten fast perfekt. Frau Noll sagte immer er reitet wie ein kleiner Indianer.
Leon hatte schnell Vertrauen zu seinem Pferd gefasst, (ein halbhoher Schimmel), er konnte Galopp reiten und beherrschte sein Pferd sehr gut. Die Reitlehrerin hat mir einmal gesagt, sie hätte noch nie ein Kind gehabt, was diese Disziplin so schnell beherrschte.
Nach dem Einzelunterricht wurde Leon in eine Kindergruppe integriert, dies funktionierte sehr gut.

Ein Vorfall machte mir doch etwas Kopfzerbrechen. Die Kinder in Leon's Reitgruppe spielten nach dem Reiten noch etwas in der Scheune. Die Jungen jagten ein Mädchen mit Stöcken, natürlich im Spiel. Leon fing furchtbar an zu weinen und konnte sich kaum beruhigen, er mochte das Mädchen sehr und hatte furchtbare Angst. Hinterher fragte ich Leon ob er dem Mädchen denn geholfen hätte, wenn die Jungen sie tatsächlich geschlagen hätten: „Nein Mama, ich hätte Ira auch schlagen müssen", „warum denn so etwas", Leon schaute mich mit großen Augen an: "Ich muss doch das machen, was alle Anderen machen!" Danach ging er einfach vor die Glotze, damit war das Thema für meinen Sohn beendet und ich wusste nichts mit seiner Reaktion anzufangen.
Von nun an hatte Leon ein viel innigeres Verhältnis zu unseren Tieren. Er ärgerte kein Tier mehr und war sehr sanft und fürsorglich mit Tieren geworden. Er wirkte auch viel ausgeglichener und freute sich sehr auf seine Reitstunden.
Zeitgleich habe ich Leon zum Keyboardunterricht angemeldet. Dort ging Leon ebenfalls sehr gerne hin. Frau Neumann, seine Keyboardlehrerin war sehr begeistert von Leon. Er konnte alle Noten und wusste so viel über das Keyboard, das ich mich fragte woher er denn all diese Dinge hat. Keiner von uns hatte ihm jemals Keyboardfunktionen erklären können.
Frau Neumann war genau wie die Reitlehrerin von Leon begeistert und konnte nie verstehen, dass Leon in der Schule so viel Ärger hatte.
Ich habe mich öfter mit ihr unterhalten. Wir trafen uns meist, wenn ich Leon zum Unterricht brachte oder abholte, denn der Unterricht fand in einem anderen Ort statt, genau wie das Reiten. Frau Neumann sagte mir jedes Mal, dass Leon ein unwahrscheinliches Lerntempo vorlegen würde.
Obwohl ich niemals darauf geachtet habe ob er die erlernten Lieder zu Hause übte, konnte er immer alles, was Frau Neumann ihm zum Üben aufgegeben hatte. Er war sehr motiviert und brachte oft seine eigenen Liederhefte (wovon Leon ganz viele hat) mit zum Keyboard-Unterricht und übte zusätzlich noch Lieder aus diesen Büchern.
Auch die Freizeitaktivitäten beim Pfarrer waren und sind auch heute noch ohne Probleme.

Leon hat sogar beim letzten Grippenspiel teilgenommen. Er konnte seine Rolle super und es hat ihm sehr viel Freude bereitet.
Als wir in der Kirche waren, war ich so aufgeregt, dass ich nicht still sitzen konnte. Ich hatte großes Mitleid mit den Kindern, denn die Kirche war zum
zerplatzen voll. Wenn mein Kind vor so vielen Menschen sprechen muss, oh weih! Es klappte alles wunderbar, die Kinder waren ganz große Klasse, ich war so stolz auf meinen Kleinen.
Leons Freizeitaktivitäten klappen echt super und er wurde von den Kindern wie von den Erwachsenen so angenommen wie er ist. Er ist dort mit allen gut ausgekommen.

Leon's Verhalten seinen Mitmenschen gegenüber hat unter all dem Schulstress nicht gelitten. Mein Sohn ist in all den Jahren immer ein sehr freundliches Kind geblieben. Er grüßt immer noch alle Erwachsenen und auch die Kinder mit Namen. Auch wenn er die Menschen die ihm begegnen nicht kennt, er grüßt immer noch alle sehr höflich.
Das Verhältnis von den Lehrern und mir wurde immer schlechter. Die Gerüchte, dass ich mich nicht um mein Kind kümmern würde, verhärteten sich. Jemand sagte mir die Lehrer würden darüber reden und zwar sagten sie folgendes. „Wir können uns hier noch so viel Mühe geben, solange die Eltern sich nicht um das Kind kümmern, tritt keine Besserung ein.“
Lernhilfeschule, Verwahrlosung, Diebstahl, Gewalttätigkeit, was kommt noch? Es war aller höchste Zeit mich vehement gegen solche Vorwürfe zur Wehr zu setzten.
Als erstes rief ich meine Bekannte an, die ebenfalls Lehrerin an einer anderen Schule ist. Ich erzählte ihr, dass in der Schule das Gerücht die Runde machte, ich würde mich nicht um Leon kümmern. „Kannst du nicht mal mit denen reden? Du kennst mich doch und wenn ein Lehrer mit den Herrschaften spricht habe ich eher eine Chance auf Richtigstellung!“ Meine Bekannte versprach mir, mit Frau Seidel, Leon's Klassenlehrerin ein Gespräch zuführen. „Danke für Deine Hilfe!“
Das Zweite waren wieder Telefongespräche mit den Müttern aus Leon's Klasse. Ich fragte nach ihren Eindrücken, in diesen Gesprächen konnte ich Leon's Verhalten erklären, bei Streitigkeiten wurde uns Eltern klar, dass immer zwei zu solchen Auseinandersetzungen gehörten. Z.B.

schubste Leon einen Jungen aus seiner Klasse ständig und haute ihm auf den Kopf. Die Mutter erzählte mir, dass der Kleine sich darüber zu Hause beschwert hatte. Ich wusste von Jana, Leon's Mitschülerin, dass dieser Junge Leon als Mädchen bezeichnete, weil er im Kindergarten einmal ein Barbie-Pferd zum Spielen mitgebracht hatte. Ich sagte der Mutter, dass ihr Sohn Leon damit immer ärgerte. Wir sprachen Beide mit den Kindern darüber und der Streit hörte auf. Alle mit denen ich gesprochen hatte fanden Leon zwar manchmal seltsam, aber es wurde klar, dass Leon viele Dinge tat, die bei anderen Kindern ebenfalls schon passiert waren und Leon seine Klassenkameraden imitierte. Z.B. wurde Leon angelastet, dass er den Kindern Dinge wegnahm und versteckte oder nicht sofort zurückgeben wollte. Eine Mutter sagte mir dazu, dass was Leon dort macht dumme Kinderstreiche sind, „ andere Kinder machen das noch viel schlimmer, meinem Sohn wurde sein Glasmaskottchen weggenommen und auf die Erde geschmissen. Das betreffende Kind trampelte noch darauf rum, damit es auch ja kaputt geht."
Viele Mütter sagten, Leon sei ein sehr freundliches Kind und sie hätten nicht gewusst, dass es solche Schwierigkeiten in der Schule gibt. Eine andere Mutter sagte mir, Leon sei bei weitem nicht der Verhaltensauffälligste Junge, sie hätte Kinder aus der Klasse erlebt, die noch viel schlimmer wären. Ich erzählte den Müttern, dass Leon im Religionsunterricht gestört hat und seine Religionslehrerin sein Verhalten nicht tragbar fände. Einige Mütter erzählten mir darauf, dass ihre Kinder ebenfalls an dem chaotischen Religionsunterricht beteiligt gewesen waren. Einige der Kinder haben davon erzählt, aber Einträge in ihr Heft hat außer Leon kein Kind bekommen. Ich erzählte den Müttern, dass Leon ständig mit der Lernhilfeschule gedroht würde. „Die Lehrer haben es sich jetzt aber anders überlegt. Die Klassenlehrerin und die Direktorin wollen ihn nun auf die Erziehungshilfe Schule schicken." „Was wollen die?" Erregte sich eine Mutter, die Leon gut kennt, "lass das bloß nicht zu, ich kenne diese Schule dort geht das arme Kind total unter, die machen Leon auf der Erziehungshilfe-Schule fix und fertig. Leon ist so etwas in keiner Weise gewachsen." Ich habe den Elternbeirat zum Schluss wieder angerufen und ihr erzählt, dass die Abschiebung von Leon schon wieder drohen würde. Die Frau vom Elternbeirat wollte mit Frau Seidel über die Probleme mit Leon reden.

Da ich diese Aktion schon einmal in ähnlicher Form gemacht hatte, musste ich weitere Aktionen in Angriff nehmen.
Also rief ich als nächstes den Kindergarten an und vereinbarte einen Gesprächstermin, ich wollte mich im Kindergarten erkundigen, wie die Erzieherinnen es geschafft hatten Leon so gut aufzufangen und sie um Tipps bitten. Gleich den nächsten Tag hatte ich einen Termin mit der Kindergartenleiterin und Leon's früherer Betreuerin. Wir unterhielten uns über Leon's Verhalten und warum er sich nicht mehr zum positiven verändern konnte, um sein Verhalten und seine Mitarbeit zum Guten zu wenden. Außerdem schüttete ich ihr mein Herz aus, dass das Gerücht kursiert, ich würde mich nicht um Leon kümmern. „Mein Mann ist kein Straftäter, vielleicht nehmen die in der Schule das an. Ralf war politischer Häftling in der ehemaligen DDR. Er wollte in Freiheit leben, deswegen ist er eingesperrt worden. Jetzt müssen wir uns für unser Aussehen rechtfertigen und uns vor übler Nachrede schützen.
Frau Lose die Kindergartenleiterin sagte mir, „ das mit ihrem Mann ist mir bekannt, aber sagen Sie das so wie Sie es mir erzählt haben doch auch in der Schule."
Ich habe dieses Thema in der Schule nicht angesprochen, ich denke nämlich, dass wir es nicht nötig haben uns vor anderen Leuten zu rechtfertigen. „Höchstwahrscheinlich ist die Klassengröße für Leon zu stark. Er braucht viel mehr Anlehnung an eine Erwachsene Person, machen Sie sich doch mal Gedanken darüber welche Schulform für Leon die Richtige ist." Fuhr Frau Lose weiter. Außerdem sollte ich versuchen etwas für ihn zu finden, wo der oder die Lehrer/in mehr Zeit für ihre Schüler haben, damit Leon einen Erwachsenen hat an dem er sich besser orientierten kann. Als ich Frau Lose erzählte, dass die Schule beschlossen hatte, Leon in die staatliche Erziehungshilfe Schule zu schicken antwortete sie mir: „Davor brauchen Sie keine Angst zu haben, Leon wird nicht in die staatliche Erziehungshilfe Schule kommen, auch nicht in die staatliche Lernhilfeschule." Ich schaute sie ganz verblüfft an, „wie jetzt?" Beide Kindergärtnerinnen berichteten mir abwechselnd, dass Leon's Klassenlehrerin in dem Kindergarten war, wegen eines anderen Kindes. Sie seien dabei ins Gespräch über Leon gekommen. Die Erzieherinnen konnten mich daher beruhigen, irgendwie musste dieses Thema vom Tisch sein.

Ich sprach am selben Nachmittag mit dem Pfarrer und erzählte ihm über Leon's Schulschwierigkeiten. Der Pfarrer war sehr an Leon interessiert und ich habe ihm öfters mein Herz über die Schulprobleme ausgeschüttet. Er hatte sich vor längerer Zeit schon einmal bereit erklärt mit den Damen von der Schule über Leon zu sprechen. Er wollte noch einmal mit den Lehrern sprechen und zwar gleich am nächsten Tag. Der Pfarrer hat Leon aus seiner Sicht geschildert. Sein Eindruck von meinem Sohn war ein ganz anderer als der Eindruck den die Schule von ihm hatte.

Vielen dank an den Kindergarten und den Herrn Pfarrer für ihre Hilfe.

Mehr fiel mir im Moment nicht ein und so wartete ich auf das Gespräch mit der Klassenlehrerin und dem Elternbeirat.

Eine Woche später haben wir uns dann in der Schule getroffen. Es war das erste Mal seit längerer Zeit, dass ich keinen „dicken Hals" bekommen habe. Ich hatte auch keine tagelangen Schluckbeschwerden nach dem Gespräch. Keine Direktorin und keine Dame vom BFZ waren dabei. Nur wir Vier, Die Klassenlehrerin, der Elternbeirat, Ralf und ich. „Ich will Leon auf gar keinen Fall abschieben" begann Frau Seidel die Klassenlehrerin das Gespräch. „Die Lernhilfeschule und die Erziehungshilfe Schule kommen für Leon überhaupt nicht in Frage, das sind keine Schulen für ein Kind wie Leon." Ich war baff und sprachlos. Ralf reagierte schneller: „Natürlich hat Leon seine Fehler, wir müssen versuchen ihn zu motivieren, damit ihm die Schule wieder spaß macht." „Leon ist bei Dr. Arnold Kinder- und Jugendpsychologe in Behandlung, dort wird bestimmt bald eine Diagnose erfolgen. Wenn wir wissen was mit Leon nicht stimmt, können wir anfangen ihn wieder aufzubauen." Setzte ich das Gespräch fort. „Hat Leon denn immer noch keine Strukturen und wie sieht sein Verhalten gegenüber anderen Kindern aus", fragte Ralf. Frau Seidel erwiderte: „ Leon ist immer noch sehr unordentlich, sich den Lernstoff alleine zu erarbeiten fällt ihm sehr schwer. Sie müssen mit ihm üben das Federmäppchen in Ordnung zu halten, Zettel korrekt auszuschneiden und beim Einheften seiner Blätter wäre ebenfalls Hilfe angebracht. Sein Verhalten gegenüber anderen Kindern ist im Moment recht gut. Leon kommt gern in die Schule, er ist nicht gewalttätig und im Umgang mit den Sachen der anderen Kinder ist er vorsichtiger geworden." Das waren ja ganz neue Töne, ich hätte heimlich Aufnahmen machen sollen, da wir so eine ähnliche Situation schon einmal hatten. Es ging danach eine Weile gut, doch dann war unser Gespräch vergessen. Wenn es in der Schule wieder brennt, könnte ich Frau Seidel die Aufnahmen zeigen.

Ich habe natürlich keine Aufnahmen gemacht, so etwas ohne Wissen der anderen Person ist strafbar.

Ralf fragte ob Leon den Lehrern gegenüber frech wäre. Die Klassenlehrerin antwortete darauf: „Nein, so etwas würde er sich nicht erlauben, im Gegenteil; Leon ist sehr höflich und sehr hilfsbereit." Meine Überraschung über diese Aussagen von Leon's Klassenlehrerin hat man mir bestimmt angesehen. Ich war wirklich so überrascht, ich glaube ich habe angefangen zu stottern als ich fragte: " Wie soll es denn jetzt weitergehen." Etwas anderes fiel mir wirklich nicht ein, ich war Sprachlos. „Wir warten jetzt erst einmal das Ergebnis des Sonderpädagogischen Gutachtens ab und wie es mit Herrn Dr. Arnold weitergeht. Leon bleibt nun erst einmal hier an der Schule!" Das hörte sich unheimlich gut an, ich war aber von der Ehrlichkeit ihrer Aussagen nicht überzeugt.

Mir ist bei dem Gespräch besonders aufgefallen, dass Frau Seidel mir überhaupt nicht mehr in die Augen sehen konnte. Dieses Verhalten beruhigte mich dann doch, ich dachte, dass sie es vielleicht bereute so vorschnell andere Menschen verurteilt zu haben. Sie hat sicher ihre Meinung über uns geändert und begriffen, dass die Ursachen für Leon's Verhalten nicht alleine von falscher Erziehung herrühren können. Leon ist verwöhnt, das weiß ich selbst, aber was hier in der Schule so abgelaufen ist, ist nicht meine alleinige Schuld. Den Schuh werde ich mir nicht anziehen lassen.

Wir verließen die Schule und atmeten erst einmal richtig auf. Ralf fühlte sich in seiner Meinung bestätigt, dass Leon's Verhalten eine ganz normale Phase war, die nun endlich vorüber gegangen ist. Er sagte: „ich habe es Dir doch immer gesagt, Leon ist ganz normal. Ich war auch in der Schule nicht so einfach und du standest doch auch die ersten zwei Schuljahre ständig in der Ecke. Probleme in der Schule haben wir doch alle gehabt. Irgendwann gibt sich das. Bei Leon wird jetzt auch alles in Ordnung kommen. Du wirst schon sehen, ich habe in diesem Punkt recht behalten." Ich sagte nichts dagegen, Ralf litt sowieso schon die ganze Zeit un-

ter dieser Situation. Er wollte es damals nicht wahrhaben, dass mit Leon etwas nicht stimmt und es ist heute auch nicht anders.
In der ganzen Zeit, wo ich um einen adäquaten Bildungsweg und eine ziegerechte Therapie für Leon gekämpft habe, hat Ralf sich immer mehr zurückgezogen. Er wollte von all dem nichts wissen und hat sogar ein paar Mal, als wir Besuch von Frau Noll vom Jugendamt bekamen die Fernsehkopfhörer aufgesetzt. Er will die Wahrheit auch heute noch nicht wirklich einsehen. Alles was ich danach unternommen habe wurde von mir im Alleingang unternommen. Ab und zu habe ich Ralf davon Unterrichtet und habe nur Vorwürfe zu hören bekommen.

Überlegungen zum besseren Umgang mit Leon

Es klingt noch immer in meinen Ohren, wie er mir ständig die Schuld für Leon's Verhalten zuschieben wollte. Irgendwann war es mir egal was die Anderen von meinen Versuchen hielten Leon beizustehen. Ich habe immer nur das Beste für mein Kind gewollt und bin in manchen Sachen über mich selbst hinausgewachsen. Ich habe keinen Weg gescheut, obwohl ich durch meine Angststörung sehr viel für diese Unternehmungen kämpfen musste. Ich bin auch keinem Streit mehr aus dem Weg gegangen. Das Alles hat mich viel Kraft gekostet und ich war in diesem Augenblick sehr stolz auf mich.
Frau Noll vom Jugendamt war ebenfalls sehr stolz auf mich. Ich habe meine Angst immer wieder aufs Neue überwunden. Ich merkte dass ich immer selbstsicherer wurde. Desto mehr Schwierigkeiten mein Sohn in der Schule bekam, je besser konnte ich dagegen ankämpfen.
Mit Frau Noll vom Jugendamt habe ich einmal darüber geredet, sie sagte dass sie es noch nie so schwer mit einem Kind gehabt hatte. Jede angelaufene Stelle machte an einem bestimmten Punkt einen Rückzieher. Wir haben uns dann gegenseitig aufgebaut. Wir Beide hatten Stellenweise einen Tiefpunkt und damit keiner von uns aufgibt haben wir uns immer Gegenseitig aufgebaut. Wir haben bis jetzt weitergemacht und werden auch so lange weitermachen bis für Leon eine gute Lösung gefunden wurde.
Vom Schulamt, den Schulen, Therapeuten usw. haben wir keine echte Hilfe zu erwarten. Alles muss in Eigenregie übernommen werden. Leon ist nur eine Nummer kein Kind, kein Individuum. Die Einstellung der betreuenden Personen ist wirklich so.
Alle die Hilfe leisten sollten und in Leon ein verzweifeltes Kind sehen sollten, haben es irgendwann abgelehnt diesem Kind konkret zu helfen.
Eins weiß ich jedenfalls, ich kann jederzeit in den Spiegel schauen und mir sagen, dass ich alles Menschenmögliche getan habe meinem Sohn den Weg auf eine halbwegs gute Zukunft zu ebnen.
Unser Kampf ist noch lange nicht zu ende. Mein Kind und ich müssen noch über viele Hürden springen. Vielleicht haben wir es eines Tages geschafft und mein Kind wird wieder zufrieden und glücklich sein. Wir werden nicht aufgeben!

Frau Noll hat uns einige Ziele bei unseren Besprechungen, mir und meiner Familie, mit auf den Weg gegeben:
Veränderung aller Leon gegenüber:
Leon bekommt häufig wechselnde Ansprachen, auch wenn er mit etwas gerade beschäftigt ist, z.B. bei den Hausaufgaben machen.
Der 1. möchte, dass er seine Jacke ordentlich aufhängt,
der 2. mischt sich ein, dass er seiner Mutter nicht so freche Antworten geben soll
der 3. sagt, du musst aber unbedingt noch fürs Krippenspiel lernen,
alle gehen rein und raus wie es ihnen beliebt, es herrscht eine große Unruhe, Leon wird oft unterbrochen, reagiert dann meist überdreht und aggressiv, kann sich nicht mehr konzentrieren, im Extrem rennt er raus um die Hühner zu quälen, damit er wieder lieb sein kann.
Dabei will jeder Mal die Erziehungsfunktion übernehmen, die Mutter wird ausgehebelt, jeder versucht eigene (andere) für ihn wichtige Erziehungsprämisse durchzusetzen. Leon treibt das in den Widerstand, er könnte es eh nicht recht machen, aber er muss auch nicht mehr reagieren, da die Erwachsenen sich gegenseitig aufheben. Es wird für ihn wahllos und überfordernd, er kann eigentlich nur mit Provokation reagieren.
Z.B. beim Mittagessen,
alle reden auf ihn ein: du musst essen, komm ich füttere dich, du bleibst sitzen, kau anständig……Letztlich versucht jeder die Mutterrolle bzw. die Elternrolle zu übernehmen, bestimmt auch um die von der Mutter oft gelassene Lücke auszufüllen bzw. diese zu entlasten, da es ihr bedingt durch ihre Depression oft nicht so gut geht. Es wäre allerdings besser Frau Schulz würde dann jemand benennen, der ihre Aufgabe für eine festgelegte Zeit übernimmt und damit die Verantwortung bewusst und allein übernimmt.

1. Leon braucht mehr positive Bestätigung für das was klappt. Auch bei „Kleinigkeiten“, wenn er seine Schuhe einfach so, ohne Kampf angezogen hat. Die Aufmerksamkeit sollte umgelenkt werden auf das was gut gegangen ist, das erwünschte Verhalten bestätigt werden und nicht das Störende. Die wenigen gravierenden Fehler sollten eher ignoriert werden.
2. Leon braucht klare, einfache Anweisungen. Nicht „Zieh die an“,

sondern Schritt für Schritt aufgegliedert in das was er konkret tun soll. Die Anweisungen müssen von der Person die damit angefangen hat, auch zu Ende geführt werden, die anderen müssen sich raushalten.

3. Das Androhen von Konsequenzen muss ernst gemeint sein, d.h. es sollte nur das angedroht werden, was derjenige auch selbst umsetzen kann. Es dürfen keine unrealistischen Maßnahmen angedroht werden und auch keine die letztendlich von anderen umgesetzt werden müssten. Manchmal ist es besser nicht sofort zu reagieren, sondern sich mit anderen erst in Ruhe ohne Leon darüber zu verständigen wie damit dann auch ggf. von allen umgegangen wird. (kalt reagieren).

Tripple-P-Elternarbeitsbuch
Die wichtigsten Punkte zur Erinnerung

- Geben Sie Anweisungen klar und direkt – sagen Sie Ihrem Kind genau, was es tun soll. Vermeiden Sie Fragen zu stellen (z.B. Würdest du bitte…?) und geben Sie keine ungenauen Anweisungen (z.B. lass das!)
- Nachdem Sie Ihre Anweisung gegeben haben, warten Sie ca. fünf Sekunden, um Ihrem Kind Zeit zu geben, um Ihre Anweisung zu befolgen. Versuchen Sie während dieser Zeit nicht mit Ihrem Kind zu sprechen und benutzen Sie absichtliches Ignorieren, wenn Ihr Kind während dieser fünf Sekunden versucht, mit Ihnen zu reden. Diskutieren oder streiten Sie nicht über die Konsequenz- bleiben Sie einfach ruhig und warten Sie.
- Vermeiden Sie, zu allgemein zu loben, wenn ihr Kind getan hat, worum Sie es gebeten haben (sagen Sie z.B. nicht einfach Toll oder Danke). Sagen Sie Ihrem Kind lieber konkret, was Ihnen gut gefallen hat (z.B. Danke, dass du gleich angefangen hast aufzuräumen!).
- Wenn Sie Ihre Anweisung wiederholen müssen, bleiben Sie ruhig und wiederholen Sie lediglich die Anweisung, ohne dabei lauter oder wütend zu werden.
- Wenn Sie Ihrem Kind gesagt haben, dass es in die stille Zeit gehen soll, sollten Sie nicht mit ihm darüber diskutieren oder

streiten. Wenn Ihr Kind sagt, dass es jetzt aber tun wird, worum Sie es gebeten hatten, setzen Sie absichtliches Ignorieren ein. Seien Sie konsequent, befolgen Sie die Schritte der Start-Routine und lassen Sie die entsprechenden Konsequenzen z.B. die stille Zeit folgen. Das wird Ihrem Kind eher dabei helfen, zu lernen, Ihre Anweisungen zu befolgen, als wenn Sie nur mit logischen Konsequenzen, stiller Zeit oder Auszeit drohen, ohne sie umzusetzen.

- Wenn Ihr Kind Ihre Anweisungen nicht befolgt, wenn Sie ihm sagen, dass es sich in die stille Zeit oder Auszeit begeben soll, dann führen Sie es an den Schultern in die richtige Richtung, bis es allein geht. Kleine Kinder können Sie auch hintragen, wenn es nötig ist.
- Wenn Sie Ihr Kind in die stille Zeit bringen, erklären Sie ihm nochmals die Regeln – du musst hier bleiben und für zwei Minuten ruhig sein. Erinnern Sie auch dann an die Regeln, wenn Ihr Kind aufgebracht ist.
- Wenn sich Ihr Kind nicht an die Regeln für die stille Zeit hält, sollten Sie es in die Auszeit schicken: Susanne du warst in der stillen Zeit nicht ruhig, deshalb musst du jetzt in die Auszeit. Falls nötig und möglich, tragen Sie Ihr Kind in die Auszeit.
- Wiederholen Sie Ihre ursprüngliche Aufforderung nach logischer Konsequenz oder nachdem Ihr Kind in der stillen Zeit oder in der Auszeit ruhig war. Danke, dass du dich in der stillen Zeit ruhig verhalten hast. O.K. jetzt wird gebadet. gehe jetzt bitte ins Bad.
- Wiederholen Sie die Start-Routine, bis Ihr Kind tut, wozu Sie es aufgefordert haben.

Übung 8 Anwenden der Start-Routine:
Versuchen Sie, diese Routine mit anderen Erwachsenen im Rollenspiel zu üben, bevor Sie mit Ihrem Kind ausprobieren. Diese Übung wird Ihnen dabei helfen, herauszufinden, ob Sie sich vorstellen können, diese Erziehungsstrategie bei Ihrem Kind anzuwenden. Das Üben der Start-Routine gibt Ihnen außerdem die Gelegenheit, in Ruhe kon-

krete Formulierungen auszuprobieren, die Sie vor Ihrem Kind in einer Problemsituation benutzen wollen.

Als erstes brauchen Sie für diese Übung einen anderen Erwachsenen, der Ihr Kind spielt. Sie können aber auch einen Teddy oder eine Puppe einsetzen. Gehen Sie die einzelnen Schritte der Routine durch, als ob Sie mit Ihrem Kind sprechen würden. Während Sie diese Übung durchführen, können Sie sich die folgende Szene vorstellen: Ihr Kind spielt mit seinen Spielsachen und Sie haben es bereits um 18,40 Uhr und um 18,55 Uhr daran erinnert, dass es um 19,00 Uhr Zeit ist, ins Bad zu gehen. Jetzt ist es 19,00 Uhr und Sie geben Ihrem Kind die Anweisung, jetzt ins Bad zu gehen. Im ersten Teil der Übung sollen Sie sich vorstellen, dass Ihr Kind tut, worum Sie es gebeten haben, und es dafür loben. Üben Sie anschließend eine Situation, in der Ihr Kind Ihre Aufforderung nicht beachtet und einfach weiterspielt. Schicken Sie Ihr Kind dann nach der zweiten Anweisung in die stille Zeit oder, falls nötig, in die Auszeit.

Wir haben uns wirklich bemüht die Anweisungen von Frau Noll einzuhalten. Wir haben uns darauf geeinigt, dass ich der Chef bin und die Anweisungen gebe. Die anderen haben sich raus zu halten. Die Kinder und Ralf haben sehr gut dabei mitgemacht. Meine Mutter ist nun 86 Jahre alt, sie versteht es nicht. Ich hatte sie gebeten, wenn wir uns mit Leon streiten und er runter gerannt kommt, dass sie ihn nicht mehr tröstet sondern ihn kurzerhand rausschmeißt und ihm erklärt, dass er seine Probleme mit seinen Eltern erst klären muss, bevor er ihr darüber berichten darf.

Mutti schafft es nicht, sie nimmt Leon nach wie vor in den Arm, trocknet ihm die Tränen und bedauert ihn. Leon läuft bei ärgerlichen Problemen immer zu seiner Oma, dort bekommt er Bestätigung und entzieht sich jeder Auseinandersetzung.

Ich versuche heute noch Leon aus Oma's Küche zu ziehen, damit wir unseren Disput beenden können. Oma hat sich schon ein paar Mal dazwischen gestellt und wurde schon fast von mir im Gerangel umgeschubst. Es wird immer schwieriger, da Leon immer stärker wird.

Wenn Leon seinen Willen nicht bekommt, kann er Stundenlang schreien, schlimmer wie ein zwei Jähriger. Ich steckte ihn dann in sein Zimmer und er schmeißt alles durcheinander.

Die Tripple-P. Erziehungsmethode ist sehr aufschlussreich, wobei ich solche Methoden theoretisch als hilfreich empfinde. In der Praxis sieht aber alles anders aus. Es ist sehr schwierig die ganzen Punkte in die Praxis umzusetzen, da jedes Kind anders reagiert. Leon's Reaktion auf Tripple-P. war ganz anders wie beschrieben. Er hat nicht verstanden, was ich überhaupt von ihm wollte. Also habe ich mir nur einige Elemente dieses Buches zunutze machen können. Ich bin schon immer froh, Leon auf seinen Nachdenkstuhl befördert zu haben. Zur Ruhe habe ich ihn nie bringen können. Also wurde dieser Stuhl zum Rumschrei-Stuhl und ich habe anschließend versucht ihn zum Nachdenken zu bringen. Leider denkt Leon dann nicht mehr über die Regeln nach, weil er sie sowieso nicht verstanden hat, oder wieder vergessen hat.

In nächster Zeit war alles friedlich. Leon ging zur Schule, er ging alleine zur Schule und er war eigentlich nach Außen hin ausgeglichen.

Unsere Nachbarin die ein Jahr jünger ist wie Leon schwärmte ihm von den Judostunden bei uns im Ort etwas vor. Leon wollte unbedingt mit in diese Judostunden. Leon war schon einmal beim Judo, dies hatte er aber abgebrochen, da ihn das Spaßkämpfen sehr irritierte. „Verteidigen muss man sich schon können, bitte Mama lass mich dort hingehen". Eigentlich waren die Aktivitäten die Leon in seiner Freizeit machte schon viel zu viel. Er ging jeden Montag die Woche zur Tischtennis AG in die Schule, anschließend ging er jeden zweiten Montag in die christliche Jungschar. Dienstag hatte er frei, dafür hatte er lange Schule, bis 13,30 Uhr. Mittwoch war von 14,30 bis 15,30 Uhr Keyboard, Donnerstag war von 13,00 bis 17,00 Uhr Reiten. Freitag hatte Leon Computer AG er kam aber trotzdem nicht allzu spät nach Hause. Irgendwann in dieser Woche war noch die Schach AG in der Schule zeitlich untergebracht. Ich weiß aber nicht mehr an welchem Tag diese AG stattfand.

Wenn das Wetter schön war fuhr Leon oft mit seinem Fahrrad durchs Dorf und besuchte manchmal Freunde aus der Schule. Es waren überwiegend lockere Freundschaften, einen richtigen Freund hatte Leon nicht.

Ich bin viel älter als die meisten Mütter gleichaltriger Kinder. Die meisten Mütter haben sich schon aus der Kindergartenzeit gekannt und waren miteinander befreundet. So spielten auch die Kinder der befreundeten Mütter miteinander. Leons Freundschaften zu anderen Kindern haben

sich bis heute nicht gefestigt. Mein Sohn wird von anderen Kindern nicht verstanden. Es gibt etliche Kommunikationsprobleme.
Einen Samstag im Monat ist Kinderkirche an der Leon mit Begeisterung teilnimmt. Ab und zu bin ich auch mal froh, wenn ich meinen Jungen für mich habe.
Unsere Oma spielt mit Leon sehr gerne Mensch ärgere dich nicht, Dame und Mühle. Wir spielen öfters zusammen und für die Hausaufgaben muss auch noch genügend Zeit sein.
„Leon, wenn du ins Judo gehen möchtest hast du für Hausaufgaben noch weniger Zeit und für Verabredungen ebenfalls." „Mama Judo ist Sport, ich soll doch ganz viel Sport machen hat Frau Noll gesagt, bitte" Ich konnte Leon's Bitten nicht widerstehen und erwiderte: „ Wenn du dahin möchtest musst du das mit Anja klären und mit ihr dahin gehen. Ich begleite dich jedenfalls nicht ins Judo." Ich dachte jetzt gibt Leon auf. Wo Fremdes ganz alleine hin zu gehen war im Augenblick nicht sein Ding. Leon war richtig schüchtern geworden. Diesmal hatte ich mich geirrt. Zur nächsten Judostunde ist Leon mit Anja, unserem Nachbarkind ins Judotraining gestiefelt. Er ist noch mindestens 5 oder 6 Mal ins Judo gegangen.
Die ersten paar Mal sind kostenlos und bevor ich ihn anmelden wollte sagte Leon: „ Du brauchst mich da gar nicht anzumelden. Der Trainer sagt mir immer was ich machen soll. Mir kann doch niemand Vorschriften machen! Außerdem mault mich der Trainer immer an. Da gehe ich nicht mehr hin!"
Ansonsten war die Zeit recht ruhig es war Anfang März 2007 Leon's Geburtstag stand bevor. Wir überlegten, was wir machen könnten, außer zu Hause zu feiern. So bestellten wir am 15. März 2007 einen Geburtstagstisch im „Kinder-Wunderland" und sagten Leon, dass er nicht so viele Kinder einladen darf. Es kamen sowieso nur die Kinder, die Leon schon letztes Jahr eingeladen hatte. Wir hatten sehr viel Spaß im Kinderwunderland. Es gibt dort einige Attraktionen, ein Karussell, eine Springschaukel und viele andere Spaß-Macher. Wir hatten Mohrenköpfe, Windbeutel und Waffeln mitgenommen, die wir dort statt Kuchen aßen. Die Kinder hatten überhaupt keinen Hunger und gar keine Zeit zum Essen, da alles so interessant war. Zum Abendessen gab es Pommes Frites und Chicken MC Nuggets. Es war ein wunderschöner Tag für die Kinder

und sie sprachen noch lange in der Schule über Leon's Geburtstag.
Frau Heinemann vom BFZ meldete sich bei mir, um mir mitzuteilen, dass sie Recherchen über Leon und sein Umfeld machen wollte. Sie war die Dame, die das sonderpädagogische Gutachten über Leon erstellen sollte. Wir vereinbarten einen Termin und sie kam zu mit nach Hause. Ich gab Frau Heinemann Schweigepflichts-Entbindungen um Informationen und Arztberichte von Herrn Dr. Bauer, Leon's Kinderarzt, von Herrn Wolter vom SPZ, Herrn Dr. Arnold Kinder und Jugendpsychologe und Frau Noll, Beistandschaft vom Jugendamt anzufordern.
Sie erklärte mir, dass sie all diese Leute befragen wollte, um sich ein richtiges Bild von Leon machen zu können. Außerdem waren Informationsgespräche mit Frau Seidel der Klassenlehrerin, Frau Kraft der Dame vom BFZ und andere Lehrer geplant. Sie würde sich nochmals bei mir melden, um mit mir ein längeres Informationsgespräch zu führen.
Was mich sehr stutzig machte, war ihre Bemerkung, dass sie in ihrem Sonderpädagogischen Gutachten herausfinden wolle, ob Leon auf eine Erziehungshilfe Schule oder Lernhilfeschule umgeschult werden muss.
War das ganze Gerede von der Klassenlehrerin doch nur ein Trick gewesen um mich Ruhig zu stellen? Mein misstrauen war noch immer geblieben und nun war dieses Misstrauen wieder voll da. „Adlerauge sei wachsam!"
Ich ging einfach ohne Termin zur Schule. Ich passte eine große Pause ab und traf im Lehrerzimmer Frau Seidel. Ich fragte sie gleich direkt und unverblümt, was denn nun schon wieder los sei, „Leon soll jetzt doch in eine der beiden staatlichen Schulen, lt. Frau Heinemann?" „Nein" sagte Frau Seidel „ dass muss ein Missverständnis sein, Leon soll hier bleiben. Stellen Sie doch bitte einen Antrag auf Gemeinsamen Unterricht und geben Sie mir diesen schnellstmöglich."
Na gut! Ich ging nach Hause und fing gleich an zu schreiben, damit Leon diesen Antrag am nächsten Tag mitnehmen konnte.

An das Staatliche Schulamt
Für den Landkreis und die Stadt

Sehr geehrte Damen und Herren,
hiermit beantragen wir „Gemeinsamen Unterricht" für unseren Sohn Leon, geb. 15. März 1999, für das dritte Grundschuljahr 2007/2008 in der Grundschule.
Wir sind einverstanden mit der Durchführung eines Sonderpädagogischen Gutachtens, das den Bedarf zur Integration in der Grundschule feststellen soll.
(Ein Sonderpädagogisches Gutachten wird zurzeit von Frau Heinemann vom BFZ erstellt.)

Mit freundlichen Grüßen

Die restliche Zeit bis zum Gutachten blieb relativ Ruhig. Leon und ich stritten immer noch über seine Hausaufgaben, die Leon nicht machen wollte. Das Hausaufgabenheft blieb leer, außer vergessene Hausaufgaben wurde nichts mehr eingetragen. Nichts Positives und nichts Negatives. Leon ging regelmäßig zur Schule. Er ging regelmäßig zu seinen Freizeitaktivitäten, wo er sehr viel Erfolg hatte.
Wir gingen wieder zu Herrn Dr. Arnold, dem Kinder und Jugendpsychologen. Leon hatte noch zwei Einzeltermine bei dem Sozialarbeiter. Dann sollte das Abschlussgespräch stattfinden.
Einmal kamen wir 10 Minuten zu spät, wir steckten im Stau. Der Sozialarbeiter Herr Null kam zur Tür und sagte kackfrech: „Sie sind zu spät, ich habe jetzt einen anderweitigen Termin. Sie müssen wieder gehen. Alles weitere machen Sie mit der Anmeldung in unserer Praxis aus." Weg war er. Ich konnte nichts erwidern, so schnell war dieser Typ verschwunden.
Nur nicht aufregen, es hat sowieso keinen Zweck. Wir fuhren in die Stadt und gingen Kaffe trinken. Der nächste Termin fand in den Ferien statt, so kommen wir nicht weiter. Ich fing an, über die Behandlung bei Herrn Dr. Arnold Enttäuschung zu verspüren.

Sonderpädagogisches Gutachten:

Ich hatte bis zum Ergebnis des Sonderpädagogischen Gutachtens noch ein paar Gespräche mit Frau Heinemann vom BFZ. Sie wirkte sehr ehrlich und nett. Ich unterhielt mich mit ihr über Leon, unsere Familienzusammensetzung und andere Dinge. Ich fing an der Frau zu vertrauen, wir sprachen sehr offen miteinander. Wir unterhielten uns auch über die Schulformen in Deutschland und anderen Länder. Sie war genau wie ich der Meinung, dass unser Schulsystem nicht gerade das Beste ist. Es wäre sehr viel besser, wenn alle Kinder in der Grundschule die ersten vier Jahre zusammenblieben. Unsere „normalen" Kinder werden in den Grundschulen und auch später in den fortführenden Schulen zu sehr unter Druck (Leistungsdruck) gesetzt. Es geht den Kindern die liebenswürdige Ausstrahlung von behinderten Kindern verloren. Wenn man in eine Behindertenschule kommt, wird man von den Kindern mit einer Ehrlichkeit und sehr großen Freundlichkeit begrüßt. Die Atmosphäre in diesen Schulen ist eine friedliche und diese Kinder strahlen Zufriedenheit aus. Da sollten sich manche Menschen wirklich ein Beispiel nehmen. Auch die Lehrer wirken ganz anders wie in den Grundschulen. Man merkt sofort, das ihnen die Arbeit spaß macht und dass der Druck in diesen Schulen nicht vorhanden ist. (Ich habe diese Schulen so empfunden, dies ist ausschließlich meine Ansicht.)
Frau Heinemann war meiner Meinung.
Leon benahm sich jetzt, da sich wieder ein Überprüfer angesagt hatte, richtig gut. Er ging freiwillig in die Schule und war sehr nett mit den Lehrern. Zitat der Klassenlehrerin: „Leon ist sehr höflich und hilfsbereit"
Außerdem waren nun zwei Lehrerinnen in dieser Klasse. Frau. Pauzig eine Referendarin hatte sich als Zweitbesetzung in der Klasse etabliert. Nun war auch das Arbeiten mit Leon besser geworden. In der dritten Klasse sollte das Fach Englisch hinzukommen und darauf freute sich Leon unwahrscheinlich.
Die Sommerferien standen bevor und ich wollte mit Ines, Laura, Verena und Leon nach Bayern in Urlaub fahren. Wir waren in diesem Ferienpark im letzten Jahr mit unserer Oma und es hatte uns sehr gut gefallen. Leon war im Urlaub vormittags in die Kinderbetreuung gegangen. Zuerst

hat uns die Betreuung skeptisch betrachtet, sie meinte sie könnte keine Raufbolde aufnehmen. Oma sagte gleich „Leon ist ein lieber Junge, der wird ihnen keine Schwierigkeiten machen.“ So war es auch. Die Betreuerin im Urlaubsferienpark war sehr begeistert von Leon, sie sagte:“ Ich finde Ihren Sohn sehr nett, er ist ausgesprochen höflich und hilft mir die Kinder zu beaufsichtigen. Ich bin sehr angenehm überrascht!“
Jetzt freuten wir uns auf diesen Urlaub. Endlich mal Rauskommen und Abschalten.
Noch war es nicht soweit. Das pädagogische Gutachten und die Zeugnisse standen noch aus. Außerdem hatte ich noch kein Ergebnis beim Dr. Arnold Kinder- und Jugendpsychologe erhalten. Die Termine verschoben sich ständig, weil in der Praxis immer etwas dazwischen kam. Leon hatte zwar seine 3 Stunden (3 Termine) mit dem Herrn Null, dem Sozialarbeiter absolviert, aber das Abschussgespräch stand immer noch aus.
Dieser Termin sollte kurz vor den Sommerferien stattfinden. Am 08.06. 2007 bekam ich nun das zweite Sonderpädagogische Gutachten über Leon vom Staatlichen Schulamt:

Beschulung Ihres Sohnes Leon, geboren am 15.03. 1999

1. Hessisches Schulgesetz vom 13.07.2006 (GVB1.I.S.386) in Verbindung mit der Verordnung über sonderpädagogische Förderung vom 17.05.2006 (AB1. 6/06, S. 412)
2. 2. Mein Schreiben vom 15.02.2007 (dort teilte man mit, das ein sonderpädagogisches Gutachten durchgeführt werde.)
3. 3. Die im meinem Auftrag von der Sonderschule durchgeführte Beratung

Sehr geehrte Frau Schulz!
Aufgrund der Ergebnisse des sonderpädagogischen Überprüfungsverfahren stelle ich gemäß § 54 Abs.1 Hessisches Schulgesetz in Verbindung mit § 19 der Verordnung über die sonderpädagogische Förderung fest, dass bei Ihrem Sohn Leon zurzeit kein sonderpädagogischer Förderbedarf im Sinne einer Schule für Lernhilfe und Erziehungshilfe besteht. Leon kann zurzeit in der Grundschule angemessen gefördert werden.
Bei Schwierigkeiten sollte weiter das BFZ eingeschaltet werden.

Das Ergebnis der pädagogisch-diagnostischen Überprüfung entnehmen Sie bitte dem beigefügten sonderpädagogischen Gutachten.
Leon wünsche ich, dass er viel Freude und Erfolg hat beim Lernen.
Mit freundlichen Grüßen

Sonderpädagogisches Gutachten

1. Persönliche Daten / Bisherige Förderung
   Leon, geb. 15.03.1999
   Verfahren zur Überprüfung Sonderpädagogischen-Förderbedarfs
   1.08.05 Einschulung in die Grundschule
   Zurzeit Besuch der 2. Klasse der Grundschule
   Unterstützung durch das BFZ ab September 05
   Förderung an der Grundschule: innere Differenzierung wärend Des Mathe- und Deutschunterrichts; Schreiben bzw. Nachschreiben von Arbeiten in der Einzelsituation; Individuelle Zuwendung bei Doppelbesetzung. (momentan Referendarin in der Klasse)
   Untersuchungszeitraum: März 2007

2. Untersuchungsanlass / Fragestellung

Leon besuchte vor Schuleintritt den Kindergarten als Integrationskind. Hier traten in verschiedenen Bereichen Schwierigkeiten auf, so dass eine sonderpädagogische Überprüfung im März 2005 stattfand. Zum damaligen Zeitpunkt bestand nach Entscheidung des Staatlichen Schulamtes kein Sonderpädagogischer Förderbedarf.
Nach Angaben der Schulärztin Frau Fink bestanden gegen die Einschulung des Kindes in gesundheitlicher Hinsicht Bedenken.
Aus Schulärztlicher Sicht wurde eine weitere Förderung in der Vorklasse empfohlen. Alle angegebenen Bereiche der Bewegung, alle aufgeführten Bereiche der Sprache, sowie Konzentration und Ausdauer wurden als besonders förderbedürftig angesehen.
Schon in den ersten Monaten nach Einschulung wurde ersichtlich, dass Leon verschiedenartige Probleme hatte. Frau Seidel, die Klassenlehrerin berichtete, dass sich Leon nur schwer auf die Unterrichtsinhalte konzentrieren konnte, kein angemessenes Regelverständnis besaß, Lerninhalte nur kurz abrufbar waren, sehr große feinmotorische Schwierigkeiten bestanden. Nach einem Elterngespräch wurde das BFZ eingeschaltet

und den Eltern erläutert, dass nur mit Unterstützung die bestehenden Entwicklungsrückstände verbessert werden könnten.
Zum Zeitpunkt der Antragsstellung auf sonderpädagogische Überprüfung waren die oben genannten Defizite noch immer gravierend. Es gab häufige handgreifliche Auseinandersetzungen, Regeln wurden nicht befolgt, sein Umgang mit einigen Arbeitsmitteln und denen anderer war nicht sehr sorgsam. Die Beteiligung am Unterricht war sehr wechselhaft. Arbeitsanweisungen konnten nur mit intensiver Unterstützung durch die Lehrerin bewältigt werden. Es ist nun zu klären inwieweit, sonderpädagogischer Förderbedarf im Sinne einer Schule für Lernhilfe oder Erziehungshilfe besteht.

3. Angewandte Verfahren:

Gespräch mit der Mutter, Hausbesuch
Gespräche mit Frau Seidel (Klassenlehrerin), Frau Wagner (Schulleiterin)
Gespräch mit Frau Noll (Jugendamt)
Gespräch mit Herrn Dr. Arnold (Gemeinschaftspraxis Kinder- und Jugendtherapie, Psychotherapie)
Gespräch mit Herrn Dr. Becker (Kinderarzt)
Gespräch mit Frau Kraft (BFZ Mitarbeiterin)
Hospitationen
Gespräche mit Leon
Akteneinsicht (Schülerakte, BFZ-Akte, Berichte vom Jugendamt, Arzt, Kopie des Tests:

TPK
Demat 1plus
Demat 2plus
Elfe 1-6
SLRT

4. Ergebnisse

4.1. Anamnese/Familiäre Situation

Leon hat zwei ältere Schwestern. Zwei Cousinen sind nach dem Tod ihrer Mutter von der Familie aufgenommen worden. Auch die Großmutter lebt mit im Haus. Eine Schwester hat eine Tochter, die ebenfalls von der Familie großgezogen wird. Die Mutter des Mädchens lebt nicht bei ihrem Kind. Frau Schulz ist nicht berufstätig, ihr Mann ist selbstständig. Leon wird seit dem 11.10.06 von Frau Noll, Jugendamt, betreut. Ab Mitte Dezember 06 wurde die Betreuungszeit verdoppelt (wöchentlich 10 Stunden). Seit Beginn dieses Jahres geht Leon einmal wöchentlich Reiten. Außerdem hat er mit Keyboard-Spielen begonnen. Frau Schulz berichtete, dass die Lehrerin, Frau Neumann, von Leons Fähigkeiten begeistert ist.

Frau Schulz leidet an einer chronischen Krankheit. Frau Schulz fällt es schwer, die Wohnung zu verlassen. Höchstwahrscheinlich ist Leon aufgrund der Krankheit seiner Mutter anders aufgewachsen als andere Kinder. Inwieweit die depressiven Phasen von Frau Schulz Einfluss auf Leon und seine Entwicklung genommen haben, ist meinerseits nicht genau zu klären.

4.2. Verhaltensbeobachtung

4.2.1. Während der Überprüfung

Leon machte einen ruhigen, relativ ausgeglichenen Eindruck auf mich. Sein äußeres Erscheinungsbild könnte wenig Bewegung an der frischen Luft, keine ausgewogene Ernährung, viel Zeit vor dem Computer oder Fernsehen vermuten lassen. Leon sah sehr blass und müde aus, die Haare ungekämmt.

Er verhielt sich mir gegenüber freundlich und aufgeschlossen. Bei der Durchführung des TPK fragte Leon mehrmals nach, wann denn Schluss sei. Hier wurde er auch immer mehr körperlich unruhig. Am schwersten fiel ihm das Abschreiben des Textes.

Zwischen den verschiedenen Aufgaben fragte er häufig nach anderen Dingen oder begann zu erzählen. Manchmal war es schwer ihm inhaltlich zu folgen.

4.2.2.Während des Unterrichts

Leons Verhalten während der Hospitation war sehr unterschiedlich. In der Mathematikstunde, (Unterrichtsstunde) hörte er relativ aufmerksam zu, meldete sich teilweise, bearbeitete sein Arbeitsblatt, nahm die vielen Hilfen der Klassenlehrerin gern an und machte insgesamt einen konzentrierten Eindruck. Ohne die sehr intensive Hilfestellung durch die Lehrerin wäre ein solcher Ablauf wahrscheinlich nicht möglich gewesen,

da Leon die Aufgabe des Arbeitsblattes selbstständig nicht hätte lösen können.
In der 3. Unterrichtsstunde (deutsch) wirkte Leon viel unruhiger. Er kippelte viel mit dem Stuhl, sprach einfach rein, wirkte dann wieder ganz abwesend, spielt sehr intensiv mit seinen Stiften. Zwischendurch beteiligte er sich sehr wohl auch am Unterricht. Es ging um Tierrätsel, die sich die Kinder selbst ausdenken sollten. Leon war in der Lage, zu anderen Kindern zu gehen, sein Rätsel vorzutragen bzw. das des Kindes anzuhören. Es war für Leon sehr wichtig, sein Rätsel dann der gesamten Klasse vortragen zu dürfen. Den selbst geschriebenen Text konnte er nicht mehr lesen, konnte ihn aber auswendig.
Eine weitere Hospitation fand im Kunstunterricht statt. Nach Aussage des Lehrers war es seit langem das erste Mal, dass Leon einen Zeichenblock dabei hatte. Die Kinder sollten ein Hasenbild zu ende malen, was sie in der letzten Stunde begonnen hatten. Leon hatte in der letzten Stunde nicht mitgearbeitet, da sein Zeichenblock fehlte. Auch diesmal dauerte es, bis er anfing. Zwischendurch spitzte er oft seine Stifte, blieb aber ruhig und verließ nicht seinen Platz. Er war noch vor dem Ende der Stunde fertig und wollte unbedingt die Zusatzaufgabe (Ausmalen verschiedener Hasenbilder) erledigen. Leons Bilder waren nicht mit den restlichen Bildern zu vergleichen. Meines Erachtens war es keine altersgerechte Zeichnung. Die Hasen saßen auf dem Baum und alles war kleinkindhaft gezeichnet.
Es ist festzustellen, dass eine Verhaltensveränderung stattgefunden hat. Die Beobachtungen aus den Hospitationen zeigen, dass Leon leicht ablenkbar ist, schnell ermüdet, dem Unterricht oft nicht folgen will oder kann, zappelig wird und sich häufiger mit anderen Dingen beschäftigt. Es gab jedoch keine Zwischenfälle mit Mitschülern, er ist nicht eingeschlafen.
Frau Kraft (BFZ) vermerkte in ihren Unterlagen: 02.03.07 Frau Seidel erwähnt dass Leon derzeit eher unauffällig ist.

4.3. Lernvoraussetzungen

4.3.1. Sprachliche Leistungen

Leon's sprachliche Entwicklung erscheint nicht altersgerecht. Er redet häufig in Einwortsätzen, manchmal ohne Bezug zur Frage. Zum Teil ist es schwer, seinen Äußerungen zu folgen. Beim Erzählen oder Erklären gibt er sich Mühe, treffende Ausdrücke zu finden, fällt ihm dabei ziemlich schwer.

4.3.2. Stand des Leselernprozesses

Nach Angaben der Klassenlehrerin kann Leon gut lesen und ist auch in der Lage fremde Texte fehlerfrei vorzulesen. Nach kurzer Zeit lasse seine Konzentration jedoch nach. Beim SLRT erreichte Leon Prozentränge von 30 bis 50. Den kritischen Fehlerwert überschritt er nicht.
Durchschnittliche T – Werte von 44 bis 55 schaffte Leon beim Leseverständnis (ELFE).

4.3.3. Stand beim Schreiben

Beim Salzburger Rechtschreibtest traten sechs othografische, 4 N – Fehler und drei Fehler bei der Großschreibung auf. Dies entspricht einem Prozentrang von 30 bis 50 bezogen auf das erste Schulhalbjahr. Abschreiben gestaltete sich schwieriger für Leon. Bei der Durchführung des TPK unterliefen ihm sehr viele Abschreibfehler.
Die Schreibschrift erlernte Leon gut und zügig. Dies bereitete ihm auch Freude. Nach Angaben der Klassenlehrerin beherrscht er auch einfache grammatische Regeln. In den BFZ – Unterlagen befanden sich noch folgende Informationen. Dezember 06 - Diktat geschrieben 15 Wörter davon 2 richtig geschrieben. März 07 – Diktat in der Einzelsituation geschrieben (da vorher krank) – nur 3 Fehler.

4.3.4. Mathematik

Zur Prüfung der mathematischen Fähigkeiten wurde der Demat eins plus und zwei plus durchgeführt. Normwerte können aufgrund des Zeitpunktes nicht ermittelt werden.
Im Demat 1 plus konnte Leon die meisten Aufgaben ermitteln. Große Schwierigkeiten bereiteten ihm hier die Textaufgaben, von denen er keine richtig rechnen konnte. Bei den Aufgaben des Demat 2 plus wurde mit der Lehrerin besprochen, welche Themen bereits behandelt wurden. So hätte Leon Additions- und Subtraktionsaufgaben im Zahlenraum bis 100 rechnen können müssen. Hier schaffte er jedoch nur 2 von 8 Aufgaben. Bei der Bildung des Doppelten, wie auch bei der Hälfte konnte Leon keine Aufgabe lösen. Die Textaufgaben hat er nicht verstanden und

generell die Zahlen versucht zu addieren. Auch die Geometrieaufgabe wurde nicht bewältigt. Hier werden meines Erachtens größere Defizite erkennbar.

Aber auch in Mathematik liegen Leons Leistungen im durchschnittlichen Bereich der Klasse. Im März 07 schaffte er in einer Arbeit die Note 3.

4.4. Intellektuelle Fähigkeiten

Mit Leon wurden schon mehrere Intelligenztests durchgeführt, der letzte Test im

September 07.

Grundlage der ersten sonderpädagogischen Überprüfung war der CFT 1, durchgeführt am 09.03.05. Hier erreichte Leon IQ – Werte von 144, 118, 141.

Am 13.12. wurde erneut der CFT 1, diesmal Form B, durchgeführt. Nun erreichte Leon IQ – Werte von 87, 85, 91.

Im Kaufmann – ABC, durchgeführt am 17.03.06, wurden folgende Standardwerte ermittelt:

SED – 92

SGD – 65

SIF - 77

FS - 94

NV - 74

Am 12.09.06 wurde der HAWIK III in der Kinderarztpraxis durchgeführt, folgende IQ – Werte erreichte Leon:

Verbalteil – 81

Handlungsteil – 71

Gesamt – Test – 75

Die Familie und auch Frau Noll vom Jugendamt verweisen auf den zuerst durchgeführten Test mit sehr guten Ergebnissen. Frau Schulz ist der Meinung, dass alle anderen Ergebnisse nicht zählen und mit Leon schon zu viele Tests gemacht wurden.

Die Zwischenräume innerhalb der Durchführungen liegen so, dass auch die Ergebnisse der darauf folgenden Tests Gültigkeit besitzen.

Überlegenswert erscheint mir, warum bei den ausführlicheren Tests HAWIK III und Kaufmann ABC keine einzelnen Bereiche mit guter

Tendenz bzw. mit überdurchschnittlichen Ergebnissen erzielt wurden, die die hohen IQ – Werte des CFT 1 bestätigen würden.

4.4. Sozialverhalten:

Anhand der Einsicht in die Schülerakte und die Aufzeichnungen der BFZ – Kollegin, sowie durch das Gespräch mit Frau Seidel der Klassenlehrerin, kann Leon's Sozialverhalten bis etwa März 07 folgendermaßen beschrieben werden:
September 05 – leicht ablenkbar, unselbstständig, zeichnen oder malen kaum möglich, kann kaum zuhören, singt im Unterricht, teilweise babyhaftes und kleinkindhaftes Verhalten.
Januar 06 – läuft in Klasse herum, versucht Gespräche mit Mitschülern zu führen, hält Spielregeln nicht ein.
März 06 – arbeitet so gut wie gar nicht, lenkt Mitschüler viel ab, beschädigte Bild von Mitschüler, nahm Mädchen Porzellankatze ab und wollte sie auf den Boden werfen.
Mai 06 – hat bei Wandertag das Trinken eines Mitschülers einfach ausgetrunken, greift in die Brotdose von anderen Kindern, massive Störung bei Fachlehrer, Wechsel in andere Klasse nötig, zeigt während der Pause anderen Kindern seine Genitalien.
November 06 – stört täglich den Unterricht in vielfältiger Weise, ärgert Mitschüler, nimmt ihnen Dinge weg, ist absolut nicht einsichtig.

Während der Überprüfungszeit war solch gravierendes Sozialverhalten nicht zu beobachten. Es gab keine Auseinandersetzungen mit Mitschülern. Es konnte zum Beispiel in der Deutschstunde beobachtet werden, wie Leon auf Klassenkameraden zuging, um Ihnen sein Rätsel vorzulesen. Dies passierte in einer freundlichen Art und Weise, so dass auch die Kinder bereit waren Leon zuzuhören. Leon saß zum damaligen Zeitpunkt an einem der vorderen Tische mit einem Banknachbar. Es kam während der Hospitationen zu keinen Streitigkeiten zwischen den beiden Jungen. Es war eher ein hilfsbereites Verhältnis zu beobachten. Leon hatte nicht alle Stifte zum Malen im Kunstunterricht dabei. Er erhielt diese von seinem Banknachbarn und bedankte sich dafür.

4.6. Arbeitsverhalten:
Auch Leons Arbeitsverhalten hat sich verbessert, wobei man bei weitem noch nicht von einer zufrieden stellenden Situation sprechen kann. Leon machte auch zur Überprüfungszeit häufig einen müden Eindruck. Er war schnell ablenkbar bzw. nur kurzzeitig für Unterrichtsinhalte zu interessieren. Er beschäftigte sich mehrmals mit ganz anderen Dingen und musste von den Lehrerinnen immer wieder dazu aufgefordert werden, Arbeitsaufträge zu erledigen. Er benötigte fast ständig individuell Zuwendung mit genauen Erläuterungen bzw.
Hilfestellung, um Aufgabenstellungen erfassen und bewältigen zu können.

5. Interpretation der Ergebnisse:

Leon's Entwicklungsmöglichkeiten im Säugling- und Kleinkindalter waren meines Erachtens vermutlich eher mangelhaft. Die chronische Krankheit in der Familie wirkte wohl sehr einschränkend und beeinflusste Leons psychische Entwicklung.
Termine bei Dr. Arnold Gemeinschaftspraxis für Kinder- und Jugendpsychiatrie, sollten diesbezüglich nähere Informationen bringen, leider wurde nur ein Termin wahrgenommen, sodass zurzeit keine umfangreichen Ergebnisse vorliegen.
In seinem Bericht an den Kinderarzt Herrn Dr. Bauer schreibt Herr Arnold „Leon kann sich hier einlassen, er ist kooperativ, zeigt sich freundlich, es fällt ihm schwer, sich auf eine Aufgabe zu konzentrieren, auch bei nicht rein kognitiven Anforderungen. In wenigen Maltesten zeigt sich eine deutliche Entwicklungsverzögerung und offensichtlich auch Schwierigkeiten der Affektdifferenzierung und angemessenen Wahrnehmung von emotionalem Ausdruck….
Es besteht jedoch nicht der Eindruck eines autistischen Problems, sondern eher einer mangelnden Ausgestaltung und Entwicklung der eigenen Persönlichkeit.
Es handelt sich um eine komplexe Störung mit emotionalen und Verhaltensproblemen,
Erheblichen Problemen im Hinblick auf die Erziehungskompetenz der Mutter.

“ Die verschiedenen Ergebnisse der Intelligenztests liegen zum größten Teil unter dem Durchschnitt, wobei es auch Werte im unteren Durchschnittlichen Bereich gibt.
Vor allem im Kaufmann ABC sind größere Unterschiede zwischen den einzelnen Skalen zu erkennen.
Wenn die Werte der Skala einheitlichen Denkens im Vergleich zum ganzheitlichen Denken signifikant größer sind, gibt es hinweise auf folgende Defizite:

- Defizite im ganzheitlichen Denken
- Schwächen beim räumlich- gestalteten Erfassen von Gegenständen, Bildern und Symbolen.
- Allgemeine Orientierung in der Welt
- Allgemein schwache Grundbegabung

Außerdem gibt es folgende Hinweise, wenn die Standardwerte der Fertigkeitsskala viel höher sind als die Werte der intellektuellen Fähigkeiten:
Man kann darauf schließen, dass das Kind in Bezug auf sein potenzielles Leistungsvermögen sehr gut gefördert ist. Es besteht u. a. die Gefahr der Überforderung. Die Prognose ist eher ungünstig. Das intellektuelle Potenzial ist wahrscheinlich bereits ausgeschöpft.

Diese Hinweise decken sich mit den gemachten Beobachtungen. Leon wäre ohne die intensive Unterstützung seiner Klassenlehrerin nicht in der Lage, den Leistungsanforderungen gerecht zu werden. Er erhält eine sehr gute binnen differenzierte Förderung. Durch die Referendarin kommt es ab und an zu Doppelbesetzung im Unterricht, die Frau Seidel dann nutzt, mit Leon Lerninhalte erneut zu besprechen. Hilfestellungen zu geben und auf seine Defizite einzugehen. Jedoch auch, wenn die Klasse allein von Frau Seidel unterrichtet wird, versucht sie differenziert auf Leon einzugehen. Dies war sehr gut in der Hospitation der Mathematikstunde zu sehen. In sehr kurzen Abständen war sie bei Leon, um ihn zu motivieren, Tipps zu geben und zu erklären.
Nur so ist meines Erachtens möglich, dass Leon zurzeit den Leistungsanforderungen der Klasse 2 gerecht werden kann.
Einen ebenfalls positiven Einfluss hat der Erziehungshilfebeistand durch Frau Noll. Im Telefongespräch äußerte sie, einen Zugang zu Leon gefun-

den zu haben, so dass eine Beziehung aufgebaut werden kann.

Vor allem das therapeutische Reiten scheint Leon sehr gut zu tun. Frau Noll unternimmt häufiger etwas mit Leon außerhalb des Hauses, was durch die Krankheit der Mutter für die beiden bisher kaum möglich war. Leon soll die Außenwelt stärker erleben.

Frau Noll vereinbarte mit den Eltern, regelmäßige Gespräche zu führen und gemeinsame Absprachen bezüglich des Erziehungsverhaltens zu treffen.

Ich vermute, dass die intensive Betreuung der Familie und der Einfluss auf das Erziehungsverhalten sowie natürlich der Kontakt zu Leon, bei diesem zu beobachtende Verhaltensänderung bewirkt hat.

Da Leon auch in der Schule von seiner Klassenlehrerin stark unterstützt wird, kommen diese positiven Verhaltensweisen auch im schulischen Bereich zum Tragen. Leon erfährt nun auch einmal positive Rückmeldungen durch seine Mitschüler und wird so eventuell wieder in seinem Verhalten bestärkt.

In einem letzten Telefonat mit Frau Seidel und einem Gespräch mit Frau Kraft (BFZ) wurde die positiv wahrgenommene Situation aus der Überprüfungszeit auch für den jetzigen Zeitpunkt bestätigt.

Deshalb besteht meines Erachtens zum momentanen Zeitpunkt kein sonderpädagogischer Förderbedarf im Sinne einer Schule für Lernhilfe und auch kein Förderbedarf im Sinne einer Schule für Erziehungshilfe.

Aufgrund der teilweise doch sehr niedrigen Werte, in den Intelligenztesten und den beschriebenen Verhaltensauffälligkeiten vor dem Überprüfungszeitraum ist eine ständige Beobachtung sehr wichtig und ein schnelles Eingreifen bei Leistungsversagen oder Verhaltensschw ierigkeiten unabdingbar.

6. Pädagogische Empfehlungen

6.1. Unterrichtliche Maßnahmen.

Es erscheint sehr wichtig, dass Leon unterstütz wird bei der Übertragung des zu Hause gelernten Verhaltens durch die Zusammenarbeit mit Frau Noll auf den schulischen Bereich und auch umgekehrt. Das heißt, dass gemeinsame Absprachen, gleiche oder ähnliche Regeln und Vorgehensweisen sehr hilfreich sein können.

Außerdem sollte immer genau beobachtet werden, ob und wann der oben genannte Zustand der eventuellen Ausschöpfung des Leistungspotenzials erreicht ist. Eine unbewusste Überforderung könnte äußerst negative Einflüsse auf Leons Verhalten haben. Fördermaßnahmen im Bereich des ganzheitlichen Denkens wären unter anderem:

- Umwelterfahrungen ermöglichen, Projekte, praktisches Tun
- Strukturen im Tagesablauf geben (Zeitabläufe mit Bildern oder Symbolen darstellen, Ordnung am Arbeitsplatz)
- Bildergeschichten ordnen, erzählen lassen
- Texte in Abschnitte zerschneiden und ordnen lassen
- Hilfen bei der Texterfassung geben
- Lautes und leises mitsprechen beim Schreiben
- Ableiten von Wortstämmen
- Bildhafte und grafische Darstellung, um Sachinhalte oder Rechenvorgänge zu spielen, handeln und zu visualisieren (Strukturbaum, Farben verwenden, Signale)
- Schuleinheitliche Farbgebung für Einer – Zehner – Hunderter
- Einheitliche Mengenbilder

Ansonsten sollten die unterrichteten Maßnahmen beibehalten werden, die sich bis jetzt bewährt und Leon ein Mitkommen im Klassenverband ermöglicht haben, soweit es der zeitliche Rahmen und vor allem auch die Kraft der Klassenlehrerin zulassen.

6.2. Schulorganisatorische Maßnahmen

Eine Begleitende Unterstützung durch das BFZ wäre sehr hilfreich. Das von der BFZ – Mitarbeiterin durchgeführte Verfahren zur Feststellung von Teilleistungsschwächen zeigt, dass Leon in vielen Bereichen große Schwierigkeiten hat, so dass man von einer allgemeinen Entwicklungsverzögerung ausgehen könnte. Eine Durchführung der Trainingsprogramme würde meines Erachtens einen positiven Einfluss auf Leon's Persönlichkeitsentwicklung, sowie seine Eigen- und Fremdwahrnehmung haben.

Regelmäßiger Kontakt mit den Eltern und Frau Noll zum Informationsaustausch, zum Treffen von gemeinsam besprochenen Vereinbarungen, zum Abklären von Zuständigkeiten, sind für ein gemeinsames Vorgehen sehr wichtig.

6.3. Außerschulische Maßnahmen

Die bereits stattfindenden Freizeitangebote sollten unbedingt beibehalten werden. Die Annahme der Erziehungsbeistandschaft und die Bereitschaft der Eltern zur aktiven Mitarbeit sind auch für die weitere positive schulische Entwicklung von Leon unbedingt notwendig. Die Wiederaufnahme bzw. Beendigung der psychologischen Diagnostik und vor allem die Überlegungen bezüglich einer darauf folgenden Therapie, müssen unbedingt stattfinden.

Als ich diesen Bericht zum ersten Mal gelesen habe, dachte ich gar nichts. Ich musste noch Mal lesen und nachdenken. Wie kann diese Frau schreiben, dass dieses Kind, was hier beschrieben wurde, keine Hilfe braucht. Die Interpretation dieses Kindes, es ist mein Kind Leon, deutet auf ein ganz verzweifeltes, unglückliches Wesen hin. Ein Kind mit starken Au fmerksamkeitsstörungen, Entwicklungsverzögerung, Überforderung in sämtlichen Bereichen, ein weltfremdes Kind, was mager ist, ungekämmt, müde, blass. Ein armes Kind, das mit der Umwelt und dem Leben in der Schule nicht zurechtkommt. Dieses Kind was hier beschrieben wird, wird von den Eltern völlig falsch eingeschätzt. Die Eltern wollen nicht wahrhaben, dass ihr Kind nicht an diese Schule gehört und dass es sehr viel Hilfe von Außen benötigt. Wenn das kein Kind ist, was unbedingt Förderbedarf in jeder Hinsicht benötigt, dann weiß ich nicht welche Kinder sonderpädagogischen Förderbedarf benötigen.

Seltsam ist bei allen Überprüfungen, dass mein Sohn dort niemals als das Kind aufgefallen ist, wie er in der Schulakte beschrieben wurde. Außerdem sind Absprachen von Eltern, Frau Noll und der Klassenlehrerin dringend erforderlich. Und die Frage stellt sich, wer soll all diese Übungen mit Leon machen, die Klassenlehrerin, die Eltern, das BFZ? Hierfür werden von der Dame keine Vorschläge gemacht. Ein Integrationslehrer wäre das Mindeste, welchen der Junge braucht, um alle Übungsvorschläge durchzuführen und Änderungen herbeizuführen!

Wieder mal ein Pädagogisches-Gutachten, was in die Ecke gelegt wurde und nichts zur Besserung von Leon's Defiziten beigetragen hat. So habe ich es in der Schule über Jahre hinweg erlebt. Teste, Pädagogische Gutachten, Meinungsverschiedenheiten und Chaos. Das Resultat war am Ende immer das Selbe, Lernhilfeschule oder Erziehungshilfeschule! Die

Direktorin und die Klassenlehrerin hatten sich so auf diese zwei Schulen eingeschossen, dass für hilfreiche Ideen und Unterstützungen kein Platz mehr war.

Wozu dann die ganzen Psychologischen Gutachten und die ewigen Tests, wenn es für die Schulleitung überhaupt nicht Relevant war, ob diese hilfreich sind oder nicht? Die Schulleitung wollte keine Verbesserung im Unterricht für Leon erreichen, sondern sie suchten eine Möglichkeit Leon ohne meine Zustimmung abzuschieben. Die vielen Intelligenztests dienten wahrscheinlich dazu, mir zu beweisen, dass mein Sohn ein Lernhilfekind ist.

Die Schulleiterin ist wahrscheinlich an ihrer Enttäuschung erstickt, dass Leon nun doch an der Schule bleiben sollte. Diese Enttäuschung und ihren Zorn darüber sollte mein Sohn und ich noch zu spüren bekommen. Das waren so die ersten Gedanken, die mir durch den Kopf schossen. Vor dem Hintergrund dieses Sonderpädagogischen Gutachtens hatte die Grundschule beschlossen, es mit Leon noch einmal zu versuchen. Kam Frau Heinemann vom BFZ deshalb auf so ein Ergebnis? Ich habe mich auch gefragt, wie Frau Heinemann zu dem Arztbericht des Dr. Arnold gekommen ist, wie kommt dieser Herr Dr. Arnold zu so einem Ergebnis? Ich hatte mir vorgenommen all diese Ungereimtheiten aufzuklären.

Ich hatte einen Entschluss gefasst: Sobald eine ärztliche Diagnose erstellt wird, versuche ich für meinen Sohn eine passende Schule zu finden. Nur nicht diese beiden staatl. Schulen, worin Leon schon seit seiner Einschulung untergebracht werden sollte.

Frau Noll vom Jugendamt, warnte mich vor diesem Gutachten, „wenn jetzt irgendetwas schief geht in der Schule, benutzen die Lehrer dieses Gutachten um Leon doch noch auf eine dieser Schulen zu schicken."

Wir waren uns darüber einig, dass Leon in eine andere Schule gehen muss, nur nicht in diese Schulen.

Frau Noll hatte das Schulproblem von Anfang an anders gesehen. Sie wollte Leon schon viel früher in eine andere Schule schicken. Ich konnte mich bisher nicht so ganz mit dem Gedanken abfinden. Leon's Syndrom, Krankheit, ich weiß nicht was, müsste erst festgestellt werden. „Wir können ihm nur gezielt helfen, wenn wir wissen wie." Dieser Überzeugung bin ich auch heute noch. Ein Schuss ins Blaue hilft Niemandem, schon gar nicht Leon.

Die Suche nach einer angemessenen Schule sollte sehr schwierig werden, es war sogar fast unmöglich für Leon in Eigenregie eine adäquate Schule zu finden.

Mein Sohn bekam jetzt Noten in seinem Zeugnis und so sah dieses Zeugnis aus:

Arbeitsverhalten 4	Sozialverhalten		3
Religion	4	Kunst	4
Deutsch	4	Musik	2
Sachunterricht	4 Tendenz 5	Sport	3
Mathematik	4 Tendenz 5		

Bemerkungen:
Leon hat zeitweise noch immer Mühe, mit den erforderlichen Ordnungen des Schulalltages umzugehen. Häufig zeigt er wenig Ausdauer bei dem Erledigen von Aufgabenstellungen, führt diese nicht korrekt zu Ende und benötigt ständig Anstöße durch die Lehrerin.
Seine schriftlichen Leistungen in den Fächern Mathematik und Sachkunde sind teilweise mangelhaft.
Leon hat an verschiedenen AGs teilgenommen:
Computer, AG Tischtennis und AG Schach m. E. tg.
Chor AG tg.

Versäumnisse: 12 Tage entschuldigt 2 Stunden entschuldigt
Er wird in die Jahrgangsstufe 3 versetzt..

Wir bereiteten uns schon mal auf die Ferien und den Urlaub vor. Ich musste mit Frau Noll noch zum Abschlussgespräch bei Herrn Dr. Arnold Kinder und Jugendpsychologe. Ich hatte einige Fragen an ihn. Dazu wollte ich mir den Arztbrief vom Dr. Bauer Kinderarzt besorgen, den Herr Dr. Arnold diesem geschrieben hatte.
Leider hatte ich den Arztbrief noch nicht vorliegen, als wir zum vereinbarten Gesprächstermin bei Herrn Dr. Arnold eintrafen. Als erstes fiel Frau Noll und mir auf, dass der Herr Dr. Arnold überhaupt nicht auf dieses Gespräch vorbereitet war. Er musste bei sämtlichen Fragen die Antworten in seinen Unterlagen suchen. Dabei verwechselte er

Leon öfters mit einem anderen Kind. Nach Hinweisen unsererseits riss Dr. Arnold sich dann zusammen und fing an zu berichten, dass Leon Verhaltensprobleme hat, welcher Art konnte er nicht Begründen. Wir Fragten nach ADHS oder Autismus. Darauf erwiderte der Arzt, dass er solche Symptome bei Leon auf keinen Fall diagnostizieren wolle, damit das Kind nicht auf eine Krankheitsschiene gerät. So oder ähnlich drückte er sich aus. Ich war verwirrt und fragte ihn, ob er überhaupt schon einmal mit Leon gearbeitet hätte? Er verneinte, sein Assistent sei ein guter Mitarbeiter. „Das spreche ich Ihrem Assistenten auch nicht ab, aber wenn weder Sie noch Ihr Assistent mich und meine Lebensgeschichte kennen und auch nicht wissen wie Leon aufgewachsen ist; dann frage ich mich wirklich wie Sie meine Erziehungskompetenz in Frage stellen können?" Der Herr Dr. Arnold schaute mich an als hätte er einen Frosch verschluckt und fragte mich: „Wie kommen Sie denn auf so etwas." Frau Noll hatte das Sonderpädagogische Gutachten dabei und zeigte ihm die Passage in seinem angeblichen Arztbrief. „Wie kommt diese Frau darauf so etwas zu schreiben, ich habe nie so etwas gesagt." Konterte Herr Dr. Arnold „Dann sagt einer von Ihnen die Unwahrheit. Und außerdem wurde in diesem Gutachten berichtet, ich hätte meine Arzttermine absichtlich nicht wahrgenommen. Ich hatte die Termine abgesagt, da mein Sohn 3 Wochen mit hohem Fieber im Bett lag. Dass der nächste Termin so spät gemacht wurde, liegt bestimmt nicht an mir. Ihre Sprechstundenhilfe konnte mir leider keinen Früheren geben." Irgendwie musste sich der Herr Dr. Arnold von mir in die Ecke gedrängt fühlen. Der Kerl wurde laut und böse. Er hätte keinen Fehler gemacht und seine Einschätzung des Falles wäre bestimmt nicht falsch. „Ihre Einschätzung kann ja wohl nur auf einer Vermutung beruhen. Sie waren in dieser kurzen Zeit bestimmt nicht in der Lage mich und meine Familie korrekt einzuschätzen." Ich brachte ihn immer Höher, bis Frau Noll eingriff. Sie stoppte unseren Streit mit ein paar beruhigenden Worten und schob einfach die Schuld der Schule zu. Damit war Herr Dr. Arnold sofort zufrieden und er fühlte sich wirklich unschuldig an diesem angeblichen Missverständnis. Diesen Eindruck machte er jedenfalls.

Wir verblieben so, dass Herr Dr. Arnold Kinder und Jugendpsychologe sich jetzt selbst um Leon bemühen wollte. Wir machten gleich ein paar Termine mit ihm Persönlich und verließen die Praxis.

„Was ist das denn für eine hohle Nuss“ fragte ich Frau Noll, sie zuckte mit den Schultern: „hoffentlich diagnostiziert er besser, wie er Kritik vertragen kann!“ War Ihre Antwort. Ansonsten waren wir Beide von Herrn Dr. Arnold Kinder- und Jugendpsychologe sehr enttäuscht.
Ich schob jetzt alles weg, den Alttag, die ewigen Sorgen, die Arbeit zu Hause, alles. Unsere Oma war sehr krank geworden. Als sie mitbekam, dass ich mit den Kindern in Urlaub fahren wollte, fing sie an zu husten. Am selben Morgen unserer Abreise konnte sie nicht mehr aufstehen und war mal wieder vollkommen Blutarm, sie wirkte wie ausgetrocknet. Ich kümmerte mich wirklich darum, dass sie genug aß und trank, aber irgendwie reichte das Trinken nicht aus. Ich vermutete dass Mutti eine Lungenentzündung bekommen hatte.
Anne meine jüngste hatte Urlaub und wollte bei der Oma bleiben, damit sie nicht alleine war. Anne hatte jetzt große Angst, „was soll ich denn machen, wenn etwas passiert und ich bin mit Oma alleine?“ „Dann holst Du den Krankenwagen!“ Erwiderte ich. „Das kann ich nicht. Bitte mach was, ich kann nicht mit Oma alleine bleiben!“
Ich versuchte den Hausarzt zu erreichen, der war leider auch in Urlaub. Ich rief seinen Vertreter an und berichtete ihm: „unsere Oma hat höchstwahrscheinlich eine Lungenentzündung. Die hat sie schon einmal gehabt mit den gleichen Symptomen. Zusätzlich ist sie ziemlich ausgetrocknet. Ich habe auch Angst, dass sie wie schon so oft unter Blutarmut leidet.“ Der Vertretungsarzt wollte aber erst am Nachmittag zum Hausbesuch kommen. Ich erklärte ihm die Lage, dass wir mit dem Auto und zwei kleinen Kindern noch bis nach Bayern fahren wollten. Ich konnte unmöglich noch so lange warten, denn wir mussten los.
Wir, die Kinder und ich wollten in diesen Urlaub, wir brauchten dringend mal eine Woche zum Abschalten. Es kann nie so laufen, wie wir es uns vorgenommen hatten. In dieser Familie war es einfach nicht möglich, immer kam etwas dazwischen!
Diesmal sollte nichts dazwischen kommen. Ich rief im Krankenhaus unserer Kreisstadt an und erklärte dem Arzt der Internistischen-Station die Situation unserer Oma. Meine Mutter ist Privatpatientin, da braucht man keine Überweisung. Dieser Tatbestand ermöglichte es mir, sie von mir aus ins Krankenhaus zu bringen. Der Arzt machte doof, er wollte sie nicht aufnehmen. Wir sollten auf einen Hausarzt warten und die Diagnose

abwarten. Ich sagte ihm: „Unser Hausarzt ist in Urlaub, es geht meiner Mutter sehr schlecht. Die Frau ist 86 Jahre alt, vollkommen ausgetrocknet und hat höchstwahrscheinlich eine Lungenentzündung. Ich muss Ihnen ja nicht erklären, dass eine Lungenentzündung in diesem Alter tödlich enden kann, wenn sie nicht rechtzeitig behandelt wird. Wenn irgendetwas Schief geht, übernehmen Sie dafür die Verantwortung!!“ Auf einmal war ein Bett frei und der Arzt erwiderte: „Rufen Sie einen Krankenwagen und bringen Sie die alte Frau auf schnellstem Wege in unser Krankenhaus.“ Na also, es geht doch, dachte ich und wählte gleich die 112. Der Mann am anderen Ende der Telefonleitung fragte gleich nach einer Einweisung vom Hausarzt. Fängt der jetzt auch noch an? Haben die sich denn heute alle gegen mich verschworen? Ich erklärte ihm, dass der Krankenhausarzt auf eine sofortige Einweisung ins Krankenhaus bestanden hat und meine Mutter mit 86 in einem sehr kritischen Zustand ist. Er möchte bitte so schnell wie möglich einen Krankenwagen vorbeischicken.

Der Mann am anderen Ende der Telefonleitung versprach sofort einen Krankenwagen vorbeizuschicken. Toll, das wäre also geschafft.

Es war wirklich nicht so, dass wir unsere Oma loswerden wollten, aber es war draußen sehr heiß, sie nahm nicht genügend Flüssigkeit zu sich und konnte vor Schwäche nicht mehr aufstehen. Sie hustete ganz fürchterlich und ich machte mir ernsthaft Sorgen.

Der Stress zehrte an meinen Nerven. Ich musste erst einmal eine runde weinen, denn ich wusste nicht, ob das was ich hier tat wirklich Richtig ist. Anne weinte mit mir, sie hatte wirklich Angst mit Oma alleine zu bleiben. Wir hatten alle ein schlechtes Gewissen und fühlten uns bestimmt nicht wohl in unserer Haut. Die Kinder und ich wir lieben unsere Oma sehr und keiner von uns würde sie auf irgendeine Weise im Stich lassen.

Wir würden uns alle immer um einen Familienangehörigen kümmern. Die Familie ist das Wichtigste und bei uns ist es üblich, dass einer sich um den anderen kümmert. Ich kann nicht verstehen, wie Geschwister sich so derbe zanken können, dass sie Jahrelang nicht mehr miteinander reden. Meine Geschwister sind Beide tot, ich würde sie gern an meiner Seite haben und vermisse sie manchmal sehr.

Genauso ist es mit den Eltern. Unsere Eltern haben uns großgezogen und alles für uns Kinder getan, was sie nur konnten. Ich würde niemals auf die Idee kommen meine Mutter in ein Heim zu geben oder sie sonst wie abzuschieben. Sie hat sich immer um mich gekümmert. Jetzt bin ich dran, ihr einiges davon wiederzugeben.

Meine Kinder denken ebenso. Sie leben alle ihr eigenes Leben, so soll es auch sein, aber wenn einer von uns in Not ist, sind alle zur Stelle.

Der Krankenwagen kam. Es waren wie immer sehr nette Sanitäter und diese Leute kannten uns, da Oma und ich schon oft ins Krankenhaus mussten. Besonders kannten sie uns noch aus der Zeit als meine Schwester noch lebte, sie kamen sehr oft zu uns nach Hause um Bärbel ins Krankenhaus oder nach Hause zu transportieren.

Oma wurde aufgeladen und abtransportiert. Wir fuhren alle mit unserem gepackten Auto hinterher. Als wir eintrafen lag Mutti schon im Behandlungsraum. Die Ärzte hingen sie sofort an einen Tropf und bestätigten meine Annahme, dass unsere Oma wieder mal völlig ausgetrocknet war. Sie hatte tatsächlich eine Lungenentzündung. Ich hatte die richtige Entscheidung getroffen, Mutti musste unbedingt Antibiotika bekommen und wieder aufgepäppelt werden. Ich machte mich auf, um Mutti anzumelden. Sie bekam ein Einzelzimmer und war gut untergebracht.

Mit Anne vereinbarte ich, dass sie nach Oma sehen sollte und die anderen sich ebenfall an den Krankenhausbesuchen beteiligen sollten. So bekam unsere Oma jeden Tag Besuch im Krankenhaus, die Schwiegersöhne, Ralf und Anne wechselten sich ab und besuchten Oma.

Wir fuhren los in den Urlaub und schafften es noch vor Einbruch der Dunkelheit unser Urlaubsziel zu erreichen.

Ich rief jeden Tag im Krankenhaus bei Mutti an, um mich selbst zu überzeugen wie es ihr ging. Es ging Bergauf mit ihr, sie erholte sich langsam wieder. Wir konnten also beruhigt Urlaub machen.

Wir gingen schwimmen, wandern, in einen Tierpark, gingen ganz viel spazieren, fuhren Kutsche und gingen reiten. Leon brachten wir vormittags in die Betreuung, das tat ihm gut. Die Kindergärtnerin kannte ihn noch vom letzten Jahr und freute sich richtig ihn wieder zu sehen.

„Er ist so ein netter Junge, natürlich erinnere ich mich an Leon. Er hat mich mit den kleineren Kinder sehr gut unterstützt.“ Wunderbar, der Urlaub war wunderbar. So etwas haben Leon und ich gebraucht. Leon wurde in der Kinderbetreuung gut aufgenommen, er kam mit den anderen Kindern gut zurecht und war dort sehr gern gesehen.

Nach dem Mittagessen (wir kochten selber) unternahmen wir all die schönen Dinge, die den Kindern spaß machten.
Wir gingen ganz viel schwimmen und legten uns in die Sonne. Wir spielten Minigolf und abends gingen wir viel spazieren. Außerdem besuchten wir einen großen Tierpark in Straubing und diesmal rannte Leon nicht in einem Affen-Zahn voraus, sondern schaute sich tatsächlich alle Tiere genau an. Laura und Leon fanden das Ziegengehege wundervoll. Laura, die genauso wenig Angst vor irgendwelchen Tieren zeigt, wie Leon, wusste gar nicht welche Ziege sie zuerst streicheln sollte. Die kleine war ganz aufgeregt.
Wir gingen auch in eine Stadt und bummelten den ganzen Nachmittag durch die Geschäfte. Leon und Laura waren von dem Springbrunnen auf dem Marktplatz fasziniert und anschließend jagten sie die Tauben, dabei rannten Beide mehrmals quer über den großen Marktplatz.
Sehr oft am Tag mussten wir mit den Kindern zum Spielplatz gehen, hier konnten die beiden Racker sich richtig austoben. Ein toller Urlaub mit ganz tollem Wetter!
Leider war die Woche ganz schnell vorbei und wir mussten wieder abreisen. Die Heimfahrt geht meist schneller wie die Hinfahrt, so kommt es mir jedenfalls immer vor. Laura war beim Autofahren genauso lieb wie Leon. Beide Kinder liebten das Autofahren und schauten sehr interessiert aus dem Fenster. Es war eine sehr erholsame Woche. Wir wollten dies ganz bestimmt wiederholen. Auffällig war, dass Leon fast gar keine Probleme machte, er war sehr ausgeglichen, hatte viel Spaß und brauchte daher nicht zu provozieren und bockig zu sein. Leon bewies mir immer wieder, dass er auch ganz anders sein kann.
Mutti musste noch eine Woche länger im Krankenhaus bleiben. Als sie nach zwei Wochen wieder nach Hause kam war sie wieder ganz die Alte.
Nach unserem Urlaub ging Leon noch drei Tage zu den Ferienspielen, die von einem Verein ausgerichtet wurde, der sich um Kinder von psychisch Kranken Eltern kümmerte. Frau Noll hatte Leon dort angemeldet.
Zuerst hatte Leon große Angst, er musste nämlich mit einem Fremden der ihn zu Hause abholte fahren und er kannte auch niemand bei den Ferienspielen, die in unserer nahe gelegenen Stadt stattfanden. Ich konnte meinen Sohn mit Mühe und Not zum Mitfahren bewegen und ich

hatte ebenfalls Angst, dass Leon es nicht schaffte, sich dort wohl zu fühlen.
Mein Sohn hatte sich aber ganz schnell mit den anderen Kindern angefreundet und freute sich am Abend schon auf den nächsten Morgen. Die Ferienspiele machten Leon viel Freude. Den ersten Vormittag hatte mein Sohn damit verbracht zuzuhören, wie man Musikinstrumente baut, dass interessierte ihn sehr. Nach dem Mittagessen spielte er mit den anderen Kindern. Es gab keine Probleme. Am zweiten Tag gingen die Kinder in den Wald und lernten etwas über die Natur. Leon liebte die Natur und besonders den Wald. Den Rest der Ferienspiele unternahmen die Kinder noch viele andere Dinge an der frischen Luft.
Ich habe später mit der Leiterin der Ferienspiele telefonierte, um zu erfahren, wie Leon's Verhalten war. Diese Dame war ungelogen von Leon begeistert. Mein Sohn hatte sich von seiner aller besten Seite gezeigt. Leon hatte danach auch noch längeren telefonischen Kontakt mit dem netten jungen Herren, der ihn morgens abgeholt und abends wieder Heim gebracht hatte und mit einem kleinen Mädchen, das er dort kennen gelernt hatte
Für mich stellte sich immer wieder die Frage, „warum kann es in der Schule nicht genauso sein, wie in den Freizeitaktivitäten?"
Nun war auch der Bericht des Dr. Arnold Kinder und Jugendpsychologe eingetroffen. Dr. Bauer Kinderarzt von Leon hatte mir den Bericht herübergeschickt.
Der Bericht vom SPZ stand immer noch aus und ich rief wieder mal ständig im SPZ an, um diesen Bericht zu erhalten. Mit der Sekretärin, die sehr viel Verständnis für mich hatte sprach ich oft darüber. Die arme Frau übermittelte Herrn Wolter Bitten und Drohungen von mir. Ich fragte nach dem Chef von Herrn Wolter und die Sekretärin hielt eine Beschwerde beim Chef für eine sehr gute Idee.
Leider war dieser Chef nicht zu sprechen, genauso wie der Herr Wolter. Frau Noll vom Jugendamt fing an E-Mails ins SPZ zu verschicken. Vom Kinderarzt erfuhr ich, dass ich nicht die Einzige sei, die so große Schwierigkeiten hatte, einen Bericht zu bekommen. Frau Noll und ich blieben trotzdem am Ball.
Irgendwann muss da mal einer zu erreichen sein. Die können sich auf Dauer nicht verstecken. Die Sekretärin legte weiter Zettel hin und sprach

mit Herrn Wolter. Wir mussten nur Geduld haben. Ich werde diesen Arztbericht bestimmt noch bekommen. Ich habe im Laufe der Zeit gelernt, dass Geduld und Ausdauer sehr wichtig sind, um bei Behörden usw. etwas zu erreichen. Nur nicht aufgeben und am Ball bleiben heißt meine Devise. Mit Ungeduld erreicht man gar nichts. Man muss immer höflich bleiben und diesen Leuten klar machen, dass sie keine Chance haben sich raus zu winden. Nur so kann man etwas erreichen.
Der Arztbericht vom Dr. Arnold Kinder- und Jugendpsychologe bestätigte mir, dass Frau Heinemann's Angaben richtig waren.

Sehr geehrter Herr Kollege Dr. Bauer!
Vielen Dank für Ihre Überweisung Leons. Der seit einiger Zeit eine Jugendhilfemaßnahme bekommt. Die Mutter, die mit Leon hier erschien, berichtet, das Leon häufig in Erregungszustände gerate, sehr viel provoziere, auch wenn er lange sehr lieb und freundlich sein könne. Die problematischen Situationen gebe es täglich mehrere Male.
Als kleines Kind habe er sich wegen seiner Hypermotorik sehr in Gefahr gebracht. Andererseits leide das Kind an Ängsten, schlafe im Bett der Eltern, habe plötzlich nicht erklärliche Ängste vor Figuren im Fernsehen, mit denen er sich dann lange beschäftige. Hauptproblem seien jedoch die täglichen „Kämpfe".
Die Vorgeschichte des Kindes ist ihnen sicher gut bekannt. Integrationsplatz im Kindergarten und schon lange angespannte Situation in der Familie. Der Schulbeginn war dann schwierig, Leon habe nicht zur Schule gehen wollen, jetzt im zweiten Schuljahr wird erneut die Frage gestellt, ob er in eine Schule für Erziehungshilfe gehen soll.
Es fand hier nur ein Untersuchungstermin statt. Leon ist zu weiteren vereinbarten Terminen nicht erschienen. Leon kann sich hier einlassen, er ist kooperativ, zeigt sich freundlich, es fällt ihm schwer, sich auf eine Aufgabe zu konzentrieren, auch bei nicht rein kognitiven Anforderungen. In den wenigen Maltesten zeigt sich eine deutliche Entwicklungsverzögerung und offensichtlich auch Schwierigkeiten der Affektdifferenzierung und angemessenen Wahrnehmung von emotionalem Ausdruck. Hier scheint er eher stereotyp zu reagieren. Es besteht jedoch nicht der Eindruck eines autistischen Problems, sondern eher einer mangelnden Ausgestaltung und Entwicklung der eigenen Persönlichkeit.

Diagnose:
Es handelt sich um eine komplexe Störung mit emotionalen und Verhaltensproblemen des Kindes bei chronischer Krankheit in der Familie und nach der hier kurzen Beobachtungszeit erheblichen Problemen im Hinblick auf die Erziehungskompetenz der Mutter. In den standardisierten Fragebögen bestätigt sich die Vermutung:
Im CBCL-Elternfragebogen finden sich durchweg starke Auffälligkeiten im Bereich expansiver Verhaltensauffälligkeit. Es zeigt sich in den standardisierten Fragebögen SDQ übereinstimmend von Lehrer und Mutter Probleme im Bereich von Aufmerksamkeit, Verhalten einzeln und in Gruppen.
Leider kann keine differenziertere diagnostische Einschätzung erfolgen, da hier weitere Termine nicht wahrgenommen wurden.

Ich möchte eigentlich nicht mehr auf diesen Arztbericht eingehen, aber so ganz kann ich mir ein paar Kommentare nicht verkneifen. Frau Noll vom Jugendamt und ich besprachen dieses wunderschöne Schriftstück und wir fragten uns, wie kann dieser Mann solche Beurteilungen abgeben, ohne weder Leon noch mich und unsere Familie zu kennen.
Frau Noll vom Jugendamt und auch Frau Albert von der pädagogischen Frühförderung konnten nicht feststellen, dass ich inkompetent bin. Auch haben Beide nie den Eindruck gehabt, dass Leon von der Welt nichts weiß. Meine Angststörung wurde durch die vielen Unternehmungen mit Leon's Schwestern, meiner Mutter und auch durch gemeinsame Unternehmungen mit Ralf und mir vollkommen ausgeglichen. Natürlich habe ich auch sehr viele Fehler in meiner Erziehung gemacht. Alle Eltern machen Fehler. Keine Mutter und auch kein Vater muss nach der Geburt eines Kindes einen Erziehungslehrgang machen, wir die Eltern brauchen auch keinen Lehrgang in Psychologie, Ernährungswissenschaften, Sport und Gymnastik zu machen. Von daher geben wir Eltern das weiter, was wir von unseren Eltern gelernt haben. Dass diese Erziehungsmethoden die ich anwende nicht immer richtig sind, ist mir schon klar. Ich weiß aber eins ganz genau, ich habe mir mit meinen Kindern immer viel Mühe gegeben. Wie viele andere Mütter habe ich immer nur das Beste für meine Kinder gewollt. Dass man mir hieraus ständig einen Vorwurf macht ohne eine gescheite Alternative aufzuzeigen, finde ich sehr schlimm. Ich

bin nicht der Typ, der Begonnenes durch schlechte Kritik aufgibt. Ich habe mich auch nicht in mein Schneckenhaus verkrochen und alles geschehen lassen. Desto mehr die Herrschaften mich kritisierten je trotziger wurde ich. Dadurch fallen mir immer neue Sachen ein für meinen Sohn das Beste zu erreichen.
Bisher waren die Ergebnisse und Beurteilungen immer so abgepasst worden, dass man mir den Schwarzen Peter zuschieben konnte. Ich wollte mich auch nicht damit zufrieden geben, immer nur das zu hören, was ich schon wusste. (Aufmerksamkeitsstörungen, Probleme in der Koordination, Strukturlos, Entwicklungsverzögerung), dies waren für mich keine Neuigkeiten, und das ich daran Schuld bin, hat man mir in der Schule oft genug zu verstehen gegeben.
Ich habe keinen Schuldkomplex. Ich sehe mein Kind an und stelle immer wieder fest, dass ich einen liebenswürdigen, aufgeweckten, freundlichen Jungen habe. Der in spielerischer Form alles an Aufgaben erledigen kann. Es ist immer noch so, dass Leon allen schulischen Anforderungen zu Hause gewachsen ist. Mit dem nötigen Ansporn und auch Duck bekomme ich ihn immer dazu mit mir Hausaufgaben und andere schulische Dinge zu erledigen.
Leon hat ein Monopoly Deutschland geschenkt bekommen. Er verwaltet die Kasse und er verwaltet auch die Straßenkarten, liest die Strafkarten vor, und rechnet Häuser und Hotels ab. Er schafft es sich Stunden lang auf dieses Spiel zu konzentrieren. Wie kann das sein? Beim Essen spielen wir immer Wörter buchstabieren. Darin ist Leon Meister, er buchstabiert die schwierigsten Worte, meist ohne Fehler. Ich bin immer wieder überrascht, wie er in spielerischen Aktionen all das hinbekommt und zwar Fehlerfrei. In der Schule kann Leon angeblich überhaupt nichts. Da muss doch irgendetwas nicht richtig sein.
Leon musste aus seinem Mathebuch etliche Seiten nachholen. Wir machten daraus ein Spiel. Ich schrieb Buchseiten und Nummern auf lauter kleine Zettel, wie beim Loseziehen. Abwechselnd zogen Leon und ich diese Zettel und lösten die entsprechenden Aufgaben. Leon konnte wirklich super rechnen, fast so gut wie ich. Wir hatten in Null Komma nichts alle fehlenden Aufgaben nachgeholt. Meine Feststellungen diesbezüglich konnte ich mit Frau Noll vom Jugendamt besprechen, sie glaubte mir, da sie ähnliche Erfahrungen mit meinem Kind gemacht hatte. Alle anderen

taten mich als Spinnerin ab. Die nicht einsehen will, was mit ihrem Sohn los ist.
Leon war zu keiner Zeit richtig schüchtern, wir leben nicht so zurückgezogen, dass kein Kontakt zur Außenwelt besteht. Im Gegenteil, Leon war und ist immer ein sehr aufgeschlossenes und kontaktfreudiges Kind gewesen. Er unterhält sich oft mit irgendwelchen Leuten, die ich nicht kenne. Er macht mich mit diesen Leuten bekannt und es kommt von anderen Menschen immer ein gutes Feetback zu Leon's Verhalten.
In unserem Ort kennen Leon viele Menschen und Leon kennt ebenfalls viele Menschen. Fast alle mögen ihn wegen seiner freundlichen Art. Ich werde oft von Müttern angesprochen und nach den Gründen für den Ärger in der Schule gefragt. Wenn ich davon erzähle, höre ich sehr oft: „ Du musst Dich unbedingt dagegen wehren, sonst schicken die Leon wirklich auf eine dieser Schulen, da geht das arme Kind unter. Er ist so ein netter Junge, ich hoffe, dass sich doch noch alles zum Guten für ihn wendet."
In letzter Zeit interessieren sich meine Mitmenschen oft für das Schicksal meines Sohnes. Ich bekomme Fragen über die Schule gestellt, Warnungen von meinen Mitmenschen, mir nichts gefallen zu lassen. Außerdem bekomme ich sehr oft gesagt: „Ich verstehe nicht, dass Leon solche Schwierigkeiten in der Schule hat, was ist denn da los. Der Leon ist doch ein cleveres, nettes Kerlchen."
Ich hatte nicht mehr die Absicht an der hiesigen Schule für meinen Sohn etwas zu erreichen. Frau Noll und ich machten uns Gedanken über eine andere Beschulung für meinen Sohn. Wir riefen abwechselnd in einigen Privaten Schulen und in Schulen für Behinderte an um einen Platz für mein Kind zu bekommen. Die infrage kommenden Privaten Schulen hatten riesig lange Wartelisten. Diese Schulen sind überfüllt und in absehbarer Zeit ist es unmöglich einen Platz zu bekommen.
Für die Schulen für Behinderte brauche ich eine offizielle Diagnose von einem dementsprechenden kompetenten Arzt, und eine Zuweisung vom Schulamt.
Wir gingen zwar weiterhin schön brav in die Therapiestunden des Herrn Dr. Arnold, aber Leon wollte dort nicht mehr hin. Meine Überredungskünste fingen langsam an nicht mehr zu wirken. Wir gingen jetzt regelmäßig (wir sind Ines, Laura, Leon und ich) nach dem

Aufenthalt bei Dr. Arnold in die Stadt bummeln und mittlerweile bekam mein Sohn immer ein kleines Geschenk. Mit diesem Geschenk bestach ich Leon, damit er in die Therapiesitzung von Dr. Arnold geht. Ob er da allerdings mitmachte, weiß ich beim besten Willen nicht. Unter dieser Vorraussetzung ist eigentlich eine erfolgreiche Therapie nicht mehr möglich.
Als ich Dr. Arnold mitteilte, dass Leon nur noch mit Bestechung zu ihm geht, reagierte der Herr nicht. Es war in nächster Zeit ein Gespräch mit Frau Noll,
Dr. Arnold und mir geplant. Dass war ganz gut so, dort konnte ich diese Problematik ansprechen.
Ein neues Schuljahr war angebrochen. Die Schwierigkeiten rissen nicht ab. Frau Noll vom Jugendamt rief kurz nach den Ferien an und erkundigte sich bei der Klassenlehrerin wie Leon sich denn so machen würde. Es wäre alles in Ordnung, so die Klassenlehrerin, Leon würde gut mitmachen und sein Benehmen wäre ebenfalls O.K.
Eine Woche später erhielt ich einen Anruf von Frau Kraft vom BFZ. Diese Frau hatte sich lange nicht mehr bei mir gemeldet. Es bedeutete nichts Gutes, wenn diese Dame einen Termin mit mir machen wollte. Ich ging hin und nahm Frau Noll mit in die Schule. Frau Kraft vom BFZ und Frau Seidel Leons Klassenlehrerin saßen uns gegenüber.
Es war wieder das Übliche, was ich schon die letzten Jahre von den beiden Damen kannte. „Leon ist für diese Schule nicht mehr tragbar, er muss auf die staatliche Sonderschule. Diesmal ist es ernst, wir können ihn hier nicht mehr unterrichten.“ Sie zeigten mir das Gutachten und sagten mir: „Laut dem sonderpädagogischen Gutachten wird Leon bei negativer Veränderung die Schule verlassen müssen. Er ist überfordert und sein Potenzial ist vollkommen ausgeschöpft.“ Frau Noll und ich sagten gar nichts mehr dazu.
Was jetzt?
Eigentlich nahm ich das Gerede aus der Schule gar nicht mehr ernst. Ich bin ganz ruhig geblieben. Frau Noll war total am Boden zerstört. Wir hatten bei den anderen Schulen nichts erreichen können.
Eine staatliche Sonderschule, gerade die, auf die Leon gehen sollte wäre der Untergang meines Sohnes gewesen.
Frau Noll und ich hatten Mittlerweile herausgefunden, dass Leon’s

Verhalten immer mehr einem Kind mit Asperger-Autismus gleich kam. Diese Kinder müssen sämtliche sozialen Strukturen erlernen. Sie lernen nicht aus ihren Fehlern, selbst wenn ihre Erfahrungen schmerzhaft sind. Sein ganzes Verhalten deutete immer mehr darauf hin.
Wir wollten eigentlich das Gespräch mit Herrn Dr. Arnold abwarten. Dieser Entscheidungszwang gefiel mir gar nicht. Nun ließ uns die Schule überhaupt keinen Freiraum mehr, um unsere Entscheidungen zu überdenken und dementsprechend zu handeln.
„Warum hast Du eigentlich keinen Widerspruch gegen dieses Gutachten eingelegt, erstens kommt das bei Leon in die Schulakte und zweitens haben wir nun den Salat. Ich hatte Dir doch gesagt, dass dies ganz wichtig ist", schimpfte Frau Noll mit mir. Ich weiß, dass sie es nicht böse meinte, aber langsam wurde es auch der Frau vom Jugendamt zu viel. Wir mühten uns ab, um für Leon etwas zu finden, dass ihn aus dieser Situation rausholen konnte, ohne ihm die Zukunft zu verbauen. „Ich gehe gleich morgen zum Rechtsanwalt und erhebe Widerspruch gegen die Beurteilung aus dem sonderpädagogischen Gutachten, versprochen!"
„Der Termin bei dem Dr. Arnold ist ja auch bald, ich gehe da mit. Wir werden uns seinen Standpunkt noch einmal anhören, aber einen neuen Termin gibt es bei dem Herren nicht. Diese Termine für Leon waren alle für die Katz, wir suchen uns einen anderen Therapeuten." Frau Noll war sehr frustriert, als sie mir das sagte. Sie hatte mir berichtet, dass vor einer Woche in der Schule, lt. Klassenlehrerin noch alles in Ordnung war.
Wir trennten uns ohne dass wir über dieses Gespräch redeten, wir hingen jeder seinen Gedanken nach.
Ich machte am nächsten morgen gleich einen Termin bei meinem Anwalt. Dieser Anwalt ist mein Cousin und er ist immer sofort bereit uns beizustehen. Wir trafen uns und er versprach mir, sofort einen Widerspruch gegen dieses Gutachten einzulegen. Was er dann auch gleich tat.
Ich wartete dringend auf den Bericht vom SPZ und den Abschlussbericht des Herrn Dr. Arnold.
Das SPZ hatte etwas ganz anderes Festgestellt wie die Schule. Hoffte ich jedenfalls. Beim Dr. Arnold war ich mir nicht ganz sicher.
Frau Noll vom Jugendamt wurde krank und konnte nicht mit zum Termin des Dr. Arnold. Sie war sehr besorgt und wollte mich dort nicht alleine hingehen lassen. Ihr Kollege, Herr Becker vom Jugendamt kam mit mir.

Ein sehr netter Herr der beim Jugendamt als Sozialarbeiter arbeitet und die Beistandschaften für Jugendliche übernahm.

Herr Becker holte mich zu Hause ab und wir fuhren zur Arztpraxis. Beide Mitarbeiter vom Jugendamt waren mir von Anfang an sympathisch. Sie hatten beide ebenfalls viele Tiere und so hatten wir auf der Fahrt zur Stadt viel Gesprächsstoff. Ich war sehr nervös und war froh, dass ich Herrn Becker als Verstärkung bei mir hatte. Herr Becker wusste von der seltsamen Art des Dr. Arnold und er hatte strikte Anweisungen von Frau Noll bekommen, unser Gespräch nicht eskalieren zu lassen und keinen Termin mehr mit dem Herrn Dr. Arnold zu machen, wenn er wieder Anfing eine Diagnose abzulehnen. Es kam wie es kommen musste, Herr Dr. Arnold war wieder nicht richtig Vorbereitet. Alles was er zu Leon festgestellt hatte wusste ich schon. Es waren die üblichen Floskeln, von Entwicklungsverzögerung, Aufmerksamkeitsstörungen usw. Ich erklärte Herrn Dr. Arnold wie Leon's Verhalten als kleiner Junge war und dass Frau Noll und ich eine autistische Störung bei Leon annahmen. Wie so oft ignorierte Herr Dr. Arnold meine Worte. Ich sagte, dass Leon sich im Moment weigerte seine Therapiestunden zu besuchen. Darauf meinte Herr Dr. Arnold er sei noch nicht fertig mit seinen Untersuchungen und Leon müsste noch ein paar Therapiestunden bei ihm bekommen, „ob er will oder nicht“. Herr Dr. Arnold sprach mit Herrn Becker welche Erfahrungen Frau Noll mit Leon in letzter Zeit gemacht hatte. Herr Becker erzählte ihm, dass Leon mit Frau Noll sehr offen ist und Beide viele Dinge zusammen unternommen haben. Frau Noll hatte bei Leon keine Lernhilfe- Merkmale feststellen können. Bei der Aufmerksamkeitsstörung wäre sie seiner Meinung. Frau Noll hätte bei Leon auch eine Gefühlsstörung festgestellt und würde viele Merkmale für ein Asperger-Syndrom bei Leon entdecken. Er selbst kennt Leon ebenfalls und schätzt ihn als sehr offenen und herzlichen Jungen. Er kommt Herrn Becker sehr clever vor und würde viele Dinge schnell begreifen. Wir sprachen noch über die private Lern- und Erziehungshilfe Schule in dieser Stadt. Alle waren wir der Ansicht, diese Schule wäre die bestmögliche Beschulung, die zurzeit für Leon in Frage käme. (Hier wurde wieder auf die Jean-Paul-Schule hingewiesen. Dies ist eine heilpädagogische Schule auf anthroposophischer Grundlage. Hier werden

Erziehungshilfe- und Lernhilfekinder unterrichtet. Die Lehrer an dieser Schule haben auch Erfahrungen mit Autistischen Kindern).
Ich erzählte wieder einmal über Leon's frühere und jetzige Auffälligkeiten und auch von Leon's merkwürdigen Ängsten und seinen manchmal seltsamen Worten und Geschichten.
„Leon spricht manchmal wie ein gelehrter und manchmal wie ein kleines Kind.“ Dass Leon innerhalb einer Woche die europäische Landkarte auswendig gelernt hatte und sämtliche Hauptstädte von allen Ländern in Europa zuordnen konnte, erzählte ich ihm nicht. Darüber konnte ich mit Frau Noll vom Jugendamt reden, aber nicht mit Herrn Dr. Arnold, der nahm solche Dinge von mir nicht ernst. Dass Leon einen neuen Elektrobaukasten hatte und damit Stromkreise zusammen steckte, um Lampen zum Leuchten zu bringen, erzählte ich ihm auch nicht. Diese Geschichten von Leon wollte Herr Dr. Arnold nicht wissen. Herr Dr. Arnold meinte plötzlich, „wenn Sie meinen, dass Leon ein Asperger-Syndrom haben könnte, werde ich mal darauf schauen.“ Ich hätte schreien können, warum ist dieser Mann, der doch ein hervorragender Spezialist in solchen Dingen sein soll, nicht schon längst darauf gekommen?
Genau aus diesem Grund hat Frau Noll darauf bestanden, dass Herr Becker mit zu diesem Gespräch kommt. Herr Becker ergriff auch sofort das Wort und bevor ich anfangen konnte zu toben sagte Herr Becker: „Wir werden dieses Thema und alles andere mit Frau Noll besprechen und Ihnen unsere Entscheidung mitteilen!“ Er stand auf, verabschiedete sich höflich von dem verdutzt dreinschauenden Herrn Dr. Arnold und ging. Ich sagte noch: “Wegen einem Termin werde ich mich demnächst melden.“ Und weg waren wir.
Als Herr Becker seiner Kollegin über die Vorkommnisse unterrichtete, rief sie mich gleich an. „Ich habe über alles nachgedacht und mir ist das autistische Zentrum in unserer Stadt eingefallen. Wir könnten uns um einen Termin in diesem Zentrum kümmern, um unseren Verdacht auf Asperger-Autismus überprüfen zu lassen. Vergiss diesen Dr. Arnold. Wir versuchen es jetzt anders. Mit dem Dr. Arnold Kinder- und Jugendtherapeut, die Korrifee in Sachen Autismus, ADHS, Hochbegabung usw. haben wir eine Menge Zeit verschwendet. Wir kommen so nicht weiter.“ Ich habe ihr vollkommen Recht gegeben. Sie fuhr

fort: „Ich habe eine E-Mail an den Chef des Herrn Wolter im SPZ geschrieben. Ich habe dort auch noch angerufen und die Sekretärin war sehr baff, dass sich immer noch nichts wegen des Berichtes getan hat. Sie wollte ihren Chef ebenfalls noch Mal darauf aufmerksam machen."
Wir verabschiedeten uns, der Kampf um Leon's Zukunft ging weiter. An eine End-runde war noch lange nicht zu denken.
Aber vorher hatte ich Leon versprochen, dass er ein neues Zimmer mit einem riesigen Kronleuchter bekommt. Wir räumten unser früheres Wohnzimmer aus. In diesem Zimmer befand sich nun Ralf's Büro. Ralf hat auf das große Zimmer verzichtet und wir haben Leon's kleineres Zimmer als Büro umgeräumt. Jetzt hatte Leon viel mehr Platz um all seine Spielsachen und Möbel unterzubringen. Er bekam noch ein großes Regal.
Wir hatten eine Menge Kinderbücher, die wir in dem neuen Regal verstauten. Es gab auch einen großen neuen Schreibtisch, direkt unter dem Fenster. Wir fuhren in die Stadt und kauften zwei Kronleuchter. Einen großen für das große Zimmer und einen kleinen für das kleine Zimmer. Leon durfte diese Kronleuchter aussuchen. Er nahm ganz bunte Kronleuchter mit ganz viel Kerzenbirnenhalterungen. Den ganzen Weg von der Stadt nach Hause, hat er seinen Kronleuchter auf seinem Schoß verstaut. Ihm waren beide Beine eingeschlafen.
Wir mussten die Kronleuchter auch gleich zu Hause aufhängen. Leon war sehr aufgeregt. Er stand eine ganze Weile in seinem neuen Zimmer und bestaunte das riesige Ding von Kronleuchter. Da Leon sich so sehr über diese Art von Lampen gefreut hatte, haben wir gleich eine Woche später für die Oma noch zwei Kronleuchter in die Küche und ihr Schlafzimmer gekauft. Da es so schön war habe ich mir auch noch einen schönen großen Kronleuchter für unsere Küche mitgenommen. Leon lief etliche Tage durchs Haus und bestaunte die Lampen in diesen Zimmern.
Mein Kind freute sich sehr über sein neues Zimmer. Er schlief nur ein, wenn alle Kerzenbirnen in seinem Zimmer brannten. Später habe ich ihm einige Birnen geklaut und ihm erzählt sie wären durchgeschmort.
Tatsächlich gab er sich damit Zufrieden und das Zimmer war beim Einschlafen nicht mehr ganz so hell.
Außerdem war Leon's älteste Schwester schwanger, Sie hatte im Sommer geheiratet und Leon war hin und weg. Ein großes Familienfest ist für

ihn immer etwas ganz tolles. Erst feierten Danny und ihr Mann Micha Hochzeit, dann feierte sein Papa seinen 50. Geburtstag nach und nun sollte wieder ein kleiner Neffe oder eine kleine Nichte zur Welt kommen.

Wie bei Laura war Leon's. Reaktion Freude und Neugier. Jetzt noch ein neues Zimmer mit einem riesigen Kronleuchter. Leon's Welt war zurzeit völlig in Ordnung. Er brauchte nur keine Schule, dann wäre sein Glück vollständig.

Wir hatten mal wieder ein Gespräch mit dem Jugendamt bei mir zu Hause und es wurde ein neuer Hilfeplan erstellt:

Anwesende Personen, die Mutter, Frau Noll und Frau Kröger. Leon war zum Teil anwesend.

Derzeitige Situation des Kindes: Leon wird seit dem 11.10.2006 von Frau Noll betreut, zunächst mit einfacher Stundenzahl und ab dem 14.12.2006 mit doppelter Betreuungszeit. Leon wurde in das 3. Schuljahr versetzt.

Entwicklung seit dem letzten Hilfeplan im Hinblick auf die vereinbarten Ziele:

Leon war zu Beginn des Hilfeplangespräches anwesend. Er zeigte Unterzeichnender sein neues Zimmer, (Umzug von einem kleineren in ein größeres Zimmer), das neu renoviert wurde und ihm mehr Platz zum Spielen und mehr Ordnungsmöglichkeiten bietet. Leon erklärte, dass Frau Noll auf jeden Fall weiter kommen solle. Am meisten wünsche er sich, dass Frau Noll mit ihm schwimmen gehe.

Eine psychologische Diagnostik von Leon liegt weiterhin nicht vor. Alle Bemühungen, eine differenzierte Diagnostik von Fachleuten zu erhalten, stellen sich als schwierig heraus. Herr Wolter vom SPZ war nach mehreren aktiven Kontakten plötzlich nicht mehr erreichbar und nicht mehr ansprechbar. Bei Dr. Arnold Kinder- und Jugendtherapeut, kam es zu großen Unterbrechungen während der Diagnostik, da Leon erkrankt war. Ein Abschlussgespräch ist dort terminiert, Leon weigerte sich allerdings nach der Erkrankung weiterhin zu Dr. Arnold zu gehen, da er diesen nicht möge. Leon steht derzeit auf der Warteliste bei der Kinder- und Jugendtherapeutin Frau Müller. (die Verhaltenstherapeutin, bei der ich auf der Liste stehe, Wartezeit 1 Jahr meine Anmerkung) Da Frau Noll aufgrund des Verhaltens von Leon eine ADHS-Problematik vermutet, wird sie sich mit den Eltern um eine Vorstellung von Leon bei

Herrn Maurer (Psychologischer Mitarbeiter beim Jugendamt) bemühen. Frau Schulz erklärte, dass sie Frau Noll als große Unterstützung für sich erlebe. Der schwierige Weg zur Diagnostik sei für sie ausgesprochen frustrierend. Weiterhin unterstütze Frau Noll sie gut bei den Schulkontakten. Die Lehrerin sei wesentlich offener gegenüber der Problematik geworden. Derzeit seien im 3-ten Schuljahr größtenteils zwei Lehrkräfte Dadurch sei eine bessere Förderung der einzelnen Kinder möglich. Die Kinder in der Schule akzeptierten Leon insgesamt besser. Mit dem neuen Schuljahr werde eine Hausaufgaben- und Nachmittagsbetreuung in der Schule eingerichtet, an der Leon bis 16,00 Uhr teilnimmt. Seine Mutter berichtet, dass Leon sich morgens zunehmend weigere, zur Schule zu gehen.
Leon geht in seiner Freizeit einmal die Woche reiten und hat einmal wöchentlich Keyboardunterricht. Er sei insgesamt selbstständiger geworden und gehe mehr nach draußen, im Gegensatz zu früher besuche er auch manchmal andere Kinder. Durch das Reiten und auch durch das Schwimmen habe er eine bessere Körperspannung bekommen. Auffällig sei, dass Leon nicht mehr die Hühner quält.
Leon sei ein sehr sensibles Kind und er habe zum Teil Ängste, die sich dann in schweren Albträumen äußern würden.
Die Eltern haben öfter mit Leon etwas außerhalb der Wohnung unternommen. Frau Schulz war gemeinsam, mit einer erwachsenen Tochter, Enkelkind, sowie einer Nichte eine Woche in Urlaub. Dies sei einer der ersten Urlaube gewesen, der nicht aus verschiedensten Gründen abgebrochen wurde.
Herr Schulz habe sich bemüht, mit Leon gezielte Aktivitäten zu machen, ihm fehle aber manchmal die Geduld, mit Leon umzugehen. Die Eltern hätten jetzt miteinander abgesprochen, dass der Vater Leon öfter mal ins Bett bringe.
Frau Schulz hat weiterhin Termine in der Ambulanz des PKH wahrgenommen. Sie ist jetzt angemeldet für eine Therapie bei einer niedergelassenen Therapeutin. Frau Schulz erklärt sich ihren Ängsten stärker zu stellen, Beispielsweise habe sie es geschafft, einige Fahrten mit dem Auto alleine zu machen.
2.1 Schlussfolgerungen für die Fortsetzung der Hilfe:
Leon und die Familie Schulz haben die Unterstützung durch Frau Noll

gut angenommen und arbeiten aktiv mit. Die Hilfe sollte fortgeführt werden.

3. Ziele bis zur nächsten Fortschreibung des Hilfeplanes:
Perspektive für die weitere Beschulung von Leon
Diagnostik beenden
Frau Schulz nimmt an gemeinsamen Unternehmungen mit Frau Noll und Leon Teil
Freizeitaktivitäten, die Leon in der Wahrnehmung seiner Gefühle stärken

4. Welche Schritte zur Erreichung dieser Ziele sind vereinbart worden und wer ist dafür verantwortlich?

Die Eltern informieren sich über mögliche Eltern und Frau Noll
Beschulung von Leon und prüfen in wie weit
sie in der Lage sind besondere Schulen
(Montesurischule, Waldorfschule oder
ähnliches zu finanzieren. Dabei werden die
Ergebnisse der Diagnostik berücksichtigt.

Herr und Frau Schulz, sowie Frau Noll drängen Eltern, Frau Noll
weiterhin auf eine diagnostische Beurteilung
von Leon.

Frau Schulz nimmt an abgesprochenen Frau Schulz und Frau Noll
Aktivitäten von Frau Noll und Leon
außerhalb der Wohnung teil.

Frau Noll unterstützt Leons Entwicklung, Frau Noll in dem sie ihm die Möglichkeit andere, natürliche Umfelde kennen zu lernen Datum 10.09.2007

Die Lehrer werden unprofessionell und vergessen ihre pädagogischen Pflichten

Leon war jetzt in der 3. Klasse der Grundschule und nichts hatte sich zum Guten gewandt. Es ging das Selbe Spiel mit den Lehrern wieder von vorne los. Nur wurde die Tonart immer schärfer und es ging eigentlich gar nicht mehr um Leon's Wohlergehen. Es ging auch nicht darum einen gemeinsamen Weg für die beste Beschulung für meinen Sohn zu finden, oder herauszufinden, warum Leon so Verhaltensauffällig ist. Ich hatte das Gefühl, die Lehrer, allen voran die Direktorin Frau Wagner, wollten mich treffen und bestraften Leon dafür. Ich hatte ebenfalls das Gefühl, sie wollten Recht behalten und Leon unbedingt auf eine dieser Beiden staatlichen Sonderschulen abschieben. Ich hatte einiges an Pulver verschossen und mir war klar, dass ich so schnell wie möglich einen adäquaten Schulplatz für Leon finden musste. Leider sind Eltern die Hände gebunden, wenn sie niemand dabei unterstützt, die richtige Schule für ihr Kind zu finden. Eine der teuren Privatschulen konnten wir uns leider nicht leisten und diese hatten keinen Fahrdienst. Ich bin durch meine

Angststörung nicht in der Lage regelmäßig Leon mit dem Auto in die Schule zu bringen und ihn wieder abzuholen.

Wenn ich meine Panikattacken bekomme, bin ich nicht mehr in der Lage mich richtig zu bewegen, ich bekomme Herzrasen, Schweißausbrüche und meine Beine fühlen sich an als wären sie voller Pudding und drohen mir wegzusacken. Ich kann also längere Strecken nicht alleine fahren und ich kann meiner Tochter, die im Ort wohnt und mich überall hin begleitet, nicht zumuten jeden morgen und jeden Mittag Leon zur Schule zu bringen und abzuholen. Sie hat schließlich selbst ein kleines Kind zu versorgen.

Für die Privatschulen mit staatlicher Anerkennung kann man nur durch das Schulamt einen Platz zugewiesen bekommen. Wenn keine Plätze mehr zu vergeben sind, so dachte ich, gibt es keine Zuweisung. (Außer man hat eine dicke Geldbörse).

Wenn eine Möglichkeit dazu besteht, doch noch in eine Lücke zu rutschen, muss das Schulamt den betreffenden Schüler dort zuweisen. Das Schulamt muss dann die Schule bezahlen und auch für den Fahrdienst sorgen.

Ich bekam auch keine in Frage kommenden Schulen vom BFZ und auch vom Schulamt genannt. Hier bekam ich ständig die Auskunft, dass sie nur Erkenntnisse über die staatlichen Sonderschulen und evtl. über die Jean-Paul Schule hätten. Wobei die Jean-Paul Schule voll besetzt wäre und es die nächsten Jahre dort keinen Platz mehr geben würde.

Auch Frau Noll, vom Jugendamt wusste nicht mehr so richtig weiter, sie rief ebenfalls in etlichen Schulen an und erkundigte sich nach einem Platz für Leon. Dort kam immer die Antwort, genau wie bei mir: „Es geht nur über das staatliche Schulamt!"

Solange bei Leon kein sonderpädagogischer Förderbedarf festgestellt wurde, konnte Leon in gar keine andere Schule gehen. Die Einweisung in eine Sonderschule kann nur erfolgen, nach der Feststellung eines sonderpädagogischen Förderbedarfs, oder durch die Zustimmung der Eltern. Mir wurde immer mehr klar, dass die Direktorin Frau Wagner ständig neue sonderpädagogische Überprüfungen durch das Staatliche Schulamt veranlasste, damit sie eine Handhabe bekam, Leon von der Schule zu bekommen. Ohne die Feststellung sonderpädagogischen Förderbedarfs kam die gute Frau nicht an mir vorbei. Sollte dieser Förderbedarf festgestellt werden, hatte sie einen Trumpf in der Hand. So wollten mir die Frau Wagner und die Frau Freitag vom staatlichen Schulamt in naher Zukunft weismachen. So nach und nach durchschaute ich einige der komplizierten Schulverfahren.

Ich möchte hier nur kurz klarstellen, dass ich von Natur aus ein sehr friedvoller Mensch bin und ich habe immer versucht mit dem Lehrerpersonal meiner Kinder zusammen zu arbeiten. Aus der Vergangenheit weiß ich, dass schulische Probleme unnötig wachsen können, wenn Eltern und Lehrer sich über das „wie?“ nicht einig sind.

Ich habe immer wieder versucht in Leon's Schule Kontakt zu dem Lehrpersonal aufzunehmen um die gesamte Situation für meinen Jungen und auch die Situation der Klassenlehrerin zu verbessern. (Frau Seidel hat es mit Sicherheit nicht leicht mit ihrer schwierigen Klasse).

Leon ist das fünfte Kind, was ich durch die Schule bringen muss. Bisher war es nie von Nöten, das ich mich mit der schulischen Gesetzgebung auseinander setzen musste. Meine Töchter waren alle vier bestimmt nicht einfach. Besonders in der Pubertät gab es viele Schwierigkeiten. Ich hatte nie wirklich Streit mit irgendeinem Lehrer meiner Töchter. Wenn es Ärger gab, haben die Lehrer entschieden und ich habe zugestimmt. Ich habe auch noch nie einen Streit über das Gericht ausgefochten und einen Rechtsanwalt habe ich nur mal zur Beratung gebraucht.

Die Lehrer wollten leider keine Beteiligung der Eltern, (Ralf und mich, für andere Eltern kann ich hier nicht sprechen), an ihren Entscheidungen und sie wollten auch keine Aufklärungsgespräche. Es ist für mich bis heute überhaupt nicht zu verstehen, dass die Schule meinen Sohn von Anfang an so vehement abgelehnt hat. Genauso wenig verstehe ich, dass gebildete Menschen derart Vorurteile hegen können, ohne den Betreffenden zu kennen und einschätzen zu können.

Eine andere Motivation, als Ablehnung wegen Vorurteilen fällt mir eigentlich nicht ein.

Ich weiß, dass ich sehr impulsiv Reagiere, vor allen Dingen, wenn es um meine Kinder geht. Ich bin es aber gewohnt, dass man sich die Meinung sagt und sich hinterher über den Disput normal austauscht und versucht eine gemeinsame Basis zu finden. Bei Lehrern versuche ich sehr vorsichtig zu sein.

Zu diesem Zeitpunkt habe ich meine Vorsicht außer Acht gelassen, da ich mir im Klaren darüber war, dass mein Kind in dieser Schule keine Zukunft mehr hatte.

In den Herbstferien fuhren wir für eine Woche in die Ferien, diesmal fuhren Oma, Ines und Laura mit Leon und mir im Auto in ein kleines Feriendorf in unserer Nähe. Ralf machte dumme Bemerkungen darüber, dass wir in der Nähe Urlaub machen wollten. Er konnte nicht verstehen, dass es einfach nur darum ging für ein paar Tage dem Alltag zu entrinnen. Wir hatten ein paar schöne Tage in einem Ferienhäuschen mitten im Wald. Abends bekamen wir oft Besuch von ein paar Waschbären, die sich von uns anfassen ließen.

Wir hatten unseren kleinen Johnny mitgenommen und so gingen wir ganz viel Spazieren und die Kinder konnten sich auf dem Spielplatz im Ferienpark austoben. Wir hatten ein paar geruhsame Tage, die ich dringend brauchte. Leon zeigte sich bei solchen Ferienaufenthalten von seiner besten Seite, er war sehr lieb und ausgeglichen. Warum konnte er zu Hause und in der Schule nicht genauso sein?

Leon ist fast neun Jahre alt und ich konnte ihn immer noch nicht über einen längeren Zeitraum alleine lassen. Das Leben mit ihm war stellenweise sehr anstrengend, er war ungeheuer spontan und agierte erst bevor er überlegte. Mein Sohn hatte sehr viel Unsinn im Kopf. Dieses Verhalten wurde durch den Schulstress und die ungerechte Behandlung in der Schule immer ausgeprägter.

In letzter Zeit hatte er sich in den Kopf gesetzt, die Kabel von allen Lampen in unserem Haushalt zu inspizieren. Er lief in den Weihnachtsferien ständig mit dem Schraubenzieher durch die Gegend und versuchte die Lampen von der Decke abzuschrauben. Ich konnte ihn keinen Moment aus den Augen lassen. Wenn ich ihm den Schraubenzieher aus der Hand gerissen hatte, schrie und tobte er, dann besorgte er sich ein Messer und versuchte an die Kabel der Lampen, mit Hilfe des Messers zu kommen. Erklärungen über die Gefährlichkeit seines Vorgehens und auch Strafen nutzten nichts, ihn davon zu überzeugen, dass sein Tun sehr gefährlich war. Diesmal dauerte es über einen Monat, bevor Leon sein Vorhaben freiwillig beendete.

Zu der Zeit, als wir gemeinsam diesen Hilfeplan vom Jugendamt erstellt hatten, lief es mit Leon in der Schule recht gut. Dieser Zustand hielt nicht sehr lange an. Die Klassenlehrerin Frau Seidel hatte in der Referendarin Frau Pauzig eine große Unterstützung, wovon alle Kinder profitierten.

Leon hatte sich aber in den Kopf gesetzt nicht mehr in dieser Klasse zu bleiben. Sein bester Kumpel Peter war in die 2. Klasse zurückgestuft worden und mein Sohn bestand nun darauf ebenfalls die zweite Klasse nachzuholen.

Dementsprechend benahm er sich. Nun konnte er nicht mehr bis zwei zählen, er schrieb nur noch 5-er und 6-er.

Frau Noll und ich hatten wieder eine Besprechung nach der anderen in der Schule.

Es wurde von der Direktorin Frau Wagner ein neuer Überprüfungstermin beantragt. Ich habe Frau Wagner unmissverständlich klar gemacht, dass eine erneute Überprüfung doch bloß reine Zeitverschwendung wäre. „Warum sollten wir das Kind schon wieder überprüfen lassen, diese ganzen Überprüfungen und ihre Tests bringen doch sowieso nichts. Wie wäre es mit einem Schulpsychologen? Oder einer andere Schule? Die Schulen, die Sie mir ständig vorschlagen schaden meinem Sohn und die Überprüfungen ergeben doch immer wieder dasselbe.“

Es kam wie üblich keinerlei Reaktion auf meinen Vorschlag. Im Gegenteil nun war wieder die Schule für Erziehungshilfe für meinen Sohn geplant.

Da mein Rechtsanwalt einen Widerspruch gegen das letzte psychologische Gutachten eingelegt hatte und dies beim Direktor vom Schulamt tat, überschlugen sich die Lehrer vor lauter Freundlichkeit. Es ist erschreckend, wie diese Menschen sich plötzlich drehen und wenden können, wenn die Obrigkeit auf sie herabschaut.

Leider war die Ablehnung Frau Wagners nicht zu übersehen obwohl sie sich bemühte sehr freundlich zu sein. Ich hoffte, dass sich die ganze Sache

Leon zu liebe doch noch einrenken würde. Zwischen den Streitereien versuchte ich immer wieder einzulenken, aber Frau Wagner war nicht bereit sich wie eine erwachsene Frau zu verhalten, sie nahm unsere Meinungsverschiedenheit sehr persönlich. Ich hatte Sie in Ihrer Rolle als Chefin angezweifelt und ihren Anordnungen nicht Folge geleistet. Außerdem weigerte ich mich nach wie vor, Leon auf die Erziehungshilfe- bzw. Lernhilfeschule zu schicken, dass konnte die gute Frau nicht verkraften. Ihr Ton bei unseren Gesprächen wurde immer aggressiver. Ich sollte Ihre Rache noch zu spüren bekommen.

Es wirkt hier oftmals so, als wenn ich die beiden vorgeschlagenen Schulen aus Trotz ablehnen würde, so war es aber nicht. Meine Angst Leon auf eine dieser Schulen zu schicken war sehr groß, Leon imitiert seine Mitschüler, er kann kein eigenes adäquates soziales Verhalten erlernen. Wenn er nun in diesen beiden staatlichen Schulen mit den dort oft unterrichteten strukturlosen Kindern seine Zeit verbringen würde, würde mein Sohn diesen Kindern nacheifern und er würde so automatisch ins soziale Abseits rutschen. Wenn Leon anderen Kindern oder Erwachsenen nacheifert, habe ich keine Chance ihn eines Besseren zu belehren.

Etwas Positives ist nach den Sommerferien doch noch passiert. Endlich gab es die Ganztagsbetreuung. Vorher gab es nur eine Betreuung bis 14,00 Uhr. Nun wurde das Betreuungsangebot bis auf 16,00 Uhr erweitert. Hinzu kam, dass die Kinder dort Mittagessen konnten und es gab eine Hausaufgabenbetreuung. Leon braucht sehr viel Umgang mit gleichaltrigen Kindern, damit er andere Kinder besser verstehen lernt und dabei soziale Fähigkeiten entwickeln kann.

Die Nachmittagsbetreuung war ein Geschenk des Himmels. Hier war Leon den ganzen Tag unter anderen Kindern, eine bessere Lebensschule kann es eigentlich nicht geben. So aß Leon mit Kindern, spielte mit ihnen und musste seine Hausaufgaben alleine machen. Das mit den Hausaufgaben klappte nur sehr selten. Wir mussten zu Hause alle Hausaufgaben nochmals durchgehen und verbessern. Das war aber weiter nicht schlimm.

Leon liebte seine Nachmittagsbetreuerin, eine gelernte Erzieherin. Frau Graf war ihr Name. Sie bemühte sich sehr um alle Kinder, genau wie im Kindergarten. Leon ging nun wieder gern zur Schule, er trödelte morgens nicht mehr und spielte mir auch keine Erkrankungen mehr vor, nur um zu Hause bleiben zu können.

Von anderen Müttern hörte ich sehr viel Gutes über Frau Graf: „Sie ist die gute Seele der Schule“, wurde einmal gesagt. Dieser Frau konnte ich bescheid sagen, wenn bei uns eine Veränderung aufgetreten war. Sie machte sich über Leon Gedanken und verstand seine Nöte, ganz anders wie die Lehrerinnen.

Einmal telefonierte ich mit ihr, um ihr zu erzählen: „Leons kleiner Zwerghase ist gestern in seinen Armen gestorben. Er war tatsächlich sehr traurig, vielleicht gibt es heute eine Veränderung in seinem Verhalten.“ Frau Graf bedankte sich recht herzlich bei mir, dass ich sie informiert hatte. Ich hatte das Gefühl, da ist jemand, der sich für Leon interessierte. Aber diese Frau interessierte sich für alle Kinder und das waren bestimmt nicht wenig. Sie schaffte es, dass die Kinder sie mögen und sie mochte die Kinder auch. Selbst für ein Kind wie Leon setzte sie sich ein. „Eine wirklich seltsame Erscheinung in dieser Schule“, dachte ich so bei mir.

Ich bemühte mich nun um den Bericht von Dr. Arnold, da ich die Behandlung bei ihm aufgegeben hatte, forderte ich von ihm einen Abschlussbericht an:
Sehr geehrter Herr Kollege Dr. Bauer,

im Anschluss an den Vorbefund vom 4.4.2007 teile ich Ihnen hier die Ergebnisse des weiteren Verlaufs mit. Nach meinem letzten Brief gab es hier in der Praxis insgesamt 9 Kontakte, zum Teil mit Leon allein, zum Teil mit der Erziehungshelferin, Frau Noll und der Mutter. Einmal erschien auch der Vater zum Gespräch.

Der psychische Befund Leon’s zeigt einen in seiner Mitarbeit und in seiner Kontaktaufnahme sowie in seiner Stimmung und Motivation sehr wechselhaften Jungen. Teilweise wirkt Leon sehr freundlich, anhänglich, er benötigt jedoch immer sehr viel Hilfe zur Motivation, wenn ihn kognitive Leistungsanforderungen oder aber auch manchmal die Mitarbeit bei anderen Dingen oder im Spiel etwas anstrengt. Sehr schnell ist bei Leon eine Situation erreicht, in der er sich „verzettelt“, z.B. war der Szenotest schwer durchzuführen weil Leon kaum in der Lage war, eine geschlossene Szene darzustellen, sondern relativ ungebremst die Spielfiguren zusammenfügte und das Feld schnell unübersichtlich wurde dadurch. Wir führten auch noch einmal den Intelligenztest Kaufmann-ABC durch. Das insgesamt unterdurchschnittliche Ergebnis (SIF:SW=82) ist sicher schwer zu interpretieren. Die Leistungen sind inhomogen in den Untertests. Durchweg auffällig war eine schnelle Überforderung wobei immer wieder der Eindruck bestand, dass diese nicht rein kognitiv ist, sondern einer psychischen Überforderung entspricht mit starken Vermeidungs- und Ausweichtendenzen. Wenn es gelang, Leon zu loben, nahm er dies gerne an und konnte mehr leisten. In den standardisierten Fragebögen zeigten sich ausgeprägte Hinweise für eine Aufmerksamkeitsstörung und für sowohl expansives Problemverhalten als auch emotionale Probleme.

Diagnose:
Störung der Persönlichkeitsentwicklung mit sowohl deutlich eingeschränkter psychischer Belastbarkeit, starker Tendenz zur Vermeidungsreaktionen, Erregungszustände und Problemen der Aufmerksamkeitsleistung.

Bei dieser komplexen Störung muss man davon ausgehen, dass eine längerfristige, differenzierte Förderung erforderlich ist. Es war zu befürchten, dass Leon im Kontext einer normalen Regelschule von seinen psychischen Möglichkeiten überfordert sein wird. Wir haben über die Beschulung in der Jean-Paul Schule als Alternative hier gesprochen, was aus unserer Sicht eher erfolgsversprechend sein könnte. Eine zusätzliche Betreuung im Rahmen der Jugendhilfsmaßnahme ist ebenfalls erforderlich. Ob eine medikamentöse Therapie hilfreich wäre, muss im Hinblick auf die Zielsymptome entschieden werden. Wir haben vereinbart, regelmäßige Beratung/Psychotherapiesitzungen mit Kind und Eltern hier durchzuführen.

Mit freundlichen Grüßen

Sehr viel weiter bringt mich dieses Schreiben auch wieder nicht, Herr Dr. Arnold erzählt mir immer wieder das, was ich ihm erzählt habe. Dass Leon in der Regelschule keine Chance mehr hat, weiß ich auch, dass er unter Vermeidungsreaktionen leidet weiß ich auch schon länger. In der Schule geht er während des Unterrichts sehr oft auf die Toilette um sich eine Pause zu verschaffen. Wenn hier zu Hause eine längerfristige Aktion vonstatten gehen sollte, läuft Leon alle zehn Minuten in den Garten, bleibt eine Weile dort und ist dann ausgeglichener wenn er wieder auftaucht. Bei unangenehmen Gesprächen, lenkt Leon ständig ab, oder hält sich die Ohren zu. Wenn wir Hausaufgaben machen, hat Leon ständig Hunger oder D urst usw. All diese Dinge hat der Herr Dr. Arnold von mir erfahren und in seinen Bericht nur wiedergegeben.

Leon hat eine Störung der Persönlichkeitsentwicklung, ist Entwicklungsverzögert und hat ein Aufmerksamkeitsdefizit. Alles nichts Neues für mich. Eine medikamentöse Behandlung ohne eine Diagnostik ist fatal. Kinder mit ADHS bekommen Retalin, dieses Retalin bringt bei der Anwendung von Asperger-Kindern keinerlei Veränderung der Symptome. Asperger-Autismus und ADHS sind sich von der Symptomatik sehr ähnlich. Wobei ein ADHS-Kind die Regeln viel besser erlernt und einhalten kann. Es kann Mimik, Gestik und Gefühle der Anderen erkennen. Viele Asperger-Autisten werden falsch diagnostiziert, da jedes Kind eine unterschiedliche Ausprägung der verschiedenen Störungen hat. Außerdem sind die Ärzte mit einer ADHS-Diagnose sehr vorsichtig geworden, da in der Vergangenheit viele Kinder fälschlicherweise als Hyperaktiv bezeichnet wurden.

Im Internet unter der Rubrik www.autismus.de steht eine Menge über Autismus und auch über Asperger. Dort ist auch zu lesen, dass Eltern mit Asperger-Kindern sehr viel und lange kämpfen müssen, bis diese Seelische-Erkrankung erkannt wird.

Bei meinen Gesprächen mit Fachleuten, Psychotherapeuten, Ärzten, Sonderschullehrern ist immer wieder die Schwierigkeit zu Tage gekommen, dass die meisten Diagnostischen-Erkennungen dieser Autismusform sehr langwierig sind. Viele der Ärzte sind bei einer solchen Diagnose sehr vorsichtig.

Das Jugendamt hat einen solchen Fall wie bei Leon noch nicht gehabt. In den meisten Fällen wird bei Verhaltensauffälligen Kindern eine schnelle Lösung gefunden. Dem hiesigen Jugendamt ist auch noch keine so penetrante Mutter untergekommen, die alle fachlichen Meinungen anzweifelt und mit so einer Ausdauer gegen Schule, Schulamt und ärztliche Ergebnisse ankämpft und immer und immer wieder anderer Meinung ist wie die Fachleute.

Ich habe mir viele Feinde gemacht und habe bis heute nicht aufgegeben, für meinen Jungen selbst herauszufinden, was für ihn gut ist um für ihn einen leichteren Weg in sein zukünftiges Leben zu finden.

Meine Erfahrung sagt mir, „zweifele erst mal alles an, erkundige dich wo immer du kannst. Mache bestimmte Probleme öffentlich und hole dir Rat wo immer du welchen findest. Danach überdenke alle Meinungen und alle Aspekte und überlege dir deinen Weg. Mein Weg war jetzt erst einmal jemanden Kompetenten zu finden der mir sagt was Leon überhaupt fehlt.

So überlegte Frau Noll vom Jugendamt, an wen wir uns nun noch wenden könnten. Frau Noll's Vorschlag war das Autistische-Zentrum, hier konnten wir wegen unserer Vermutung von Asperger nachfragen. Sie wollte den Erstkontakt aufnehmen.

Frau Noll sagte mir Bescheid, dass sie mit dem Autistischen-Zentrum telefoniert hätte, und diese hätten darum gebeten, dass die Eltern sich dort telefonisch wegen einem Termin melden sollten.
Frau Noll und ich haben versucht mit weiteren psychischen Institutionen Kontakt aufzunehmen. So riefen wir mal wieder bei allen möglichen Psychologen, Psychotherapeuten usw. an, um irgendwo einen Therapieplatz für meinen Jungen zu bekommen. Unser Ziel war, endlich eine Diagnostik zu erhalten, um für Leon eine adäquate Schulform zu finden. Ich hatte mir zum Ziel gesetzt endlich zu erfahren, was mit Leon nicht stimmt. Frau Noll und ich waren uns mittlerweile darüber im Klaren, dass es sich bei Leon's Verhaltensauffälligkeit um eine ADHS-, oder Autistische- Störung handeln musste. Auch die Hochbegabung war nicht abgeklärt worden. Ich war genau wie mein Kinderarzt, Dr. Bauer, der Meinung, dass ein Kind mit einem erst festgestellten IQ von 142% nicht plötzlich an die Grenze zur geistigen Behinderung rutschen kann, ohne dass irgendetwas mit diesem Kind geschehen ist. Intelligenz verfliegt nicht einfach so. Die hiesige Schule, die bisherigen Therapeuten und auch das Schulamt machten es sich sehr einfach. Sie schoben jegliche Verhaltensauffälligkeit auf die Mutter. (Die Mutter ist inkompetent und somit liegen viele Erziehungsfehler vor. Die Mutter hat eine psychische Erkrankung, deswegen ist der Sohn Verhaltensauffällig). Eine autistische Störung von Leon wurde weder durch Dr. Arnold Kinder- und Jugendpsychologe noch bei der Diagnose des SPZ Herr Wolter festge-

stellt. Die Lehrerin vom BFZ Frau Kraft behauptete ebenfalls, sie hätte sehr viel Erfahrung mit autistischen Kindern, insbesondere mit Asperger-Kindern und Leon hätte keine autistische Störung. Die Klassenlehrerin Frau Seidel sowie auch die Direktorin Frau Wagner kannten sich, laut ihrer Aussage, ebenfalls mit Asperger-Kindern aus und bei Leon würde dieses Syndrom mit Sicherheit nicht vorliegen.

Bei der Diagnose ADHS waren wir uns alle einig. Leon hat eine Konzentrationsstörung, aber er ist nicht Hyperaktiv. Das Problem daran ist, dass bisher noch keiner versucht hatte, in diese Richtung zu agieren und es wurden keine diagnostischen Untersuchungen gemacht. Alle von Frau Noll und mir gemachten Aussagen in dieser Richtung wurden mit der Schuld der Mutter und deren Erkrankung abgetan. (Frau Schulz will nur ihr schlechtes Gewissen beruhigen!") War eine der gemeinsten Aussagen. Damals habe ich mich fürchterlich darüber aufgeregt, ich habe getobt und furchtbar geweint. Heute kann ich über solche Aussagen nur noch lachen. Es ist eine Standardvermutung, dass bei psychischen oder seelischen Erkrankungen von Kindern erst einmal die Eltern ins Visier geraten. In vielen Fällen mag dass ja auch zutreffen, aber echte Profis auf diesem Gebiet überprüfen erst einmal die Hintergründe bevor sie Urteilen. Anscheinend bin ich bis dato an keinen wirklichen Profi geraten. Viele dieser Aussagen beruhen auf reinen Vermutungen, genau wie das zuletzt erstellte Gutachten von Frau Heinemann vom BFZ. Hätte diese Frau besser recherchiert und besser zugehört, wäre sie vielleicht zu einem anderen, erklärbaren Ergebnis gekommen. All die Menschen, die sich mit Kindern angeblich so gut auskennen, haben eigentlich nur das gesehen, was sie sehen wollten. Bei dem Rest haben sie einfach weggeguckt.

Wenn Frau Noll oder Herr Pfarrer Schleich das Kind und die Familie anders gesehen haben, wie diese Fachleute, kam oft der Spruch, diese Beiden sind nicht kompetent.

Ich habe mir oft die Frage gestellt, woran diese Lehrer ihre eigene Kompetenz festmachen. Nur weil sie Pädagogik studiert haben, heißt das in meinen Augen noch lange nicht, dass sie allwissend sind. Theorie und Praxis sind gerade in Psychologie und Psychiatrie weit voneinander entfernt. Bei der Beurteilung eines Menschen ist die praxisbezogene

Erfahrung unerlässlich. Nur durch kennen lernen eines Menschen und dessen Verhaltensweisen kann man versuchen diese Person richtig einzuschätzen. Ich denke durch hinsehen und verstehen lernen kann man Kompetenz erlagen und nicht durch einen gelesenen Bericht.

Herr Schleich unser Gemeindepfarrer und Frau Noll haben hingesehen und Interesse an Leon gezeigt, sie haben sich Gedanken über meinen Sohn gemacht und versucht ihn kennen und verstehen zu lernen. Ihrer Kompetenz habe ich viel mehr Vertrauen geschenkt als den Lehrern, denen mein Kind im Grunde genommen egal war und die ausschließlich beweisen wollten, dass sie im Recht waren. Diese Lehrer haben versucht mir ständig einzureden, dass sie unfehlbar sind. Außerdem musste ich immer ihren ausschließlichen Machtanspruch ertragen.

Ich rief also bei dem autistischen Zentrum an und vereinbarte einen Termin. Die Woche darauf sollte dieser Termin stattfinden. Ich war sehr überrascht, dass wir eine so kurze Wartezeit hatten. Zur gleichen Zeit machte ich noch einen Termin in der KJP (Kinder- und Jugendpsychiatrie), dies ist ein Krankenhaus für psychisch- und seelisch kranke Kinder. Auch hier erhielt ich kurzfristig einen Termin, Wartezeit 14 Tage. Irgendwie hatte ich dieses Mal sehr viel Glück mit den Terminen.

Zu diesem Termin im Autistischen-Zentrum wurden mein Mann Ralf, Leon und ich eingeladen. Ich bin dort mit sehr gemischten Gefühlen hingefahren, erst dachte ich, „es hat sowieso alles keinen Sinn mehr, warum sollte es diesmal anders ausgehen?“ Dann riss ich mich zusammen, ich wollte die Hoffnung nicht aufgeben: „ Ich muss immer weiter machen, es geht um Leon’s Zukunft, die Zukunft meiner Kinder ist dass aller Wichtigste in meinem Leben!“ Ich versuchte also wieder etwas Neues und ich weiß heute, dass ich niemals aufgeben würde, der Kampf um das eigene Kind macht eine Mutter sehr stark!

Das Autistische-Zentrum, neue Hoffnung:

Als wir im Autistischen-Zentrum ankamen, hatten wir keine Wartezeit und wurden sofort zur Befragung in ein großes Spielzimmer gebeten. Hier befanden sich Klettergeräte, Musikinstrumente und viele Spiele. Ralf und ich unterhielten uns mit einer netten Dame, wir schilderten unsere Odyssee durch die Welt der Kinder- und Jugendpsychologie und erzählten von Leon's Verhalten, angefangen von seiner Säuglingszeit bis jetzt. Ralf und ich schilderten Leon's Auffälligkeiten, dass er sehr in sich zurückgezogen ist und ich ganz schwer an ihn rankomme. Leon ist wie Dr. Jackyl und Mr. Heyde. Sein Grundcharakter besteht aus Liebenswürdigkeit, Zufriedenheit und Hilfsbereitschaft. Wenn Leon überfordert ist, durch Veränderungen oder andere Faktoren, wird er zu Mr. Heyde. Diese Figur ist bösartig, hinterlistig, skrupellos und nicht zu kontrollieren. Der Vergleich ist zwar etwas übertrieben, aber so in etwa kann man Leon's Veränderung beschreiben. Seine imaginären Ängste sind ebenfalls dabei zu beachten. Ich kenne meinen Sohn nicht wirklich, ich bemühe mich zwar hinter seine Fassade zu sehen, aber es ist kaum etwas zu erkennen.

Eine andere Verhaltenstherapeutin beschäftigte sich während unseres Gesprächs mit Leon. Dieser drohte spontan „wenn hier der Dr. Arnold ist, gehe ich sofort wieder." Die Therapeutin versicherte meinem Sohn, dass es hier keinen Dr. Arnold gebe. Leon war mit dieser Aussage zufrieden. Ralf und mir erzählte die Therapeutin, sie würde den Herrn Dr. Arnold kennen, dieser hatte vor Eröffnung seiner Praxis im Autistischen Zentrum gearbeitet.

Danach ging die eine Dame mit Leon auf die verschiedenen Turngeräte und spielte Ball mit ihm. Sie schaute ihm beim tanzen zu und während Leon in ständiger Bewegung war, unterhielt sie sich mit meinem Sohn. Hinterher versicherte sie mir, dass sie mit Leon Gespräche geführt hatte, während dieser in Bewegung war. Sie meinte dass er durchaus Ansprechbar sei, wenn er in Bewegung ist. Wir waren ca. 1 bis 2 Stunden in dem Zentrum für Autismus und man sagte uns, dass die zuständigen Therapeuten sich erst beraten müssten, bevor sie uns von ihrem Ergebnis unterrichten würden.

Wir fuhren mit dem Auto nach Hause. Leon war ganz begeistert von dem Autistischen-Zentrum, er fand die Damen „ober-mega-nett“ und wollte unbedingt, dass wir dort noch Mal hinfahren sollten. „Mama, dort hatte ich viel Spaß, melde mich bitte dort an.“ Ich konnte leider nichts versprechen und sagte „vielleicht“. Damit war Leon zufrieden.

Ralf ging an die Arbeit und meinte, ich solle ihn sofort benachrichtigen, wenn ein Ergebnis vorliegen würde. Das Autistische Zentrum ließ nicht lange auf sich warten und rief mich noch am selben Tag an. Ich glaube ich hätte die Nacht vor lauter Ungewissheit nervlich nicht überstanden.

Frau Wichert vom Autistischen-Therapie-Institut (Autistische-Zentrum) teilte mir mit, dass sie einen Verdacht auf Asperger-Autismus bei Leon annehmen würden. „Sie müssen aber noch in die Kinder- und Jugendpsychiatrie um dort eine ärztliche Diagnose zu erhalten. Mit diesem ärztlichen Diagnoseschreiben müssen Sie dann zum Jugendamt gehen, da der Kostenträger für unser Institut der Landkreis und nicht die Krankenkasse ist. Wir schicken Ihnen noch ein Kostenübernahmeschreiben zu, dass Sie unterschreiben und uns zurückschicken müssen. Wir leiten dieses Schreiben dem evtl. Kostenträger zu. Sie müssen sich um die Diagnose kümmern. Die KJP arbeitet mit uns zusammen, gehen Sie dort hin und sagen Sie, dass wir Leon bereits aufgenommen haben und dann bekommen Sie in der KJP eine diagnostische Untersuchung.“

Als ich Ralf davon berichtete, war er sehr überrascht: „Das hätte ich jetzt nicht gedacht.“

Wir fuhren eine Woche später in die KJP, wir waren Ines, Leon und ich. Frau Stöber, die zuständige Psychologin unterhielt sich mit uns, sie hatte schon sämtliche Unterlagen über Dr. Bauer Kinderarzt zugesandt bekommen. Und zwar waren das Briefe und Unterlagen von Dr. Arnold (Kinder- und Jugendpsychologe), die Gesprächsaufzeichnungen der Frau Albert, (pädagogische Frühförderung) Gesprächsaufzeichnungen von Frau Kröger (Jugendamt) und alle gemachten Testunterlagen, ebenfalls die sonderpädagogischen Gutachten (Schule) angefordert. Dr. Bauer hatte all diese Unterlagen in seiner Akte über Leon. Den Bericht vom Sozial-Pädiatrischen-Zentrum Herrn Wolter, wollte Frau Stöber selbst telefonisch anfordern, da das SPZ diesen Bericht immer noch nicht der KJP vorlag. Ich hatte diese Berichte ebenfalls von Dr. Bauer angefordert, um mir selbst zusammen mit Frau Noll ein Bild machen zu können. Wir verloren beinahe den Überblick, über all diese vielen Unterlagen.

Frau Stöber beschloss mit Leon keinerlei Untersuchungen mehr zu machen, sie wollte erst einmal die ganzen Unterlagen einsehen. Danach wollte sie mit mir noch einen Gesprächstermin machen „und dann wollen wir weitersehen".

Seelische Grausamkeit, wie kann mein seelisch krankes Kind das verkraften?

Ich hatte mir fest vorgenommen, einen Brief an die Direktorin Frau Wagner zu schreiben in dem ich Sie um eine Rückstufung von Leon in die 2. Klasse bitten wollte. Leon's seelischer Zustand verschlechterte sich von Tag zu Tag mehr, er konnte nichts mehr von dem Lernstoff der 3. Klasse aufnehmen. Seine Verweigerung im Unterricht hatte einen Höhepunkt erreicht. Die Schwierigkeiten mit seinen Klassenkameraden nahmen ebenfalls zu. Jemand hatte Leon von der Lernhilfeschule erzählt und so schwärmte mein Sohn vom „Busfahren." Er erzählte mir: „In dieser Schule soll es unheimlich toll sein. Dort lerne ich lieb zu werden. Ich will lieb sein, hier in der Schule bin ich einfach zu böse und keiner mag mich mehr." Er erzählte mir diese Geschichte unter Tränen, „eigentlich will ich bei Peter in die Klasse, aber da soll ich nicht hin. Mama, ich bin so böse und ungezogen, ich will nicht so sein. In der Sonderschule werde ich lieb werden!" Ich war entsetzt, wie konnten die bzw. diese Personen so etwas zu meinem Kind sagen? Leon hat mir nie gesagt, wer ihm diesen Unsinn erzählt hat und ich habe es auch nicht herausbekommen. Mein Kind war seelisch und körperlich am Ende. Er wollte gar nicht mehr in die Schule, seine Ängste steigerten sich. Besonders abends konnte er vor Angst nicht einschlafen. Ich bin zu dieser Zeit immer häufiger abends um acht ins Bett gegangen und habe meinen Sohn mit mir in unser Schlafzimmer genommen. Wenn ich ihn im Arm hielt, wurde seine Angst etwas weniger und er ist oft unter Tränen in meinen Armen eingeschlafen. Leon verweigerte zunehmend das Essen, er ernährte sich nur noch von Pizza, die er über den Tag verteilt zu sich nahm. Er Übergab sich immer häufiger nach dem Essen und wurde immer dünner. Außerdem erzählte er mir immer öfter vom Himmel, er wollte früher schon wissen, wie die Wolken schmecken. Worüber er jetzt sprach hörte sich nicht nach einem harmlosen Kinderwunsch an. Er meinte: „Wenn ich sterbe, aus dem Fenster springe oder mich vor einen Zug stelle, oder vors Auto laufe, kann ich probieren wie die Wolken schmecken. Raffael sagt, die Wolken schmecken wie Erdbeeren. Dann kann ich Opa und meinen Onkel und Tante Bärbel besuchen. Im Himmel gibt es keine Schule, oder Mama?" Ich hatte Angst um mein Kind. Ich hatte die totale Angst um mein Kind. Ich versuchte ihm zu erklären: „Leon, ich muss hier auf der Erde bleiben, sonst sind Papa und Oma und…alle so alleine. Du musst unbedingt bei mir bleiben, sonst muss ich ständig weinen und würde dich so sehr vermissen!“ Leon sagte „na gut!“ Damit war das Thema für ihn erledigt. Ich musste noch lange darüber nachdenken und versuchte mit ihm mehrere Male darüber zu reden. Leon wollte davon nichts mehr hören und reagierte wie so oft nicht auf meine Ansprache.

Ich hatte mich damit beruhigt, dass dies wieder von Leon eine spontane Idee war, die er wieder vergessen hatte. Ich sollte mich da täuschen, später fiel ihm diese Geschichte wieder ein. Wenn er besonders verzweifelt war, sprach er von dem Geschmack der Wolken und den Toten in unserer Familie.

Laut Autistischen-Zentrum ist Leon ein Asperger-Autist, ein seelisch krankes Kind. Wie kann man ein seelisch krankes Kind so quälen?

Ich wollte endlich diese Qual für meinen Sohn beenden, nur wie?

Die Zurückstufung in die 2. Klasse wäre für meinen Sohn eine Entlastung. Die Jungen in der zweiten Klasse haben dieses coole, vorpubertäre Verhalten noch nicht, an diesem Leon ständig scheiterte und der zu erlernende Stoff war Leon bekannt, hier würde er nicht mehr als Versager dastehen.

Bevor ich diesen Brief schreiben konnte, traf ich die zuständige Lehrerin für die zweite Klasse. Eine etwas ältere Lehrerin von der ich, von anderen Müttern gehört hatte. Diese Lehrerin Frau Paulsen sei sehr kompetent. Ich sprach Frau Paulsen einfach an und fragte sie, ob sie denn einen Platz für Leon in ihrer Klasse hätte und ob sie sich meinen Sohn dort vorstellen könnte. Von Leon’s Problemen hatte Frau Paulsen erfahren. Von ihrer Antwort war ich sehr überrascht „Ich kenne Leon, ich habe ihn schon ein paar Mal im Vertretungsunterricht gehabt. Die Rückversetzung in die 2. Klasse ist eine sehr gute Idee. Ich habe gehört, dass der Junge überfordert wirkt, deshalb bin ich der Meinung, Sie sollten es doch einmal mit einer Rückstufung versuchen. Manchmal hilft es Kindern, die Klasse noch mal zu machen. Sie sollten es auf jeden Fall versuchen. Für Leon wird in meiner Klasse immer ein Platz frei sein.“. Als ich nochmals über die Worte von Frau Paulsen nachdachte fing ich richtig an zu weinen, ich konnte mich kaum beruhigen. Endlich mal eine Lehrerin, die nicht sofort „nein“ zu meinem Kind gesagt hatte. Diese Frau hat Wortwörtlich gesagt, „für Leon wird in meiner Klasse immer ein Platz frei sein“. So etwas hat in all den Jahren noch niemand in dieser Schule zu mir gesagt. Ich war so gerührt und hatte ein Gefühl der Erleichterung, dass mich total aus der Fassung brachte.

Mit diesem Gefühl im Bauch machte ich mich dran, einen Brief an die Schule zu schreiben.

Mit Datum vom 13.11. 2007 schrieb ich diesen Brief an die Schulleitung der hiesigen Grundschule:

Rückstufung von Leon Schulz, geb. 15.03. 1999 von der Klasse 3 in die Klasse 2

Sehr geehrte Damen und Herren,

mein Sohn Leon hat schon seit längerer Zeit, wie Ihnen bekannt ist, große Probleme in der Schule. Es wurde deswegen eine Beistandschaft vom Jugendamt eingesetzt, die mir zur Seite steht.

Wir haben mehrere Kinderpsychologen aufgesucht, es wurden viele Tests mit Leon gemacht. Auch die Schule (BFZ) hat ihn oft getestet. Durch die gemachten psychologischen Behandlungen und den einhergehenden Tests ist mein Sohn Leon sehr überfordert.

Nachdem all diese Tests und Überprüfungen nichts gebracht haben, bin ich mit Leon zum autistischen Zentrum für Kinder und Jugendliche gegangen, um ihn dort vorzustellen.

Es wurde eine Anfangsdiagnose auf Autismus diagnostiziert. Leon wird in naher Zukunft, nach Kostenübernahme, an der Therapie dieses Instituts teilnehmen. Bis die Therapie bei Leon greift, wird noch einige Zeit vergehen.

Er benötigt deshalb die Klassenwiederholung um eine echte Chance in der Regelschule zu bekommen.

Es stehen auch noch einige Tests in der KJP an, die eine zusätzliche Belastung darstellen.

Diese Belastungen äußern sich so, dass Leon sich vehement weigert zur Schule zu gehen.

Er leidet häufig unter Bauchschmerzen, Übelkeit und vermehrt unter Schlafstörungen.

Bei den Hausaufgaben machen bemerke ich besonders in Deutsch, dass er nicht mehr in der Lage ist dem Stoff zu folgen. Er wirkt dann besonders müde und desolat.

Es ist kaum noch möglich, seine Aufmerksamkeit auf schulische Dinge zu lenken.

Er hat überhaupt kein Selbstvertrauen mehr. Bei Gesprächen über die Schule und die Hausaufgaben sagte Leon mehrmals, „es ist doch vollkommen egal was ich mache, ich mache sowieso alles falsch."

Da er den Stoff aus der 2. Klasse schon einmal gehabt hat, hoffe ich, dass Leon wieder anfängt an sich zu glauben. Er benötigt unbedingt das Gefühl in der Schule mitzukommen und ein paar positive Erfahrungen zu machen, was zum jetzigen Zeitpunkt in der 3. Klasse nicht möglich ist.

Es bleibt Leon in der 2ten Klasse dann auch die bessere Möglichkeit, sich auf die Therapien vom autistischen Zentrum einzulassen.

Die Anforderungen in der 3. Klasse werden im Laufe des Jahres immer mehr und da Leon auch lt. Frau Seidel, trotz intensiver Betreuung im Moment nicht in der Lage ist den verlangten Stoff aufzunehmen, ist sein Zusammenbruch nur eine Frage der Zeit.

Des Weiteren möchte ich Leon's Entwicklungsverzögerung noch zur Sprache bringen.

Leon's Verhalten ist nicht das eines 8-jährigen Jungen. Ihm fehlen die in diesem Alter vorhandenen Verhaltensmerkmale.

Seine Freundschaften bestehen Hauptsächlich aus jüngeren Kindern, die ihn so nehmen wie er ist.

Ich hoffe, dass durch den Klassenwechsel auch die Kontakte mit seinen

Klassenkameraden unkomplizierter und herzlicher werden. Zurzeit hat Leon es diesbezüglich sehr schwer.

Seine Freundschaften beschränken sich im Moment, in seiner Klasse nur auf telefonischen Kontakt mit Jana.

Frau Kraft vom BFZ hat einer Zurückstufung zugestimmt, mit der Begründung einer intellektuellen Überforderung

Ich bitte Sie, alle angeführten Punkte zu überdenken und würde mich freuen einen positiven Bescheid von Ihnen zu erhalten.

Für Ihr Bemühen danke ich Ihnen im Voraus und verbleibe

mit freundlichen Grüßen

Mobbing in der Schule, die Gemeinheiten werden unerträglich! Das Staatliche Schulamt sieht keinen Handlungsbedarf!

Die Lehrer mussten über die Bitte der Rückstufung eine Lehrerkonferenz abhalten. Diese wurde relativ schnell in die Wege geleitet und die Lehrer kamen schon eine Woche später zu einer Entscheidung. Meine Bitte um Rückstufung wurde lt. der Direktorin Frau Wagner auf dieser Lehrerkonferenz abgelehnt. Sie sagte mir: „Es muss Sinn machen, ein Kind zurückzustufen, bei Ihrem Sohn Leon macht es keinen Sinn. Er ist in der jetzigen Klasse bei zwei Lehrkräften gut aufgehoben, eine bessere Förderung gibt es nicht für Leon. Die zweite Klasse kommt nicht für Leon in Frage." „Es kann ja möglich sein, dass Leon in der dritten Klasse optimal gefördert wird, aber erstens beherrscht er den Stoff der dritten Klasse nicht und das zweite Halbjahr wird nicht leichter werden. Zweitens benötigt Leon dringend Zeit, damit die Therapie im autistischen Zentrum greift. Dazu muss erst einmal die Kostenfrage geklärt werden. Wenn Leon jetzt in der dritten Klasse bleibt, haben wir nur noch 1 ½ Jahre Zeit eine passende Schule für ihn zu finden. In eine dieser großen Gesamtschulen kann ich ihn nicht schicken. Drittens Leon wird das Klassenziel sowieso nicht erreichen, wenn kein Wunder geschieht. Eine Zurückstufung ist für ein Kind ohne Selbstwertgefühl allemal besser als sitzen zu bleiben". Ich war sehr wütend und brachte dies zum Ausdruck. Frau Wagner war nicht davon beeindruckt, sie wirkte sehr selbstsicher und hatte keinerlei Skrupel: „Sitzen bleiben gibt es heute nicht mehr. Ich weiß, dass er das Klassenziel nicht erreichen wird, damit müssen Sie leben. Er wird dann eben aufgrund seiner schlechten Noten nicht versetzt". Antwortete mir die Frau Wagner Direktorin der Grundschule kackfrech. Die Angst vor dem Staatlichen Schulamt hatte sich wohl wieder gelegt? „Ihre Logik ist wirklich Klasse, wem soll denn diese Entscheidung etwas nutzen. Sie vergessen ständig, dass es hier um ein Kind geht, hab ich das Gefühl. Ich habe mit Frau Paulsen aus der zweiten Klasse gesprochen, diese war der Meinung, es ist besser ein Kind zurückzunehmen, statt es zu quälen." Erwiderte ich. Frau Wagner sprach ein Machtwort. Jegliche Widerworte erübrigten sich, denn wenn Lehrer mit gesetzlichen Vorschriften kommen ist jeder noch so logische

Widerstand zwecklos. „Wir haben in der Lehrerkonferenz so entschieden und diese getroffene Entscheidung kann und darf nicht zurückgenommen werden. Da kann ich leider nichts machen.“ Sie war nicht mehr bereit über dieses Thema mit mir zu diskutieren.

Das habe ich im laufe der Jahre schon oft erlebt. Ich musste mir etwas anderes einfallen lassen. Auch wenn meine Unbeliebtheit sich ständig steigerte, das interessierte mich nicht mehr. Die Fronten sind so verhärtet, dass jetzt sowieso alles egal ist.

Ich musste zusehen, mein Kind so schnell wie möglich aus dieser Schule herauszubekommen. Leon litt sowieso schon unter der angespannten Situation, er merkte genau, dass er von den Lehrern von Anfang an abgelehnt wurde. Mittlerweile war er für alles der Buh-Mann. Das Schlimme an allem war, dass es nicht möglich war, für meinen Sohn eine Schule zu finden, die ihn mit so einer dicken Schülerakte noch aufnehmen würde. Eine andere Grundschule kam nicht mehr für Leon in Frage. Die Sonderschulen (meist Privatschulen in unserer nahe gelegenen Stadt) waren alle voll und hatten ellenlange Wartelisten. Wir hatten mehrmals versucht einen Platz auf der Jean-Paul Schule zu bekommen, eine staatlich anerkannte private Sonderschule für Lern- und Erziehungshilfe. Die Schule hat ein anderes Lernkonzept und einen ausgezeichneten Ruf. Hier konnte Leon die Schule bis zum Abschluss der Realschule besuchen.

Die Montesuri Schule hatte ebenfalls ellenlange Wartelisten. Die Waldorfschule nimmt keine Autisten, genau wie andere vom Lernmodell ähnliche private Schulen.

„Wenn du denkst es geht nicht mehr, kommt von irgendwo ein Lichtlein her!“

Am 29.10.2007 kam die Diagnostische-Einschätzung von Leon

Leon Schulz wurde am 26.10.2007 in unserer Einrichtung vorgestellt. In Anamnese und Beobachtung wurden Asperger – typische Persönlichkeitsmerkmale erkennbar, die seit der Kindheit bestehen. Spezialinteressen an Licht, Lampen ect. Fehlende Empathie, Störung in der Wahrnehmungsverarbeitung, Defizite im Erkennen sozialer Situationen, sehr geringes Mitteilungsbedürfnis und Tics.

Leon wirkte sehr bedürftig an einfühlsamen Kontakt; wenn er sich körperlich spüren konnte, war er durchaus beziehungsfähig und konnte sich auch kurz auf Spielsituationen einlassen.

Wir empfahlen den Eltern Therapie und Beratung in unserer Einrichtung, für die Zeit bis zum möglichen Therapiebeginn sollte in der Zusammenarbeit mit der KPPKJ (KJP, Kinder- und Jugendpsychiatrie) eine Zwischenlösung gefunden werden.

Endlich kam ein Bericht eines anerkannten Institutes, mit einer Anfangsdiagnose. Jetzt hatte ich endlich einen Anhaltspunkt. Ich dachte, nun ist alles klar. Die Schule nennt mir jetzt ein paar Namen von Sonderschulen, in denen Autisten unterrichtet werden. Nun müssen sie auch Leon's Rückversetzung zustimmen, da sie ja jetzt ein Einsehen haben müssten. Sie können doch mein armes Kind nicht weiter quälen, wo sie jetzt genau wissen dass Leon für sein Verhalten sehr wenig kann. Vielleicht würde die Schule jetzt endlich ein Einsehen haben und Leon nicht mehr als Schläger oder Dieb betrachten und mir nicht mehr die ganze Schuld an Leon's Verhaltensauffälligkeiten zuschieben. „Ich dachte!" „Falsch gedacht!" Es wurde jetzt alles nur noch schlimmer, jetzt legte sich die Schule, allen voran die Direktorin so richtig ins Zeug. Sie wollten Leon jetzt mit allen Mitteln loswerden. Wie beim kleinen Felix der ADHS hat und die Schule eine Diagnose mit anschließender Behandlung nicht abwarten wollte. Sie haben auch ihn abgeschoben und haben dies auch ohne Skrupel geschafft. Zwar geht Felix jetzt ohne nennenswerte Probleme in eine andere Regelschule Die Schulleitung von unserem Ort hat es noch rechtzeitig geschafft ihn loszuwerden, bevor sie mit den Eltern Schwierigkeiten bekamen.

Nun wollten sie mit Leon genau dasselbe versuchen. Sie müssten vielleicht bei einer offiziellen Diagnose den Jungen bei sich auf der Regelschule behalten, da ja ihre Versuche mit der Lernbehinderten- bzw. Erziehungshilfe-Schule (der einfachste Weg) nicht mehr hinhauen würde.

Dies sind natürlich alles Spekulationen von mir, ich habe mir ganz viele Gedanken gemacht, wie es sein kann, dass eine Schule, der kleine Kinder anvertraut werden, diese Kinder wie irgendwelche Maschinen behandeln, „wenn sie nicht funktionieren, müssen sie weg".

Leider spielte Leon mit seinem Verhalten den Lehrern der Schule eine „AS-Karte“ zu, da in so einem großen Haushalt, mit so vielen Menschen, sich viele Veränderungen ergeben, kam mein Sohn irgendwie nicht richtig zur Ruhe.

Am 24. Oktober 2007 wurde meine älteste Tochter Daniela mit 27 Jahren „Mutter“. Sie hat einem kleinen Jungen das Leben geschenkt. Es war wie immer, wenn ein Kind geboren wird, ein richtiges „großes Wunder.“ Cedric wurde per Kaiserschnitt geholt und wir waren alle sehr glücklich über dieses tolle Ereignis. Als wir Danny im Krankenhaus besuchten war Leon sehr stolz. Seine Danny hatte einen kleinen Jungen und Leon wurde zum 2. Mal Onkel. „Eigentlich will ich gar kein Onkel werden, ich möchte viel lieber Bruder sein.“ Das war Leon’s Wunsch, Cedric sollte doch sein Bruder sein. „Ihr werdet wie Brüder aufwachsen“, sagte Daniela zu Leon und dieser war zufrieden. Leon wollte zu Daniela ins Bett kriechen und mit ihr kuscheln, dies ging aber leider nicht, da meine Tochter vom Kaiserschnitt sehr schlimme Schmerzen hatte. In dem Moment als Daniela ihm sagte, er könne nicht zu ihr ins Bett kommen, habe ich bei meinem Sohn Riesen große Enttäuschung in seinem Gesicht lesen können. Das war eins der wenigen Male, wo man an Leon’s Mimik seine Stimmung erkennen konnte.

Danny wohnt weiter weg, und so sahen wir das Baby sehr selten. Außerdem wünschte Leon sich, dass er wieder bei seiner großen Schwester übernachten durfte. Leider war auch hier nichts zu machen. „Du darfst erst wieder hier schlafen, wenn Cedric etwas größer ist und nachts durchschläft.“ Schon wieder eine herbe Enttäuschung für meinen Sohn.

Ungefähr zum selben Zeitpunkt hatte Ines meine jüngere Tochter mal wieder Streit mit ihrem zukünftigen Ehemann, sie wollten am 1. November 2007 heiraten. Leon war sehr betrübt und hatte große Angst, Dirk könne ebenfalls wie Danny’s, vorhergehender Freund aus unserer Familie verschwinden. Also spielte Leon in der Schule mal wieder total verrückt.

Dirk und Ines haben dann doch noch am 1.11.. 2007 geheiratet und die ganze Familie ist zu diesem Anlass wieder zusammengekommen. Leon war zwar trotz Cedric und Laura, unseren beiden Kleinsten, der Hahn im Korb, aber er bemerkte doch, dass sich für ihn einiges verändert hatte.

All diese Ereignisse musste mein Sohn erst einmal verkraften. Wir haben uns alle sehr darum bemüht, Leon die familiären Veränderungen so leicht wie möglich zu machen und ich dachte eigentlich, dass er alles recht gut verarbeitet hatte.

Hoffentlich sind bald Weihnachtsferien, damit wir alle eine Pause von all dem Stress bekommen und Leon sich in Ruhe wieder erholen kann.

Vor den Weihnachtsferien kam dann nach langem Warten und ständigen Anrufen von Frau Noll und mir im SPZ endlich eine Stellungnahme von Herrn Wolter im Jugendamt an. Nachdem Frau Noll dem Chef des Herrn Wolter eine eindeutige E-Mail geschickt hatte.

Bericht vom Sozialpädiatrischem Zentrum vom 08.11.2007

Leon Schulz, geb. 15.03. 1999

Sehr geehrte Frau Noll

obwohl Sie mich auf den ausstehenden Bericht betreffend Leon Schulz geb. 15.03.1999, hingewiesen, haben habe ich bis jetzt noch leider nicht geantwortet. Dies bitte ich zu entschuldigen, verbunden mit der Bitte um die Weitergabe an die Eltern und Dritte im Einverständnis mit diesen.

Leon wurde mir im Herbst 2006 erst- und einmalig vorgestellt.

Es handelt sich um eine Schulproblematik und die Eltern befürchteten einen Schullaufbahnwechsel in eine Förderschule für Lernhilfe. Nach explorativem Erstkontakt mit testpsychologischer Befundung einer alters entsprechenden intellektuellen Grundkapazität (CFT-IQ 103, HAWIK III – IQ 101) ohne wesentliche Hinweise auf Teilleistungsschwäche, habe ich rasch, gemeinsam mit den Eltern ein Gespräch in der zuständigen Grundschule wahrgenommen. Nach den gemeinsam gewonnenen Eindrücken kam ich zu der Aussage, dass wohl eine emotionale Anpassungsschwäche (F 43.2) vorliege, verbunden mit Insuffizienzgefühlen der ganzen Familie, welche sich abgelehnt erlebt.

Vor Ort arbeiteten wir heraus, dass von einer Umschulung in den Lernhilfebereich abgesehen wurde, aber auf Grund der Verhaltensprobleme (meist Verweigerung), auch die Möglichkeit einer Beschulung im Erziehungshilfebereich ins Auge gefasst werden müsse.

Die Notwendigkeit war nach gemeinsamer Auffassung aber nicht gegeben. Die vom Jugendamt etablierte Familienbetreuung sollte weitergeführt werden.

Bereits damals hatte ich zeitgleich die weitere therapeutische Betreuung durch Herrn Dr. Arnold oder die KJP der Familie angeraten, da das SPZ keine therapeutischen Möglichkeiten anbieten kann. Zusätzliche Eindrücke bezüglich des Verhaltens in der Untersuchung werde ich umgehend mit Frau Stöber vom der KJP besprechen.

PS: Kontakt zu Frau Stöber hat telefonisch stattgefunden.

Es entspricht nicht der Wahrheit, dass Frau Noll oder ich zu diesem Zeitpunkt, der Behandlung im SPZ einen anderen Psychotherapeuten aufgesucht hatten. Herr Wolter hatte uns auch zu keiner Zeit angeraten einen anderen Therapeuten aufzusuchen. Frau Noll und Ich, haben wie bereits erwähnt, ständig versucht Kontakt zu Herrn Wolter aufzunehmen. Leider war dies in keiner Weise mehr möglich, daraufhin haben Frau Noll und ich versucht Kontakte zu anderen Psychologen zu bekommen.

Dieser Herr Wolter hat sich hier ganz gut aus der Verantwortung zurückgezogen. Er hatte mir bei einem Gespräch versprochen, sich um Leon zu kümmern. Er wollte hierbei eine Rolle übernehmen, wie z.B. Frau Albert von der Pädagogischen Frühförderung. Leider hat er sich gleich nach dem ersten ernsthaften Gespräch in der Schule verdrückt und ward nicht mehr gesehen.

In der KJP klappte es auch nicht wie geplant. Frau Stöber wollte keine Diagnose-Gespräche mehr mit Leon führen. Sie war irgendwie ganz komisch geworden, da ich die Behandlung bei Dr. Arnold abgebrochen hatte. Sie konnte und wollte nicht begreifen, dass eine Fortsetzung dieser Behandlung bei dem Herrn keinerlei Sinn mehr machte. Ich habe ihr erklärt, dass Leon sich vehement geweigert hat weitere Termine beim Dr. Arnold wahrzunehmen. Außerdem habe ich ihr noch erzählt, dass Dr. Arnold keine Diagnose über eine evtl. Erkrankung Leons stellen wollte, oder vielleicht auch nicht konnte. „Wir benötigen endlich etwas Handfestes um meinem Sohn eine adäquate Förderung zukommen zu lassen. Spekulationen helfen uns in diesem Fall nicht weiter. Die Schule sitzt mir ständig im Nacken. Leon wird zunehmend unzufriedener und weigert sich jetzt sehr oft in die Schule zu gehen. Seine Leistungen werden immer schlechter. Dass aller Schlimmste an dieser Situation ist, dass Leon keinerlei Selbstvertrauen mehr hat".

Außerdem wusste ich zu dem Zeitpunkt nicht, wie lange ich Frau Noll noch als Stütze haben würde, dass Jugendamt kündigt eine Beistandschaft nach spätestens zwei Jahren auf. Ich würde dann ganz allein vor diesem Berg an Problemen stehen, und ich weiß nicht wie lange ich dann noch durchhalten kann.

Frau Stöber gab sich endlich mit meinen Erklärungen zufrieden. Sie meinte eine stationäre Aufnahme von Leon wäre die beste Lösung. Hier würde er rund um die Uhr beobachtet werden und in der klinkeigenen Schule könne man am besten herausfinden, welche Beschulung für Leon in Frage käme. Ich sprach Frau Stöber auf einen ambulanten Platz in der Klinik an. Dies würde bedeuten, Leon würde morgens abgeholt und abends wieder nach Hause gebracht. Frau Stöber fand die Idee schon gut, aber sie gab mir zu bedenken, dass die Wartezeiten bei dieser Behandlung sehr lang wären. Einen stationären Aufnahmetermin hätte sie für mich Ende Januar. Ich nahm sofort an und unterschrieb die Einweisungspapiere.

Zu Hause bekam ich wieder mal den totalen Ärger mit meinem lieben Göttergatten. Er wollte seinen Sohn nicht in der Kinder- und Jugendpsychiatrie sehen. Mit der ambulanten Aufnahme war er schon einverstanden, aber mit der Stationären hatte er ein echtes Problem. Er hatte ja recht, wir hatten uns Beide darauf geeinigt, wenn eine längerfristige Behandlung in der KJP, dann eine Ambulante. Leider hätten wir auf die ambulante Behandlung wer weiß wie lange warten müssen. „Ich musste dieses Angebot annehmen, es tut mir in der Seele weh, mein Kind für 6 bis 8 Wochen wegzugeben. Ich habe ein ganz furchtbar schlechtes Gewissen. Mein Gefühl sagt mir ständig, ich würde meinen Sohn abschieben. Was sollte ich denn tun, habe ich überhaupt eine andere Wahl gehabt? Wie lange sollen wir denn noch warten? Leon wird immer älter. Es wird immer schwieriger mit ihm fertig zu werden, je älter er wird. Außerdem kann ich nicht ständig in der Schule so weitermachen. Irgendwann wird mein Kind dort nicht mehr bleiben können und dann muss er doch auf die Schulen, die man ihm ausgesucht hat. Ich habe gar keine anderen Wahl!“ Mein Mann reagierte sehr böse: „Das geht jetzt alles auf deine Kappe. Egal was wir besprechen, du entscheidest einfach. Mach was du willst!“ Ich habe gemacht was ich für richtig hielt, gewollt habe ich dass alles schon lange nicht mehr. Aber mein Kind gibt mir Kraft.

Wir sind jetzt endlich an einen Punkt angelangt, wo es weitergeht. Ich wusste es würde ein schwieriger Weg für uns alle werden, besonders aber für Leon. Ich hatte wirklich kein gutes Gefühl dabei, es herrschte bei uns eine Verzweiflung, an der meine Familie mir die Schuld gab.

Meine Mutter weinte wieder “warum nur so etwas. Wir haben doch einen lieben Jungen. Tu dem armen Kind doch so etwas nicht an.“ Ich blieb stark, obwohl mir Selbst die Tränen hinter den Augen drückten. Ich versuchte Mutti alles zu erklären, aber ich glaube sie hat es nicht verstanden. Meine Mädchen standen dem ganzen nüchterner gegenüber, sie waren nicht ganz gegen meine Entscheidung, aber auch sie hatten ein ganz schlechtes Gefühl.

„Wie soll ich das meinem Kind sagen?“ Diese Frage beschäftigte mich die ganze Zeit. Ich hatte dieses Problem aufgeschoben. Ich wollte es Leon erst sagen, wenn ich den endgültigen Bescheid von der Klinik bekommen würde.

Dieses geschah kurz vor Weihnachten, ich bekam einen offiziellen Klinikplatz für Ende Januar Ich habe von der KJP einen so schnellen freien Platz bekommen, weil etliche Kinder über Weihnachten ihren stationären Platz durch ihre Eltern abgesagt bekamen. Viele Eltern wollten ihre Kinder über Weihnachten nicht einweisen lassen. Wenn man einen solchen Termin absagt, kommt man auf der Warteliste wieder ganz nach hinten. Die Liste in der KJP ist genauso lang, wie alle anderen Wartelisten von Kinderhilfs-Programmen.

Ein Weihnachtsfest mit solchen Schuldgefühlen und dicker Luft innerhalb der Familie, darauf freute ich mich überhaupt nicht. Aber Leon freute sich. Er wollte unbedingt wieder am Krippenspiel teilnehmen. Ich musste den Keyboardunterricht auf einen anderen Tag verlegen lassen, von Mittwochnachmittag auf Freitagabend, damit Leon den Mittwoch für seine Krippenspiel-Proben frei hatte. Er bekam wieder eine Rolle als Schäfer, genau wie im letzten Jahr. Dieses Jahr war sein Text, dieser Schäferrolle, viel länger, wie im letzten Jahr. Er ging zu jeder Probe und lernte mit großem Eifer. Er freute sich sehr über das Vertrauen des Pfarrers, der ihn sehr lobte und Leon bekam richtiges Selbstvertrauen.

Zu dieser Vorweihnachtszeit war mein Sohn wieder das glückliche Kind, wie er es zur Kindergartenzeit war. Er fühlte sich Wichtig und angenommen auf diesen Proben.

Im Keyboardunterricht spielten die Kinder mit ihrer Lehrerin zurzeit Weihnachtslieder und Leon wurde auch hier sehr gelobt, wegen seines Engagements im Unterricht. Freitagabends waren im Keyboardunterricht meist ältere Kinder, so um die 12 Jahre. Leon verstand sich sehr gut mit diesen Kindern. Frau Neumann, die Keyboardlehrerin war wie immer voll des Lobes für Leon. So eine Bestätigung brauchte mein Kind, und dementsprechend war er sehr ausgeglichen in der Vorweihnachtszeit. Natürlich freute er sich sehr auf Weihnachten und das Krippenspiel in der Kirche.

Dann war es endlich so weit, der Heiligabend begann. Leon schmückte mit seinem Papa am Vormittag den Tannenbaum und ich fing an für die ganze Familie zu kochen, es gab Enten- und Hasen-Braten. Leon musste schon früher zum Treffpunkt der Gemeindekinder. Es gab dieses Jahr einheitliche Kostüme für die Schäfer, sie trugen eine Fellweste. Leon hatte, wie im letzten Jahr Papa's originalen Cowboyhut auf dem Kopf und marschierte los.

Die ganze Familie trudelte ein, auch Verena's Schwiegereltern waren in diesem Jahr auf unsere Weihnachtsfeier eingeladen. Wir gingen zusammen in die übervolle Kirche und bekamen ganz hinten noch einen Stehplatz. Das Krippenspiel war ganz große klasse, Leon nahm das Mikrofon in die Hand und sprach seinen Text ohne Fehler, mit einer ganz tollen Betonung. Ich war so stolz auf meinen Kleinen. Ich erzählte jedem, den ich kannte, dass ist mein Sohn.

Alle Menschen in der Kirche waren begeistert von den Leistungen der Kinder, die ihre Sache sehr gut machten. Der Applaus am Schluss der Vorstellung wollte nicht enden.

Als wir zu Hause ankamen, kam der Weihnachtsmann zu uns. Dieser Weihnachtsmann war dieses Jahr für Leon leicht zu erkennen. Denn ich spielte die Rolle des Weihnachtsmannes.

Laura, Leon's kleine Nichte versteckte sich hinter ihrer Mama und war vollkommen schüchtern. Alle Geschenke wurden verteilt und der Weihnachtsmann ging wieder. Wir hatten ein richtiges Festessen, zu dem jeder Gast eine Leckerei mitgebracht hatte. Wie jedes Mal auf einem Familienfest hatten wir eine sehr große Tafel mit Essen angerichtet. Wir sind eben eine große Familie. Außerdem sind wir eine Familie die zusammenhält, bei uns ist jeder für den anderen da. Ich habe mich sehr wohl gefühlt und alle Sorgen waren für eine Weile verschwunden.

Zu Weihnachten bekam ich von meiner Tochter Daniela eine Vogelspinne mit Terrarium geschenkt. Ich fand Spinnen schon immer faszinierend und so habe ich mich über das Tier sehr gefreut. Da Leon Spinnen von besuchen bei Danny schon kannte, sie hatte nämlich selbst zwei Vogelspinnen und Leon hatte diese Tiere bisher noch nicht versucht zu streicheln, konnte ich es mit einer Spinne ruhig mal versuchen. Leon hatte sich von seiner Schwester erklären lassen, dass die Spinnen beißen und ihr Biss tödlich sein kann. Dies beherzigte mein Sohn und so hat er meine Spinne nie versucht anzufassen. Er spielte dafür mit dem Spinnenfutter, den Heimchen, diese Tiere habe ich oft aus Oma's Bett holen müssen. Da meine Mutter sich über diese Tiere schön aufregen konnte, deponierte Leon immer mal ein paar von diesen Krabbeltieren bei Oma im Bett. Die Oma hatte sich bald daran gewöhnt und die Viecher kurzerhand an die frische Luft befördert, ohne zu rufen und vollkommen ohne Kommentar. Leon wurde dieses Spiel nun Langweilig und er ließ die Heimchen in ihrem Glas.

Nach Weihnachten haben wir Oma und Opa in Leipzig besucht, Leon, Laura, Ralf und ich. Wir hatten dort ein paar schöne Tage. Und Leon war genau wie Laura sehr lieb. Leon ist immer lieb, wenn wir jemanden besuchen. Oma und Opa fanden dieses Mal, dass wir sehr liebe Kinder haben. Beide waren von Leon und Laura sehr entzückt. Die Hin- und Heimfahrt war wie immer sehr angenehm.

Sylvester waren wir zu Hause. Wir hatten recht geruhsame Tage und haben unsere Sorgen einfach versucht abzustellen. Eigentlich geht so etwas nicht und ich musste immer wieder über Leon's Aufenthalt in der KJP nachdenken. „Wie sage ich es meinem Kind?“ Diese Frage stellte ich mir immer wieder. Ich traute mich nicht, mit Leon darüber zu sprechen. Ich wartete erst einmal ab, vielleicht findet sich ja eine passende Gelegenheit.

Wie es im Leben so ist, die schönen Ferientage waren zu Ende, der Alltag hatte uns wieder eingeholt. Die Schule ließ uns keine allzu lange Pause, es ging gleich wieder richtig los.

Ein Schreiben vom Staatlichen Schulamt vom 23.01.2008

Beschulung Ihres Sohnes Leon, geb. 15.03.1999

1. Hessisches Schulgesetz in der Fassung vom 13.07.2006 (GVB1. I,S.386) sowie die Verordnung über sonderpädagogische Förderung vom 17.05.2006 (AB1.6/06,S.412)

Sehr geehrte Frau Schulz,

Sehr geehrter Herr Schulz,

wie mir von der Schulleitung der Grundschule mitgeteilt wurde, hat Ihr Sohn Leon geb. 15.03.1999, große Schwierigkeiten, dem Unterricht der allgemeinen Schule zu folgen.

Ich habe deshalb im Interesse Ihres Kindes eine pädagogischdiagnostische Überprüfung angeordnet, durch die festgestellt werden soll, ob bei Ihrem Kind sonderpädagogischer Förderbedarf vorliegt.

Die Überprüfung wird von der Schule für Lernhilfe durchgeführt werden. Sie erhalten von dort aus weiteren Bescheid.

Über das Ergebnis des Sonderpädagogischen Überprüfungsverfahren werden Sie zu gegebener Zeit informiert werden.

Hochachtungsvoll

Kurz nach Eingang dieses Schreibens hatte ich ein Telefongespräch mit Herrn Dr. Paul. Er wirkte am Telefon sehr nett und verständnisvoll. Ich berichtete ihm über meine Probleme in der Schule, dass ich das Gefühl hatte von den Lehrern abgelehnt zu werden, dass diese mich nicht für voll nehmen würden und all meine Vorschläge, die Leon betreffen, einfach abtaten. Ich sagte ihm, dass ich mir sehr wünschen würde mehr in die Schulprobleme von Leon eingeweiht zu werden. Ich sagte Ihm, dass ich es gewohnt sei mit den Betreuern meiner Kinder zusammen zu arbeiten, damit ein besserer Erfolg gewährleistet sei. „Leon ist mein fünftes Kind, das zur Schule gehen muss. Ich habe etliche Erfahrung mit vielen Lehrern, unterschiedlichen Unterrichtsmethoden und fünf verschiedenen Charakteren von Kindern Ich habe immer mit den jeweiligen Lehrern kooperiert und wir haben uns bei meinen schwierigen Kindern immer abgesprochen und uns gegenseitig unterstütz". Herr Dr. Paul fand meine Einstellung sehr gut und er versprach mir, mit der Grundschule alles zu klären. Er versprach mir auch meinen Rückversetzungsantrag mit der Schulleitung zu besprechen. Er fragte mich nach der erneuten Überprüfung, die auch ohne mein Einverständnis stattfinden würde. Ich wollte nicht als bockig dastehen und versuchte mal wieder die Wogen irgendwie zu glätten. Ich war so höflich mit Herrn Dr. Paul, dass ich hinterher selbst über mich lachen musste. Ich weiß genau, dass man bei Lehrern nichts erreicht, wenn man keine Kompromisse schließt. Außerdem müsste das arme Kind wieder darunter leiden.

Wenn ich mich geweigert hätte, mit dem pädagogischen Gutachten-Ersteller zusammen zu arbeiten, hätte ich auch keine Möglichkeit gehabt meine Stellungnahme abzugeben. Außerdem wäre niemand von den Menschen mit ins Spiel gekommen, die Leon anders einschätzen, als die Schule. Es wäre dann ein sehr einseitiges Gutachten geworden. Ich weiß genau, wann ich nachgeben muss. Ich hatte die Hoffnung, dass Leon bald in die KJP-Klinik aufgenommen würde und der Spuk dann endlich ein Ende hat.

Dieser Klinikaufenthalt war im Moment meine letzte Hoffnung. Leon's Verhalten und seine Leistungen sanken zurzeit auf einen Tiefpunkt, er wollte auch nicht mehr in die Betreuung. Noch bekam ich ihn jeden morgen dazu in die Schule zu gehen. Dieser Vorgang wurde immer schwieriger. Leon jammerte, er hätte Bauchweh, könne nicht mehr gehen, weil seine Beine so schmerzen würden usw.

Dann war Zeugnisausgabe:

Grundschule, Jahrgangsstufe 3 Schuljahr 2007/2008

Für Leon Schulz

Arbeitsverhalten 4	Sozialverhalten		3
Religion	4	Kunst	4
Deutsch	4	Musik	3
Sachunterricht	4	Sport	3
Mathematik	5	Englisch	3

Bemerkungen:

1. Leons Arbeitsverhalten ist in einigen Fächern nur mangelhaft.
2. Die schriftlichen Leistungen im Fach Deutsch sind teilweise nur mangelhaft
3. Zeitweise sind seine mündlichen Leistungen im Sachunterricht auch nur mangelhaft.
4. Leon hat an den AG´s Computer und Philosophieren teilgenommen

Versäumnisse: 12 Tage davon 12 Tage entschuldigt 0 Tage unentschuldigt

Stunden ---- ---

Leon's Versetzung ist gefährdet!

Dieses Zeugnis war zu erwarten, nachdem mein Sohn sich nur noch verweigerte Alles was mit Schule zu tun hatte, lehnte mein Kind rigoros ab. Leon hatte ja nie wirklich aufgepasst. Was hätte er erst für ein Zeugnis, wenn er aufpassen würde.

Leon hatte bei seinen jetzigen Leistungen keinerlei Chancen versetzt zu werden. Es wäre schön, wenn die Grundschule ihm das Leben bis zur Einweisung in die KJP etwas leichter machen würde.

Mein Sohn litt unter diesem Zeugnis wahrscheinlich mehr, als er zugeben wollte. Irgendjemand in der Schule fing wieder an ihm die staatlichen Sonderschulen schmackhaft zu machen und erzählten wieder vom Bus fahren und dass das alles sehr spannend wäre. Leon war verzweifelt, er wollte nicht mehr in die Grundschule in unserem Dorf, aber er wollte doch plötzlich wieder hier zur Schule gehen. Er wollte auf gar keinen Fall auf eine andere Schule. Mein Kind war oft sehr durcheinander, ich wusste nicht, was in der Schule darüber gesprochen wurde, ob die anderen Kinder etwas in der Richtung sagten. Jedenfalls war Leon sehr durcheinander und sehr traurig.

Einmal, wir kamen gerade aus der Stadt, in der wir uns eine Spinnenausstellung angesehen hatten, diese war übrigens sehr interessant, Leon und ich hatten eine große schwarze Vogelspinne auf die Hand gesetzt bekommen, erzählte mir Leon seine Lehrerin hätte gesagt er sei böse. Er schaute mich ganz seltsam an, so einen Blick hatte ich bei ihm noch nie gesehen. Ich erklärte ihm sofort „Leon, es gibt keine bösen Kinder, es gibt nur nervige oder ungezogene, oder aber auch freche Kinder. Aber es gibt keine bösen Kinder!“ „Doch Mama, ich bin böse“ er sagte das so traurig, dass ich ihn in den Arm nehmen wollte. „Nicht Mama, ich bin doch böse! Ich will wirklich lieb sein, ich schaff es aber nicht! Ich bin wirklich böse!“ Mein Kind fing plötzlich bitterlich an zu weinen, ich durfte ihn nicht in den Arm nehme, er schubste meine Hände weg und weinte dabei ganz furchtbar. Er weinte bestimmt noch eine halbe Stunde so weiter. Plötzlich hörte er auf und er tat so als wenn nichts passiert wäre. „Gott sei Dank“ fing er nicht an vom Sterben zu reden.

Es musste dringend etwas geschehen, also musste ich unbedingt bei der KJP am Ball bleiben und rief zwischendurch immer mal an, damit man mich nicht vergessen kann. Außerdem hatte ich das Bedürfnis mich Frau Stöber mitzuteilen, ich hatte Angst dass Leon’s ständige Weigerung in die Schule zu gehen irgendwann eskalieren würde.

Mit den Hausaufgaben klappte es überhaupt nicht mehr. Leon machte die Hausaufgaben immer noch, wenn er sehr viel Druck bekam, aber was er da aufs Papier brachte, konnte niemand mehr erkennen. Frau Stöber beruhigte mich dann immer und sagte mir, dass sie mit mir einen Termin machen würde, wenn die Situation noch schlimmer werden würde. Ich erkundigte mich jedes Mal bei Frau Stöber, wann denn die Klinikeinweisung stattfinden würde, jedes Mal erklärte sie mir, dass sie noch nichts Sicheres sagen könne.

Bei einem dieser Gespräche Anfang Februar meinte sie, dass sich der Termin auf Ende Februar verschieben würde. Ich war ganz und gar nicht damit einverstanden und wollte wissen, wie es jetzt weitergehen sollte. Die Situation in der Schule wurde immer schlimmer, manchmal wusste ich wirklich nicht wie ich Leon dazu bringen sollte zur Schule zu gehen. Mein Sohn konnte mittlerweile fast gar nicht mehr rechnen, er konnte nicht mehr denken.

Er hatte zu dieser Zeit sehr viele Probleme mit den anderen Kindern, er verstand diese Kinder nicht mehr und diese Kinder verstanden Leon nicht. Er brauchte dringend Hilfe. Frau Noll hatte richtig Angst um Leon, sie sagte: „Wenn dass so weitergeht, bekommt der Junge noch einen richtigen Nervenzusammenbruch. Er kann die Konflikte bald nicht mehr aushalten."

Außerdem lief uns irgendwie die Zeit davon, wenn wir nicht bald eine ärztliche Diagnose bekämen, könnten wir den Jungen nicht im autistischen Zentrum auf die Warteliste setzen, da wir immer noch keinen Kostenträger hatten.

Die Warteliste im autistischen Therapiezentrum beträgt ebenfalls wie alle psychischen Wartelisten für Kinder ca. ½ bis 1 Jahr. Frau Stöber von der KJP schrieb ein Attest für das Jugendamt, um die Kostenübernahme zu beantragen. Dies tat sie, nachdem Frau Noll und ich ständig in der Station der Klinik angerufen hatten, um einen der Chef- bzw. Oberärzte zu erreichen.

Leider waren die zuständigen Ärzte ständig in der Visite. Sie erfuhren sicherlich von unseren Anrufen und gaben Frau Stöber den Auftrag mit uns alles abzuklären. Also erhielt ich ein Schreiben von Frau Stöber:

Klinik für Kinder- und Jugendpsychiatrie, Psychosomatik und Psychotherapie (KJP)

Leon Schulz, geboren 15.03. 1999

Der o. g. Junge ist uns seit Oktober 2007 bekannt. Bei dem Kind bestehen erhebliche Auffälligkeiten im Bereich der sozialen Interaktion, des Kontaktes und des Kommunikationsverhaltens, sowie Verhaltensbesond erheiten, wie sie aus dem autistischen Formenkreis beschrieben werden. Eine stationäre Behandlung zur genaueren diagnostischen Abklärung mit dem Verdacht auf Asperger-Autismus ist erforderlich und geplant.

Im Anschluss an die stationäre Behandlung wird in jedem Fall eine ambulante Therapie notwendig sein.

Leider nutzte uns dieser Brief auch nicht sehr viel, das Jugendamt brauchte für die Kostenübernahme dringend eine Diagnose. Frau Kröger vom Jugendamt erklärte mir, dass wir keine Kostenübernahme beantragen könnten, da wir keine Diagnose haben. Dieser Antrag würde mit Sicherheit abgelehnt und dann hätten wir gar nichts.

Frau Noll kam auf die Idee, meinen Kinderarzt nach einem Diagnoseschreiben zu fragen. Was ich auch sofort tat. Ich rief ihn an und fragte ihn, ob er bereit wäre für Leon Autismus (Asperger Syndrom) zu diagnostizieren.

Dieser erwiderte, dass er noch nichts von den zuständigen Ärzten, noch etwas von dem Verdacht auf Asperger, geschweige denn eine Diagnose erhalten hätte. „Auf Gut-Glück kann ich keine Diagnose stellen". Ich kümmerte mich also um ein Schreiben des Autistischen-Zentrums für Herrn Dr. Bauer. Nachdem dieser dieses Schreiben erhalten hatte versuchte ich es noch Mal. Der Kinderarzt lehnte ein Diagnoseschreiben ab, ihn als Kinderarzt würde niemand ernst nehmen. Wir hätten alle nichts davon, wenn wir jetzt mit seiner Diagnose zum Gesundheitsamt gingen, um eine Kostenübernahme zu beantragen. Diese Diagnose müsste ein zuständiger Facharzt schreiben, um damit etwas zu erreichen.

Als ich Frau Noll davon erzählte, rief sie ebenfalls beim Kinderarzt Dr. Bauer an, um ihn ebenfalls noch Mal um ein Arztschreiben zu bitten. Leider bekam sie die Selbe Antwort wie ich.

Wir waren mal wieder sehr verzweifelt. „Ich bin es so müde, immer und immer wieder das Selbe, keiner will die Verantwortung für Leon's ´Erkrankung übernehmen. Erst denkt man, jetzt haben wir es, wir kommen weiter. Plötzlich ist alles wie immer!" Frau Noll war wie ich sehr traurig. „Ich gehe jetzt zum Rechtsanwalt und bitte ihn, ein Schreiben für das Staatliche Schulamt aufzusetzen, um noch Mal wegen Leon's Rückstufung etwas Druck zu machen. Es muss irgendwie weiter gehen!" So war meine verzweifelte Antwort. Ich wollte nicht aufgeben. Ich war ebenfalls sehr müde und ungeheuer traurig. Ich musste etwas tun, damit ich aus meiner Enttäuschung und der entstehenden Depression herauskam.

Also machte ich einen Termin bei meinem Rechtsanwalt, nahm die restlichen Schreiben und andere Unterlagen mit, die Volker noch nicht hatte und erzählte ihm mein Leid. Er versprach sich darum zu kümmern und wollte auch gleich einen Behindertenausweis beim Versorgungsamt beantragen. Was er dann auch in die Tat umsetzte:

Ein Brief meines Rechtsanwaltes an das Staatliche Schulamt, Herrn Dr. Paul.

Um diesen Brief habe ich meinen Rechtsanwalt gebeten, da die Rückversetzung Leon's abgelehnt wurde. Datum: 13.03.2008

Sehr geehrter Herr Dr. Paul,

wie Sie wissen, vertrete ich die Eheleute Ralf und Regina Schulz, die Eltern des Schülers Leon Schulz, geb. 15.03. 1999

Leon besucht zurzeit die Klasse 3. der Grundschule.

Namens und in Vollmacht meiner Mandanten beantrage ich hiermit,

Leon gemäß § 75 Abs.5 Hessisches Schulgesetz in die Klasse 2 zurück zu stufen.

Begründung:

Ausweislich des Halbjahreszeugnisses ist die Versetzung von Leon in die Klasse 4 der Grundschule erheblich gefährdet.

Wie in der Abschrift beigefügten diagnostischen Einschätzung des Autismus-Therapie-Institutes vom 29.10. 2007 zu entnehmen ist, zeigt Leon Asperger-Typische-Persönlichkeitsmerkmale (Autismus).

Leon ist aufgrund dieser Behinderung in seiner Entwicklung deutlich verzögert, was auch die diversen schulischen Untersuchungen bislang ergeben haben.

Mit dem derzeitigen Stoff der Klasse 3 ist Leon eindeutig überfordert.

Diese Überforderung hat bei Leon bereits das Gefühl ausgelöst, er könne sowieso nichts, so dass es sich für ihn auch nicht lohne, sich anzustrengen.

Diese ständigen Misserfolgserlebnisse haben zu einer erheblichen Verweigerungstendenz bei Leon geführt, die es aufzubrechen gilt.

Gemäß § 75 Abs. 5 Hessisches Schulgesetz hat ein Schüler einer allgemein bildenden Schule, das Recht, eine Jahrgangsstufe zu wiederholen. Voraussetzung ist, dass seine schulische Entwicklung dadurch gefördert werden kann.

Eine solche Situation ist auch bei Leon gegeben.

Wenn er durch Wiederholung der Jahrgangsstufe 2 in die Lage versetzt wird, dem Stoff besser folgen zu können, weil dieser für ihn nicht mehr völlig unbekannt ist, wird das seine schulische Entwicklung mit Sicherheit nur fördern.

Angesichts dieser Situation ist im Interesse der schulischen Entwicklung von Leon bereits für das zweite Schulhalbjahr 2008 dem Kind die Möglichkeit zu geben, durch Rückstufung in die zweite Jahrgangsklasse bekannten Stoff wiederholen zu können und damit dem Kind das Gefühl zu vermitteln, dass er durchaus etwas kann.

Es würde jedenfalls in einer solchen Situation dem Interesse des Kindeswohls und seiner schulischen Entwicklung völlig zuwiderlaufen, wenn man Leon hier zwingen würde, das 3. Schuljahr zu vollenden, um dann zwangsweise das 3. Schuljahr wiederholen zu müssen.

In diesem Zusammenhang wird zugleich beantragt, Leon einen Nachteilsausgleich im Hinblick auf den bei ihm bestehenden Autismus zu gewähren.

Ich teile bei dieser Gelegenheit zugleich mit, dass meine Mandanten einen Antrag auf Anerkennung von Leon als Schwerbehinderten beim Versorgungsamt gestellt haben.

Mit freundlichen Grüßen

Vielleicht würde das Staatliche Schulamt sich jetzt endlich mal rühren und mir eine Entscheidung zukommen lassen.

Auch stand in naher Zukunft die Sonderpädagogische Überprüfung an, wie mir Herr Dr. Paul, vom Staatlichen Schulamt, bereits mitgeteilt hatte. Da ich damit nun doch einverstanden war, musste ich mich um einen Antrag für „Gemeinsamen Unterricht" für meinen Sohn Leon kümmern.

Ich hatte schon oft im Internet gestöbert und war auf interessante Lektüre über Formen von Autismus gestoßen. Es stehen dort auch rechtliche bzw. schulrechtliche Angaben drin. Die habe ich mir nun ausgedruckt und habe dabei einen Artikel über Integrationshelfer beim Asperger-Syndrom gelesen. Also schrieb ich in meinem Antrag auf einen Integrationsplatz über diesen Schulhelfer bzw. Integrationshelfer. Später habe ich erfahren, dass dieser Helfer im Schuldeutsch, Schulassistent bzw. Schulassistentin heißt und beim Landkreis beantragt werden muss, da dieser der Kostenträger für besagten Schulassistenten ist.

Zwischendurch hatte Leon noch Geburtstag, den er zu Hause feiern wollte. Er hatte acht Kinder eingeladen und wie üblich kamen dann nur drei Kinder, aber diesmal war nur Jana von Leon's alten Freunden dabei. Meine Töchter arrangierten wieder eine Menge Spiele mit den Kindern und alle waren am Abend zufrieden. Leon fand seinen Geburtstag ganz toll. Ich weiß nicht, ob ihm die Absagen, der vier von ihm eingeladenen Kindern, etwas ausgemacht hatten. Leon zeigte wie immer keine negativen Empfindungen.

Als ich den Brief an das Schulamt schrieb konnte ich leider nicht wissen, dass die Damen und Herren mit dem Begriff Integrationshelfer/in bzw. Schulbegleiter/in überhaupt nichts anfangen konnten. Wie ich hinterher erfahren habe meinten die zuständigen Lehrer oder Verwaltungsbeamten, ich hätte einen einfachen Integrationsplatz beantragt.

An das Staatliche Schulamt

zu Hd. Herrn Dr. Paul 2008-03-18

Sehr geehrter Herr Dr. Paul!
Hiermit beantrage ich „Gemeinsamen Unterricht" für meinen Sohn Leon, geb. 15.03.1999, für das Schuljahr 2008/2009 in der Grundschule.
Da mein Sohn lt. Diagnostischer Einschätzung des Autismus-Therapie-

Institut an Autismus (Asperger) leidet, beantrage ich aufgrund von Nachteilsausgleich für Menschen mit Behinderung, für Leon eine(n) Schulbegleiter(in), Integrationshelfer(in).
Ein entsprechender Antrag auf Schwerbehinderung wurde bereits von meinem Anwalt beim Versorgungsamt gestellt.
In der Anlage füge ich einige Unterlagen bei, die einen Rechtsanspruch auf o. g. Antrag bestätigen.
Ein sonderpädagogisches Gutachten, das den Bedarf zur Integration in der Grundschule feststellen soll, wird zurzeit vom BFZ, von Herrn Hohmann durchgeführt.
Mit freundlichen Grüßen

Anlagen.!
1 Diagnostikschreiben vom Autismus-Zentrum

1 Rechte für Autisten und Behinderte Menschen aus dem Internet

1 Nachteilsausgleich vom Autismus-Zentrum für Behinderte Menschen

Einige Punkte aus dem Internet, www.autismus.de.

Die Sonderschulbedürftigkeit wird im Wege des Sonderschulaufnahm everfahren festgestellt. Dazu werden medizinische oder pädagogische Gutachten eingeholt und die Eltern angehört.

Ein medizinisches Gutachten wurde von der Schule nie angefertigt, da keiner es für nötig hielt, den Schulpsychologen hinzuzuziehen.

Gesetzliche Angaben aus dem Internet:

Wenn das Kind eine vorhandene Schule nicht besuchen kann oder eine geeignete Sonderschule nicht vorhanden ist, kann ein Anspruch auf Einzel- oder Hausunterricht bestehen.

Hausunterricht würde ich auf alle Fälle ablehnen, da ich nicht möchte, dass Leon vereinsamt.

Eine passende Sonderschule konnte ich weder annehmen, noch ablehnen, da mir von der Schule, sowie dem Schulamt keine passende Sonderschule vorgeschlagen wurde. Ich habe mich selbst darum gekümmert, entweder haben die passenden Schulen, mir wegen Überfüllung schon abgesagt, oder das Schulamt hat die entsprechenden Schulen nicht genehmigen wollen. Nach der Ablehnung der Körperbehinderten Schule in unserer Kreisstadt, hatte ich auf dem Land eine ebensolche Schule angerufen. Hier werden nicht nur Körperbehinderte-, sonder auch Lern- und Erziehungshilfekinder unterrichtet. Es hätte sogar einen Fahrdienst gegeben. Leider wurde diese Schule aus Kostengründen abgelehnt. Diese Staatlich Anerkannte Privatschule kostet nämlich am Tag 17,00 Euro plus Fahrdienstkosten.

Kinder mit Behinderung sind vorrangig in der Regelschule zu integrieren.

Dazu erübrigt sich bei unserer Grundschule (Regelschule) jeglicher Kommentar.

Wenn das Schulamt den Besuch der allgemeinen Schule zulässt, dann kann Eingliederungshilfe nicht mehr mit der Begründung verweigert werden, es stehe in einer Sonderschule ausreichende Förderung zur Verfügung (Urteil des Bundesverwaltungsgericht vom 28.04.2005, 5 C 20.04)

Wie sollte man all das durchsetzten? Die Gesetze machen sich auf dem Papier echt gut. Nach diesem Urteilsspruch hätte mein Junge den Anspruch auf die entsprechende Hilfe und Förderung an der Regelschule, die er jetzt besucht. Das Schulamt hatte ihn damals aufgrund eines sonderpädagogischen Gutachtens in dieser Schule eingeschult. Und hat ihr Urteil in den ganzen Jahren trotz ständiger Tests nicht revidiert. Bei einer gerichtlichen Vorgehensweise, die die entsprechende Förderung evtl. an der Regelschule festlegt, muss die Regelschule, besonders die Schulleitung damit einverstanden sein. In unserem Fall herrschte Mobbing der von der Schulleitung praktiziert wurde.

Das große Problem bei den schönen Gesetzen ist, die Schule beruft sich auf ihre Gesetzte und man kommt nicht dagegen an, wenn Eltern klagen um ihren Rechtsanspruch geltend zu machen, halten alle übergeordneten Stellen zu der jeweiligen Schule. (Anmerkung von mir: „Eine Krähe hackt der anderen kein Auge aus!“

Das Bundesverwaltungsgericht in Leipzig hat am 26.10. 2007 in zwei Verfahren darüber entschieden, dass die Stadt Chemnitz verpflichtet ist, die Kosten eines Integrationshelfers (Unterstützerperson beim Schulbesuch) für ein schulpflichtiges behindertes Kind – hier für den integrativen Unterricht an einer Montessori-Grundschule bzw. an einer Montessori- Mittelschule – zu übernehmen.

Feststellung des Grades der Behinderung:

Für autistische Syndrome beträgt der Rahmen des GdB bei leichten Formen (z.B. Asperger Autismus 50% bis 80%, sonst ist ein Gdb von 100% gegeben.

Es gibt noch einige andere aufklärende Artikel in diesem Internet-Ratgeber, diese sind für den Moment, die wichtigsten die ich dem Schulamt zukommen lassen wollte, da sie im besonderen Maße die Beschulung meines Sohnes betreffen. Die darunter geschriebenen Kommentare habe ich dem Schulamt nicht mitgeschickt. Das erschien mir zu gefährlich. Ich hatte gehofft, die Damen und Herren hätten sich ihre eigenen Gedanken gemacht?

In diesem Frühjahr, war mein letzter Hase auch noch eingegangen, irgendwie sind alle Hasen nacheinander gestorben und zwar fast alle auf einmal. Ich hatte zwar nur noch 4 Stück, aber es war doch sehr traurig für mich. Leon waren die Hasen nicht so wichtig gewesen, er wollte zwar Neue kaufen, aber ansonsten zeigte er eher Desinteresse.

Ich hatte keine große Zeit darüber nachzudenken, Ralf sagte zu mir: „Bitte, Regina schaff dir keine neuen Hasen an, die Arbeit wird auf die Dauer einfach zu viel für dich.“ Ralf hatte Recht, ich holte mir keine neuen Hasen. Wir hatten noch ein Meerschweinchen und dies bekam noch einen Partner und sonst gab es nichts mehr an Tieren.

Ich musste wieder zum Jugendamt um einen neuen Hilfeplan zu erstellen, dieser Termin war sehr wichtig, denn nach dem erstellen Hilfeplan fand eine Konferenz im Landkreis statt. Dort wurde entschieden, ob Frau Noll noch ein halbes Jahr die Betreuung von Leon übernehmen durfte. Es ist immer ein Glücksspiel, ob ja oder nein. Ausschlaggebend sind immer die Argumente, wenn diese überzeugend wirken, hat man vielleicht eine Chance.

Nach den Bestimmungen jener Betreuungszeit, darf diese zwei Jahre nicht überschreiten. Meistens wird die Maßnahme aber schon früher beendet. Die Behörden haben kein Geld mehr, dieses macht sich bei allen Hilfen im sozialen Bereich bemerkbar. Ob in der Schulbehörde, bei dem Landkreis oder anderen sozialen Institutionen, überall wird gespart. So hatte Frau Heinemann, die Dame die das letzte sonderpädagogische Gutachten erstellt hatte, während sie die Fakten für das Gutachten gesammelt hatte Andeutungen darüber gemacht, dass ein Integrationslehrer nicht genehmigt würde, da das Schulamt sparen müsse. Alle Fördermaßnahmen werden zuerst nach finanziellen Aspekten aussortiert, bevor über Hilfen entschieden wird.

Ich kann bis heute nicht verstehen, wie man bei Kindern, Kranken, oder alten Menschen sparen kann, diese Menschen sind auf staatliche Hilfen angewiesen und es müsste wirklich alles für diese oft hilflosen Menschen getan werden.

Besonders bei Kindern kann ich diese Art Mentalität überhaupt nicht verstehen. Kinder sind unser aller Zukunft, wenn der Staat es nicht schaffen kann die Kinder in unserer Gesellschaft zu integrieren und ihnen nicht jede Chance auf eine anständige Bildung geben, werden sie dem Staat als Erwachsene zur Last fallen. Was ist eigentlich billiger? Ich habe die Gesetze nicht gemacht und muss versuchen trotz Sparprogrammen doch noch die beste Unterstützung für mein Kind zu bekommen.

Fortschreibung des Hilfeplanes nach § 36 Kinder- und Jugendhilfegesetz

Hilfeplangespräch am 4.03.2008 im Jugendamt

Am Hilfeplan beteiligte Personen: Frau Schulz, Frau Noll Frau Kröger, Leon war im ersten Teil des Gesprächs beteiligt, Herr Schulz konnte aus beruflichen Gründen nicht teilnehmen

1. Derzeitige Situation des Kindes

Leon besucht weiterhin die Grundschule. Seit September 2007 besucht er dort am Nachmittag den Hort bis 16,00 Uhr. Einmal wöchentlich geht Leon reiten (therapeutisch orientierter Reitunterricht) für jüngere Kinder.

2. Entwicklung seit dem letzten Hilfeplan im Hinblick auf die vereinbarten Ziele:

Leon erklärt als erstes, dass er Frau Noll noch weiter haben möchte. Er mache viel mit ihr, z.B. Softball und Basketball spielen, Kickern, Spiele machen und manchmal zum Reiten gehen. Auf die Frage, was er denn nachmittags in seiner Freizeit so mache, erzählte Leon, dass er sich oft mit Freunden verabrede, mit ihnen Play-Station und Computerspiele mache. Manchmal gehe er auch mit ihnen raus. Frau Schulz ermahnte Leon hier, bei der Wahrheit zu bleiben. Wenn Leon am Nachmittag nach Hause komme, müsse er in der Regel noch seine Hausaufgaben machen, da er dies in der Hortbetreuung nicht geschafft habe. Daraus ergebe sich oft ein Hausaufgabenkampf. Freunde könne er nur noch sehr selten treffen. Nach den Hausaufgaben bleibe noch etwas Fernsehzeit, dann sei es schon Zeit zu Abend zu essen und ins Bett zu gehen. Computer und Play-Station-Spiele gäbe es nur noch im begrenzten Maße.

Nachdem Leon zum spielen in das Wartezimmer gegangen war, wurden seine schulischen Probleme thematisiert. Die Lehrerin berichtete, dass sich die Probleme wechselnd im Leistungs- oder im Verhaltensbereich zeigten. Phasenweise sei er in der Lage erstaunlich gute Leistungen zu bringen, zeigte aber ein katastrophales Sozialverhalten. Genauso gäbe es auch die umgekehrte Phase, dass es ihm eher gelinge sich sozial anzupassen, aber im Leistungsbereich deutlich absacke. Frau Schulz hatte bei der letzten Versetzung eine Rückversetzung in das zweite Schuljahr beantragt, die aber von der Schule abgelehnt worden war. Von Seiten der Schule sei eine Überprüfung auf Lernhilfe für Leon eingeleitet worden. Der begutachtende Lehrer hatte einen sonderpädagogischen Förderbedarf bei Leon festgestellt, will aber bis zur endgültigen Entscheidung das Ergebnis und die Diagnostik der Kinder- und Jugendpsychiatrie abwarten. (Angaben aus mündlicher Besprechung mit dem begutachtenden Lehrer).

Leon steht auf Platz 7 der Warteliste der Kinder- und Jugendpsychiatrie. Frau Schulz von der Ambulanz hatte man Leon an die stationäre Abteilung zur genaueren Diagnostik verwiesen. Eine Aufnahme ist voraussichtlich nach Ostern möglich.

Im Oktober 2007 gab es ein erstes Gespräch im Autismuszentrum mit Leon und seinen Eltern, Leon wurde getestet und die Eltern befragt.

Nach Einschätzung von dort sind die Symptome von Leon dem Asperger Autismus zuzuordnen. Wenn Leon eine Überweisung der Kinder- und Jugendpsychiatrie oder des Hausarztes zur Behandlung des Asperger Autismus habe, könne das Autismuszentrum ihn zur Förderung annehmen. Für die weitere schulische Förderung scheine die Jean-Paul-Schule geeignet. Die sei aber derzeit voll. Leon brauche eine kleine Klasse mit einem guten Beziehungsangebot des Pädagogen und eine klare Struktur. Um das Abschieben von Leon in die Schule für Lernhilfe zu verhindern, hat Frau Schulz über einen Rechtsanwalt die Rückversetzung in die 2. Klasse, bzw.3.Klasse im Sommer 2008 beantragt. Weiterhin hat sie einen Schwerbehindertenausweis für Leon beantragt.

Frau Schulz und andere Familienangehörige übernehmen verstärkt die Begleitung von Leon beim Reiten.

Leon selbst wirkt in den letzten 2 bis 3 Monaten sehr belastet durch die vielen Termine für die Diagnostik und den Dauerkonflikt zwischen Eltern und Schule. In der Schule und zu Hause ist eine Rückentwicklung sichtbar. Leon kann zum Teil einfache Aufgaben nicht mehr rechnen oder auch schreiben. Die Verunsicherung macht sich z.B. auch beim Reiten bemerkbar. Leon hat deutlich Kompetenzen im Umgang mit dem Pferd verloren. In kleinen Schritten hatte er es geschafft, sich im Galopp auf dem Pferd gut zu halten. Derzeit fehlt ihm eine entsprechende Haltung bei einfachen Gangarten des Pferdes.

Frau Schulz nimmt weiterhin regelmäßig Termine in der Ambulanz des PKH wahr. Sie merke, dass sie sich zunehmend besser für Leon einsetzen könne. Frau Noll erlebe sie als sehr hilfreiche Unterstützung, um den überaus schwierigen Weg zu einer Diagnostik und einer angemessenen Beschulung für Leon zu gehen.

Schlussfolgerung für die Fortsetzung der Hilfe Fortführung gemäß der Zielsetzung

Ziele bis zur nächsten Fortschreibung des Hilfeplanes

- Angemessene Beschulung von Leon ab August 2008
- Diagnostik beenden
- Anbindung an das Autismuszentrum
- Entlastung von Leon

Welche Schritte zur Erreichung dieser Ziele sind vereinbart worden, und wer ist dafür Verantwortlich?

1. Frau Schulz guckt sich mit Frau Noll gemeinsam die Körperbehinderten Schule an und ggf. die Schule für Praktisch-Bildbare (Frau Schulz und Frau Noll)
2. Die Eltern und Frau Noll drängen weiterhin auf eine abschließende Diagnostik für Leon und die Überweisung an das Autismuszentrum (Eltern, Frau Noll)
3. Frau Noll ist für Leon weiterhin als konstante Bezugsperson außerhalb der familiären Konflikte da, die gegenüber den Eltern auf Entspannungsmöglichkeiten für Leon hinweist und ihm Angebote zur Entspannung und Ablenkung macht. (Eltern und Frau Noll)

Die Hilfe sollte bis Ende August 2008 fortgeführt werden, damit Leon eine neue schulische Situation hinein begleitet werden kann

Datum 18.03. 2008

Zu diesem Termin hatte uns Verena begleitet, sie hatte sich von ihrem Freund getrennt und war wieder nach Hause zurückgekommen. Ich habe mich eine Weile um Verena gekümmert, sie brauchte Trost und Zuspruch. Wir suchten für sie eine kleine Wohnung, die sie sich von ihrem Gehalt selber leisten konnte. Sie wollte endlich von allem unabhängig sein. Es war eine unschöne Zeit, da Verena von uns Reni genannt, eigentlich am 10. Mai 2008 heiraten wollte. Es war schon alles organisiert. Außerdem wollte sie mit ihren Schwiegereltern ein Haus kaufen, diese schauten sich schon fleißig danach um. Sie hatte auch ein Kind geplant mit ihrem zukünftigen Mann. Plötzlich ging bei ihr gar nichts mehr und sie wollte nur noch weglaufen. Der 10. Mai war der Geburtstag ihrer verstorbenen Mutter, meiner Schwester. Vielleicht war das der ausschlaggebende Punkt, ich weiß es nicht. Jedenfalls war Reni samt ihrer Katze bei uns eingezogen. Leon fand die Tatsache; dass Reni wieder zu Hause war „echt cool". Als er aber begriff, dass Reni mit Micha, seinem besten Kumpel, nicht mehr zusammen war und es jetzt mit Micha wie mit Stefan damals war (Danny's Ex-Freund), wurde Leon sehr nachdenklich. Plötzlich war nichts mehr „cool". Wir versuchten ihn mit der

Wohnungsbesichtigung abzulenken und erzählten ihm von den anzubringenden Lampen. „Wir haben viele Lampen in der alten Wohnung abzumontieren und in der neuen Wohnung hängen wir sie wieder an." Normalerweise freute solch eine Nachricht Leon sehr. Aber diesmal war es vollkommen anders. Micha versprach Leon, dass sie trotzdem Freunde bleiben.... Es war furchtbar für Leon. Wenn ich vorher gedacht habe, dass mein Kind manchmal unerträglich sei, so wurde ich davon überrascht, dass es noch viel schlimmer werden konnte. Er beschimpfte uns alle mit super leckeren Worten. Ich fragte mich, wie ein 9 Jähriger an solche Worte kommen konnte. Im Moment hatte es keinen Sinn, ihn zur Ruhe zu bringen. Ich ließ ihn schimpfen, ich schickte ihn in sein Zimmer und ließ ihn toben und schimpfen. Er räumte seine Schränke im Zimmer aus und schmiss alles auf die Erde. Anschließend half ich ihm die ganzen Sachen wieder einzuräumen. Ich weiß, er hätte dass alles alleine wieder aufräumen müssen, aber in seinem jetzigen Zustand war das gemeinsame Aufräumen schon eine schreckliche schwere Angelegenheit. Leon fing wieder verstärkt an sich mit Ines zu prügeln, dass war bei den Beiden nichts Neues, Neu waren die tollen Schimpfworte die er gebrauchte, sein Wortschatz in Fäkaliensprache musste sich in den letzten Wochen sehr erweitert haben.

Leon pflegt neue Schimpfworte immer an uns auszuprobieren. Wenn sie die gewünschte Wirkung haben, benutzt er sie zur Provokation häufiger. Leon kann mit verbotenen Worten nicht umgehen, er benutzt sie in den unpassenden Momenten. Er weiß auch nicht, bei wem er so etwas sagen darf und bei wem nicht. Manchmal versteht er meine Erklärungen hierzu, manchmal ist nichts zu machen. Das war nun der Fall. Ines ließ sich wie immer provozieren und die Beiden fingen an sich zu schlagen. Alle weinten, auch Laura, die diesen ganzen Quatsch nicht verstehen konnte. Ines brüllte mich an, ich würde Leon immer in Schutz nehmen, dabei halte ich mich aus solchen Keilereien immer raus. Hierzu sagte ich nur so viel: "Ines schrei mich nicht so an, du gibst den Kleinen nur ein schlechtes Vorbild." Darauf zischte meine jüngere Tochter mit 25 Jahren unverstanden ab. Sie schlug die Haustür hinter sich zu. Manchmal hat unsere arme Oma sich nicht rechtzeitig in Sicherheit gebracht. Wenn dass der Fall war hörte ich unten noch aus ihrer Wohnung, wie Ines sich beschwerte. Wenn Oma Pech hatte, war Leon mit Ines noch nicht fertig und er ging hinterher. Das gleiche Gezanke und Geschrei ging wieder von vorne los. Ich konnte so etwas Oma nicht antun, also sperrte ich Leon in sein Zimmer und Ines war zufrieden, dass ich Leon bestraft hatte.

Auch mit Reni pflegte Leon sich früher schon öfters zu zanken. Es lief ähnlich ab wie bei Ines. Diese beiden Mädchen hatten sehr viel Temperament und wurden sehr schnell richtig giftig. Nur bei Reni brauchte ich nicht einzuschreiten, weil Beide ihre Kämpfchen ohne mich austrugen.

In solchen Situationen gehe ich gern in den Garten und beobachte meine Hühner, das beruhigt mich. Meine Hühner sind mein ganzer Stolz. Ich habe eine Brutmaschine und Brüte in dieser meine eigenen Küken. Dieses Hobby gibt mir oft neue Kraft. Ich bin auch immer zu den Hühnern gegangen und habe eine Weile bei ihnen gesessen wie meine Schwester im sterben lag. Immer wenn ich es plötzlich nicht mehr ausgehalten habe und ich dachte ich müsse ersticken, habe ich mich zu meinen Hühnern geflüchtet.

Leon's Zustand verschlimmerte sich von Tag zu Tag, er versuchte bei uns allen sein Glück uns auf die Palme zu bringen. Bei Anne war er sehr zufrieden, wenn er sie endlich nach einer Reihe verbalen Attacken zum heulen brachte. Anne schrie dann auch immer los "Regina jetzt sag doch auch mal etwas". Normalerweise hätte ich Leon in sein Zimmer gesperrt. Mir fehlte aber irgendwie die Kraft mich bei dem Jungen durchzusetzen und deshalb hielt ich mich einfach raus.

Mit Ralf war es ähnlich, ich hatte es aufgegeben mit Leon Hausaufgaben zu machen. In der Bereuung machte er schon längere Zeit keine Hausaufgaben mehr und ich konnte diese Kraft nicht mehr aufbringen mit Leon immer und immer wieder um jeden Satz den er schreiben musste, oder jede Rechenaufgabe zu kämpfen. Hinzu kam noch dass ich zu dieser Zeit die Grippe hatte. Ich hatte zwei vereiterte Zähne, die ich durch diese Grippe verloren habe, sie mussten gezogen werden. Die Schmerzen waren unerträglich, also raus mit den Zähnen. Dann hatte ich eine Zeit lang 39,6 C. Fieber. Ich habe viel Zeit im Bett verbracht, weil ich einfach nicht mehr konnte. Danach als ich wieder das Bett verlassen hatte, fing meine Bandscheibe an zu schmerzen und ich konnte kaum noch laufen. Ich sagte mir, Leon kommt ja bald in die KJP und der ganze Stress um die Schule lohnt sich sowieso nicht mehr.

Nun versuchte Ralf sein Glück. Er versuchte mit Leon Hausaufgaben zu machen. Ralf ist nicht sehr geduldig in solchen Dingen. Er hatte schon öfters mit Leon Mathe und Sachkundehausaufgaben gemacht. In früheren Zeiten freute sich Leon sehr darüber, wenn sein Vater ihm seine Aufmerksamkeit schenkte und seine Hausaufgaben waren topp. In Leon's jetzigem Zustand war es nicht so einfach ihn überhaupt an den Tisch zu bringen und seine Bücher holte er nur unter Geschrei und Geschimpfe aus dem Schulranzen. Als Ralf diese Tortour endlich geschafft hatte fing der eigentliche Kampf erst an. Leon machte nichts, Ralf versuchte es im ruhigen Ton, Leon schmierte irgendetwas aufs Papier und sagte plötzlich: "Du Blödmann hast mir gar nichts zu sagen!" Ralf wurde rot, ich dachte jetzt haut er zu, aber Ralf wurde plötzlich ganz weiß im Gesicht und Tränen schossen ihm in die Augen. Das war der Moment wo Leon ganz schnell reiß aus zu seiner Oma nahm. Im Normalfall hätte ich ihn jetzt herbeigeholt, in sein Zimmer gesperrt und wenn er sich anschließend wieder beruhigte, würde ich im ganz ruhigen Ton mit ihm reden. Diesmal habe ich so getan als wenn ich nichts mitbekommen hätte. Ich wollte nicht mehr. Ralf wollte anscheinend auch nicht mehr und setzte sich vors Fernsehen. Meine Mutter rief in dieser Zeit oft nach mir: „Regina, hol das Kind hoch, der tanzt schon wieder durch meine frisch gemachten Betten", oder „Regina, komm schnell, Leon ist sehr frech mit mir, was der hier für Worte sagt, hat der Junge denn gar keinen Anstand….." So ging und ging es weiter.

Ich dachte, Leon würde bald in die KJP kommen. Die ganze Zeit über hatte ich ein schlechtes Gewissen gegenüber meinem Kind. Nun dachte ich, wenn er doch endlich in die KJP kommen würde. Nach diesem Gedanken, habe ich mich furchtbar geschämt. „Wie kann ich nur mein Kind weggeben wollen." Es war ein entsetzlicher Zustand.

Es sollte noch Schlimmer kommen.

Ein Elternsprechtag stand an, ich hatte mich für den späten Nachmittag eingetragen. Meine Grippe fing wieder von neuem an, ich bekam Durchfall, Husten und Schnupfen, mir war ständig Schwindelig und meine Bandscheibe tat mir sehr weh. Also rief ich in der Schule an und wollte den Termin absagen. Ich hatte die Sekretärin am Apparat und ich bat sie, den Termin mit der Klassenlehrerin abzusagen. Sie sagte: „ geht in Ordnung, ich werde Frau Seidel Bescheid sagen, aber Moment mal, Frau Wagner unsere Direktorin möchte Sie sprechen!“ Ich dachte mir schon, dass es in der Schule wieder Schwierigkeiten geben würde, wenn Leon zu Hause schon solch ein Theater veranstaltete, war es in der Schule bestimmt noch viel schlimmer. „Ihr Sohn ist für uns nicht mehr tragbar, was der hier für ein Verhalten an den Tag legt ist unmöglich. Wenn das so weitergeht muss ich disziplinarische Maßnahmen ergreifen. Das kann ja gar nicht möglich sein, wie der sich hier benimmt!“ Sie maulte mich vom aller Feinsten an. Ich war geplättet und brachte kein Wort heraus. Ich hörte Frau Wagner einfach nur zu, sie fuhr fort und sagte noch einige Sachen, ich weiß nicht mehr was sie noch alles ins Telefon sagte. Ich hatte gewusst, dass es Ärger geben würde, aber mit so einer Attacke gegen mich habe ich dann doch nicht gerechnet. Dieser ganze Ärger mit Leon würde schon drei Wochen andauern und niemand würde es schaffen meinen Sohn zur Raison zu bringen. „Ich bin Krank und kann im Moment nicht zur Schule kommen.“ „Sie müssen unbedingt hierher kommen, wir müssen wissen, wie es mit Leon weitergehen soll. So geht es auf alle Fälle nicht weiter!“ „Ich melde mich, sobald ich wieder richtig kann!“ Sie legte einfach auf und ich musste bitterlich weinen. Ich hatte das Gefühl, die Berge um mich herum würden ins unendliche wachsen, „ich schaffe das Alles nicht mehr. Was soll ich denn nur tun?“ Als ich mich wieder einigermaßen beruhigt hatte, rief ich Ralf an der Arbeit an und erzählte ihm, was die Direktorin zu mir gesagt hatte. „Ich komme pünktlich zum Termin des Elternsprechtages nach Hause, ruf an dass ich vorbeikommen werde!“ Dass ist Typisch mein Mann, er tut immer so als wenn ihn das Alles nichts angeht. Wenn es aber für mich schwierig wird, ist er immer sofort da. Er fuhr zum Elternsprechtag und war richtig wütend. Frau Wagner fing bei Ralf genauso an, wie sie mit mir gesprochen hatte. Diese Frau weiß nicht wann es genug ist und sie anfangen muss mit den Menschen normal zu reden. Man darf verzweifelte Eltern nicht ständig schlecht behandeln und ihnen ständig Vorwürfe machen. Keiner kann so Probleme lösen. Frau Wagner tat so, als wenn wir für Leon’s Verhalten die Schuld tragen würden. Dabei vergisst diese Dame immer, dass die Schule nicht ganz unbeteiligt an dieser Misere ist. Das gab Ralf ihr deutlich zu verstehen. Er meinte, dass der Junge durch die ständige Ablehnung in dieser Schule sehr extrem reagieren würde. “Ihr wolltet ihn doch von Anfang an loswerden, ihr habt Leon nie eine echte Chance gegeben sich hier zu etablieren. Wie kann man denn erst nach drei Wochen ankommen, wenn alles schon fast vorbei ist und nachträglich mit irgendwelchen Strafen anfangen wollen? Natürlich bin ich dafür, dass mein Sohn wegen seines schlechten Benehmens bestraft wird, aber so etwas hätte gleich passieren müssen und nicht erst so spät.“ Frau Wagner legte Ralf eine Verfügung vor, die es ihr und den anderen Lehrern erlaubte, Leon zur Strafe in einer anderen Klasse unterrichten zu dürfen. Ralf unterschrieb dieses Papier und meinte „dieses Gespräch hätte schon viel früher stattfinden müssen.“ Frau Wagner verabschiedete sich und mein Mann hatte ein ganz normales Gespräch mit der Klassenlehrerin Frau Seidel. Sie unterhielten sich über die gravierenden Veränderungen zu Hause und dass Leon sehr unter der Trennung von Reni und Micha leiden würde. Nun wurde Leon’s Verhalten für die Klassenlehrerin verständlich. Seine Leistungen waren immer noch ganz schlecht und Frau Seidel wollte ebenfalls in der KJP anrufen um sich nach dem Platz und evtl. Hilfen zu erkundigen. Sie wollte wissen, wie man denn am Besten mit Leon umzugehen hat. Darauf konnte mein Mann ebenfalls keine Antwort geben. Wir waren da genauso hilflos wie die Klassenlehrerin. Ich dachte durch eine Bestrafung meines Sohnes würde dieser jetzt endlich einmal merken, dass er sich in der Schule so nicht benehmen darf. Leider ist nie eine Bestrafung erfolgt. Mal wieder lauter leere Versprechungen, wie immer. Die Schule nahm Leon so hin und wartete auf den KJP- Termin, in der Hoffnung ihn für immer los zu sein.

Kurz darauf wurde ich von dem Sonderpädagogischen- Gutachter der Lernhilfeschule angerufen. Wir telefonierten eine Weile zusammen, er fragte mich nach Leon und alles was mit ihm zu tun hatte. Danach machten wir einen Termin in der Schule aus, um unser Gespräch fortzusetzen.

An diesem Gespräch nahmen Herr Hohmann der Sonderschullehrer vom BFZ und Leons Tester, Frau Wagner die Direktorin unserer Schule, meine Tochter Ines und ich teil.

Als Ines und ich dort ankamen, mussten wir noch eine Weile warten, da sich die Herrschaften zusammen mit der Klassenlehrerin Frau Seidel besprachen. Frau Seidel war bei dem gemeinsamen Gespräch nicht anwesend. Als wir in das Zimmer der Direktorin gebeten wurden und uns hingesetzt haben, wurde ich als erstes gefragt, ob ich auch der Ansicht sei, dass Leon's Verhalten sich zu dem Zeitpunkt verändert hätte, als Frau Kraft vom BFZ angefangen hatte mit ihm zu arbeiten. Oh, dachte ich, jetzt suchen die Herrschaften einen Sündenbock, um von sich abzulenken. „Ich denke es ist zu vermessen, zu glauben dass Frau Kraft der Auslöser für Leon's Umkippen war. Zwar kann es sein, dass die viele Testerei einen Anteil daran hatten, aber welche Faktoren dafür ausschlaggebend waren, kann ich Ihnen wirklich nicht beantworten. Dieses sind alles nur Spekulationen, die uns nicht weiterbringen." Ich legte Herrn Hohmann sämtliche Unterlagen, vom Autistischen-Therapie-Zentrum, mein Schreiben mit der Bitte um Rückversetzung, das Schreiben meines Rechtsanwaltes mit der Bitte um Rückversetzung und die Schreiben von der Kinder- und Jugendpsychiatrie (KJP) vor. Er las sich alles schnell durch und wir besprachen diese Unterlagen. Danach sagte Frau Wagner die Direktorin ihren üblichen Spruch auf: „Der Junge ist nicht in unserer Schule zu integrieren, es wäre besser Leon auf die Sonderschule für Erziehungshilfe umzuschulen." Ihr Pech war in diesem Moment, dass Leon im Augenblick ein Lernhilfekind war und nicht ein Erziehungshilfekind. Ich hatte nämlich eine Woche vorher ein Gespräch mit Leon's Klassenlehrerin, in dem sie mir mitteilte, dass Leon im Moment sehr umgänglich wäre und er würde niemals wirklich frech oder aufsässig gegenüber den Lehren sein.

Dies bestätigte auch Frau Pauzig, die Referendarin, die gemeinsam mit Frau Seidel den Unterricht in der 3. Klasse gestaltete. Ich berichtete über dieses Gespräch und Herr Hohmann fragte, ob mich die Einschätzungen der Lehrer, mit der Umschulung auf eine Sonderschule, nicht beunruhigen würden? Ich verneinte und erklärte ihm, dass ich alle paar Monate in die Schule kommen müsse und mir die Lehrer immer wieder die Selbe Geschichte von Leon auftischen. „Wie soll ich dass denn noch ernst nehmen? Ganz am Anfang als Leon's Verhalten sich ins negative änderte, war ich fast jede Woche zu einem Gesprächstermin bei Frau Kraft vom BFZ. Sie erzählte mir jedes Mal, Leon müsse auf die Schule für Lernhilfe." „das ist überhaupt nicht wahr, von diesen Gesprächen ist mir nichts bekannt!“ Erwiderte Frau Wagner, ihr Umgangston fing wieder an etwas zu spitz zu wirken. Ines erwiderte jetzt langsam gereizt darauf. “Natürlich ist das die Wahrheit, ich war immer mit dabei und kann alles bestätigen. Wir haben auch versucht“, fuhr Ines fort, „dass nicht nur negative Dinge über Leon in seinem Hausaufgabenheft aufgeschrieben werden. Meine Mutter hatte ein Sternchenplakat aufgehängt und Frau Seidel gebeten Leon für gute Leistungen oder gutes Benehmen mit einem Sternchen zu belohnen. Aber so etwas ist hier ja nicht möglich. Nur die schlechten Dinge bekam mein Bruder aufgeschrieben.“ „Wahrscheinlich gab es keine guten Leistungen bei Leon, dann kann man auch keine Sternchen machen.“ Erwiderte Frau Wagner. Ines ging hoch wie eine Rakete: „Sie können mir nicht erzählen, dass alles was mein Bruder in den letzten Jahren hier gemacht hat nur immer schlecht gewesen ist. Es hat mit Sicherheit auch gute Tage bei ihm gegeben!“

Frau Wagner notierte sich alles und wollte alle gemachten Aussagen überprüfen. Wäre Herr Hohmann nicht anwesend gewesen, hätte uns Frau Wagner nicht so „nett“ behandelt. Herr Hohmann wirkte irgendwie betroffen, dass ein solches Klima in dieser Sitzung ausgebrochen war. Es ging aber noch weiter. Frau Wagner zog jetzt eine ihrer Trumpf-Karten, wie sie annahm, würde diese Karte in diesem Gespräch für sie doch noch Pluspunkte bringen. „Leon ist doch ein Erziehungshilfe-Kind, er benutzt Ausdrücke, wie „ich will jetzt Sex mit Ilona machen“ und droht einem Erstklässler Schläge an!“ „Die Schläge für den Erstklässler habe ich Leon erlaubt. Ich weiß dass das Falsch war, aber mein Sohn hat mir erzählt, dieser Junge würde auf dem Heimweg hinter ihm her laufen und wollte mit ihm Sex machen, was immer die Kinder darunter verstehen. Ich habe Leon gesagt, wenn er dich nicht in Ruhe lässt, hau ihm eine.“ Ich weiß, dass dies keine Lösung ist und dass ich mein Kind nicht dazu anhalten sollte zu schlagen. Aber in dem Moment dachte ich, Leon muss sich verteidigen lernen. (Meine Töchter habe ich vollkommen gewaltfrei erzogen. Sie haben sich nicht geprügelt, sondern ich habe ihnen gelernt sich verbal zu wehren. Leider sieht das Leben anders aus, meine Töchter konnten sich nicht gegen ihre Mitschüler zur Wehr setzen, sie haben etliches einstecken müssen. Bei Leon wollte ich alles anders machen, damit er sich gegen Schläge von anderen Kindern wehren kann.

Ich selber verabscheue Gewalt, ich musste als Kind mit ansehen, wie mein

Bruder halb tot geschlagen wurde, er durfte sich wegen seiner Krankheit nicht prügeln und wurde einfach so zusammengeschlagen. Damals wäre er fast durch diese Prügel verblutet. Ich habe ihn im Krankenhaus mit meinen Eltern besucht. Er sah ganz entsetzlich aus. Er musste lange Zeit im Krankenhaus, in der Marburger Universitätsklinik bleiben. Ca. eine Woche nach seiner Entlassung aus dem Krankenhaus ist er in seinem Zimmer verblutet. Ich werde dies niemals vergessen und ich kann Gewalttätigkeiten einfach nicht ertragen. Ich hatte immer gehofft, dass es mir erspart bleibt, meinem Sohn zu erlauben sich durch Schläge zu verteidigen. Leider geht es an Deutschen Schulen manchmal hoch her und ich musste daran denken, wie Leon gefesselt wurde und Spülmittel mit Matsch trinken musste. Meine Reaktion, Leon zu erlauben Kinder zu schlagen war falsch, hinterher ist man bekanntlich immer schlauer).

Dies wollte ich Frau Wagner so aber nicht mitteilen, ich kann diese Frau überhaupt nicht leiden und sie kann mich ebenfalls nicht ausstehen. Ich wäre gerne bereit gewesen, meinem Sohn zuliebe mich mit Frau Wagner zu arrangieren und ich versuchte oft, ihr ein Friedensangebot zu machen. Z.B. versuchte ich ihr klar zu machen, dass ich ihr nur deswegen widersprechen würde, weil es um mein Kind geht, dass ich aber persönlich nichts gegen sie habe, dies war als Entschuldigung gedacht. Meine Friedensangebote interessierten Frau Wagner nicht im Geringsten. Sie fühlte sich (denke ich) von mir angegriffen und wollte sich einfach dafür rächen. Meine Gedanken hören sich sehr dramatisch an, aber Frau Wagner hat mir auch zukünftig bis heute riesige Steine in den Weg gelegt. Sie versuchte mir ständig eins auszuwischen, selbst Leon's Wohl interessierte die Damen überhaupt nicht. Mit meinem Kind kann sie mich bis ins Herz treffen und dass weiß Frau Wagner ganz genau.

Herr Hohmann griff bei dem Gespräch jetzt ein und ergriff das Wort. Er sagte, seine Kinder kämen genauso mit üblen Worten nach Hause und er hoffe inständig, dass sie diese Worte schnell wieder vergessen. Ich habe bei fünf Kindern die gleiche Erfahrung gemacht. Meine Töchter brachten ebenfalls schon aus dem Kindergarten etliche Worte mit nach Hause. Den Mädchen habe ich erklärt, was diese Worte vom Sinn her bedeuten und ich habe ihnen verboten solche Worte in Gegenwart von Erwachsenen zu verwenden. Damit war das Thema beendet und ich habe nie wieder etwas von den Worten gehört.

Bei Leon ist alles ganz anders, wenn er merkt, dass die aufgeschnappten Worte etwas bewirken, benutzt er sie zur Provokation ständig. Frau Wagner tut dann immer so, als wenn ich oder jemand aus meiner Familie ihm diese Worte extra beibringen würden und macht daraus ein riesiges Theater. Frau Wagner hat ihre Meinung und die zählt als einzige, wer ihr widerspricht, bekommt das irgendwann zu spüren. Dabei kann diese Frau ungeheuer freundlich sein.

Wie die Direktorin, ich weiß nicht warum, das Büro plötzlich verließ, hatten Herr Hohmann und ich ein normales Gespräch, wie Erwachsene sich unterhalten sollten. Der Inhalt unserer Unterhaltung ist im sonderpädagogischen Gutachten nachzulesen:

Sonderpädagogisches Gutachten , mit Schreiben vom Staatlichen Schulamt vom 23.03.2008

Beschulung Ihres Sohnes Leon, geb. 15.03.2008

1. Hessisches Schulgesetz vom 13.07.2006 (GVB1.I.S.386) in Verbindung mit der
   Verordnung über sonderpädagogische Förderung vom 17.05.2006

   (AB1.6/06,S.412)
2. Mein Schreiben vom 23.01.2008, Az.: wie oben
3. Die in meinem Auftrag von der Förderschule durchgeführte Beratung Anlg.: Kopie des pädagogisch-diagnostischen Gutachtens

Sehr geehrte Frau Schulz,

Sehr geehrter Herr Schulz.

Hiermit stelle ich gemäß § 54 Abs. 1 Hess. Schulgesetz in Verbindung mit §19 Abs. 8 der Verordnung über die sonderpädagogische Förderung fest, dass bei Ihrem Sohn Leon sonderpädagogischer Förderbedarf im Sinne einer Schule für Lernhilfe und Erziehungshilfe besteht.

Zur Begründung verweise ich auf das als Anlage beigefügte sonderpädagogische Gutachten vom 29.02.2008, das im Rahmen der pädagogisch-diagnostischen Überprüfung erstellt wurde.

Sie haben als Eltern ein Wahlrecht, ob Ihr Kind im Rahmen des

„Gemeinsamen Unterrichts" die allgemeine Schule oder die Förderschule besucht (§ 54 Abs.3 Hess. Schulgesetz, § 21 Abs. 1 der Verordnung über die sonderpädagogische Förderung).

Der Wahl einer allgemeinen Schule (Gemeinsamer Unterricht) muss das Staatliche Schulamt widersprechen, wenn an ihr die räumlichen, personellen und sächlichen Mitteln für die sonderpädagogische Förderung nicht gegeben sind. Das Staatliche Schulamt kann der Wahl widersprechen, wenn erhebliche Zweifel bestehen, ob in der allgemeinen Schule eine angemessene Förderung erfolgen kann.

Sofern Sie für Ihr Kind eine sonderpädagogische Förderung im Rahmen des „Gemeinsamen Unterrichts" wünschen, wäre dies bis spätestens zwei Wochen nach Zugang dieser Verfügung erneut bei meinem Amt zu beantragen.

Zu gegebener Zeit erhalten Sie einen weiteren Bescheid.

Sofern Sie einen Antrag auf „Gemeinsamen Unterricht" stellen, können Sie aus organisatorischen Gründen erst nach dem 06. Juni 2008 über eine Entscheidung informiert werden.

Rechtsmittelbelehrung

Gegen diesen Bescheid kann innerhalb eines Monats nach Bekanntgabe Widerspruch eingelegt werden. Der Widerspruch ist schriftlich oder zur Niederschrift bei dem Staatlichen Schulamt zu erheben. Dabei sollten die zur Begründung dienenden Tatsachen und Beweismittel angegeben werden.

Die Bearbeitung des Widerspruches unterliegt den Bestimmungen des Hessischen Verwaltungskostengesetzes und der Kostenordnung für den Bereich des Kultusministeriums.

Mit freundlichen Grüßen

Pädagogisch-psychologisches Gutachten

als Anlage zum AZ 1// - 2005/06 – 142 VÜFF

vom 28.01.2008
für das Kind Leon

Begutachtungszeitraum vom 8.02. 2008 bis 29.02. 2008
Datum des Gutachtens: 29.02. 2008
Fördermaßnahme der allgemeinen Schule
Es wurde sehr viel individuell mit Leon gearbeitet. Vorhandene individuelle Förderpläne, Protokolle usw. konnten nicht eingesehen werden, da die Schulakte nicht verfügbar war, da sie sich beim Staatlichen Schulamt befindet.

Überprüfungen (VÜFF)

1. Überprüfung: 2005 (kein sonderpädagogischer Förderbedarf)
2. Überprüfung:2007 (kein Sonderpädagogischer Förderbedarf)

Zurzeit: 3. Überprüfung

Einbeziehung des BFZ

Ab September 2005 war das BFZ zur Unterstützung Leons in die Förderung mit einbezogen. Nach Durchführung einiger Tests (CFT 1, K-ABC und dem Verfahren zur Erfassung von Teilleistungsschwächen nach Sindelar) wurde das Kind nach dem Trainingsprogramm nach Sindelar in folgenden Teilleistungen gefördert: Visuelle Figurgrunddi fferenzierung, visuelle Differenzierung, visuelles Gedächtnis und der Raumorientierung.

Sämtliche Kurzberichte nach Erstdiagnose sind dem VÜFF-Antrag beigefügt.

Als weitere Maßnahmen wurden empfohlen: Mitgliedschaft in Kindergruppen zur Förderung der Selbstständigkeit und der sozialen Kompetenz im Umgang mit Gleichaltrigen, Erziehungstraining für Eltern (z.B. Tripple P-Kurs).

Auch ein interdisziplinäres Gespräch mit den Eltern, Herrn Wolter (Psychologe SPZ), Frau Wagner (Schulleiterin Grundschule), Frau Seidel (Leon's Klassenlehrerin) und Frau Kraft (BFZ) fand statt.

Die Situation und Lernproblematik Leons wurde immer wieder zwischen BFZ- Mitarbeiterinnen reflektiert und beraten. Entsprechende Termine, Protokolle und Beschlüsse usw. sind dokumentiert und Kopien wurden den VÜFF – Unterlagen beigefügt. Es fanden darüber hinaus von Seiten des BFZ individuelle Gespräche, Telefonate usw. und mehrere gemeinsame Beratungen statt mit: der Mutter des Probanden, der Klassenlehrerin, der Schulleiterin und der für Leon zuständigen Jugendamtsmitarbeiterin, Frau Noll

Untersuchungsanlass und Fragestellung:

Leon fiel im Unterricht der 3. Klasse durch ein oft wenig altersgemäßes Verhalten, durch Verweigerungen und Leistungsproblemen auf.

Unter anderem werden im Bericht der Schule genannt:

• Unkonzentriertheit und sehr wechselhafte Stimmungen, die sein Lernen oft erschweren

• Zusammenhanglosigkeit zwischen Lehrerfragestellung und Leon's Antworten

• Große Schwierigkeiten bei altersentsprechenden, doch selbstständig zu erledigenden Aufgaben

• Schwierigkeit, Zusammenhänge verschiedener Lerninhalte herzustellen

• Geringe Langzeitspeicherung von Gelernten

• Probleme bei Zuordnung von Texten zu Bildern, Ordnen von Geschichten usw.

•Probleme bei der Orientierung im Zahlenraum bis 1000

Es wird von der Grundschule befürchtet, dass Leon sich durch seine andauernden Misserfolgserlebnisse und seine Nichtbewältigung des Lernpensums immer stärker in eine Passivität begibt, dass er das Lernen immer mehr abblockt und dass sich bei dem Kind letztendlich eine massive Haltung von Schulverweigerung, eine zusätzliche psychische Problematik sowie eine Zunahme gravierender Probleme im Sozialverhalten entwickeln könnten. Dieses massiv auffallende Sozialverhalten war in der Vergangenheit bereits ein großes Problem und Anlass zu entsprechender Überprüfung.

Es soll nun überprüft werden, ob bei Leon Sonderpädagogischer

Förderbedarf im Sinne der Schule für Lernhilfe oder sonderpädagogischer Förderbedarf im Sinne der Schule für Kranke gegeben ist, so lauten die Vermutungen der Grundschule.

Angewandte Verfahren

Einzelgespräche:

- Gespräche mit Leon
- ausführliche Gespräche mit der Klassenlehrerin, Frau Seidel (08.02.08 u. 11.02.08 und telefonisch am 27.02.2008)
- ausführliche Gespräche mit der Schulleiterin Frau Wagner (08.02.08 u. 11.02.08)
- ausführliche Gespräche mit der Mutter (08.02.08 und Telefonat 11.02.08)
- ausführliches Gespräch mit Frau Kraft, die Leon im Rahmen der BFZ-Arbeit betreute (12.02.08 und Gespräch am 16.02.08)
- ausführliche Gespräche mit Frau Noll, Jugendamt (telefonisch am 22.02.08 und 28.02.08 und Gespräch am 25.02.2008)
- Telefonat mit Pfarrer Schleich von der evangelischen Gemeinde (27.02.2008)

Gruppengespräche:

08.02.2008 gemeinsames Gespräch mit der Mutter, die in Begleitung Ihrer erwachsenen Tochter Ines erschien, Frau Wagner, der Schulleiterin der Grundschule.

Einbeziehung vorliegender ärztlicher Befunde. Auflistung/Datum, Klinikaufenthalte/Operationen/Medikamente/Hilfsmittel:

1. Neuropädiatrie des Sozialpädiatrischen Zentrum Bericht vom 08.11.2007
2. Dr. Arnold (Kinder- u. Jugendpsychiatrie) Bericht vom 05.10.2008

3. Autismus-Therapie-Institut Bericht vom 27.10.2007
   Über Klinikaufenthalte/Operationen/Medikamentierung/ Hilfsmittel ist

   nichts bekannt. Lt. den Eltern nimmt Leon keine Medikamente.

   Informelle Testverfahren:

   - Verhaltensbeobachtung im Unterricht in der Pause und während der

     Testdurchführung

   - Aktenstudium, insbesondere der beiden bereits vorliegenden Sonderpädagogischen Gutachten von 2005 und 2007, sowie Berichte der für die Betreuung (BFZ)

Leons zuständigen Förderschullehrerin, Frau Kraft

- Einsichtnahme in die Schulakte: Akte lag in der Schule nicht vor
- Verhaltensbeobachtungim Unterricht(2Unterrichtsstunden) in der Pause

Standardisierte Testverfahren:

AST 2	(Allgemeiner Schulleistungstest für 2. Klasse)
SLRT	(Salzburger Lese- und Rechtschreibtest)
RZD 2-6	(Rechenfertigkeiten und Zahlenverarbeitungsdiagnostikum)
HAWIK IV	(Intelligenztest)

Untersuchungsergebnisse
Anamnese:

Die anamnesischen Daten sind in den beiden in den letzten Jahren erstellten Sonderpädagogischen Gutachten (März 2005, April 2007) ausführlich dargelegt worden und werden hier – der Vollständigkeit halber- nochmals ausgeführt. Ausführliche Gespräche mit der Mutter des Probanden liegen zugrunde, sowie Aktenstudium.

Die Mutter berichtet, dass die Schwangerschaft mit Leon überwiegend problemlos verlaufen sei. Es bestand allerdings eine große Sorge um das Kind, da ein Bruder von Frau Schulz bereits als junger Mann verstarb; er litt an Hämophilie (Bluterkrankheit) einem chromosomal bedingten Leiden, dass in männlicher Linie vererbbar ist.

Eine Bronchitis von ihr sei in der Schwangerschaft mit Antibiotika behandelt worden, außerdem habe sie Psychopharmaka nehmen müssen.

Das Kind sei mittels Zangengeburt auf die Welt gekommen.

Leon hat zwei ältere Schwestern (27 und 25 Jahre alt), die allerdings beide nicht mehr im Haus leben.

Ein zeitgerechter Kindergartenbesuch Leons sei unterblieben. Erst als Auffälligkeiten in seiner Sprach-, Motorik- und Allgemeinentwicklung deutlich wurde, sei im März 2003 auf Anraten des SPZ (Sozialpädiatrisches Zentrum) eine Ergotherapie begonnen worden. Seit 1.9.2003 besuchte Leon dann den Kindergarten als Integrationskind. Bei Aufnahme sei er voller Ängste gewesen und durch wenig altersgemäßes Sozialverhalten, leichte Ablenkbarkeit und große Konzentrationsprobleme aufgefallen. Seine Entwicklung nahm einen positiven Verlauf und es wird berichtet, dass Leon in relativ kurzer Zeit umfassende Fortschritte in allen relevanten Bereichen gemacht und seine erheblichen Defizite deutlich reduziert habe.

In der Schulärztlichen Empfehlung (Untersuchung vom 1.12.04) werden Bedenken

gegen die Einschulung des Kindes geltend gemacht, eine besondere Förderung in nahezu allen relevanten Bereichen empfohlen und angeraten, dass Leon die Vorklasse besuchen solle. Es schien vor der Einschulung eine erste Sonderpädagogische Überprüfung nötig zu sein. Der Gutachter erklärte nach seinen Überprüfungen den Eltern, dass Leon Anspruch auf Sonderpädagogische Förderung habe und diese stellten einen Antrag auf Gemeinsamen Unterricht. Nach Gutachter-Einschätzung und der Einschätzung der Erzieherinnen des Kindergarten sei Leon Schulreif, seine Fortschritte seien „enorm“ und eine günstige Prognose sicher. Nach einer Entscheidung des Staatlichen Schulamtes bestand zu diesem Zeitpunkt kein Sonderpädagogischer Förderbedarf, eine nochmalige Prüfung hätte das ergeben und ein entsprechender Bescheid sei „irrtümlich" gewesen (Schreiben des Staatlichen Schulamtes vom 4.8.2005).

Von der Mutter wird kritisch angesprochen, dass es ihrer Auffassung gut für Leon's Entwicklung gewesen wäre, wenn er eine Vorklasse hätte besuchen können, was jedoch abgelehnt worden sei.

Leon wurde nun in die zuständige Grundschule eingeschult. Nach anfänglich guter Entwicklung sei es schließlich immer wieder zu Lern- und Verhaltensproblemen gekommen. Jedoch sei von der Klassenlehrerin in der bisherigen Grundschulzeit des Kindes auch von vielen Höhen und Tiefen in der Lernentwicklung des Kindes berichtet worden.

Leon besucht die Nachmittagsbetreuung in der Schule.

Familiäre und häusliche Situation

Die Mutter ist Hausfrau und Leon's Vater ist selbstständig, er montiert Zäune und Tore. Leon's ältere Schwestern (27 und 25 Jahre alt), leben nicht mehr im Haushalt. Beide sind selbst Mütter. Die jüngere Schwester sei oft zu Besuch und Leon liebe seine kleine zwei jährige Nichte sehr, sei allerdings eifersüchtig. Im Haus lebt noch eine Cousine Leons, deren Mutter früh verstarb. Außerdem die 86-jährige Großmutter.

Die Familie besitze eine Reihe von Haustieren berichtet Frau Schulz

Außerschulische (wichtige Bindungen)

Leon wird von Frau Noll, Jugendamt, betreut und hat regelmäßigen Kontakt zu ihr. Er spielt Keyboard (Frau Neumann), geht zum Reiten und nimmt an einem Gruppenangebot (Jungschar, s. entsprechenden Bericht!) der Kirchengemeinde teil. Dies bereite ihm viel Freude, wie Frau Schulz berichtete. Echte Freunde habe Leon genau genommen keine.

Verhaltensbeobachtung

Beobachtung des Probanden in zwei Schulstunden und in der Pause:

Soziale Kompetenzen im Unterricht und Verhaltensbesonderheiten

In den beobachteten Unterrichtsstunden zeigt sich Leon weitgehend still und unauffällig. Mitschüler wurden von ihm zu keinem Zeitpunkt gestört. Er scheint die in der Klasse geltenden Regeln verstanden zu haben und zu beachten. Den Arbeitsanweisungen kam er nach, wirkte jedoch z.B. in der Partnerarbeit überwiegend passiv und versuchte zumindest zeitweise in vielen Situationen den Eindruck zu erwecken, als sei er aktiv beteiligt.

Beobachtungsprotokolle

Bei genauer Beobachtung in der Deutsch-Förderstunde konnte jedoch wahrgenommen werden, dass er oft abgelenkt im Raum umherblickte, sich z.B. seinen Pullover über das Gesicht zog und stumm eine Weile in dieser Weise sitzen blieb usw. Seine Arbeitspartnerin in der Partnerarbeit war inzwischen emsig damit beschäftigt, die Aufgabenstellung der Arbeitskartei zu bewältigen.

Leon unterschied sich hier deutlich von seinen Mitschülern. Er schien die Nähe einiger Kinder zu genießen und strich einigen von ihnen behutsam über die Haare. Seine Banknachbarin schien er gar nicht zu bemerken, als er mit größter Vorsicht die Spitzen Ihrer langen Haare streichelte, während sie am Arbeitsblatt beschäftigt war.

Überall – so drängte sich der Eindruck auf – schien Leon nur scheinbar beteiligt.

Zwischenzeitlich gähnte er, schaukelte etwas mit seinem Stuhl, streckte sich und stützte den Kopf auf, während die übrigen Kinder teilweise emsig miteinander in der Partnerarbeit kommunizierten und die Aufgaben lösten: Das Finden von Wörtern mit Doppelkonsonanten. Nun begann Leon aus einer unter dem Tisch befindlichen Tüte etwas hervor zu holen und zu essen. Die Verwendung des Schülerduden war erlaubt, wurde von vielen Kindern auch wahrgenommen, von Leon nicht.

Um die Lösungstexte einzusehen, mussten die Kinder nun an die Tafel gehen, wo diese angeheftet waren. Leon stand zwar auch an der Tafel, beschäftigte sich allerdings damit, mit einem kleinen trockenen Pinsel an der Tafel hin- und her zu streichen. Den Text sah er nicht ein.

Er setzte sich nun auf den leer stehenden drehbaren Stuhl der Lehrerin, bewegte ihn in beide Richtungen, wobei er stumm immer tiefer rutschte gähnte und aus dem Fenster blickte. Die Lehrerin war zu diesem Zeitpunkt mit anderen Kindern beschäftigt, denn nahezu die gesamte Klasse arbeitete noch immer intensiv.

Die Rückgabe seines ordentlich geschriebenen Übungsdiktattextes freute ihn sehr, da offenbar kein Fehler angestrichen war. Die von der Lehrerin gewählte Arbeitsform sah dies allerdings auch nicht vor, denn die Schüler sollten nun das Diktat erneut selbst prüfen.

In einer Mathematikstunde sollten die Kinder zu Beginn für Aufgaben, die von der Lehrerin vorgetragen wurden, den Daumen für ein richtiges Ergebnis hoch halten, für falsche Ergebnisse nach unten. Bei einigen Aufgaben, die zu Beginn gestellt wurden, streckte Leon als einziger den Daumen hoch, da er ein richtiges Ergebnis zu hören glaubte, blickte sich dann jedoch verstärkt um und orientierte sich fortan an den Zeichen der Mitschüler. Nun begann er, mit seinem Speichel große Schaumblasen vor seinem Mund zu bilden, was nach kurzer Zeit deutliche Missfallensäußerungen aus den Reihen seiner Mitschüler provozierte,

Als anschließend eine kurze Geschichte (Kilokönig) von der Lehrerin vorgetragen wurde, wirkte Leon sehr abgelenkt und etwas abwesend. Eine einfache Frage (Wie viel g/ 1kg?) konnte Leon beantworten. Ein nun zu bearbeitendes Arbeitsblatt, bei dem immer zu 1000g ergänzt werden musste, erhielt Leon in vereinfachter Form. Immer wieder, so war zu beobachten, wandte sich die Lehrerin Leon zu und gab ihm unterstützende Hilfe, erklärte ihm an einem Zahlenstrahl den Rechenweg. Trotz der intensiven Hilfe blieb es für ihn sehr mühsam und als die Mehrheit der Kinder bereits fertig war, arbeitete er immer noch, bevorzugt dann, wenn die Lehrerin erneut zu ihm kam. Schnell war er immer wieder abgelenkt, nahm Kontakt zu seinem Banknachbarn auf und blickte umher.

Unvermittelt zeigte er dann der Lehrerin seine Hand und äußerte, dass dies die Telefonnummer der Familie sei, die er sich inzwischen auf die Hand geschrieben hatte.

Schließlich verließ er den Raum, um zum WC zu gehen. Eine häufige Reaktion des Probanden, wie die Lehrerin später berichtete, „er geht weg, wenn ihm etwas zu schwer erscheint". Als er schließlich weiter arbeitete, wirkte er nach kurzer Zeit sehr angespannt, wippte mit dem Fuß und begann leise vor sich hin zu singen. Seine Zeichnung zur Figur des Kilokönigs fertigte er nicht an, während die übrigen Kinder emsig malten.

In Teilen einer Pause wurde versucht, Leon's Verhalten zu beobachten. Wobei er zunächst nirgends zu sehen war, auch mit Unterstützung der Aufsicht führenden Lehrerin nicht. Es stellte sich dann heraus, dass er sich in einem Winkel des Schulhofs aufhielt.

In einer anderen Pause spielte er mit jüngeren Mitschülern und zeigte dabei ein unauffälliges Verhalten.

Lernvoraussetzungen (Lernstand)

Sämtliche Auswertungshefte- und Bögen sind dem vorliegenden Gutachten beigefügt.

Fach Deutsch:

Die in den entsprechenden Subtests (Wortschatz, Lesetest, Rechtschreiben) des AST 2 von Leon erreichten Werte liegen im T-Wert-Bereich 47 bis 49 und würden damit einer ausreichenden Leistung entsprechen.

Im zusätzlich durchgeführten SLRT (3. Schulstufe) lag Leon bei der Lesezeit lediglich bei den Zusammengesetzten Wörtern ein PR von 70-71 vor, in sämtlichen anderen Subtests lag er in den erreichten PR>90. Die kritischen Werte der in den Fehlerzahlen wurden beim Lesen überschritten, bei den häufigen Wörtern, den zusammengesetzten Wörtern und den wortähnlichen Pseudowörtern.

Beim Rechtschreiben traten gehäuft orthografische Fehler und Fehler der Groß- und Kleinschreibung auf, jedoch wurde der kritische Wert auch bei den N-Fehlern (3 statt 4) überschritten. Der PR bei den orthografischen Fehlern lag bei 21 – 30.

Fach Mathematik:

Es wurde hier neben dem AST 2 (mit den Untertests Rechnen) der RDZ 2-6 (Rechenfertigkeiten und Zahlenverarbeitungsdiagnostikum) durchgeführt, der die Leistungen des Kindes im Fach Mathematik am Ende der 3. Klasse prüft.

Im AST 2 erreichte Leon sowohl beim Zahlenrechnen als auch bei den Textaufgaben je einen mittleren T-Werte von 50, eine durchschnittliche Leistung für einen Schüler in der zweiten Hälfte der zweiten Klasse; Leon ist jedoch in der zweiten Hälfte der dritten Klasse.

Beim RZD ergab sich folgendes Bild: Der aus insgesamt 12 Subtests bestehende Test wie kritische Power-Werte (deutliche Schwächen) insbesondere in folgenden Untertests auf: Zahlenrahmen (PR 5-10), Regelverständnis (PR 1-2), flexibles Anwenden (PR 2-4), Kopfrechnen Division (PR 10-13), Kopfrechnen Multiplikation (PR 6-9) Kontextbezogene Mengenbewertung (PR 6-13), Positionen auf dem Zahlenstrahl (PR <1).

Ebenfalls unterdurchschnittlich, jedoch deutlich höher lagen die Bewertungen bei den Subtests Kopfrechnen und Kopfrechnen Subtraktionen.

Stärken zeigen sich beim Zahlen transkodieren (Z. lesen und Z. schreiben), beim Mengenschätzen und Größenvergleichen von Zahlen. Hier erreichte er z. T. Werte bis zum PR 99.

Im Gesamtscore der Speedkomponenten lag der Leistungswert mit einem Rohwert von <10 deutlich im kritischen Bereich. Lediglich die in den Subtests flexibles Anwenden und Textaufgaben lagen die Werte der Speedkomponenten im durchschnittlichen bis hohen Bereich, bei zugleich gegebenen Power-Werten im absolut kritischen Bereich.

Intellektuelle Fähigkeiten:

Anwendung standardisierter Intelligenztests

Aufgrund der Sorge um Leon's weitere Entwicklung wurde im Laufe der letzten 3 Jahre mit Leon eine Vielzahl von Intelligenztests durchgeführt:

Test: Durchführende / Zeit: Ergebnisse:
Summe 1 Summe 2 Summe 3
CFT 1 Herr Kaufmann (Gutachter 9.3.05) 1 Altersnorm IQ 144 I Q 118 IQ 141
Frau Kraft (BFZ 13.12.2005) 2 Altersnorm IQ 8 85
IQ 91

Neuropädiatrie 8.11.07 nicht näher ausgeführt IQ 103

HAWIK III Dr. Bauer (September 02) IQ 81
HT 71 Gesamttest IQ 75
Dr. Werner Neuropädiatrie Herbst 2006 VT ? HAT 101 Ges. T. I Q ?

K-ABC Dr. Arnold (lt. Bericht 5.10.07) SIF SW = 82
Frau Kraft (BFZ 17.3.06) SED 92 SGD 65 SIF 77
FS 94 NV 74

Aktuell:

HAWIK IV (durchgeführt am 15.02.2008, im Rahmen dieser Begutachtung)

Indizes Indexwerte Prozentrang 90%
Vertrauensintervall
Sprachverständnis 85 15,9 80-92
Wahrnehmungsgebundenes
Logisches Denken 65 1,0 61-74
Arbeitsgedächtnis 84 14,3 79-92
Verarbeitungsgeschwindigkeit 103 57,9 95-110
Gesamt 78
7.1 75-83

Leon arbeitet außergewöhnlich zügig, ohne viel nachzudenken. Dies spiegelt sich auch wieder in einem hohen PR bei der Verarbeitungsges chwindigkeit, Jedoch wirkte sich dies bei anderen Aufgaben, bei denen verstärkt ein Nachdenken erforderlich gewesen wäre, in den erzielten Ergebnissen negativ aus.

Zurückliegende Zeugnisse
Halbjahreszeugnis vom 1.2. 20008 (Kopie ist diesen Unterlagen beigefügt): Leon's Arbeitsverhalten sowie seine Leistungen in Deutsch- und Sachkundeunterricht wurden als „ausreichend" jedoch mit dem Zusatz „teilweise Mangelhaft" bewertet, seine Leistungen in Mathematik wa-

ren „mangelhaft", seine Leistungen in den übrigen Fächern , sowie im Sozialverhalten wurden mit „befriedigend" und in Kunst mit „ausreichend" bewertet. Das Versetzungszeugnis vom Sommer 2007 wie in den Fächern Sachkunde, Mathematik, und Deutsch jeweils Note 4 auf.

Gespräch mit der Mutter (Mitanwesende: Tochter von Frau Schulz und Frau Wagner, die Schulleiterin)
Frau Schulz berichtete am 8.2. 2008, dass Leon „alles schulische und schulbezogene Leistungen ablehne", dies spiegelt sich auch in seinem Zeugnis wider. Musisch sei er besser, z.B. spiele er Keyboard mit Begeisterung und auch beim Reiten zeige er viel Geschick. Frau Schulz sprach davon, dass Leon eine sehr „wechselnde Leistungsbereitschaft zeige. bei Veränderungen rutsche er ab". Tageweise „ging bei ihm gar nichts", sein Verhalten sei sehr wechselhaft. Sehr oft leide er unter Angstzuständen und oft habe er nachts Albträume, manchmal ausgelöst durch eine Fernsehsendung: er sehe jedoch sehr wenig fern. Auch stünde ihm „sein eigener Unwille manchmal im Weg" und er sei stark von Lust und Unlust bestimmt, berichtete Frau Schulz Oft sei es auch für sie „nicht zu durchschauen, was mit ihm los ist". In den Weihnachtsferien sei Leon sehr entspannt gewesen. Gerne ginge er zur Jungschar der hiesigen Kirchengemeinde, „das klappt auch gut", ebenso seine Beteiligung am Krippenspiel.
Sehr plötzlich könnten bei Leon Ängste auftreten, wie zum Beispiel seit kurzer Zeit vor einem Wandschrank, der schon immer an derselben Stelle stand. Bereits als kleines Kind habe er „keine Gefahr erkannt" und oft habe er die heiße Herdplatte berührt oder sei in Not geraten, wenn er auf hohe Bäume geklettert sei. Aus solchen Fehlern oder auch aus dem Schmerz habe er nichts lernen können und habe immer wieder die gleichen Probleme gehabt.
Manchmal leide er darunter, dass er keine Freunde habe. Von jüngeren Kindern werde er eher akzeptiert als von gleichaltrigen. Vor einiger Zeit sei er von Spielkameraden gefesselt worden und die Kinder hätten ihm Spülmittel zu trinken gegeben, er habe jedoch zu Hause geäußert, dass er trotzdem wieder mit diesen Kindern spielen wollte. Frau Schulz berichtete, dass sie auch einen Tripple-P-Kurs besucht habe, um zu lernen Leon's Verhalten besser zu steuern. Die erlernten Wege und Maßnahmen wür-

den bei Leon jedoch nicht funktionieren. Sie versuche, konsequent zu sein. Die Mütter von Leon's Klassenkameraden seien meist miteinander befreundet, während sie sich eher „wenig zugehörig" fühle. Auch seien die meisten Mütter jünger als sie, was auch ein Hinderungsgrund für eine engere Beziehung zu ihnen sei. Sie stehe mit dem Autismus-Zentrum in Verbindung und es müssten noch Klärungen stattfinden bezüglich der Kostenfrage, wann Leon dort behandelt wird. In den nächsten Tagen müsste Leon zu einer Untersuchung gebracht werden, da bei ihm eine Hodenverlagerung und Phimose vorlägen. Der Schule müsse sie den Vorwurf machen, dass bei Leon „zu viele negative Dinge hervorgehoben würden und er zu wenig Lob erhalte". Auch ein Belohnungssystem, das sie angeregt habe, um positives Verhalten bei Leon zu verstärken, habe nur kurz funktioniert und sei von der Lehrerin aus Zeitmangel wieder eingestellt worden.
Längerfristig, so äußerte Frau Schulz könne sie sich auch eine Internatsunterbringung für Leon vorstellen.

Gespräche mit der Klassenlehrerin
Frau Seidel. berichtete von einer starken Zunahme der Lernprobleme des Probanden unmittelbar nach Abschluss der letzten Überprüfung VÜFF). Keiner der Lehrkräfte wisse inzwischen mehr weiter. Ein selbstständiges Arbeiten sei bei Leon praktisch gar nicht möglich und manchmal wirke er so, als schien er sich in einer anderen Welt aufzuhalten.
Die Leistungsfähigkeit und –Bereitschaft des Kindes würde zu Hause und in der Schule oft in völlig gegensätzlicher Weise wahrgenommen werden, jedoch klängen die Aussagen der Eltern bezüglich der Leistungsfähigkeit des Kindes im häuslichen Umfeld auch oftmals widersprüchlich. Die Erledigung der Hausaufgaben sei für Leon in der Betreuung kaum mehr möglich, da er alleine kaum arbeite. Auch eine fast 9-stündige Doppelbesetzung in der Klasse habe kaum Abhilfe und nennenswerte Forteschritte des Kindes ermöglicht, auch wenn Leon hier sehr viel Einzelzuwendung zuteil wurde. Auch bei Wiederholungen könne er Inhalte oft nicht speichern, Lesen gelinge ihm gut, jedoch sei die Sinnentnahme unzureichend. Im Rechnen führe das Arbeiten am PC auch nur noch zu mangelhaften Leistungen, obwohl diese Arbeitsform Leon mehr entgegenkomme. In den vorliegenden Unterlagen wird davon

berichtet, dass Leon lt. Frau Seidel Beobachtungen, ab Mai 2007 wieder begann, vermehrt im Unterricht zu stören und verstärkt die Mitarbeit verweigerte, sobald er „keine Lust“ mehr habe.

Gespräche mit dem Kind und Beobachtungen in der Testsituation

Leon wirkte in der Testsituation freundlich und sehr motiviert. Er berichtete, dass er gerne Keyboard spiele, er spiele nach Noten und sei in seinem Übungsbuch bereits auf Seite 30 beim „Walzer von Lagago“. Man könne auf dem Instrument verschiedene Weihnachtslieder spielen. Leon nannte mehrere Titel.

Leon sprach zunächst in sehr kurzen Sätzen, teilweise nur in einzelnen Wörtern. Als das Gespräch mit ihm auf Themen gelenkt werden konnte, die ihn offensichtlich stärker interessieren, wurde sein Redefluss lebendiger, die Sätze teilweise länger, manchmal etwas dysgrammatisch. Er sprach von seinem „besten Freund Peter“. Der in der Klasse von Frau Paulsen sei und mit dem er manchmal spiele. Außerdem seien für ihn die Gameboy und Play-Station-Spiele sehr interessant, er berichtete ausführlich von den verschiedenen von ihm erreichten Levels, den zu besiegenden Endgegnern usw. In Flüssiger Lesegeschwindigkeit las er nun das Cover einer von im herbeigeholten PC-Spiele-CD vor, die er im Betreuungsraum vorfand, der an diesem Tag als Testraum diente. Ausführlich berichtete er über das Spiel.

Leider habe sein Vater ihm die Play-Station weggenommen, da er seine Mutter „angemotzt“ habe, wie er sich ausdrückte. Wenn er in der Schule gute Noten habe, erhalte er sie zurück. Das sei „ungerecht“, betonte er.

Das Deckblatt des AST 2 füllte Leon selbst aus, er arbeitete motiviert auch bei allen weiteren Tests, die an verschiedenen Tagen durchgeführt wurden. Laut las er die Anweisungen und Aufgabenstellungen dieses Tests vor, wobei er sich gelegentlich verlas und korrigiert werden musste (z.B. „von“ statt „vor“). Den Sinn konnte er offensichtlich entnehmen, wie das im durchschnittlichen Leistungsbereich angesiedelte Testergebnis zeigte.

Bei Zahlenrechnen setzte er intensiv seine Finger ein.

An einem anderen Testtag (18.2.08) berichtete Leon, dass er wegen einer Operation bald ins Krankenhaus müsse. Er wirkte etwas besorgt. In

diesem Zusammenhang berichtete er auch von einem weiteren Ereignis, bei dem er intensiv ärztlich behandelt worden sei: Als kleines Kind habe ihn ein Hund namens Tommy, anscheinend ein Hund der Familie, in den Kopf gebissen, als er sich unter den Tisch begab. Die Verletzung habe beim Arzt behandelt werden müssen.
Leon berichtete weiter, dass er ein eigenes Zimmer habe und am liebsten mit dem PC spiele. Außerdem spiele er gerne mit seinem „besten Kumpel Micha" Fußball. Micha sei schon erwachsen und wohne in K. Auf gleichaltrige Freunde angesprochen, antwortete Leon, dass er Kinder nicht besonders gerne möge, er sei „allergisch gegen Kinder" (Zitat).

Gespräch mit Frau Noll (Jugendamt)

Frau Noll, die Leon seit Oktober 2006 betreut, berichtete, dass auch sie wahrnehme, dass Leon einen sonderpädagogischen Betreuungsbedarf in der Schule hat. Sie bestätigte die starken Schwankungen in Leon's Leistungsfähigkeit, wobei sie, wie Herr Wolter vom SPZ eine Verfügbarkeitsstörung bei Leon sieht, die es ihm unmöglich macht, konstante und seinen Fähigkeiten angemessene Leistungen zu erbringen. Bei Leon liegen demnach emotionale Blockaden und Gefühlsstörungen vor, die besonders stark auf den Schulbesuch auswirken. Seit Beginn der Betreuung habe Leon in seiner persönlichen Entwicklung große Fortschritte gemacht, er sei ruhiger und leichter ansprechbar geworden und muss überschüssige Energien nicht an Schwächeren abreagierten. Dies habe sich aber nicht positiv auf seine schulische Entwicklung ausgewirkt. Nach Vorstellung beim Autismus-Zentrum sei davon auszugehen, dass bei Leon ein Asperger-Syndrom vorliegt. Zur weiteren Untersuchung/Diagnostik soll Leon stationär in der Kinder- und Jugendpsychiatrie aufgenommen werden.
Frau Noll's Auffassung sind sicherlich noch weitere Fortschritte in seiner schulbezogenen und persönlichen Entwicklung zu erwarten, wenn geeignete therapeutische Maßnahmen eingeleitet worden sind.
Sie findet, dass der Familie und Leon Zeit gegeben werden sollte, bis eine Klärung durch die KJP stattgefunden hat. Wegen der belastenden Schulsituation bei fehlender adäquater Hilfestellung sei Leon in der Schule in letzter Zeit oftmals stark überfordert. Dies habe sich auch auf

seine psychische Gesundheit ausgewirkt, so habe er psychosomatische Störungen, wie Schlafstörungen, Bauchschmerzen, Albträume/Ängste entwickelt. Frau Noll unterstützt von daher den Antrag der Eltern auf Rückversetzung Leons in die zweite Klasse. Es würde ihn psychisch entlasten und den beauftragten Fachkräften Zeit geben, adäquate Lösungen zu finden. Sollte ein Schulwechsel nötig werden, ist aus Frau Noll´s Sicht darauf zu achten, dass Leon nicht einer Schule zugewiesen wird, bei der gehäuft extrem und auffällig sich verhaltende Kinder und Jugendliche unterrichtet werden. Da Leon eine besondere Affinität zu solchen Kindern und Jugendlichen hat, sieht sie dann eine Gefährdung seiner Entwicklung gegeben Die emotionalen Blockaden konnten im letzten Jahr immer wieder in verschiedenen außerschulischen Aktivitäten durchbrochen werden.
So nimmt Leon regelmäßig begeistert und begabt am Keyboard-Unterricht teil. Er habe sich gut in eine Kindergruppe beim therapeutischen Reiten integriert, insgesamt habe ihn der Umgang mit Pferden emotional und körperlich gefestigt. Bei beiden Aktivitäten fanden überraschend schnelle Lernprozesse statt. Leon besuche außerdem seit 2 Jahren die Jungschar der evangelischen Gemeinde und sei auch da als ein vollwertiges Mitglied anerkannt. Frau Noll hat festgestellt, dass Leon positive Lernerfahrungen macht, wenn er einen Bezug zur Anleitung hat und sich akzeptiert und angenommen fühlt. Leon benötige eine starke Bindung an eine auf ihn speziell eingehende Bezugsperson, um stabil an Lernprozessen teilnehmen zu können.

Weitere Gespräche, Telefongespräch mit Pfarrer Schleich evangelische Kirchengemeinde:
Herr Pfarrer Schleich berichtete, dass er Leon anders wahrnehme, als er offenbar in der Schule wahrgenommen werde. Mit Leon's Mutter habe er darüber gesprochen. Auch in einem Gespräch, das er mit Frau Seidel Leon's Klassenlehrerin, geführt habe, sei deutlich geworden, dass Leon in der Schule anders wahrgenommen werde. Er könne natürlich als Seelsorger keine Aussagen zu Leon's schulischer Lernsituation machen.
Er berichtet, dass er Leon als ein unauffälliges Kind wahrnehme, welches ein normales Verhalten zeige, das allerdings auch etwas verschüchtert wirke. Leon merke genau, wenn man es gut mit ihm meine. Pfarrer

Schleich hob die besondere Sensibilität des Kindes hervor. Leon sei sicher sensibler als andere. Er fühle sich im Kinderkreis der Gemeinde sehr wohl, käme gerne und fühle sich gut aufgehoben. Er wirke mit bei der Gestaltung von Kindergottesdiensten. Auch sei er beim Krippenspiel aktiv beteiligt gewesen. Leon habe hier eine Sprechrolle wahrgenommen, dabei selbst das Mikrofon gehalten und habe an Heiligabend bei vollbesetzter Kirche ohne Scheu seine Rolle gespielt.
Problematisch werde es dann, wenn ein bestimmtes anderes Kind, das aus einer schwierigen sozialen Situation käme, in Kontakt zu Leon träte. Dies gehe meist von dem anderen Kind aus.
Pfarrer Schleich sieht die besondere großfamiliäre Familiensituation, in der Leon lebe, als den Hintergrund an, der bei Leon auch zu seiner Besonderheit in seinem Verhalten führe, durch dass er sich - durchaus positiv – von vielen anderen Kindern der Gemeinde unterscheide. Traumatische Familienereignisse, zum Beispiel der frühe Tod von Frau Schulz Schwester, und ein überwiegend aus Frauen und Mädchen zusammengesetzter Familienverband hätten womöglich auch zu einer entsprechenden Ausformung seines Wesens beigetragen.

Einbeziehung vorliegender ärztlicher Befunde (soweit vorliegend)

1. In einem Bericht von Herrn Wolter, Sozialpädiatrisches Zentrum (SPZ). Bericht vom 8.11.2007 an Frau Noll, wird über den Probanden berichtet, dass er über eine altersentsprechende, intellektuelle Grundkapazität verfüge und dass keine wesentlichen Hinweise auf Teilleistungsschwächen bestünden. Es wird weiter ausgeführt, dass von einer emotionalen Anpassungsschwäche des Kindes, verbunden mit Insuffizienzgefühlen der ganzen Familie ausgegangen werden müsse. Empfohlen wird, dass man einer Umschulung in den Lernhilfebereich absehen sollte, dass jedoch aufgrund der Verhaltensprobleme, die Möglichkeit einer Beschulung Leon's im Erziehungshilfebereich ins Auge gefasst werden müsse.
2. In einem Bericht vom 5.10. 2007 des Dr. Arnold Kinder- und Jugendpsychologe welcher an den Kinderarzt Dr. Bauer gerichtet ist, wird folgende Diagnose über Leon's mit sowohl deutlich Problematik Störung in der Persönlichkeitsentwicklung

eingeschränkter psychischer Belastbarkeit, starker Tendenz zu Vermeidungs-

Reaktionen, Erregungszuständen und Problemen der Aufmerksamleistung.

Es wird von einer komplexen Störung ausgegangen, die eine längerfristige, differenzierte Förderung notwendig macht.

3. Am 27.10.2007 wurde Leon im Autismus-Therapie Institut (Institut in der
4. Kooperation mit der Klinik für Psychiatrie und Psychotherapie des Kindes- und
5. Jugendalters -KJP-) vorgestellt und dort „Asperger – typische
6. Persönlichkeitsmerkmale“ diagnostiziert.
   Bis zu einem möglichen Therapiebeginn wurde den Eltern empfohlen,

in Zusammenarbeit mit der KJP nach einer „Zwischenlösung“ zu suchen.

Eine mögliche mehrwöchige stationäre Aufnahme in die KJP wurde lt. Aussage von Frau Schulz zunächst für Januar/Februar ins Auge gefasst, sie sei nun allerdings auf März/April verschoben worden.

Zur Neuropädiatrie und auch zur Praxis Dr. Arnold bestehe seit Herbst 2007, seit dem die o. g. Untersuchungen abgeschlossen waren, kein Kontakt mehr. Herr Wolter sei nicht mehr aktiv geworden und sei nicht mehr erreichbar gewesen berichtete

Frau Noll und auch Leon’s Eltern im Gespräch.

Zusammenfassende Diskussion aller bis dahin zusammengetragenen Daten:

Eine „genaue“ intellektuelle Kapazität des Kindes scheint zunächst nur schwer feststellbar zu sein, so dass man vielleicht dazu tendiert, sich der Aussage anzuschließen, die im Zusammenhang mit einem in der o. g. Kinderpsychiatrischen Praxis festgestellten unterdurchschnittlichen Ergebnis des K-ABC gemacht wurde: Das Ergebnis ist, laut Bericht, nur „schwer zu interpretieren“. Schwer zu interpretieren ist auch die sehr inhomogene Gesamtschau – stellt man die bisher durchgeführten Intelligenztests nebeneinander (s. o. Auflistung). Es sollte hier allerdings nicht vergessen werden, dass der Begriff „Intelligenz" nicht statistisch gesehen werden darf.

Die Ergebnisse, die er beim aktuell durchgeführten HAWK IV erzielte, liegen überwiegend im Bereich „niedriger Intelligenz" insbesondere der Index „Wahrnehmungsgebundenes logisches Denken" zeigt dies überaus deutlich. Es werden hier auch deutliche Parallelen sichtbar, zu anderen in den vergangenen Jahren durchgeführten Intelligenztests (siehe entsprechende Auflistung). Das durchschnittliche Ergebnis der „Verarbeitungs geschwindigkeit" korreliert mit einigen Ergebnissen des durchgeführten Mathematiktests (RZD 2-6) bei denen sich ebenfalls zeigte, dass Leon zwar schnell arbeitet, dass hier jedoch niedrige Powerkomponenten mit vergleichsweise hohen Prozenträngen den Speedkomponenten einhergehen. Dies kann durch mangelnde Leistungsmotivation, Versagensängsten aber auch durch Störungen der selektiven Aufmerksamkeit hervorgerufen werden (vgl. entspr. Manual S. 27). Die im HAWIK IV erzielten Ergebnisse ähneln stark den Ergebnissen die bei der Durchführung des HAWIK III in der Kinderarztpraxis erzielt wurden oder auch den Ergebnissen des K-ABC vom März 2006. Leon scheint stark an seiner Leistungsgrenze gearbeitet zu haben und nunmehr ist in der dritten Klasse ein gewisser Stillstand in der Weiterentwicklung seiner Leistungsfähigkeit eingetreten.

Ein überaus schnelles Arbeiten (s. o.) Leon's war auch beim AST 2 zu beobachten, nahezu alle vorgegebenen Testzeiten waren deutlich unterschritten, zum Teil um die Hälfte.

Beim Lesen (Untertests des SLRT) fiel ebenfalls auf, dass Leon sehr schnell arbeitete PR z. T. > 90), dass er es aber auch schaffte, bei seinen Lesefehlern meist unterhalb des kritischen Werts zu bleiben, sieht man vom Untertest „Wortähnliche Pseudowörter" einmal ab. Einzelne Lesefehler fielen auch beim AST 2 auf. Seine Fehlerzahl beim Rechtschreibtest (SRLT) war dagegen beträchtlich und die kritischen Werte bei den G- und N-Fehlern überschritten, bei den G-Fehlern um das Doppelte.

Bei den O-Fehlern lag der erreichte PR-Wert im unteren Drittel. Auch an seinem Schriftbild, das er in diesem Test zeigt, lässt sich erkennen, dass er sehr oberflächlich in großer Eile gearbeitete und dabei Druckschrift verwendete. Leon verfügt eigentlich über eine ansehnliche Schreibschrift, die er allerdings hier nicht verwendete.

Die Lesezeiten des Probanden dagegen sind durchweg in t. w. sehr hohen PR-Bereichen angesiedelt, d.h. er liest auffallend schnell jedoch oberflächlich.

Im Rechnen zeigen die Ergebnisse des RDZ, dass viele Grundlagen in keiner Weise gefestigt sind, z.B. Regelverständnis und Orientierung auf dem Zahlenstrahl oder Kopfrechnen, Multiplikationen und Divisionen (u. a.). Jedoch lag das Arbeitstempo teilweise auffallend hoch (siehe oben), jedoch war seine Leistungsgrenze schnell erreicht.

Abzuleiten wäre meines Erachtens hieraus zweierlei, dass Leon entweder sein Potenzial tatsächlich nicht ausschöpft, da er oberflächlich und viel zu schnell arbeitet oder aber, dass er versucht durch sein überaus schnelles Arbeiten einer überfordernden Situation aus dem Weg zu gehen oder sie schnell hinter sich zu bringen (vgl. Interpretation des o. g. RZD). Es trifft vermutlich, vor allem auf dem Hintergrund der unterdurchschnittlichen Werte des HAWIK IV primär die zweite Annahme zu.

Betrachtet man die schulische Entwicklung des Kindes und insbesondere seine Leistungen und Arbeitsverhalten im vergangenen Schuljahr, so kann man feststellen, dass hier offenbar tatsächlich eine Grenze der Fördermöglichkeiten an der Grundschule erreicht wurde. Die Ergebnisse des SLRT und des RZD deuten teilweise deutlich darauf hin.

Die im AST 2 erzielten Ergebnisse des Probanden sind in etwa zu vergleichen mit seinen Leistungen am Ende der zweiten Klasse, nämlich Leistungen im knappen Durchschnittsbereich (befriedigend bis ausreichend). Feststellen lässt sich also, dass Leon's Lernstand hier offenbar – wie bereits erwähnt – „stehen geblieben" ist, dass er die Lernziele der zweiten Klasse erreicht hat, dass jedoch nun kaum ein Fortschritt erkennbar ist, jedenfalls wenn seine im Unterricht und bei den Leistungskontrollen erbrachten Leistungen betrachtet werden. Eine Arbeit im Fach Mathematik, die er in der zweiten Februarwoche schrieb, wurde mit „mangelhaft" bewertet, eine Sachkundearbeit mit „ausreichend".

Im Gutachten aus dem Jahr 2007 wurde festgestellt, dass aktuell „kein sonderpädagogischer Förderbedarf" festgestellt werden konnte, dass allerdings sein Lernverhalten genau zu beobachten sei. Es wurde zu diesem Zeitpunkt davon ausgegangen, dass es gelingen könnte, Leon erfolgreich zu fördern, wenn die bislang erfolgreichen unterrichtlichen Maßnahmen, die starke individuelle Unterstützung durch seine Klassenlehrerin und durch seine Mitschüler fortgesetzt werden. Es besteht kein Zweifel daran, dass diese Unterstützung, dem Kind auch weiterhin zuteil wurde. Trotzdem setzte bereits kurz nach dem Abschluss des Überprüfungsverfahren, so berichtete Frau Seidel, eine massive Zunahme seiner Lernprobleme ein, von Problemen, die sich bis jetzt fortsetzen (siehe Schulbericht). Das starke Engagement der Lehrerin für Leon hätte, so dürfte man eigentlich erwarten – Leons Leistungen im Unterricht stabilisieren müssen, zumal – und das kommt hinzu – 9 Unterrichtsstunden in Doppelbesetzung gearbeitet werden konnte und diese Zeit in sehr starkem Maße dazu verwendet wurde, Leon zusätzlich zu unterstützen. Diese Aspekte wurden auch von der Schulleitung hervorgehoben.

Eine starke Zunahme eines offensiven, auffälligen Verhaltens ist derzeit bei Leon nicht zu beobachten, sieht man von den sexualisierten Äußerungen des Kindes ab, die in einem Beobachtungsprotokoll (beigefügt) für den Zeitraum von Dezember 2007 bis März 2008 festgehalten wurden.

Es ist hier sicherlich davon auszugehen, dass Leon sich in – teilweise sehr unbedarfter Weise – bei Mitschülern in Szene setzen wollte, anderseits ist die an die Adresse eines Mitschülers gerichtete Drohung, ihn zu schlagen, in gar keiner Weise akzeptabel. Sie deutet auf eine große Verunsicherung des Kindes hin, dass in der Schule kaum noch Erfolgserlebnisse hat und dem Unterricht nur noch partiell folgen kann, selbst dann, wenn es noch immer sehr viel Einzelzuwendung durch Lehrpersonen in der Unterrichtssituation erhält, wie in den Hospitationen beobachtet werden konnte. Die Gefahr besteht jedoch sicher weiterhin, dass Leon in seinem Sozialverhalten instabil ist, was auch seiner gesamten psychischen Verfassung entspricht.

Anders dagegen wieder Leon's Verhalten und Arbeiten in der Testsituation:

Beunruhigend war es für ihn zwar sicherlich zu wissen, dass ein neues Überprüfungsverfahren anstand, dass er demnächst zu einem längerfristigen Aufenthalt in der Kinder- und Jugendpsychiatrie gehen wird und dass er sich medizinischen Untersuchungen und einer Operation wegen einer bestehenden Hodenverlagerung und einer Phimose unterziehen muss, wie die Mutter berichtete, jedoch konnte in der Testsituation beobachtet werden, dass der Proband durchaus zu motivierter Mitarbeit in der Lage ist, wenn genügend Einzelzuwendung und eine vertrauensvolle Grundstimmung zwischen ihm und Lehrperson, in diesem Falle dem Testleiter, herrscht. Dies war bei der Überprüfung gewährleistet und bei Leon konnten in der Einzelsituation (!!) keinerlei Anzeichen für eine Verweigerung der Mitarbeit oder Unkonzentriertheit, geistige Abwesenheit usw. beobachtet werden.

Die Überprüfungsergebnisse und die Bewertung seiner Gesamtsituation führen zu dem Schluss, dass bei Leon Sonderpädagogischer Förderbedarf im Sinne der Schule für Lernhilfe gegeben ist. Insbesondere vor dem Hintergrund der Asperger Symptomatik und Leon's Verweigerungen wird zusätzlich Sonderpädagogischer Förderbedarf im Sinne der Erziehungshilfe festgestellt.

Ein sonderpädagogischer Förderbedarf im Sinne einer Schule für Kranke, wie dies im VÜFF zusätzlich vermutet wurde, kann hier nicht festgestellt werden, jedoch deuten die vorliegenden Ergebnisse der verschiedenen Facharztuntersuchungen einen solchen Bedarf an. Leider liegen zu diesem Zeitpunkt noch keinerlei Ergebnisse der Untersuchungen der Kinder- und Jugendpsychiatrie vor, wo Leon sicherlich – während seines für Ende März/Anfang April avisierten stationären Aufnahmetermins – auch in der dortigen Schule unterrichtet werden wird. Auch diese Ergebnisse sollten für weitere Entscheidungen Berücksichtigung finden, werden jedoch sicher nach einem solchen Aufenthalt vorliegen. Entsprechende Empfehlungen wurden auch von Frau Noll gegeben (siehe entsprechenden Bericht/. Man sollte sich dem unbedingt anschließen.

Fördervorschläge:

Die Beobachtungen und Testergebnisse – insbesondere die Ergebnisse des HAWIK IV – lassen den Schluss zu, dass Leon tatsächlich an der Grenze seiner derzeit möglichen Leistungsfähigkeit angelangt ist. Die von ihm erzielten Ergebnisse in diesem Test sind deutlich im niedrigen Bereich angesiedelt und eine Wiederholung der Klasse ist – nach Einschätzung und entsprechendem Entschluss der Klassenkonferenz vom 29.11.2007 (Kopie beigefügt) – keine dauerhafte Lösung für Leon's anhaltenden Lernprobleme, da seine Grundprobleme dadurch nicht behoben werden können und er Gefahr läuft, in ein kindlicheres und schwieriges soziales Umfeld zurückzufallen.

Es zeigte sich in nahezu der gesamten bisherigen unterrichtlichen Arbeit mit Leon, dass er sehr viel Einzelzuwendung benötigt, was in der Regelschule dauerhaft kaum leistbar ist. Auch Pfarrer Schleich und Frau Noll vom Jugendamt verweisen darauf, dass Leon's (Lern) Verhalten in sehr starkem Maß von einer annehmenden und positiven Beziehung zur Lehrperson abhängt.

Er benötigt dafür dringend die Förderung in einer kleinen Lerngruppe, da er nahezu ständig individuelle Zuwendung, mit genauen Erläuterungen und Hilfestellungen braucht.

Zusätzliche Erklärung und Wiederholung und starkes Einbeziehen von Anschauungshilfen sowie langsames Lerntempo stellen für Leon wichtige Prinzipien einer Förderung dar. Der belastende Druck, von dem die Jugendamtsbetreuerin Frau Noll befürchtet, dass es bei Leon in Kürze möglicherweise zu einem Zusammenbruch führen könne, muss dringend von ihm genommen werden, zugunsten einer Lernsituation, an der er wieder mit Freude teilnehmen und die er entspannter erleben kann. Durch genaue und fortgesetzte Beobachtung des Kindes und entsprechend differenzierte Angebote sollte das weitere Lernen Leon's begleitet werden, damit auf jeden Fall auch eine Unterforderung vermieden wird, durch die eine Zunahme seiner Verhaltensauffälligkeit entstehen könnte. Doch zunächst sind viel Lob und Erfolgserlebnisse für ihn wichtig.

Die bei Leon diagnostizierten Asperger – typischen Persönlichkeitsmerkmale weisen mit großer Wahrscheinlichkeit auf das Vorliegen einer entsprechenden autistischen Erkrankung hin. Nähere Untersuchungen werden in der KJP erfolgen.

Bei einer Beschulung Leon's sollte in diesem Falle unbedingt von der Konferenz der Kultusminister gegebenen Empfehlungen (Beschluss vom 16.02.200, vgl. u. a. S. 8) gefolgt werden.

Aus Sonderpädagogischen Förderbedarf von Kindern und Jugendlichen mit autistischem Verhalten erwächst ein komplexes Aufgabenfeld der Förderung, das die Entwicklung der körperlichen und geistigen, der emotionalen und sozialen, sowie der kommunikativen Fähigkeiten in allen Teilbereichen einschließt. Zu diesen Aufgaben gehören vor allem:

1. Förderung der sensorischen Wahrnehmung und ihrer Verarbeitung in den Bereichen des Hörens, des Sehens, des Riechens, des Schmeckens, des Tastens, des Berührens, des Fühlens von Temperatur und Schmerz
2. Förderung der Körperwahrnehmung und der Wahrnehmung des Körperschemas, sowie der Vorstellung vom eigenen Körper im Raum,
3. Förderung der Grob- und Feinmotorik
4. Förderung der Selbstständigkeit und des sozialen Verhaltens
5. Aufbau von Verständnis für Mimik und Gestik und deren Gebrauch
6. Entwicklung von sozial-emotionaler Beziehungsfähigkeit, vor allem durch Aufbau von sozialem Handeln sowie Abbau von unangemessenen Kontaktverhalten
7. Entwicklung des sprachlichen Handelns einschließlich manueller Formen.
8. Förderungen von Interessen und Neigungen, von Freude und Erfolgserleben
9. Entwicklung von Handlungsfähigkeit durch Abbau von Ruhelosigkeit und gesteigertem Bewegungsdrang sowie durch Aufbau von Konzentration und Ausdauer
10. Minderung von Angstreaktionen und Angstzuständen sowie Entwicklung von Fähigkeiten zum Erkennen realer Gefahren

11. Lösen von Stereotypien und starrem Festhalten an nichtfunktionalen Gewohnheiten, sowie an Ritualen und Beschäftigungen, Verminderung von selbst verletzendem Verhalten

Ergänzende medizinisch-therapeutische Hilfen können erfolgreich sein. Diese müssen in ein pädagogisches Gesamtkonzept eingebettet und in enger Zusammenarbeit mit den Eltern und den Diensten unterschiedlichen Maßnahmeträger geleistet werden.

Aus den Berichten ergibt sich, dass Leon offenbar eine gute Ansprechbarkeit für den Bereich Musik besitzt. Dies sollte als wichtiger Anknüpfpunkt gesehen werden, über den ein Kontakt zu dem Kind aufgebaut und der Entwicklung von Lernfreude und Erfolgserlebnissen Vorschub geleistet werden kann.

kleinschrittiges Arbeiten, verbunden mit viel Raum für Wiederholung sind angezeigt, um den insbesondere im Fach Mathematik vorliegenden Defizite wirkungsvoll begegnen zu können. Hier ist der Einsatz von Anschauungshilfen sicher sehr sinnvoll, um Leon eine bessere Orientierung auf dem Zahlenstrahl zu ermöglichen.

Im Fach Deutsch sollte es bei Leon's Förderung verstärkt um den Aufbau von Regelwissen und dem Aufbau eines Gedächtnisspeichers für Wortschreibungen gehen. Hier wäre unter anderem auch der Einsatz geeigneter Computerprogramme denkbar, da Leon zu diesem Medium ohnehin einen guten Zugang besitzt.

Auf die Gefahren, dass Leon sich gerne oft extrem und verhaltensauffällige Kinder und Jugendliche als beispielgebend aussuche, soll an dieser Stelle noch einmal hingewiesen werden. Von der Schule, von den Eltern und auch von Frau Noll wurde diese Gefahr deutlich benannt. Durch die Wahl einer wirklich geeigneten Schule und entsprechende pädagogische Vorkehrung muss dem begegnet werden.

Die Förderung einer größeren Gelassenheit des Kindes und eines größeren Selbstvertrauen ist von großer Bedeutung. Dazu benötigt er viel Lob und Anerkennung seiner Leistungen und eine ruhige Lernatmosphäre, die wenig Leistungsdruck, dafür spielerische Lernangebote, Rituale, klare Regeln und Sicherheit bietet.

(Mir wurden keine Kopien von Unterlagen mitgeschickt).
Mein Schreiben an das Staatliche Schulamt zu Hd. Herrn Dr. Paul
Beschulung unseres Sohnes Leon Schulz, geb. 15.03.1999
Unser Antrag auf „Gemeinsamen Unterricht“ vom 18.02.2008
Sehr geehrter Herr Dr. Paul,
da bei unserem Sohn Leon, lt. Ihrem sonderpädagogischem Gutachten vom 28.03.2008, sonderpädagogischer Förderbedarf besteht, möchten wir hiermit nochmals einen Antrag auf „Gemeinsamen Unterricht“ für Leon beantragen.
Bei einer autistischen Erkrankung (Asperger) tritt hier der Nachteilsausgleich für Menschen mit Behinderung in Kraft.

Dieser beinhaltet einen Schulbegleiter/in (Integrationshelfer/in), wie wir Ihnen bereits mit unserem Schreiben vom 18.02.2008 mitgeteilt haben.

In o. g. Schreiben haben wir Ihnen bereits eine diagnostische Einschätzung vom Autismus Zentrum und einen Nachteilsausgleich für Behinderte zukommen lassen.

Mit freundlichen Grüßen.

Nachdem ich das Sonderpädagogische-Gutachten vom Staatlichen Schulamt erhalten hatte, dachte ich diese würden sich ja irgendwann bei mir melden um mich nach meinen Plänen bezüglich Leon's Beschulung zu fragen, vielleicht würde ich ja sogar zu einem Gespräch gebeten, damit mir dass Schulamt ein paar Möglichkeiten für eine adäquate Beschulung für meinen Sohn Leon aufzeigen konnte. So war es aber leider nicht.
Ich habe mal wieder verschiedene Schulen angerufen, unter anderem auch die Schule für Körperbehinderte. Frau Noll hatte mir diese Schule als mögliche Schule genannt, sie machte auch den Erstkontakt. Sie erzählte mir, dass dort auch Asperger-Autisten unterrichtet werden. Leider hatten wir immer noch keinen festen Termin in der KJP und auch keine Diagnose. Ich hoffte, dass alles bald ein Ende haben würde und Leon endlich in die Kinder- und Jugendpsychiatrie kommen würde. Wir brauchten endlich einen konkreten Beschulungsvorschlag.
Die für meinen Sohn in Frage kommenden Schulen waren alle voll, die Wartelisten waren so lang, dass vielleicht Leons Kinder bei jetziger Anmeldung eine Chance dort auf einen Schulplatz hätten. Ohne die

Hilfe des Staatlichen Schulamtes war eigentlich nichts zu machen, nur die meldeten sich nicht.

Ich war dort schon sehr auffällig geworden durch meinen Einspruch meines Rechtsanwaltes und durch meine ständige Ablehnung der beiden staatlichen Sonderschulen. Ich habe zu oft, auch in der hiesigen Schule interveniert und zu sehr meinen Sohn verteidigt. Ich habe auch Frau Freitag vom Schulamt übergangen und direkt mit ihrem Chef telefoniert. (Frau Freitag ist für die Umschulung der Grundschulen zuständig).

Ich habe einen ganz großen Fehler begangen, den eine Mutter bei einigen Lehrern nie machen sollte, ich habe den Lehrern widersprochen.

Frau Noll nannte mir den Namen der Co.-Direktorin Frau Berg von der Schule für körperbehinderte Kinder. Ich rief gleich in der Schule an und Frau Berg, eine sehr nette Frau, lud uns zu einer Besichtigung in ihre Schule ein. Leon durfte auch mitkommen und er freute sich darauf.

Eine Woche später fuhren wir zusammen mit Frau Noll in diese Schule. Es war eine wundervolle Schule, eine sehr freundliche und nette Atmosphäre und die Lehrer wirkten sehr ausgeglichen, die Kinder waren lustige, fröhliche und sehr neugierige Kinder.

Leon war von Anfang an begeistert. Er unterhielt sich sehr gut mit Frau Berg und war mit ihr sehr offenherzig. Diese Frau verbreitete genauso gute Laune, wie alle Menschen in ihrer Schule. Sie zeigte uns den Musikraum. Ich habe Leon's Gesicht nicht oft so glänzen sehen. Er war ungeheuer begeistert von den dort vorhandenen Instrumenten, es gab Keyboards, Schlagzeug, Gitarren, Bongos usw. Auch eine Schulband gab es dort, in einem anderen Raum hatten diese Kids ihre Instrumente. Es gab ein Schwimmbad mit verstellbarem Beckenboden. Frau Berg erzählte Leon dass in dieser Schule viel Sport betrieben würde und dass dort viel Musik gemacht werde. Alles war für meinen Sohn ungeheuer aufregend. Er war von dieser Schule begeistert und wäre am liebsten gleich dort geblieben. Die Klassen hatten nur 6 Schüler und es gab eine menge Zusatzbetreuer. Ich habe selbst auch noch nie eine so tolle Schule gesehen.

Behinderte Kinder sind oftmals ausgesprochen lieb, freundlich und immer ehrlich. Ich habe noch nie verstanden, dass Behinderte Kinder überhaupt nicht an normalen Grundschulen vorkommen. Unseren „gesunden Kindern“ geht dabei eine ungeheure Liebenswürdigkeit und

Offenheit verloren. In „normalen Schulen“ ist das Leben knallhart geworden und der Konkurrenzkampf lässt viele Kinder auf der Strecke bleiben, sie werden von diesem ewigen Erfolgsdruck krank, oder müssen die jeweiligen Schulen verlassen, weil sie dem Druck nicht mehr gewachsen sind. Behinderte Kinder sollen in der Gesellschaft integriert werden, dies müsste in der Schule schon angefangen werden, indem die Behörden es möglich machen, dass alle Kinder wenigstens in den ersten vier Jahren gemeinsam unterrichtet werden. Unsere Kinder würden voneinander eine ganze Menge lernen und würden davon nur profitieren.
Auch Frau Noll war der Meinung, dass diese Schule toll sei. Sie sagte, man merkt, dass die Lehrer hier gerne arbeiten. Frau Berg war nicht abgeneigt, Leon in dieser Schule aufzunehmen, hierüber muss aber das Schulamt entscheiden.
Leon hatte sich beim Abschied vor die Tafel mit den Lehrerfotos gestellt und aufgezählt, wen er alles gesehen und begrüßt hatte. Er zeigte auf die Bilder und nannte die richtigen Namen dazu. Frau Berg war sehr von Leon’s Namensgedächtnis beeindruckt.
Wir sprachen noch kurz über die Absicht, uns eine Geistig-Behinderten-Schule anzuschauen, da wir nicht wussten welche Schulen wir noch nach einem Platz für Leon fragen sollten. Doch Frau Berg riet uns dringend davon ab. Sie war der Meinung, dass Leon an ihrer Schule Gefahr laufen würde unterfordert zu werden, „eine Schule für Geistig-Behinderte Kinder kommt für Leon nun wirklich nicht in Frage.“ Also ließen wir diesen Gedanken fallen und fuhren wieder nach Hause.

Hilfe, das Staatliche Schulamt droht mit Polizeigewalt

Ich hatte immer noch nichts vom Schulamt gehört und beschloss dort anzurufen. Ich hatte Frau Freitag (die Zuständige Lehramtsleiterin? ich kenne ihren Dienstgrad nicht) an der Strippe und fragte Sie, was denn nun passieren würde. Zuerst machte sie mich darauf aufmerksam, dass ich noch Mal einen Integrationsantrag stellen sollte. „ den habe ich bereits im Vorfeld gestellt." Sie informierte mich, dass ich einen Antrag auf einen Integrationshelfer gestellt hätte, im Schuldeutsch hieße dieser Schulassistent und müsse beim Landkreis, also beim Jugendamt, mit einem extra Antrag, gestellt werden. Danach folgte eine längere Diskussion über eine evtl. Beschulung Leons. Frau Freitag fing wieder mit der Erziehungshilfe-Schule oder der Lernhilfe-Schule an. Es waren wieder die beiden Schulen, die ich aus guten Gründen grundsätzlich abgelehnt hatte. Jetzt ging die gleiche Leier wieder von vorne los. Ich fragte nach anderen in Frage kommenden Schulen. Sie meinte, „die sind alle voll." Von der Körperbehinderten-Schule sagte ich erst einmal gar nichts, ich wollte erst einmal dieses Gespräch abwarten, ich traute Frau Freitag überhaupt nicht, und ich hatte nicht ganz Unrecht. Frau Freitag tat die Meinungen unseres Pfarrers und die von Frau Noll einfach mit den Worten ab, die haben sowieso keine Ahnung, „der Pfarrer ist nur Seelsorger und Frau Noll ist nur eine Sozialarbeiterin", sie wüsste es besser. Ich wurde ganz vorsichtig, ich wollte nicht schon wieder ins Fettnäpfchen treten und die richtige Beschulung meines Sohnes gefährden. Also sagte ich zu Ihr: "Die Beiden kennen Leon aber ganz genau." „Trotzdem, ich weiß es besser, ich habe dafür die richtige Ausbildung!" Irgendwie kam mir in den Sinn, „so etwas hast du schon einmal gehört", ich konnte nicht weiter überlegen, denn jetzt kam der Oberhammer. "Wenn Sie sich nicht durchringen können, oder wollen Leon freiwillig auf eine der beiden Schulen zu schicken, dann kann so etwas auch mit polizeilicher Gewalt vonstatten gehen. Darüber sollten Sie sich endlich einmal im Klaren sein." „Das ist nicht Ihr ernst?" Mir blieben die Worte im Hals stecken. „Natürlich, so etwas hat es schon öfters gegeben!" Frau Freitag hatte in diesem Moment gewonnen, sie hatte mich Mundtot gemacht. Als ich nichts mehr darauf erwiderte sagte sie, "beantragen Sie einen Schulassistenten beim Jugendamt und…." Ich war wieder aufgewacht und fragte Frau Freitag „können Sie mit der Schulzuweisung nicht warten, bis die Ergebnisse der KJP vorliegen?“ „Nein, das geht nicht, da die Schulzuweisungen vor den Ferien erledigt sein müssen, die Konferenzen finden Anfang bis Mitte Juni statt. Bis dahin müssen Sie uns Ihre Zusage gegeben haben!“ Frau Freitag wirkte unerbittlich und ich wusste eine weitere Diskussion am Telefon würde nicht gut ausgehen. Ich war einfach zu enttäuscht und mir war echt schlecht geworden. Wie knallhart diese Leute sind, wenn man Ihnen widerspricht, wird die Situation immer schwieriger.

Ich musste das Telefongespräch unbedingt beenden, um nicht die totale Kriese zu bekommen. Wenn ich enttäuscht bin oder mich ungerecht behandelt fühle, kann ich sehr schnell meinen Unmut äußern, was bei einigen Leuten gefährlich werden kann. Ich wollte den Bildungsweg meines Sohnes nicht gefährden, dafür benötigte ich einen klaren Kopf. Also lenkte ich das Thema auf das Versorgungsamt und auf meinen Antrag von meinem Rechtsanwalt auf einen Schwerbehindertenausweis für Leon. Jetzt war Frau Freitag in ihrem Element, sie hat mir alle verwaltungstechnischen Schritte über Anträge erklärt. –Den Integrationsplatz auch Gemeinsamer Unterricht genannt muss beim Staatlichen Schulamt beantragt werden, den Behindertenausweis bekomme ich vom Versorgungsamt, den Integrationshelfer richtiger Name Schulassistent muss ich beim Landkreis, also Jugendamt beantragen, die Kostenübernahme für das Autistische-Zentrum bekomme ich vom Landkreis, also auch vom Jugendamt. Für den Schulassistenten und für das Autistische-Zentrum benötige ich die Diagnose von der Kinder- und Jugendpsychiatrie, ebenfalls benötige ich für den Behinderten-Ausweis eine Fachärztliche- Diagnose. Aber für die Umschulung kann die Diagnose der KJP nicht mehr berücksichtigt werden-. Ich bat Frau Freitag um etwas Bedenkzeit und verabschiedete mich von ihr.

Meine Gedanken schwirrten wie wahnsinnig in meinem Kopf herum, ich ging zu meinen Hühnern und schaute ihnen beim streiten und fressen zu. Leider konnte ich mich nicht entspannen.

Leon war noch in der Schule, heute Morgen hat er sich auf den Boden geschmissen und furchtbar geschrien, „ich will nicht mehr in die Schule, Mama bitte, bitte, bitte ich bin so krank, hilf mir Mama, es ist so schrecklich, ich will nicht mehr in die Schule.“

Ich schickte meinen Jungen jeden Morgen in die Schule. Ich hatte ihn ein paar Mal zu Hause gelassen, da hat er in der Schule herumerzählt „ich habe gestern geschwänzt, meine Mama hat mir erlaubt zu schwänzen". Ich sprach mit der Klassenlehrerin darüber, die hatte wie immer keine Zeit und vertröstete mich auf später: „wir sprechen später noch Mal darüber!" Dass habe ich von der Klassenlehrerin schon oft gehört. Die Direktorin rief mich an und meinte, Schule-Schwänzen sei wirklich unmöglich und keine Lösung für Leon's Probleme!

Als Erstes muss ich zum Kinderarzt Dr. Bauer gehen und um eine Einweisung in das Kinderkrankenhaus bitten. Leon musste noch am Hoden und der Phimose operiert werden. Also leitete ich das in die Wege. Herr Dr. Bauer schrieb die Einweisung und ich machte einen Termin im Kinderkrankenhaus. Endlich mal etwas was schnell ging. Eine Woche später hatte ich Leon im Krankenhaus untergebracht. Nun hatte mein Kind erst einmal Luft und brauchte sich die nächsten Tage nicht zur Schule zu quälen. Leon war den ersten Tag in der Klinik sehr zufrieden, er brauchte jetzt mehrere Tage nicht zur Schule. Er kam in ein sehr kleines Zimmer mit vier Betten und ohne sanitäre Einrichtungen, die waren auf dem Korridor untergebracht und für alle auf der Station liegenden Kinder gedacht.

Ich war mit Leon schon einmal in diesem Krankenhaus. Leon hatte von Oma Tabletten genommen und er wurde in dieses Kinderkrankenhaus gebracht.

Bei uns in der Stadt gibt es nur dieses eine Kinderkrankenhaus, wir haben zwar noch eine Kinderabteilung in einem großen Krankenhauskomplex, aber dort ist der Platz ebenfalls sehr eng bemessen.

So wurden hier vier Kinder in ein Zimmer gelegt, dass in einem normalen Krankenhaus für Erwachsene zwei Patienten zur Verfügung stehen.

Als ich vor ein paar Jahren in diesem Krankenhaus mit Leon war, war mein Junge gerade 3 Jahre alt. Er hatte keinerlei Krankheitsbild und war ungeheuer agil, man legte mein Kind in ein Zimmer mich schwer kranken Kindern. Trotz allen Bemühungen habe ich es nicht geschafft, mein Kind zur Ruhe zu bringen. Gegen Abend, als man bei Leon immer noch keine Symptome feststellen konnte, bin ich freiwillig wieder nach Hause gegangen. Die Eltern der kranken Kinder waren genauso genervt wie ich. Ein Vater schrie mich an, ich sollte doch mein Kind endlich zur Ruhe bringen, hier würden schwer kranke Kinder liegen. Es tat mir unheimlich Leid, dort als Störenfried aufgetreten zu sein, aber ich bekam Leon einfach nicht ruhig, was sollte ich denn machen. Ich ging entsetzlich heulend ohne ärztliche Erlaubnis nach Hause und nahm meinen Sohn einfach mit.

Nun mussten wir wieder in dieses Krankenhaus und ich hatte entsetzliche Angst davor. Es hatte sich in den letzten Jahren, bis auf die Verwaltung nichts verändert. Es ist traurig, dass bei unseren Kindern immer gespart wird.

Leon schickte uns, meine Nichte Anne und mich nach Hause, nachdem wir nach 4 Stunden Wartezeit endlich ein Zimmer zugewiesen bekommen hatten. Leon wollte den Rest des Tages dort alleine verbringen.

Am nächsten Tag bin ich mit Ines ins Krankenhaus gefahren, Leon wurde am Morgen operiert und war gerade wach geworden. Eine andere Mutter hatte mir am Vortag gesagt, wir sollten heute rechtzeitig wieder da sein, da sie aus Erfahrung wüsste, dass die kleinen Jungen bei einer Vorhautverengungs-Operation unter sehr großen Schmerzen leiden würden. Leon litt nicht unter Schmerzen und ich dachte die Narkose würde noch wirken. Er war den ganzen Tag über sehr müde und hielt ständig meine Hand. Leon sagte ein paar Mal „Ach, Mama", sonst gab er keinen Brumm von sich. Am nächsten Tag habe ich ihm den Gameboy mitgebracht. Leon war sehr vital und ich wollte nicht, dass er mit seinen Operationsnarben durch das Zimmer lief.

So habe ich ihm den ganzen Tag beim Spielen zugeschaut. Ich dachte mein Sohn würde sich einigermaßen wohl fühlen, aber er rief am Abend an und weinte die ganze Zeit, er jammerte vor Heimweh. Er weinte und jammerte auch die darauf folgende Zeit so weiter, Leon war trotz Gameboyspiel plötzlich ein ganz kleiner Junge geworden. Die Schwestern fragten mich, wie ein 9jähriger Junge sich so benehmen könne. Ich erklärte ihnen, dass Leon ein Autist sei und unter der autistischen Form von Asperger leiden würde. Die Schwestern wussten nicht was das war, sie müssen aber mit dem Arzt gesprochen haben, denn der kam am selben Nachmittag zu Leon ins Zimmer untersuchte ihn noch schnell und sagte, dass Leon morgen früh entlassen würde. Eigentlich sollte die Nachsorge dieser Operation ca. sechs Tage dauern. Mein Kind freute sich genau wie ich, dass er wieder nach Hause durfte. Trotzdem weinte mein Sohn sich wieder abends in den Schlaf.

Wenn ich so darüber nachdachte, wie mein Sohn unter Heimweh litt, hatte ich regelrecht Panik ihn für einen längeren Aufenthalt in die KJP zu bringen. Dieser Gedanke ließ mir keine Ruhe und machte mich unheimlich fertig.

Am nächsten Tag gab mir eine Krankenschwester den Arztbrief in die Hand. Sie sagte, die Nachuntersuchungen könnte auch der Kinderarzt machen.

Der Krankenhausaufenthalt dauerte 4 Tage, jetzt konnte Leon noch ein bis zwei Wochen zur Erholung zu Hause bleiben, so hatte ich Zeit für mein Kind gewonnen.

Am Tag von Leon's Krankenhauseinweisung hatte ich die Sekretärin am Telefon, diese Frau war immer sehr nett und so bekam ich von ihr auch gute Besserungs-Wünsche für Leon. Ich hoffte dieses Mal Frau Seidel, Leons Klassenlehrerin ans Telefon zu bekommen, ich wollte gleich fragen, wie wir es gemeinsam schaffen könnten, dass Leon wieder halbwegs angstfrei zur Schule gehen könnte. Leider bekam ich von dieser Schule keinen Vorschlag wie wir Leons Leben hätten erleichtern können. Frau Seidel hatte ich auch nicht erreichen können, stattdessen bekam ich die Direktorin Frau Wagner ans Telefon, sie machte mir gleich Vorwürfe, „Leon hat erzählt, Sie hätten ihm erlaubt zu schwänzen, dass geht so aber nicht. Und jetzt lassen Sie ihn auch noch operieren, kann dass denn nicht bis zu den Ferien warten." Ihr Ton mir gegenüber war wieder so richtig herzlich. Wie kann ein Mensch nur so übellaunig sein? Dachte ich bei mir, ich nahm die Dame nicht mehr ernst, niemand kann einen solchen Menschen ernst nehmen. Als Vorgesetzte würde die Frau mich verrückt machen. „Es musste sein, schließlich kommt die Gesundheit vor der Schule!" Antwortete ich. „ Sie bringen mir aber von allen Behandlungen ein Attest vom Arzt mit, auch von der Zeit zu Hause möchte ich ein ärztliches Attest haben!" Sie legte auf, ohne „Tschüs" zu sagen.

Es war mir eigentlich neu, dass minderjährige Schulkinder mehr als die Entschuldigung von den Eltern brauchen. Na ja, sie sollte ihre Atteste bekommen.

Nun überlegte ich mal wieder, einen Brief an den Herrn Dr. Paul, dem Vorgesetzten von Frau Freitag, vom Staatlichen Schulamt zu schreiben.

Ich musste diesen Frust, der sich durch das Telefonat mit Frau Freitag und das Gespräch mit Frau Wagner, in mir aufgestaut hatte loswerden. Wenn ich mich ungerecht behandelt fühle, muss ich etwas unternehmen um Frust abzubauen. Normalerweise spreche ich mit demjenigen mit dem ich eine Auseinandersetzung habe und versuche die Dinge so zu klären. Leider geht dass bei einigen Lehrern nicht, denn wie kann ich in Ruhe mit den beiden Damen sprechen und ihnen erklären, dass ich ihr Verhalten nicht in Ordnung finde und mich die Gespräche mit ihnen sehr geärgert haben? Das wäre verrückt! Also schrieb ich dem Herrn Dr. Paul vom Staatlichen Schulamt einen Brief:
Mein Brief an das Staatliche Schulamt
Vom 15.04. 2008

Sonderpädagogische Überprüfung meines Sohnes Leon, geb. 15.03.1999. Er besucht zurzeit die Grundschule, die dritte Klasse von Frau Seidel

Sehr geehrter Herr Dr. Paul,
Ihr sonderpädagogisches Gutachten habe ich erhalten. Ich habe daraufhin ein Telefonat mit Frau Freitag am 10.04.2008 geführt, dass mich sehr beunruhigt hat. Frau Freitag sagte mir, dass eine Zuweisung an eine staatliche Sonderschule auch ohne mein Einverständnis bis spätestens Anfang Juni, also noch vor den Sommerferien erfolgen wird. Diese Anordnung würde, wenn nötig mit staatlicher Gewalt erzwungen werden.
Der Termin in der KJP, der sich leider um etliches verschoben hat und deren Diagnose und Beschulungsvorschläge würden bei Ihrer Entscheidung nicht mehr berücksichtigt.

Ich habe diesbezüglich Informationen über das hessische Schulgesetz eingeholt. Dieses besagt, dass bei einer Autistischen Erkrankung (Asperger), wie sie bei Leon vorliegt, ein pädagogisches Gutachten nicht ausschließlich von einem Sonderschullehrer erstellt werden kann. Eine Lern- und Erziehungshilfe ist bei Leon auf diesem Wege nicht festzustellen, da beide Symptome Teil seiner Behinderung sind und nur von einem erfahrenen Psychologen diagnostiziert werden kann. Leon wurde schon so oft überprüft, daher möchte ich Sie bitten keinen Schulpsychologen

mehr einzuschalten, sondern Ihre Entscheidung bis zum Ergebnis der Kinder- und Jugendpsychiatrie zurückzustellen.
Außerdem möchte ich Sie nochmals darum bitten, die Zurückstufung Leons in die zweite Klasse zu überdenken und zum Wohle des Kindes zu entscheiden. Leon beherrscht lt. Überprüfungsverfahren den Stoff der zweiten Klasse, den der Dritten aber nicht. Er ist im Moment total überfordert und er benötigt eine Entlastung bis die Untersuchungen in der KJP abgeschlossen sind.
Bei dem Gespräch mit Frau Freitag habe ich erfahren, dass ein Integrationshelfer im Schuldeutsch Schulassistent heißt, den ich nicht bei Ihnen sondern beim Landkreis beantragen muss. Dieses werde ich in naher Zukunft auch tun.
Falls noch irgendwelche Unterlagen oder Anträge von Ihnen benötigt werden, möchte ich Sie höflich bitten, mich davon in Kenntnis zu setzen.
Meine Telefonnummer:

Für Ihr Bemühen und Ihr Verständnis bin ich Ihnen sehr dankbar und verbleibe
mit freundlichen Grüßen

Das Schulamt meldete sich auch hierauf nicht, es meldete sich überhaupt nicht mehr, ich rief an und erreichte niemanden, es war wie verhext. Ich saß wie auf heißen Kohlen, nichts geschah. Leon's Krankenhausaufenthalt war vorbei, er fühlte sich topp fitt, er hatte noch nicht einmal Schmerzen, wenn er auf Toilette ging. Er ging zwar immer noch etwas gebückt, aber sonst war er voller Energie und Tatendrang. Ich musste versuchen ihn ruhiger zu halten, da sonst die Narbe von der Hodenoperation wieder aufplatzen würde, also ließ ich ihn weiter Gameboy spielen. Dies war ein großer Fehler, dieser Gameboy bringt mein Kind dazu in eine Fantasiewelt abzurutschen. Diese Reaktion zeigte Leon immer wenn er Sonic spielte. Sonic ist ein ganz schnelles Spiel, die Hauptfigur ist eine katzenähnliche Gestalt, die auf zwei Beinen läuft und Ringe und Punkte sammeln muss, außerdem muss sie über Hindernisse springen und Gegner besiegen. Leon wartete schon als kleines Kind auf den Endgegner. Egal was er für ein Videospiel spielte, am Wichtigsten war der Endgegner. Er schrie wenn er gegen diesen verlor und jubelte wenn er ihn besiegte. Er war bei

diesem Spiel ständig in Bewegung und zappelte auf dem Sofa herum. Diesmal konnte ich ihn mit dem Gameboy dazu bringen liegen zu bleiben.
Eine Zeit lang dachte ich Leon sei „Hyperaktiv“, aber alle, die es wissen müssen antworteten ein Klares „Nein“ zu dieser Frage. In solchen Momenten war ich nicht sicher ob er nicht doch hyperaktiv ist.
Leon blieb noch eine Woche zu Hause und ging dann freudestrahlend wieder zur Schule. Er hatte die Schule vermisst, komischerweise!? Mein Sohn ist oft sehr seltsam, ich verstand ihn einfach oft überhaupt nicht. Erst wehrt er sich mit Händen und Füßen um nicht zur Schule gehen zu müssen, er fühlt sich abgelehnt, als Versager und ist tief deprimiert, nun wollte er wieder zur Schule gehen und freute sich darauf. Besonders auf seine Frau Graf, die er oft während seines Krankseins erwähnt hatte.
Also schickte ich meinen Sohn wieder zur Schule und hoffte, dass er sich anständig benehmen würde und dass dieser Zustand noch lange anhalten würde.
Ich setzte mich mit dem Autistischen Zentrum in Verbindung und wollte gerne wissen, wie es denn jetzt im Hinblick auf eine Therapie und Elternberatung aussehen würde.
Ich versuchte mehrmals Frau Wichert eine der Therapeutinnen zu erreichen, welches nicht sehr einfach war, da diese Frau ständig in Therapien war.
Frau Wichert war sehr nett, konnte mir aber auch nicht weiterhelfen, sie setzte mich davon in Kenntnis, dass eine Therapie und Elternberatung erst erfolgen kann, wenn eine ärztliche Diagnose vorliegt und vom Jugendamt eine Kostenübernahme garantiert worden ist. Frau Wichert wollte sich noch einmal mit Frau Stöber in Verbindung setzen, um nach einer Diagnose zu fragen.
Hierauf schrieb Frau Stöber mir ein Attest, welches ich an das Autistische Zentrum schicken sollte, in der Hoffnung, dass dieses Schreiben evtl. für eine Kostenübernahme ausreichen würde. Hierauf schrieb ich einen Brief an Frau Wrobel vom Autismus-Therapie-Institut, mit Datum vom 2008-04-28
Sehr geehrte Frau Wrobel,
nach Ihrem Gespräch mit Frau Stöber (KJP) hat diese mir ein Attest für Leon zukommen lassen, welches in der Anlage beigefügt ist.

Bei meinem letzten Termin mit Frau Kröger (Jugendamt) am 24.04.2008 sind wir die Anträge zur Kostenübernahme für das Autistische-Zentrum und einer Schulassistenz durchgegangen und haben festgestellt, dass wir nur bei ganz genauen Angaben (eine Diagnose) eine Chance auf Übernahme der Kosten haben.
Ich werde das Attest von Frau Stöber trotzdem dem Jugendamt weiterleiten.
Leon ist lt. Frau Stöber nun auf dem 2. Platz zur stationären Aufnahme gerutscht. Ich hoffe, dass er nun im Mai aufgenommen wird und der Spuk endlich ein Ende hat.
Ich habe mir mit Frau Noll am 22.04.2008 eine Körperbehinderten-Schule angesehen, welche mich sehr beeindruckt hat. Dem Schulamt habe ich mitgeteilt, dass ich mir diese Schule gut vorstellen kann.
Ich möchte mich bei Ihnen für Ihren Einsatz und Ihre Bemühungen bedanken, besonders, dass Sie mir in unserem letzten Gespräch geduldig zugehört haben.

Mit freundlichen Grüßen
Regina Schulz

Attest Frau Stöber Kinder- und Jugendpsychiatrie
Der o. g. Junge ist uns seit Oktober 2007 bekannt. Bei dem Kind bestehen erhebliche Verhaltensauffälligkeiten, die ihn in seiner schulischen Entwicklung erheblich beeinträchtigen und im Schulalltag zu Konflikten führen. Eine Begleitung des Kindes im schulischen Alltag durch eine Schulassistenz ist dringend erforderlich.
Ein Attest von Frau Stöber (KJP)
Der o. g. Junge ist uns seit Oktober 2007 bekannt. Bei dem Kind bestehen erhebliche Auffälligkeiten im Bereich der sozialen Interaktion, des Kontaktes und des Kommunikationsverhaltens, sowie Verhaltensbesond erheiten, wie sie aus dem autistischen Formenkreis beschrieben werden. Eine stationäre Behandlung zur genauen diagnostischen Abklärung mit dem Verdacht auf Asperger-Autismus ist erforderlich und geplant. Im Anschluss an die stationäre Behandlung wird in jedem Fall eine ambulante Therapie notwendig sein.

Ein Schreiben auf Kostenübernahme vom Autismus-Therapie-Institut An das Jugendamt und an die gesetzliche Krankenkasse.

Pro Forma wird diese Kostenübernahme an die gesetzliche Krankenkasse gesendet, diese wird generell die Kostenübernahme für das Autismus-Institut ablehnen.

Das Jugendamt bzw. der Landkreis Abteilung JA. wird um eine Kostenerstattung gebeten. Diese werden evtl. die Kosten für eine Therapeutische- Behandlung übernehmen, wenn kein Fehler in der Beantragung entstanden ist. Von daher muss eine Beantragung auf Kostenübernahme vollkommen wasserdicht sein und muss letztendlich vom Gesundheitsamt bestätigt werden.

Antrag der Eltern auf Erstattung der Kosten für eine therapeutische Behandlung ihres Kindes, Leon Schulz, geb. 15.03.1999

Sehr geehrte Damen und Herren,

wir beantragen hiermit die Erstattung der Kosten für die Behandlung im Autismus-Therapie-Institut als Eingliederungshilfe. Die Behandlung umfasst eine behindertenspezifisch angelegte Einzeltherapie von 40 Therapieeinheiten und Beratung.

Sie ist eine Maßnahme der Eingliederungshilfe für seelisch Behinderte nach §35a KJHG. Häusliche Einsparungen entstehen nicht.

Diesem Antrag beigefügt sind bzw. werden nachgereicht eine fachärztliche Stellungnahme mit Verordnung und der Bescheid der zuständigen Krankenversicherung wegen evtl. Kostenbeteiligung.

Ralf Schulz,
Regina Schulz

Frau Noll vom Jugendamt und ich versuchten nun schon seit Oktober 2007 für Leon eine Diagnose von einem Facharzt zu bekommen, damit der Junge endlich auf diese Warteliste vom Autistischen Zentrum kommt. Es war wirklich zum Verzweifeln, wie wir den Bescheid vom Autistischen-Zentrum bekommen hatten, das diese Leon zur Therapie annehmen wollten, haben Frau Noll und ich uns gefreut. Dass muss man sich mal vorstellen, ich habe mich gefreut, dass mein Sohn ein Autist ist. Wie verzweifelt muss man sein, wenn einem solch eine Nachricht freut. Ich habe mich hinterher entsetzlich dafür geschämt, aber diese Diagnose war endlich mal etwas, mit dem Frau Noll und ich eine Möglichkeit hat-

ten, Leon richtig zu unterstützen. Wir haben nur gesehen, dass wir Leon jetzt adäquate Hilfen zukommen lassen konnten. Eine Besserung all dieser Probleme war unser beider Hoffnung. Leider wurde die Situation trotzdem nicht leichter. Wir bekamen keine Diagnose, also auch keinen Platz auf dieser blöden Warteliste und die Hilfen für Leon rückten mal wieder in weite Ferne.
Als die Schule von dieser Anfangsdiagnose erfahren hatte, wurde alles nur noch schlimmer. Ich hatte das Gefühl, die wollten sich jetzt richtig beeilen, um Leon loszuwerden.

Brief vom Landkreis – Kreisausschuss –
Verlängerung einer ambulanten Betreuungsmaßnahme nach §§ 27 ff. Sozialgesetzbuch Achtes Buch (SGB VIII) für Ihren Sohn Leon, geb. 15.03.1999
Ihr Antrag vom 30.05. 2006

Sehr geehrte Eheleute Schulz,
durch den Beschluss der Erziehungskonferenz vom 15.04.2008 wurde die Verlängerung der ambulanten Einzelbetreuungsmaßnahme für Ihren Sohn Leon beschlossen.
Die Hilfe wird ab 1.04.2008 weitergeführt und wird zum 31.08.2008 beendet. Weitere Informationen erhalten Sie von Frau Kröger oder Frau Noll bzw. von dem Unterzeichner.

Rechtsbelehrung:
Gegen diesen Bescheid können Sie innerhalb eines Monats nach Zugang schriftlich oder zur Niederschrift Widerspruch beim Kreisausschuss des Landkreises, Jugendamt einlegen.
Mit freundlichen Grüßen

Wir jubelten in unserer Familie, als wir erfuhren, dass Frau Noll noch ein halbes Jahr Betreuung für Leon bekommen hatte. Ich war besonders froh, denn Frau Noll war bisher für Leon und auch für mich eine sehr wichtige Unterstützung.

Eine Stellungnahme von Frau Noll

Frau Noll, die Leon seit Oktober 2006 betreut, berichtet, dass auch sie wahrnehme, dass Leon sonderpädagogischen Betreuungsbedarf in der Schule hat. Sie bestätigte die starken Schwankungen in Leons Leistungsfähigkeit, wobei sie wie Herr Wolter (SPZ) eine Verfügbarkeitsstörung bei Leon sieht, die es ihm unmöglich macht konstante und seinen Fähigkeiten angemessene Leistungen zu erbringen. Bei Leon liegen emotionale Blockaden und Gefühlsstörungen vor, die sich besonders stark auf den Schulbesuch auswirken. Seit Beginn der Betreuung hat Leon in seiner persönlichen Entwicklung große Fortschritte gemacht, er ist ruhiger und leichter ansprechbar geworden und muss überschüssige Energien nicht an Schwächeren abreagieren. Dies hat sich aber nicht positiv auf seine schulische Entwicklung ausgewirkt. Nach Vorstellung beim Autismus-Zentrum, ist davon auszugehen, dass bei Leon ein Asperger-Syndrom vorliegt. Zur weiteren Untersuchung/Diagnostik soll Leon stationär in der Kinder- und Jugendpsychiatrie aufgenommen werden.

Nach Frau Noll's Auffassung sind sicherlich noch weitere Fortschritte in seiner schulbezogenen und persönlichen Entwicklung zu erwarten, wenn geeignete therapeutische Maßnahmen eingeleitet worden sind. Sie findet, dass Familie Schulz und Leon Zeit gegeben werden sollte, bis eine Klärung durch die KJP stattgefunden hat. Wegen der Belastenden Schulsituation bei fehlender adäquater Hilfestellung ist Leon in der Schule in letzter Zeit oftmals stark überfordert. Dies hat sich auch auf seine psychische Gesundheit ausgewirkt, so hat Leon psychosomatische Störungen, wie Schlafstörungen, Bauchschmerzen, Albträume/Ängste entwickelt. Frau Noll unterstützt von daher den Antrag der Eltern auf Rückversetzung Leons in die zweite Klasse. Es würde ihn psychisch entlasten und den beauftragten Fachkräften Zeit geben adäquate Lösungen zu finden.

Sollte ein Schulwechsel nötig werden, ist aus Frau Noll´s Sicht darauf zu achten, dass Leon nicht auf eine Schule zugewiesen wird, bei der gehäuft extrem und auffällig sich verhaltende Kinder und Jugendliche unterrichtet werden. Da Leon eine besondere Affinität zu solchen Kindern und Jugendlichen hat, sieht sie dann eine Gefährdung seiner Entwicklung gegeben.

Die emotionalen Blockaden konnten im letzten Jahr immer wieder in verschiedenen außerschulischen Aktivitäten durchbrochen werden. So nimmt Leon regelmäßig begeistert und begabt am Keyboard-Unterricht teil. Er hat sich gut in eine Kindergruppe beim therapeutischen Reiten integriert, insgesamt hat ihn der Umgang mit den Pferden emotional und körperlich gefestigt. Bei beiden Aktivitäten fanden überraschend schnelle Lernprozesse statt. Leon besucht außerdem seit 2 Jahren die Jungschar der evangelischen Gemeinde und ist auch da als vollwertiges Mitglied anerkannt. Frau Noll hat festgestellt, dass Leon positive Lernerfahrungen macht, wenn er einen Bezug zur Anleitung hat und sich akzeptiert und angenommen fühlt. Leon benötigt eine starke Bindung an eine auf ihn speziell eingehende Bezugsperson um stabil an Lernprozessen teilnehmen zu können.

Bisher war es so, dass Frau Noll vom Jugendamt die einzige Person in diesem ganzen Drama war, auf die ich mich verlassen konnte. Sie war die Einzige, die sich ein Bild von meinem Sohn machte und sich die Mühe machte Leon richtig kennen zu lernen. Sie versuchte auch weiterhin vehement in der KJP einen der Chef bzw. Oberärzte zu erreichen. Sie hatte es tatsächlich geschafft, nach vielen Fehlversuchen hatte eine Krankenschwester Mitleid mit Frau Noll, die nicht nachgelassen hatte. Sie schilderte dem Oberarzt die verfahrene Situation um Leon und berichtete ihm, dass der Junge dringend eine Diagnose brauchte um auf die Warteliste des autistischen Zentrums zu kommen. Zusagen konnte der Arzt auch nicht machen, er versprach allerdings, sich mit dem Autistischen Zentrum in Verbindung zu setzen und er wollte versuchen Leon schon ab dem Tag seiner Vorstellung im Autistischen- Zentrum auf die Warteliste zu bekommen. Das würde bedeuten, dass Leon seit Oktober 2007 auf dieser Liste stehen würde. Ich hoffte nun inständig, dass dies nicht wieder eine der leeren Versprechungen war, die sich hinterher als Seifenblase verflüchtigen würden.

Auch Pfarrer Schleich sah meinen Sohn anders als die Lehrer in der Schule und bekundete dies immer wieder.

Bei den Lehrern gab es anfänglich auch unterschiedliche Stellungnahmen über Leon, seine Musiklehrerin Frau Greif und Frau Paulsen, beide sind Lehrerinnen der zweiten Klasse, berichteten mir, dass Leon ein lieber

Junge sei, der seine Klassenkameraden imitieren würde, sie hielten ihn für einen harmlosen Mitläufer.

Nach meinen ständigen Auseinandersetzungen mit Frau Wagner, der Direktorin habe ich bemerkt, dass sich die Lehrer zurückgezogen hatten. Sie trauten sich nicht mehr, ihre Meinung bezüglich Leons öffentlich zu machen.

Ich hatte eigentlich vor, dem Schulamt die Situation in der Regelschule nahe zu bringen.

Bisher hatte ich vom staatlichen Schulamt immer nur gehört, dass die Beamten vom Staatlichen Schulamt in jeder Situation hinter seinen Lehrern stehen. Das sind nicht nur meine Erfahrungen, sonder auch die von anderen Müttern. Ich habe von etlichen Müttern in Gesprächen erfahren, dass sie Beschwerdebriefe ans staatliche Schulamt geschrieben hatten und nie Antwort bekamen. Z.B. Versuchten einige Eltern in der Vergangenheit wie auch in der Gegenwart auf das Verhalten von Herrn Schmidt aufmerksam zu machen. Dieser Lehrer ist bereits über 20 Jahre an dieser Grundschule und das Schulamt hat nie auf irgendwelche Beschwerdebriefe reagiert.

Ich erinnere mich an die Schulzeit meiner Töchter. Ines und ihre Klassenkameradinnen wurden ständig von einem Jungen geschlagen. Wir Mütter schrieben alle einen Brief an die Schulleitung, diese Beschwerdebriefe wurden an das Staatliche Schulamt weitergeleitet. Leider hatte sich an dem Verhalten des Jungen nichts geändert. Als Ines in dem Schulbus auf dem Weg nach Hause böse von diesem Jungen verprügelt wurde, sind wir zur Polizei gefahren und haben eine Anzeige wegen Körperverletzung gemacht. Der Junge war zwar erst 13 und somit nicht Strafmündig, aber wir wollten ihm nur einen gehörigen Schreck einjagen. Dies funktionierte sehr gut, nachdem die Polizei bei ihm zu Hause war, hat er die Mädchen nicht mehr geschlagen. Glück gehabt!

Da das Schulamt sich bei mir überhaupt nicht mehr meldete und ich keine Lust darauf hatte, meinen Sohn doch noch durch Polizeigewalt zu einer dieser Schulen abführen zu lassen, recherchierte ich in Schulgesetzen. Bei meinem Brief an Herrn Dr. Paul hatte ich mit dem Schulgesetz geblöfft. Nun wollte ich etwas Passendes finden, was diesen Brief rechtlich untermauerte und suchte im Internet alles raus, was ich über die Förderung von Behinderten im Hessischen Schulwesen finden konnte.

Leider hatte die Schule die Behinderung meines Sohnes noch nicht anerkannt, aber es bestand eine Anfangsdiagnose auf Asperger-Autismus, dass konnte auch das Schulamt nicht einfach ignorieren.

Herr Hohmann vom BFZ hatte in seinem Sonderpädagogischen Gutachten unter der Rubrik „Förderung“ alles aufgeschrieben, was zur Förderung eines Asperger-Autisten benötigt wird. Das konnte das Schulamt nicht ignorieren.

Ich versuchte noch einige Mal Herrn Dr. Paul telefonisch zu kontaktieren, leider ohne Erfolg.

Meine Nichte Verena half mir dabei das Internet nach interessanten Schulverordnungen durchzuforsten. Da Herr Dr. Paul nicht zu erreichen war, musste ich mir etwas einfallen lassen, damit der Herr endlich einmal reagierte und ich einen angemessenen Beschulungsvorschlag von ihm erhielt. Das Schulamt hatte sich auch noch nicht wegen der Rückversetzung von Leon gerührt.

Herr Hohmann erklärte mir bei einem Gespräch, dass es so gut wie unmöglich sei, an der Entscheidung der Lehrerkonferenz etwas zu ändern. „Schulbürokratie! Flexibilität und vernünftige Änderungen scheitern an ihren getroffenen Entscheidungen, die keiner mehr rückgängig machen kann!“

Ich war voller Wut und Verzweiflung, nichts funktionierte, mein Kind litt entsetzlich, er konnte nun auch nicht mehr richtig reiten, er wurde total unsicher und legte sich nur noch auf den Pferderücken um den Himmel anzuschauen.

Er schrie und tobte wenn er in die Schule gehen sollte. Die Klassenlehrerin war nicht mehr zu erreichen, Leon machte in der Betreuung Schwierigkeiten und ich traute mich nicht mehr in die Schule zu gehen, da ich angst hatte etwas unüberlegtes zu tun, wenn die Frau Wagner mir über den Weg laufen würde.

Frau Stöber von der KJP vertröstete mich, sie wollte keine ambulante Therapie mit Leon mehr beginnen, Leon stand nun auf Platz 2 der Warteliste und wir sollten warten, warten, warten!

Trotz meiner Bemühungen im Internet etwas zu finden, was mir weiterhelfen könnte, fand ich nichts. Ich hatte keine Idee was ich tun könnte.

Ich versuchte noch eine andere KJP zu finden, in der Hoffnung ganz schnell einen Platz für meinen Sohn zu finden. Es gab auch bei anderen Kinder- und Jugendpsychiatrien auf die Schnelle keinen Platz. Im Gegenteil, die Erstgespräche hatten Wartezeiten von 1 bis 2 Monaten. Was nun? Es kam kein Lichtlein, kein Geistesblitz.

Durch Zufall sprach mich eine Mutter auf der Straße an, die von meinen Problemen von meiner Nachbarin gehört hatte, diese Mutter erzählte mir eine unglaubliche Geschichte, ihr Sohn Fabian ist in der fünften Klasse einer Gesamtschule, die er nur mit ganz vielen Schwierigkeiten erreicht hatte. Seit der Kindergartenzeit war dieser Junge auffällig und seit dieser Zeit versuchten die Eltern herauszufinden was mit ihrem Sohn nicht stimmt. Er hatte bereits eine Beistandschaft vom Jugendamt, war 8 Wochen in einem Kinderkrankenhaus der Psychiatrischen-Abteilung und war auch schon etliche Wochen im betreuten Wohnen untergebracht worden. Die Mutter war mit dem Jungen im SPZ gewesen und hatte etliche Kinder- und Jugendpsychologen aufgesucht. Keiner konnte ihr helfen. Der Junge hatte ständig Ärger in der Schule, er machte keine Hausaufgaben und arbeitete nicht mit, schrieb aber trotzdem gute Noten. Dieser Tatbestand hat ihn bis heute davor bewahrt in die Schule für Erziehungshilfe oder Lernhilfe abgeschoben zu werden. Leider waren alle Bemühungen der Eltern dem Jungen zu helfen fehlgeschlagen. Seit über fünf Jahren versuchten die Eltern nun herauszufinden, was mit ihrem Jungen nicht stimmt. In sämtlichen Institutionen wurde ihnen mitgeteilt, dass bei dem Jungen nichts Ungewöhnliches festzustellen sei. Die schulischen Probleme sind dabei immer mehr geworden und die Problematik zu Hause ist kaum noch lösbar. Diese Eltern waren irgendwie am Ende und hatten überlegt, ihren Sohn in ein Heim zu geben. Ich hatte ein längeres Gespräch mit dieser Mutter, die ebenfalls vehement für ihr Kind kämpfte wie ich, es gab viele Parallelen zu Leon. Nur hatte diese arme Frau schon viel mehr Institutionen aufgesucht und war schon fünf Jahre dabei eine Lösung zu finden. Sie wartete auch schon seit fünf Jahren auf den Bericht des SPZ. Ich konnte das kaum glauben, aber es ist wirklich Wahr! Wir waren beide zurzeit sehr ratlos und als wir uns trennten hatte ich einen riesigen Frosch im Hals.

Kurz darauf traf ich eine Bekannte, die ebenfalls von Leons' Schwierigkeiten gehört hatte und erzählte mir von einem Jungen, der in der Regelschule überhaupt nicht mitkam. Dieser Junge war total unglücklich, wurde aber die 4 Jahre Grundschule mitgeschleppt und kam an eine weiterführende Gesamtschule. In dieser Gesamtschule versuchte man diesem Jungen zu helfen, da er fast unter dem riesigen Leistungsdruck zerbrochen wäre. Ein aufmerksamer Lehrer fand heraus, dass dieses Kind unter ADHS leidet. Durch das Eingreifen dieses beherzten Lehrers wurde der Junge nun auf ADHS behandelt und ein Schulwechsel auf die Montesuri-Schule wurde veranlasst. Die Montesuri-Schule ist ebenfalls eine der Schulen mit ganz langer Warteliste, trotzdem bekam dieser Junge durch das Eingreifen eines Lehrers einen Platz. Jetzt geht es diesem Kind endlich gut und er braucht sich nicht mehr täglich in die Schule zu quälen.

Diese Mutter sagte mir klipp und klar: „Sieh zu, dass du dein Kind aus dieser Grundschule raus bekommst. Unsere Schule hier im Ort ist eine miserable Schule, die haben hier keine Ahnung von Kindern. Leon braucht dringend eine Schule, in der er von dem Lehrpersonal gemocht und angenommen wird. Hier wird er von der Direktorin abgelehnt und muss euren Streit ausbaden. Das Kind wird daran zerbrechen. Bei Frau Wagner brauchst du gar nicht erst versuchen Frieden zu schließen. Bei dieser Frau hat Leon keine Chance, nur damit sie Recht behält wird sie das Kind dafür opfern!“

Ich habe in der letzten Zeit viele dieser Ratschläge von anderen Müttern, selbst von anderen Lehrern bekommen.

Viele Lehrer haben mir bei meinen Telefonaten mit Schulen und Schulbehörden sehr viel Kraft und Durchhaltevermögen gewünscht. Ich bekam sehr viel Verständnis und einige dieser Lehrer hatten mit Kindern Erfahrung, die in der Schule schlecht sind und in Freizeitaktivitäten ein vollkommen anders Verhalten an den Tag legten. Psychologen wie auch Lehrer haben mir bestätigt, dass viele Kinder auf staatlichen Lernhilfe bzw. Erziehungshilfe Schulen landen, obwohl sie da nicht hingehören. Ohne Diagnostik und ohne Therapien werden die Kinder umgeschult, das ist der einfachste Weg, sich dieser Kinder zu entledigen. Offiziell würde das keiner laut aussprechen. Auch in diesen Berufen hält man sich bedeckt, da man Angst um Beruf und Karriere hat.

Nur was sollte ich jetzt tun, ich war einen weiten und harten Weg gegangen, da wollte ich nicht vor dem Ende schlapp machen. Ich war tatsächlich so naiv zu glauben, wenn ich eine endgültige Diagnose über die Erkrankung meines Sohnes habe, geht es Berg auf und ich würde Hilfen bekommen, um meinen Sohn einen guten Bildungsweg zu ermöglichen und es würde mir geholfen mit seiner Behinderung besser umzugehen?! Reni kam kurz darauf nach Hause und überreichte mir etliche Unterlagen, die sie im Internet gefunden hatte. Das war genau was ich gesucht hatte.

Einstiegshilfen für den Unterricht von Kindern und Jugendlichen mit autistischem Verhalten

Herausgeber ist das Hessische Kultusministerium

Internet: www.kultusministerium.hessen.de

2. überarbeitete Auflage Mai 2007

Anhang

° Informationsblatt für Eltern zum Schulanfang

°Rechtsquellen, Internetverweise, Vereine und Verbände

°Literaturempfehlung

°Autorenverzeichnis

°Adressen der Landesfachberaterinnen und Landesfachberater

Diese Einstiegshilfen las ich mir durch und schrieb daraufhin einen Brief in dem ich alle Probleme der letzten Jahre zusammenfasste.

Ein Exemplar sendete ich an das Staatliche Schulamt zur Kenntnisnahme.

Ein anderes Exemplar sendete ich per E-Mail an die Pressestelle des Hessischen Kultusministerium:

Mein verzweifelter Brief an das Kultusministerium –Pressestelle- in Wiesbaden:

Vom 18.04.2008

Sehr geehrte Damen und Herren,

ich habe Ihre Einstiegshilfe für den Unterricht von Kindern und Jugendlichen mit autistischem Verhalten gelesen, (erschienen im Mai 2007, 2. überarbeitete Auflage).

Leider musste ich feststellen, dass die Wirklichkeit an den hessischen Schulen ganz anders aussieht.

Ich möchte Ihnen kurz mein Problem schildern und Sie auf diesem Wege bitten mir mitzuteilen an wen ich mich wenden kann, um wenigstens ein paar Rechte für eine Förderung meines Sohnes Leon durchsetzen zu können.

Mein Sohn Leon wurde am 15.03.1999 als 3. Kind geboren, er war immer etwas auffällig, aber nicht im negativen Sinn, er konnte mit drei Jahren alle Farben unterscheiden und auch benennen. Er konnte in englisch und französisch bis zwanzig zählen, natürlich auch in Deutsch und er konnte das französische Alphabet. Sein erstes Wort war Licht, sein Zweites war Markise. Leider hat er in diesem Alter auch keine Gefahren erkannt und ich konnte ihm diese auch nicht vermitteln. Als er in den Kindergarten kam habe ich mit Hilfe des Kinderarztes einen Integrationsplatz beantragt, dieser wurde auch genehmigt, außerdem habe ich mir Hilfe von der pädagogischen Frühförderung geholt und er hat Ergotherapie bekommen. Ein Logopäde stellte fest, dass seine sprachliche Entwicklung altersgerecht war.
Im Kindergarten lief alles sehr gut, durch die enge Zusammenarbeit aller Beteiligten war Leon ein glückliches, sehr aufmerksames und aufgewecktes Kind.

Die großen Schwierigkeiten begannen dann in der Schule, die Direktorin die ihn auf der Regelschule einschulen sollte, lehnte dies ab, mit der Begründung Leon könne nicht rechnen bei ihm war 3plus3 =33, sie wollte ihn auf eine Sprachheilschule mit anschließender Umschulung zur Schule für Lernhilfe schicken.
Ich habe daraufhin zusammen mit der pädagogischen Frühförderung einen Antrag auf „Gemeinsamen Unterricht" beim staatlichen Schulamt gestellt. Dieser wurde abgelehnt, da die Überprüfung einen IQ von 145% ergab. Das erste Halbjahr in der Schule verlief dann super, die Lehrerin war voll des Lobes und rühmte Leon's hohe Intelligenz, leider wurden Gespräche um die ich bat immer abgelehnt, da alles super war.
Nach einem halben Jahr hatten wir dann die Bescherung, Leon's Verhalten war plötzlich unmöglich, Im Wechsel waren seine Leistungen unmöglich.
Dann fing das BFZ an Leon zu testen und zwar einen Test nach dem anderen. Ich habe den Überblick verloren, wie viele es waren und sie waren alle schlecht. Plötzlich war mein Kind zu einem Lernhilfekind ge-

worden. Meine Kontakte zum SPZ veranlassten die Lehrer Leon von einem Lernhilfekind zu einem Erziehungshilfekind umzufunktionieren (das SPZ hatte festgestellt, das Leon keine Lernhilfe benötige, er hatte dort einen IQ von 110%). Leider hat sich der Herr vom SPZ vorzeitig verabschiedet, er wollte keine Diagnose stellen.
Ich habe dann beim Jugendamt eine Beistandschaft beantragt, die ich auch genehmigt bekommen habe, diese Frau ist auch die einzige Hilfe und Unterstützung die mir geblieben ist. Das Jugendamt hat jetzt entschieden, dass mir die Beistandschaft noch bis zum 31.08.2008 zur Seite stehen darf.
In der Zwischenzeit bin ich bei Herrn Dr. Arnold, Kinder- und Jugendpsychologe gewesen, der es aber grundsätzlich abgelehnt hat, eine Diagnose zu stellen. Leon hat sich mit Händen und Füßen gewehrt und wollte dort nicht mehr hingehen. Also habe ich diese Behandlung aufgegeben und habe mich an das autistische Therapiezentrum gewannt, die Leon gleich bei sich aufnehmen wollten. Wie die Frau vom Jugendamt und ich vermutet haben wurde dort eine vorläufige Diagnose auf Asperger gestellt.
Das Autistische-Zentrum arbeitet mit der KJP zusammen, wohin ich auch gleich wegen einer Diagnose gegangen bin, die Diagnose brauch ich, um eine Kostenübernahme vom Autistischen-Zentrum zu bekommen. Die KJP versprach mir, Leon bis Ende Januar einen Platz in ihrer Klinik zur Verfügung zu stellen, auf diesen Platz warte ich bis heute noch.
Ich habe bis heute noch keine Diagnose, also keinen Platz auf der Warteliste des Autistischen-Zentrums, auch keine beratenden Gespräche bis zur Kostenübernahme, keinen Behindertenausweis, keinen Schulassistenten, keine Anerkennung der Behinderung in der Schule, keine wirkliche Beratung für die richtige Beschulung, keinerlei Hilfen.
Das Schlimmste an dieser Situation ist die Hilflosigkeit von der Jugendamtsmitarbeiterin und mir, uns wird jede Kompetenz vom Schulamt abgesprochen. Auch dem Pfarrer unserer Kirchengemeinde, der Leon gut kennt und bei dessen Veranstaltungen Leon ohne Probleme teilnimmt, hat Versuche unternommen Leon in Sachen Schule zu helfen, werden jegliche Kompetenzen vom Schulamt abgesprochen.
Nun ist es soweit, dass das Schulamt eine Schulzuweisung Anfang

Juni vornehmen wird. Wenn nötig mit staatlicher Gewalt, so die Dame vom Schulamt, wird Leon in die nächste staatliche Lernhilfe bzw. Erziehungshilfeschule umgeschult. Das Schulamt berücksichtigt dabei die noch ausstehenden Untersuchungen der KJP nicht.
Meines Erachtens und auch lt. Stellungnahme des Sonderpädagogischen Gutachtens wird Leon sich den dort oft unterrichteten strukturlosen Kindern bereitwillig anschließen, welches bei Autisten mit großen sozialen Problemen oft der Fall ist.
Ich habe mal wieder dem Sonderpädagogischen Gutachten und der daraus resultierenden Entscheidung des Schulamtes widersprochen, leider wird meine Position gegenüber der Schule und des Schulamtes immer schwächer und ich habe kaum noch Chancen dort ernst genommen zu werden. Ich möchte aber meinen Sohn auf keinen Fall aufgeben und benötige dringend adäquate Hilfe. Die Jugendbeamtin und ich sind nun fast seit zwei Jahren am Kämpfen um für meinen Sohn eine gute und sinnvolle Beschulung zu bekommen, die seiner Behinderung angemessen ist.
Was ich Ihnen hier geschildert habe sind nur die notwendigsten Details dieser Geschichte. Die Dame vom Jugendamt und ich haben noch viele andere Versuche gestartet um Leon aus seiner verfahrenen Situation herauszuhelfen, das Kind leidet zunehmend und die Situation wird immer unerträglicher. Wenn das Jugendamt die Beistandschaft im August beendet stehe ich ganz allein vor diesem riesigen Berg.
WAS WIRD DANN NOCH KOMMEN?
WIE WERDE ICH DAS ALLES SCHAFFEN?
WIE KANN ICH MEINEM KIND HELFEN?

Ich hoffe sehr, von Ihnen eine Antwort zu erhalten und möchte mich im Voraus für Ihre Bemühungen bedanken.
Mit freundlichen Grüßen

Dieses Schreiben habe ich per E-Mail an das Kultusministerium gesendet.
Eine Kopie hat das Staatliche Schulamt erhalten, welches sich nicht darauf gemeldet hat! Das Staatliche Schulamt hat sich überhaupt nicht mehr gemeldet!

Ich war wirklich der Meinung, dass sich jetzt etwas ändern würde, dass man auf meine Probleme aufmerksam werden würde.
Leider hielt das Staatliche Schulamt es nicht für nötig auf diesen Brief zu reagieren.
Irgendwie regierte das Schulamt auf keine meiner Briefe, ich bekam noch nicht einmal Bescheid, dass die ganzen Schreiben von mir überhaupt dort angekommen waren.
Auch meine Telefonanrufe waren für die Katz, keiner der zuständigen Herren war für mich zu sprechen. Enttäuschung machte sich in mir breit und ich hatte das Gefühl, alles wäre umsonst gewesen.
Am 25. April 2008 habe ich eine E-Mail von Hessischen Kultusministerium erhalten

Sehr geehrte Frau Schulz,
ich habe Ihre E-Mail bezüglich Ihres Sohnes Leon erhalten und werde, diesbezüglich Kontakt mit dem Staatlichen Schulamt aufnehmen. Bitte haben Sie Verständnis dafür, dass ich ohne Kenntnis der genauen Situation vor Ort zunächst einen Bericht anfordern werde.
Mit freundlichen Grüßen

Endlich mal eine positive Nachricht, mir fiel echt ein Stein vom Herzen und ich fasste wieder neuen Mut. Jetzt musste ich nur am Ball bleiben und durfte diese Chance nicht verstreichen lassen.
Die Anforderung von Leons' Unterlagen, vom Hess. Kultusministerium, würde beim Staatlichen Schulamt erst einmal für Verwirrung sorgen. Aus Erfahrung weiß ich, dass dieser Zustand nicht sehr lange anhalten würde und ich jetzt meine Forderungen stellen musste, bevor wieder alles im Sand verlaufen würde. Also schrieb ich erst einmal einen Brief mit meinem Schulwunsch für Leon.

Mein Schreiben an das Staatliche Schulamt vom 28.04. 2008

Leon Schulz, geb. 15.03. 1999, er besucht zurzeit die Grundschule und ist in der 3. Klasse

Sehr geehrter Herr Dr. Paul,
anbei übersende ich Ihnen ein Attest der Kinder- und Jugendpsychiatrie, Leon ist jetzt auf dem 2. Platz der stationären Behandlung gerutscht. Ich hoffe, dass er im Mai endgültig in der Klinik aufgenommen wird.
Ich habe mir mit Leon zusammen am 22.04. 2008 die Schule für körperbehinderte Kinder angeschaut.
In dieser Schule werden auch Autisten beschult und ich könnte mir vorstellen, dass Leon dort gut aufgehoben wäre.
Ich hoffe, dass Sie meine Schreiben alle erhalten haben. Über eine kurze Stellungnahme würde ich mich freuen und verbleibe
mit freundlichen Grüßen
Anlage!
Leon Schulz, geb. 15.03.1999
Jugendpsychiatrische Stellungnahme zur Vorlage beim Jugendamt

Der o. g. Junge ist uns seit Oktober 2007 bekannt. Bei dem Kind bestehen erhebliche Verhaltensauffälligkeiten, die ihn in seiner schulischen Entwicklung erheblich beeinträchtigen und im Schulalltag zu Konflikten führen. Eine Begleitung des Kindes im schulischen Alltag durch eine Schulassistenz ist dringen erforderlich
Stöber (KJP)

Frau Noll schrieb ebenfalls am 23.April 2008 12.55 Uhr eine E-Mail an Frau Freitag vom Staatlichen-Schulamt:
Guten Tag Frau Freitag, ich war heute nur kurz im Jugendamt, so dass ich Sie nicht erreichen konnte. Ich würde sehr gerne mit Ihnen persönlich über die Umschulung Leons' reden. Frau Schulz, Leon und ich haben uns die Körperbehinderten-Schule auf Empfehlung des Oberarztes Dr. Weihmann der Kinder- und Jugendpsychiatrie angesehen. Herr Weihmann empfahl Schulen für körperbehinderte Kinder oder Sprachheilschulen für autistische Kinder.
Leon und Frau Schulz haben die Schule gut gefallen, beide können sich einen Wechsel an die Körperbehinderten-Schule vorstellen. Leon ist natürlich nicht vordringlich Körperbehindert, aber seine motorischen Fähigkeiten sind auf keinen Fall altersgerecht. Ihm fehlt es an Koordination und Körperspannung. Er hat große Schwierigkeiten sich im Raum zu ori-

entieren. Die kann wahrscheinlich auch sein Sportlehrer bestätigen. Ich habe vor etwa einem Jahr deswegen bei Leon mit Förderung der Motorik angefangen. Wir sind z.B. zu Querfeldein-Waldspaziergängen aufgebrochen. Leon war anfangs kaum in der Lage auf unebenem Gelände zu laufen, über umgefallene Bäume zu klettern. Seitdem geht er auch reiten. Erst musste er gestützt werden, da er keine Spannung hatte, um sich auf dem Pferd zu halten.

Inzwischen kann er sich ganz gut halten, aber seine Fähigkeiten beim Reiten sind sehr schwankend.

Ich möchte Sie bitten, mir mitzuteilen, wann ich Sie erreichen kann oder mich am Freitag früh anzurufen, da ich dann von 9-13 Uhr zu erreichen bin.

Mit freundlichen Grüßen
M. Noll
Sozialarbeiterin

Frau Noll erhielt keine Antwort auf ihre E-Mail. Das Staatliche Schulamt hat sich nicht einmal mit ihr in Verbindung gesetzt.

Wie schon gesagt, diese Frau ist nur eine Sozialarbeiterin! (Aussage von Frau Freitag, staatl. Schulamt).

Das Schulamt meldete sich immer noch nicht und so rief ich einfach beim Hessischen Kultusministerium an und unterhielt mich eine Weile mit Frau Neumeier, von der ich die E-Mail bekommen hatte und die meine Unterlagen angeforderte hatte. Frau Neumeier versprach mir, im Staatlichen Schulamt anzurufen und dort zu Veranlassen, dass sich jemand bei mir meldet.

Und „O-Wunder", kurz nach meinem Telefonat mit Frau Neumeier, rief Herr Dr. Paul bei mir an. Er überschlug sich vor Freundlichkeit, entschuldigte sich bei mir, dass er sich so lange nicht bei mir gemeldet hätte: „Es tut mir sehr leid, dass ich jetzt erst anrufe, ich bin aber leider vorher nicht dazu gekommen. Ich habe Ihre Schreiben erhalten und möchte Ihnen mitteilen, dass wir sämtliche Schulunterlagen an die Körperbehinderten-Schule geschickt haben, um diese um eine Aufnahme Ihres Sohnes zu bitten. Wenn Sie weitere Fragen an mich haben, scheuen Sie sich nicht mich anzurufen!"

Herr Dr. Paul war in den wenigen Telefonaten, die ich mit ihm geführt

hatte immer sehr freundlich und verständnisvoll gewesen. Aber alles was er gesagt hatte, war nur dazu gedacht mich zu beruhigen.
Mittlerweile habe ich durch einige Recherchen erfahren, wie die Hierarchie im Staatlichen Schulamt abläuft. Frau Freitag und ihre Kollegin treffen sämtliche Entscheidungen und Herr Dr. Paul ihr direkter Vorgesetzter übernimmt diese Entscheidungen und unterschreibt nur.
Dann gibt es noch einen Obersten-Boss, den Herrn Hiller, inwieweit dieser sich in schulische Belange einmischt ist mir bis dato noch nicht bekannt.
Jedenfalls war ich mit diesem Ergebnis erst einmal zufrieden und wartete auf Leon's Einweisung in die KJP.
Meine Angst vor diesem langen Krankenhausaufenthalt war immer noch da. Bei einer passenden Gelegenheit hatte ich mit Leon darüber gesprochen. Ich hatte im Vorfeld immer einmal Andeutungen über einen Urlaub, ein Feriencamp usw Leon gegenüber gemacht. Ich fragte ihn: „Wie würdest du es finden, wenn du mit anderen Kindern in Urlaub fahren könntest, ohne Mama und Papa?“ „Auf gar keinen Fall würde ich ohne euch in Urlaub fahren, ich hätte große Angst alleine zu sein. Außerdem bin ich gegen fremde Kinder allergisch!“ Er fing laut an zu niesen, um seine allergische Reaktion auf Kinder richtig zu betonen. Ich hatte daraufhin klipp und klar zu ihm gesagt: „Du musst demnächst in die KJP, aber nicht nur zu Gesprächen mit Frau Stöber, sonder richtig dort in das Krankenhaus. Dort musst du dann einige Wochen bleiben.“ „Auch Nachts, nie und nimmer gehe ich dort hin, dass kannst du vergessen!“ Leon blieb stur, ich versuchte ihm die Wichtigkeit dieses Aufenthaltes zu erklären, aber er verstand gar nicht, was ich von ihm wollte. Schließlich ließ ich mich wieder dazu hinreißen ihn durch das Versprechen auf einen langen Spieltag mit der Play-Station zu bestechen: „Wenn du ohne Theater zu machen in die KJP gehst, darfst du einen ganzen Tag auf der Play-Station spielen.“ Leon überlegte nicht lange, wenn ich ihm versprach auf der Play-Station spielen zu dürfen, machte er fast alles was ich von ihm verlangte. „OK. Wenn ich den ganzen Tag spielen darf, gehe ich gleich in die KJP und bringe alles hinter mich!“
„So schnell geht das nun auch wieder nicht wir müssen erst abwarten, bis wir Bescheid bekommen, wann du dorthin musst.“ Damit war das

Thema bei Leon erst einmal erledigt, er setzte sich vors Fernsehen und sprach erst ein paar Tage später wieder darüber.
Er sagte mir: „Mama, ich will lieber doch nicht in die KJP ich habe angst davor.“ Ich versuchte ihn zu beruhigen, noch war es nicht so weit. „Wir werden sehen, wenn es soweit ist, wird alles klappen. Du weißt doch, wie du geweint hast, als du alleine mit dem Michael zu den Ferienspielen fahren solltest. Da hast du gar keine Lust dazu gehabt und hast Angst vor den fremden Kindern gehabt. Hinterher haben dir die Ferienspiele sehr viel Spaß gemacht.“ Leon hatte mir gar nicht zugehört, er tat mal wieder so, als wenn wir überhaupt kein Gespräch geführt hätten. So war es immer mit meinem Jungen, entweder er lenkte schnell auf ein anderes Thema oder er machte einfach die Ohren zu und hörte nicht, was ich zu sagen hatte.
Entweder Leon war einfach nur desinteressiert oder er konnte oder wollte aus irgendeinem Grund nicht zuhören. Ich wusste nicht woran es lag. Alle, die mit Leon zu tun hatten interpretierten sein Verhalten unterschiedlich. Es kam immer darauf an, in welcher Beziehung die Person zu Leon stand. Menschen die Leon mochten, versuchten einen Grund zu finden, der meinen Sohn entlastete. Andere, wie die Lehrer in der Schule waren oft der Meinung, dass Leon's Verhalten etwas mit Böswilligkeit zu tun hätte.
Nachdem ich der Klassenlehrerin die Anfangsdiagnose von dem Asperger-Autismus gegeben hatte, war sie der Überzeugung, dass bei Leon's Verhalten keine Böswilligkeit dahinter stecken würde. Bei unserem letzten Gespräch, an dem auch Frau Wagner die Direktorin anwesend war, änderte die Klassenlehrerin ihre Meinung ganz schnell.
Wenn ich über die Direktorin Frau Wagner nachdachte, fiel mir immer der Vergleich zum Buch von George Orwell: “big brother is watching you“ ein. Hier müsste es heißen, „big sister is watching you!“ Da ich einige Lehrerinnen kenne, habe ich diese darauf angesprochen. Meine Frage war: „Haben eigentlich Lehrer soviel Angst vor ihrer Direktorin, oder Angst ihren Job zu verlieren, wenn sie anderer Meinung wie ihre Direktorin sind. Dürfen Lehrer an ihren Schulen nicht ihre eigene Meinung sagen, wenn die Direktorin anderer Meinung ist?“ Auf diese Frage schauten mich die Befragten immer ganz ungläubig an: „Also ich

wüsste nicht, dass es jetzt schon so weit in unseren Schulen gekommen ist! Ich sage immer meine eigene Meinung!“

Vielleicht bilde ich mir das alles nur ein?

Kinder- und Jugendpsychiatrie

Am Mittwoch, den 30. April 2008 bekam ich einen Anruf von der KJP (Kinder- und Jugendpsychiatrie), dass mein Sohn Leon, am Dienstag den 6. Mai 2008, um 10,30 Uhr in der KJP stationär aufgenommen würde. Wir sollten uns um 10,30 Uhr mit allen benötigten Sachen dort einfinden. „Endlich“ oder „Nicht jetzt schon“. Ich war hin und her gerissen. Wie bisher konnte es nicht weitergehen. Leon baute immer mehr ab, seine Schulverweigerung steigerte sich immer mehr, wobei ich eine Steigerung eigentlich nicht für möglich gehalten hatte. Ich schob ihn morgens einfach zur Haustür raus und hoffte, dass Leon auch in der Schule ankommen würde. Ein paar Mal in dieser Zeit kam er wieder zurück, manchmal schob ich ihn wieder zur Haustür hinaus, manchmal sagte ich „gut, du kannst heute hier bleiben“. Die Kommentare der Direktorin hierauf, wenn Leon wieder erzählte er hätte die Erlaubnis zum Schwänzen, waren mir wirklich in diesen Momenten egal. Auf so etwas reagierte ich überhaupt nicht mehr. Viel schlimmer war Leon's Geschrei und Gestrampel, wenn ich ihn morgens zur Haustür raus schob. Meiner Nachbarin standen die Tränen in den Augen, wenn sie diese Szenen morgens mitbekommen hatte. Sie sagte dann jedes Mal: „ Lass doch den armen Jungen zu Hause. Wenn er sich so gegen die Schule wehrt, wer weiß, was die mit ihm da alles machen. Kann man dem armen Jungen denn gar nicht helfen?“ Meine Nachbarin ist schon älter und sie mag meinen Leon sehr. Sie konnte das alles genauso wenig verstehen wie meine Mutter, die ebenfalls sehr viel Mitleid mit Leon hatte. Beide waren über die Schule empört und sagten immer: „Früher hat es so etwas nicht gegeben. Die Kinder hatten Respekt vor den Lehrern und diese haben alle Kinder bis zum Abschluss in der Klasse gelassen. Da gab es keine Sonderschulen und so etwas. Ich kann nicht verstehen, dass ein Kind solche Angst vor der Schule hat, was machen die denn mit dem Jungen?“

Ich muss ehrlich gestehen, dass ich auch vor einem Rätsel stand. Leon erzählte nicht, was so schlimm für ihn in der Schule war und die Lehrer erzählten auch nichts. Jana, Leon's Klassenkammeradin wusste ebenfalls nichts, ich habe sie auch nur einmal gefragt, denn das Kind konnte ebenfalls nicht verstehen, was mit Leon passierte.

Von daher war es gut, dass dieser Schulkrampf endlich ein Ende hatte und Leon nun in die KJP musste. Eine Klärung aller Probleme war unbedingt angesagt. Da war aber noch ein anderer Aspekt, mein schlechtes Gewissen meinem Kind gegenüber. Ich hatte das Gefühl, ich würde Leon abschieben. Wenn ich so richtig über den Klinikaufenthalt nachdachte, war ich mir sicher, dass ich froh war, meinen Sohn eine Weile wegzugeben. Ich brauchte dringend etwas Ruhe und musste mich von dem ständigen Stress mit und um Leon einmal erholen. Diese Tatsache verschlimmerte meinen seelischen Zustand, da ich mit diesen Gedanken mein schlechtes Gewissen gegenüber meinem Sohn noch schürte. Ich war hin und her gerissen, besonders schlimm wurde es, wenn Leon abends vorm ins Bett gehen anfing zu weinen, „ich will nicht in die KJP, ich habe Angst davor!" Ich versuchte ihm die Angst mit Worten zu nehmen, was mir leider nicht gelang. Was ich sagte tat mir gut, aber nicht meinem Sohn. Also erwähnte ich wieder die Play-Station und wollte mein Versprechen wahr machen ihn einen ganzen Tag lang spielen zu lassen. „Mit einem Spiel deiner Wahl!" Damit gab Leon sich erst einmal zufrieden. Er hatte das letzte Gespräch über die KJP nicht vergessen, wo ich ihm die Play-Station schon einmal versprochen hatte. Leon war mit allem einverstanden, Hauptsache er konnte Play-Station spielen. Dass mein Sohn erst einmal 6-8 Wochen in die KJP musste und dort auch übernachten musste, bevor er in den Genuss der Play-Station kommen konnte, realisierte Leon nicht. Er hatte keinen Zeitüberblick, für ihn gab es nur das jetzt. Alles was zukünftig auf dem Plan stand, verstand er nicht.

Als wir am Dienstag, den 6. Mai in die KJP kamen, hatte Leon sich damit abgefunden. Er hatte genau bemerkt, dass dieser Klinikaufenthalt beschlossene Sache war und er nicht gegen diese Entscheidung ankam. Also fand mein Sohn sich mit seinem Schicksal ab.

Als erstes mussten wir zu einer Besprechung mit Frau Schömberg, Leon's zukünftiger Therapeutin und Frau Schwengk, Leon's Kinderärztin. Es war auch noch eine Betreuerin von der Station II anwesend. Die Namen der Betreuer und Betreuerinnen konnte ich mir nicht merken, da es sehr viele Personen waren, die dort ihren Dienst verrichteten. Es war für Leon allerdings sehr einfach sich alle Namen zu merken. Er grüßte alle dort befindlichen Personen wieder mit ihrem jeweiligen Namen und vertat sich nicht dabei. Leon sollte auf die Station II kommen, diese Station war

die für Kinder bis 14 Jahre. Für Kinder oder besser gesagt Jugendliche ab 14 Jahren war die Station I. Dann war da noch die Tagesgruppe. Hier durften die Kinder abends nach Hause gehen. Alle Kinder wurden auf einer neben dem Klinkgebäude stehendem Schulgebäude unterrichtet.
In dem Aufnahme-Gespräch, wurden mir ganz viele Fragen zu meiner Familie zu unserem Umgang mit Leon, zu den bisherigen Hilfen und evtl. Erziehungsmethoden im Umgang mit Leon gefragt.
Die Damen wollten tatsächlich auch meine Meinung und Vermutungen über Leon's Verhaltensauffälligkeiten wissen.
Ich erzählte ihnen von meiner Vermutung des Asperger-Autismus, welcher vom Autistischen-Zentrum schon festgestellt wurde. Weiterhin bat ich die Damen bei Leon einen evtl. ADHS-Syndrom Verdacht abzuklären und dem Verdacht auf Hochbegabung nach zu gehen.
Man sah mich hier nicht als Besserwisserin an und ich hatte das Gefühl ernst genommen zu werden. Natürlich habe ich auch andere Krankheitsbilder eingeräumt, dass war nun Sache der Experten herauszufinden, was mit meinem Jungen nicht stimmte.
Irgendwie beschäftigte mich bei diesem Gespräch die Frage „was mache ich, wenn Leon hier in der KJP gar keine Auffälligkeiten zeigt, mein Sohn hat bei Aktivitäten die ihm Spaß machten und bei Menschen die er mag und die ihn mögen, keinerlei Probleme. Andererseits hatte mein Kind sich seit der Kindergartenzeit so sehr verändert, dass er kaum noch normal reagieren konnte. „Diese Gedanken äußerte ich nicht, ich sagte stattdessen, dass was mir gerade zu dem ersten Gedanken einfiel: „Mein Kind war einmal ein richtig glückliches Kind, er hatte Selbstvertrauen, keine Angst vor fremden Menschen, war sehr aufgeschlossen, freundlich und ungeheuer Wissbegierig. Die Schule hat ihn vollkommen verändert. Mein Kind ist ein sehr unglückliches, überfordertes, unsicheres und überängstliches Kind geworden. Er hat seine Neugier verloren und sein Vertrauen in seine Mitmenschen." Eigentlich wollte ich sagen: „ich will meinen kleinen Leon wieder haben, so fröhlich und glücklich wie er im Kindergarten war!"
Leon, Ines, Laura und ich schauten uns anschließend, nach dem Gespräch, die Station II an und das Zimmer, in dem Leon jetzt etliche Wochen bleiben sollte.
Leon hatte darauf bestanden, dass Laura mitkommen sollte. Er fasste

seine kleine Nichte bei der Hand und hielt sie ganz fest, dann stiefelten Leon und Laura in der Station II umher und schauten sich alles genau an. Ines und ich räumten in der Zeit Leon's Sachen in den Schrank und bezogen sein neues Bett.

Die erste Nacht in der KJP verbrachte mein Sohn mit einem fröhlichen Nachbarn, der Junge war in Leon's Alter und die Beiden alberten, lt. einer Betreuerin, die halbe Nacht miteinander.

Leon fühlte sich die ersten zwei Tage ganz gut, danach fing er jämmerlich an zu weinen und wollte nach Hause. „Mama, ich vermisse dich so sehr, ich will nicht hier bleiben, ich habe furchtbare Angst!" Nach meiner Frage, „wovor hast du denn Angst", meinte mein Sohn: „ Die Betreuer sind so schrecklich streng mit mir!" Ich konnte ihn aber schnell wieder beruhigen und er wollte es doch noch einmal in der KJP versuchen. Das Gespräch fand am Telefon statt, ich habe meinen Sohn jeden Abend angerufen, um ihn zu fragen, wie es ihm geht und was er am Tag so gemacht hatte.

Anfänglich hieß es, dass wir ein bis zwei Wochen keinen Kontakt mit unserem Kind haben dürften, doch diese Regelung war veraltet und die Betreuer waren froh, wenn die Kinder regelmäßigen Kontakt zu ihren Eltern hatten. Im Mai waren einige Feiertage, wir durften unser Kind sonntags und während der Feiertage morgens abholen und mussten ihn abends wieder in die Klinik bringen.

Leon wollte nicht wieder in die Klinik zurück, er sagte immer: „Lass uns doch einfach den Klinikaufenthalt abbrechen. Ich muss da nicht unbedingt wieder hingehen!" „Wir haben damit angefangen, jetzt ziehen wir das Ganze auch durch und zwar bis zum bitteren Ende!" „Mama, die Betreuer sind so streng mit mir, ich muss da Zähne putzen und aufräumen, ich habe sogar Küchendienst!" Über das empörte „Zähneputzen" war ich sehr belustigt, „Zähneputzen und aufräumen musst du zu Hause auch." „Aber du bist anders streng, nicht so streng wie die Betreuer!" Wir brachten Leon jedes Mal unter Tränen wieder in die Klinik zurück. Um 18,00 Uhr mussten die Kinder sich wieder in der KJP einfinden. Ich musste Leon versprechen, dass ich ihn um ca. 19,00 Uhr noch einmal anrufe um ihm Bescheid zu sagen, dass wir gut zu Hause angekommen sind. (Dies ist ein Ritual, welches in unserer Familie schon immer Pflicht ist. Wenn die Mädchen von einem Besuch bei uns wieder zu Hause ankamen, riefen sie bei mir an um Bescheid zu sagen, dass sie gut angekommen sind). Für Leon sind Rituale ungeheuer wichtig. Für mich ist dieses Ritual auch immer wichtig gewesen. So wusste ich fast immer, wo meine Mädchen sich aufhielten und dass sie gut mit dem Auto ihr Ziel erreicht hatten. Es war bei uns immer üblich, dass alle Kinder und auch wir Eltern uns abmeldeten, damit jeder vom anderen wusste, wo dieser sich aufhielt. Dieses Ritual wurde von niemandem von uns als Kontrolle oder Nachschnüffeln verstanden. Wir empfanden alle eine gewisse Sicherheit, wenn der eine vom anderen Bescheid wusste.

Leon hat dieses An- und Abmelden automatisch übernommen. Üblicherweise meldet sich Leon zu Hause ab und erzählt mir, wo er mit dem Fahrrad hinfährt oder welchen Freund er gerade besuchen möchte, oder auf welchen Spielplatz er geht. Leider ist Leon nicht annähernd so zuverlässig wie seine Schwestern.

Jedenfalls habe ich Leon jeden Abend um ca. 19,00 Uhr angerufen und am Telefon war immer alles in Ordnung.

Leon kam sehr gut mit den anderen Kindern zurecht, er lebte sich sehr schnell in der KJP ein. Die Kinder wie auch die Betreuer mochten meinen Sohn und kamen soweit ganz gut mit ihm aus. Die anfänglichen Schwierigkeiten bestanden hauptsächlich darin, dass die Betreuer mit Leon Mitleid hatten und sie gewährten ihm Ausnahmen. Leon nahm diese Ausnahmen gerne an und forderte immer mehr und mehr. Die Betreuer merkten ganz schnell, dass man Leon keine Ausnahmen gewähren durfte, er nutzte jede Errungenschaft schamlos aus. Als die Betreuer dahinter gekommen waren, gab es diesbezüglich keine Pannen mehr und Leon's Grenzen wurden eng gesteckt und strickt eingehalten, so verflüchtigten sich die Probleme ganz von allein.

Während Leon in der KJP verweilte waren die Probleme, die ich mit der Schule und deren Leitung hatte noch nicht vorbei.

Ein Schreiben des Landkreises, Jugendamt, allgemeiner sozialer Dienst vom 06.05.2008

Sehr geehrte Frau Schulz,

Sehr geehrter Herr Schulz,

vielen Dank für die Unterlagen zu Ihrem Schriftverkehr mit dem Schulamt und dem Hessischen Kultusministerium. Die Unterlagen wurden von mir kopiert und in die Akte abgelegt. Die Originale gehen über

Frau Noll an Sie zurück.
Bei unserem Gespräch am 24.03.08 im Jugendamt erklärten Sie, eine Antrag auf Kostenübernahme für eine Schulassistenz für Leon beim Jugendamt stellen zu wollen. Dies sei Ihnen von Frau Stöber (KJP) empfohlen worden.
Zur Klärung benenne ich im Folgenden noch einmal, die Voraussetzungen und den Ablauf bei der Bearbeitung des Antrags.

- Überprüfung des Kindes auf sonderpädagogischen Förderbedarf (liegt vor!)
- Feststellung des konkreten Förderungs-Ortes (zukünftige Schule)
- Diagnostik der KJP
- Bericht der fördernden Schule, was zu dem sonderpädagogischen Förderbedarf noch zusätzlich an Hilfen durch einen Schulassistenten erforderlich ist
- Einreichung aller Unterlagen beim Gesundheitsamt mit der Fragestellung, ob
- Eingliederungshilfe in Form eines Schulassistenten aus den vorgelegten Gründen erforderlich ist
- Nach der Vorlage aller Unterlagen erfolgt eine Entscheidung der Jugendamtsleitung

Von Gesprächen mit Frau Noll habe ich aktuell erfahren, dass Leon in der KJP angenommen wurde. Bei Gesprächen zur Diagnostik und Empfehlungen zur weiteren Förderung von Leon würden wir gerne einbezogen werden.
Mit freundlichen Grüßen
Frau Kröger Sozialarbeiterin vom Jugendamt

Also reichten die Atteste der KJP von Frau Stöber nicht aus um irgendetwas für Leon zu beantragen. Kein Platz auf der Warteliste des Autistischen-Therapie-Zentrums und auch kein Antrag auf eine Schulassistenz. Wobei dieser Antrag auf Schulassistenz noch ein richtig schwieriger Akt werden wird. Das Jugendamt sagt als erstes, für alles was die Schule betrifft, muss das staatliche Schulamt aufkommen. Somit wird der Landkreis sprich das Jugendamt sich erst einmal weigern Schulhilfe-Kosten für ein Kind zu übernehmen. Wir, d.h. Frau Kröger die Sachbearbeiterin vom Jugendamt und ich müssen alle Unterlagen dazu haben und einen unanfechtbaren Antrag einreichen. Die Genehmigung eines Schulassistenten dauert auch Zeitlich recht lange, da der Landkreis nach Lücken im Antrag sucht, um sich doch noch vor der Kostenübernahme zu drücken. Der Landkreis hat wie alle Institutionen für Kinder kein Geld, die Sachbearbeiter werden angehalten zu sparen. Dieser Tatbestand macht es in sämtlichen Bereichen sehr schwer, adäquate Hilfen für Kinder finanziert zu bekommen.

Mein Schreiben an das Hessische Kultusministerium
Datum 2008.08.05.
Meine E-Mail vom 18.04. 2008 über den Werdegang meines Sohnes Leon Schulz,
geb. 15.03.1999

Sehr geehrte Frau Neumeier,
als erstes möchte ich mich recht herzlich für Ihre Hilfe und Ihr Interesse bedanken.
Durch Ihre Mithilfe hat das Schulamt sich wieder daran erinnert, dass es mich gibt. Ich bin von Herrn Dr. Paul und Frau Freitag darüber in Kenntnis gesetzt worden, dass meine Bitte, Leon auf die Körperbehinderten-Schule umzuschulen berücksichtigt wird. Alle entsprechenden Unterlagen wurden an diese Schule zur Überprüfung gesandt. Außerdem hat das Schulamt sich bereit erklärt, die diagnostische Behandlung in der KJP abzuwarten.
Leon befindet sich seit dem 6.03.2008 in der Kinder- und Jugendpsychiatrie, er wurde dort stationär aufgenommen und ich hoffe, dass nun eine Diagnose zu erwarten ist und dass ich meinem Kind eine dementsprechende adäquate Hilfe und Förderung zukommen lassen kann.
Nach fast zweijährigem Hin- und Her, habe ich nun wieder Hoffnung gefasst, dass sich vieles zum Guten wendet.
Leider haben nicht alle Eltern so viel Glück wie ich und bekommen keinerlei Hilfe und wissen auch nicht, wo sie Hilfe suchen können. Dieser Umstand beschäftigt mich zurzeit sehr und ich würde diesbezüglich gerne etwas unternehmen.

Wenn Sie Interesse daran haben, würde ich Sie auch weiterhin gerne über Leon's
Werdegang informieren.
Mit freundlichen Grüßen

Wie ich diesen Brief geschrieben habe, hatte ich tatsächlich gedacht es wäre jetzt so gut wie alles erledigt. Ich hatte die Vorstellung, dass mein Sohn in der KJP diagnostiziert wird und dann der weitere Weg, mit Hilfe der zuständigen Therapeuten, ganz einfach werde. Ich hoffte auf eine dementsprechende Beschulung für Leon, einen Schulassistenten, eine fachgerechte Therapie und Beratungen für die Familienmitglieder. Wir benötigten ebenfalls dringend Hilfen um mit Leon besser umgehen zu können, ihn besser zu verstehen lernen und ihm bei seinen Ängsten und sozialen Verhaltensweisen besser unterstützen zu können.
Ich dachte mein Sohn bekäme eine fachgerechte auf seine Symptome zugeschnittene Nachmittagsbetreuung.
Leider war das nur die Vorstellung einer in dieser Krankheitswelt unerfahrenen Frau, die nicht ahnen konnte, dass der Ärger nicht abreißt und dass an sämtlichen Stellen auf Kosten der Kinder gespart wird.
Ich dachte auch, die Zeit in der Leon auf der Station der KJP verbringen muss, wäre eine Zeit für mich um auszuruhen und neue Kräfte zu sammeln, leider war auch das ein riesengroßer Irrtum.
Die Schule würde nun doch nicht abwarten, bis die Behandlung in der KJP abgeschlossen ist. Die Schulkonferenzen waren nun einmal Anfang Juni. Und bis dahin mussten die Kinder unter Dach und Fach sein.
Da das Schulamt jetzt davon ausgehen konnte, dass Leon in diesem Zeitraum in der KJP aufgenommen werden sollte, fiel denen ein, meinem Rechtsanwalt auf sein Schreiben um Rückversetzung zu antworten:

Schulz ./. Staatliches Schulamt Kassel 2008-05-02

Sehr geehrter Herr Dr. Klippert,
in Ihrem Schreiben vom 13.02. beantragen Sie die Zurückstufung von Leon Schulz, in Klasse 2. Diesen Antrag kann ich nicht befürworten.
Außer Frage steht, dass Leon eine besondere Form der Förderung erfahren muss. In seiner jetzigen Klasse wird neun Wochenstunden in

Doppelbesetzung gearbeitet, d.h. Leon erhält bereits seit Beginn des Schuljahres 2007/2008 in hohem Maße eine individuelle Förderung. Da die Schwierigkeiten aber zunehmen, bedarf es eine andere Lösung.
In einem erneuten sonderpädagogischen Überprüfungsverfahren wurde der Bedarf bestätigt, bei den spezifischen Fördernotwendigkeiten jedoch auf eine noch ausstehende Untersuchung verwiesen. Ohne eine genaue Abklärung, ob bzw. welche Form von Autismus vorliegt, kann jedoch auch nicht entschieden werden, welche schulische Förderung angemessen ist. Eine einfache Zurücknahme in die nächst niedrigere Klassenstufe stellt jedenfalls keine Lösung dar.
Zwischenzeitlich erreichte mich ein Schreiben der Mutter von Leon, in dem sie um eine Aufnahme ihres Sohnes in die Körperbehinderten-Schule bittet. Inwieweit diese Förderschule geeignet ist, kann ich zu jetzigem Zeitpunkt nicht sagen.
Mit freundlichen Grüßen
Dr. Paul
Herr Dr. Paul hat fast 3 Monate dazu gebraucht, meinem Rechtsanwalt auf sein Schreiben mit der Bitte um Rückversetzung zu antworten.
Ich habe im Laufe der Zeit die Feststellung machen müssen, dass das Staatliche Schulamt immer und Bedingungslos hinter seinen Lehrern steht und dessen Entscheidungen nicht anzweifelt.
Der Vergleich ist zwar ziemlich krass, aber ich ziehe ihn trotzdem. In der katholischen Kirche werden die Priester, wenn sie Mist gebaut haben in eine andere Kirchengemeinde versetzt. Priester sind unkündbar? Lehrer sind unkündbar?
Als einfache Mutter hat man keine Chance in diese Hierarchie einzubrechen. Man kämpft gegen Windmühlen. Ich hatte bereits die Absicht in meinem Kopf, wenn ich beim Hessischen Kultusministerium auch nicht weiterkomme, wenn niemand diesem Mobbing (anders lässt sich ihr Verhalten nicht interpretieren) der Direktorin ein Ende bereitet, die weiterhin ihren Zorn auf mich, an meinem Kind auslässt, dann gehe ich nach Berlin mit meinem Anliegen und werde versuchen dort jemand zu finden, der Leon zu seinem Recht auf Bildung und Förderung verhilft.
Natürlich habe ich das bisher noch nicht gemacht. Ich hatte immer gehofft, dass wir mit Hilfe des Staatlichen Schulamtes oder des Hessischen Kultusministeriums eine Einigung erzielen könnten.

Am 09.05. 2008 erhielt ich einen blauen Brief von der Grundschule in unserem Ort:

Sehr geehrte Frau Schulz,
Sehr geehrter Herr Schulz,
die Leistungen Ihres Sohnes Leon Schulz sind in folgenden Fächern ungenügend, mangelhaft oder nur schwach ausreichend:
Mathematik
Deutsch
Sachunterricht
Die Versetzung ist deshalb gefährdet.
Mit freundlichen Grüßen
Klassenlehrerin FRAU SEIDEL
Direktorin FRAU WAGNER

Leon war nun in der KJP und ging dort zur Schule. Dies ist eine Schule für Kranke und eine Einrichtung des Landeswohlfahrtstverbandes Hessen.

Schreiben vom 16.05.2008

Aufnahme Ihres Sohnes Leon Schulz, geb. 15.03. 1999 in die Schule für Kranke gem. Erlass des Hessischen Kultusministers vom 12..22.2007

Sehr geehrte Familie Schulz,
nachdem der verantwortliche Arzt unserer Einrichtung der Beschulung Ihres Kindes zugestimmt hat, nehmen wir es zum 13.05.2008 in unserer Schule auf. Der Unterricht erfolgt nach den geltenden Rahmenplänen der Grundschule.
Ihr Kind nimmt am Unterricht teil, sofern nicht der Arzt aus medizinischer Sicht eine andere Entscheidung trifft. Ihr Kind gilt an unserer Schule im Sinne des Hess. Schulgesetzes zugewiesen, falls Sie dieser Benachrichtigung nicht widersprechen.

Damit schulisch keine zu großen Ausfälle entstehen, bitten wir Sie um Ihre Mitarbeit. Bringen Sie bei Ihrem nächsten Besuch die Schulsachen der Heimatschule Ihres Kindes mit auf die Station. Das sind Bücher, Hefte, Schreibmaterialien sowie eine Schultasche.

Wir möchten darüber informieren, dass die Klinikschule mit der Heimatschule Ihres Kindes Kontakt aufnimmt, um Informationen über den durchzunehmenden Lehrstoff zu erhalten. Es ist für uns außerdem wichtig zu wissen, wie Ihrem Kind besonders geholfen werden kann.

Die Lehrkräfte der Klinikschule sind gerne zu Gesprächen bereit. Sie können mit der für Ihr Kind zuständigen Lehrkraft Rücksprache halten. Die Namen erfahren Sie im Schulsekretariat.

Ich habe insgesamt drei Mal mit der Schule Telefoniert. Erst war Leon mit gleichaltrigen Kinder in einer Lernklasse, diese bestand aus ca. 6 Kindern. Dann wurde Leon mit ein paar älteren Kindern von einer Lehrerin unterrichtet, mit der ich dann Telefonierte:
„Wie geht es denn mit Leon in der Schule. Kann er sich den einigermaßen Konzentrieren und in die Klassengemeinschaft einfügen?" So lautete meine Frage. Die Lehrerin, deren Namen ich nicht mehr weiß, sagte mir, „Leon kann sich nicht lange auf eine Sache konzentrieren, er versucht ständig auszuweichen, indem er auf die Toilette gehen muss. Er versucht in manchen Dingen wirklich sich zu konzentrieren, schafft es aber nicht. Innerhalb des Klassenverbandes, es sind nur wenige Kinder, versucht er sehr dominierend zu wirken, er lässt sich nicht viel sagen. Leon ist ein Meister der Provokation. Manchmal wirkt Leon sehr angepasst, dann macht er mal wieder, was er für richtig hält."
Diese Erkenntnisse sind eigentlich nichts Neues, Leon lehnt immer noch alles, was mit Schule zu tun hat, grundsätzlich ab.
Nach den letzten Jahren Grundschule in unserem Ort, kann ich dass irgendwie nachvollziehen. Wenn ein Kind ständig aufgezählt bekommt, was es alles falsch macht und nicht einmal ein Wort des Lobes zu hören bekommt, geht jede Form von Motivation verloren.
Ich erinnere mich an Leons Worte: „Mama, es ist doch eh egal was ich mache, ich mache doch sowieso alles falsch!"
Wenn ich darüber nachdenke, was in der Schule mit meinem Kind alles

nicht richtig gelaufen ist, werde ich sehr traurig und anschließend richtig wütend.
Richtig wütend wurde ich auch, als der Hausmeister unserer Dorfschule mir einen Brief von Frau Wetterau nach Hause brachte. Ich muss diesen armen Mann eigentlich noch um Verzeihung bitten, denn er hat meinen ganzen Frust abbekommen.
Er klingelte und gab mir diesen Brief, dessen Kopie ich unterschrieben wieder zurückgeben musste.
Einschreiben durch Boten
Ralf und Regina Schulz
Den 09.06.2008
Nichtversetzung Ihres Kindes Leon Schulz
Sehr geehrte Eheleute Schulz,
nach Konferenzbeschluss vom 04.06. 2008 § 73 Abs. 4 Hess, Schulgesetz wird Ihr Kind Leon Schulz zum Ende des Schuljahres nicht von Klasse 3 nach Klasse 4 versetzt. Wenn Sie es wünschen, kann das Kind am Tage der Zeugnisausgabe am 20.06.2008 dem Unterricht fernbleiben. In diesem Falle bitten wir Sie, das Zeugnis in der Schule abzuholen.
Mit freundlichen Grüßen
Wagner (Rektorin)

Ich habe echt getobt, als der arme Hausmeister mir dieses Schreiben überreichte. Meine Tochter Daniela war gerade zu Besuch und unterbrach kurzerhand meine Schimpferei. Der Hausmeister sagte verständnisvoll: „Gott sei Dank habe ich die Schule hinter mir!“ Ich versuchte meinen Wutanfall etwas abzumildern und erwiderte: „ Es tut mir leid, Sie können ja nichts dafür.“
Ich war immer noch sehr wütend, ich bin auch heute noch wütend darüber, wie mit meinem Sohn umgegangen wurde. Mein armes Kind litt sehr in dem letzten halben Jahr, er schrie und tobte und hatte angst in die Schule zu gehen und diese Frau Wagner, die ihm das Leben hätte leichter machen können, rieb sich nun die Hände, welch ein Glanzstück! Jeder wusste, dass mein Kind die dritte Klasse nicht schaffen würde und sie haben ihn voll auflaufen lassen, anstatt eine pädagogisch sinnvolle Entscheidung zu treffen.
„Leon ist jetzt in der KJP, weit weg von dieser Schule und ich hoffe,

dass er auf eine andere gute Schule kommt, damit wir einen Neuanfang starten können. Ich wünsche mir sehr, dass ich endlich Hilfe in Sachen Leon's Beschulung bekomme. Ich hoffe sehr, dass mein Sohn sich von seiner schlechten Grundschul-Erfahrung erholen wird und wieder spaß an der Schule bekommt!" So liefen meine Gedanken immer im Kreis und drehten sich ständig um eine bessere Zukunft für mein Kind.
Leon jammerte immer noch nach seiner Familie, immer wenn er uns am Wochenende besuchen kam, wollte er nicht mehr zurück zur KJP. Er ging wieder zurück und bat mich oft den Betreuern über seine Angst vor den Kindern und speziellen Betreuern mitzuteilen. An der Krankenhaustür wurden wir immer Sonntag-Abend um 18,00 Uhr von einem oder einer Betreuer/in erwartet und ich sprach mit ihnen über Leon's Ängste. Sie beruhigten mich und auch Leon. Leon gab nach diesen Gesprächen meist zu, dass es doch nicht so schlimm wäre. Als ich dann um ca. 19,00 Uhr anrief, ging es meinem Kind blendend. Er hatte kaum noch Zeit für längere Telefonate, da er viel Karten und auch Monopoly mit den anderen Kindern spielte. Er kickerte liebend gern und manchmal durften sich die Kinder einen Videofilm ansehen.
Leon bekam dort Einzeltherapie und Ergotherapie. Man ging mit den Kindern zum Spielplatz im angrenzenden Park und ab und zu besuchte ein Betreuer mit Leon die Innenstadt. Leon erzählte mir begeistert von der Straßenbahnfahrt und dem Geschäft mit Videospielen. Mein Sohn bekam auch in der Klinik Taschengeld, was ich dort hinterlegt hatte.
Leon interessiert sich nicht sehr für Geld, er mag keine Süßigkeiten und das Bisschen Taschengeld reichte nicht für Videospiele aus. Mein Sohn kommt mit Geld nicht zurecht, er versteht dessen Bedeutung nicht.
Ich fragte oft nach Problemen, es gab ein Hauptproblem, das war Leon's Art zu provozieren, er versuchte bei einigen Betreuern ständig zu testen, wie weit er gehen kann. Auffällig war auch, dass Leon nicht wie die anderen Kinder eine viertel Stunde allein im Garten der Klinik spielen durfte. Irgendwie traute man ihm nicht. Ansonsten ist mein Sohn recht gut in der KJP klar gekommen. Er kam mit den anderen Kindern ganz gut aus. Er verliebte sich ab und zu in ein Mädchen und berichtete mir stolz, mit diesem Mädchen Händchen gehalten zu haben.
In der Klinikschule lief es eigentlich so, wie ich es erwartet hatte. Ich glaube nicht, dass Leon in nächster Zeit die schlechten Erfahrungen,

die er in der Schule gemacht hat, überwinden wird. Es wird wohl noch eine Weile dauern, bis unser Kind sich von all den Testen und schlechten Erfahrungen wieder erholt hat. Was man in drei Jahren zerstört hat, kann man nicht in 8 Wochen wieder aufbauen.

Die Kinder in der Kinder- und Jugendpsychiatrie sind nicht sehr einfach, ist ja klar, sonst wären sie nicht in der KJP. Leon hat sehr viel neue Schimpfworte und neue Aggressionen mit nach Hause gebracht. Seine Fragen zu Gesprächen mit einigen Kindern schockierten mich sehr. Eines der Kinder erzählte Leon oft von Horror-Filmen, die er geschaut hat. Diese Filme sind so abartig, dass selbst ich so etwas sehr schwer verkrafte, wie kann ein kleiner Junge mit solchen Bildern fertig werden.

Einen der Filme kenne ich noch aus meiner Jugend. Damals habe ich mir diesen Film mit 16 Jahren im Kino angeschaut, danach bin ich 14 Tage bei meiner Mutter ins Bett gekrochen, solche Angst hatte ich. Leon fragte nach diesen Filmen und ich versuchte ihm zu erklären wie gefährlich solche Filme für Kinder sind. Mein Sohn hat meine Erklärungen nicht verstanden und war voll davon besessen, sich einen dieser Filme anzuschauen. Ich habe mit einem der Betreuer aus der KJP darüber gesprochen, er meinte, dass es oft vorkommt, dass Kinder sich zu Hause solche Filme anschauen dürfen. „Solche Sachen lassen sich leider nicht vermeiden, ich ließ meine Kinder so etwas nicht anschauen, aber bei einigen Kindern hier ist das vollkommen normal."

Ich war mal wieder schockiert und wusste nicht, wie ich meinem Kind erklären sollte, was falsch an solchen Filmen ist, wenn doch einige Kinder der KJP das dürfen. „Ich darf diesen Film nicht gucken, dabei will ich ihn sehen. Das ist voll ungerecht."

Leon's Umgangssprache wurde die reinste Provokation. Die Worte, die er teilweise verwendete, möchte ich hier wirklich nicht wiedergeben. Leon's Kommentar nach meiner Ansprache: „Die anderen sagen die Worte doch auch. Ich kriege immer Ärger für Sachen, die andere auch sagen. Ich sage was ich will, damit du es weißt, du hast mir gar nichts zu sagen, sonst werde ich wütend!" Na toll, jetzt muss ich wieder von vorne Anfangen. Ich muss ständig gegen Leon's komische Logik angehen. Wenn er bestimmte Dinge bei Anderen abgeschaut hat, ist er nicht davon zu überzeugen, dass dieses Verhalten nicht richtig ist.

So hat ein Junge oft Wutanfälle bekommen, auch Erwachsenen gegenüber. Zuerst hatte Leon vor der heftigen Reaktion des Jungen große Angst, wie er mir erzählte. Später bewunderte er diesen Jungen, da seine Wutattacken nicht vor Erwachsenen halt machten. Leon fand das toll, er meinte „dieser Junge hat keine Angst vor Lehrern und Betreuern, er zeigt es ihnen." Leon ahmt Kinder nach, die ihm imponieren. Bei einem Dorffest, das wir während Leon's Freizeit besuchten, bekam mein Sohn ebenfalls einen Wutanfall, weil er eine CD, die er auf dem Flohmarkt kaufen wollte nicht bekam. Er ging vor lauter Wut auf mich los. Das war neu für mich, Leon ist nie mir gegenüber in der Öffentlichkeit frech geworden und er ist nie auf mich losgegangen. Ein echter Schock für mich.

Ich besuchte meinen Sohn immer Mittwochs gegen 16,00 Uhr, wir unternahmen meist etwas in der Stadt; in die Innenstadt fahren und bummeln, oder Eis essen, oder wir sind in den gegenüberliegenden Park der KJP gegangen und die Kinder haben sich auf dem Spielplatz vergnügt. (Laura war sehr oft mit, Leon besuchen). Am Anfang wollte Leon nicht mehr zurück. Meist klingelte ich an der Haustür, die zu dieser Zeit offen war und sagte bescheid, dass Leon hoch auf Station kommt.

Ich verabschiedete mich immer unten vor der Haustür von meinem Sohn, da der Abschied für uns Beide sehr schwer war. Ich hatte das Gefühl, so ist es etwas leichter zu ertragen.

Leon wollte nicht rauf gehen. Er wollte mit nach Hause fahren, er sagte ganz einfach „Nein, ich komme nicht hoch. Ich will nicht!" „Sollen wir runterkommen, warten Sie Frau Schulz, wir kommen runter!" So kam die Antwort aus der Sprechanlage. Nach kurzem Warten tauchten plötzlich zwei Betreuer auf, eine Frau, vor der Leon riesigen Respekt hatte und ein Mann. Da stand mein Sohn und fing an zu stottern, als er gefragt wurde: „Was soll dass, wieso kommst du nicht hoch!" „Weil ich meine Mama." Leon war plötzlich sehr eingeschüchtert, er verabschiedete sich schnell von mir mit einem kleinen Küsschen und verschwand nach Oben. „Leon hat einen ganz schönen Schreck bekommen und ich auch, wie Sie hier zu Zweit aufgetaucht sind?" Es war mehr eine Frage, als eine Feststellung. „Wir sind hier einiges gewohnt, deshalb kommen wir in solchen Fällen immer zu Zweit. Wenn Kinder sich wehren, haben sie oft ganz viel Hände und Füße." Die Betreuerin lächelte mich an: „Bei Leon ist so etwas bisher nicht nötig gewesen.“ Ich war wie versteinert, sagte Tschüss und ging.

Ich war selbst schon in der Psychiatrie als Patientin, ich weiß, wie es dort zugehen kann. Ich habe Leute mit Psychosen, Neurosen, Schizophrene und Suchtkranke kennen gelernt.

Bei meinem Aufenthalt in einer dieser Einrichtung habe ich bemerkt, wie diese Menschen behandelt werden. Sie sind teilweise unmündig und werden auch so behandelt.

Meine Nervenärztin hatte sich damals bei mir entschuldigt, dass man mich auf diese Station gebracht und dort behalten hatte. Obwohl sie an dieser Klinik arbeitet wurde sie nicht davon in Kenntnis gesetzt, dass ich auf dieser Station eingeliefert wurde.

Diese Kleinkindbehandlung hat mich vollkommen auf die Palme gebracht, behandelt zu werden wie ein kleines, unmündiges Kind ist nicht einfach zu ertragen. Ich habe damals versucht über meine Unterbringungs-Bedingungen zu diskutieren, auch über meine Medikamente und meine Rechte als Mensch. Menschen mit Persönlichkeitsstörungen muss man so behandeln, so wurde mir hinterher erklärt. Nach meiner Entlassung habe ich mich tüchtig beschwert. Hier bin ich auch das erste Mal in meinem Leben so richtig ausgetickt, ich habe nach einem Streit mit einer Krankenschwester vor Wut gegen die Tür getreten und diese anschließend beim Verlassen des Raums mit voller Wucht hinter mir zugeknallt. Hinterher habe ich mich für meinen Ausbruch geschämt. So außer Kontrolle zu geraten darf einfach nicht passieren.

Jetzt handelte es sich um mein Kind, dass ich in die Psychiatrie gebracht hatte. Mir wurde schlecht, mir wurde heiß und kalt, was habe ich nur getan!

Ich habe bisher erreicht, das Leon’s Verhalten durch den Klinikaufenthalt noch einen Tic extremer geworden ist. Ich wollte mein Kind daraus holen. Ich wollte aber auch durchhalten und eine Diagnose haben. Was sollte ich tun???

Ich habe ständig hin und her überlegt. Leon hat sehr gejammert, er hatte sehr großes Heimweh. Ich wollte mein Kind wieder bei mir zu Hause haben und ich hätte ihn am liebsten überhaupt nicht mehr vor die Tür gelassen. Ich wollte mein Kind vor dieser Welt beschützen.

Alles was ich jetzt dachte, war vollkommen unlogisch, es entsprang einer sehr großen Verzweiflung.
Ich dachte, wenn Leon in die KJP kommt, kann ich richtig ausspannen und mich von den Strapazen der letzten Jahre erholen. Leider konnte ich nicht so einfach abschalten. Ich konnte nicht ausschlafen, darauf hatte ich mich richtig gefreut. Es war einfach nicht möglich, ich glaube ich habe in dieser Zeit den wenigsten Schlaf seit vielen Jahren bekommen. Ich kam nicht zur Ruhe. Meinen Haushalt und den Garten schaffte ich ebenfalls nicht, ich habe nichts wirklich erledigen können.
Mein Kind fehlte mir so sehr! Ich fehlte meinem Sohn ebenfalls und wenn ich ihn nach Besuchen wieder verlassen musste brach mein Herz.
Wir haben die 7 ½ Wochen Klinikaufenthalt durchgehalten, es war für Leon keine allzu gute Erfahrung. Er hat dort viele Dinge neu hinzu gelernt, die er eigentlich nicht Nachahmen sollte.
Wenn ich heute gefragt werde, ob sich eine positive Veränderung durch therapeutische Behandlung eingestellt hat, muss ich leider sagen, „Ich kann keine positiven Erfolge feststellen, meine Einschätzung ist eher negativer Art. Das Klinikpersonal hat sich sehr um meinen Sohn bemüht und war auch mir gegenüber immer freundlich und sie haben mir immer alle Fragen geduldig beantwortet. Auch die zuständige Therapeutin Frau Schömberg und die Kinderärztin Frau Schwengk waren geduldige Zuhörer und gute Ratgeber. Daran hat es nicht gelegen, für Leon's Veränderungen kann ich diese Leute nicht verantwortlich machen. Es war wohl das Umfeld, auf das die Betreuer keinen Einfluss haben. Selbst wenn sie sich auf mein bitten bemüht haben, die Fäkaliensprache zu unterbinden und besonders auf Leon's Ausdrucksweise und Verhalten aufgepasst haben.
Leon hat sich verändert, aber er hat viele üble Gewohnheiten angenommen, außerdem fängt Leon's Spiel mit Provokation wieder an. Er testet wie ein Zweijähriger aus, wie weit er bei den einzelnen Familienmitgliedern gehen darf. Sein Respekt vor seinem Vater ist gleich Null. War ihr Verhältnis vorher schon sehr gespannt, da Leon die Autorität seines Vaters in keiner Weise anerkannt hat, so ist dieses Verhältnis noch schwieriger geworden.
Seine Schwestern bringt er nach wie vor auf die Palme, dabei sind Leon's

Attacken noch härter geworden, genau wie die Erziehungskämpfe, die ich mit ihm ausfechten muss.

Alles zusammengenommen, der einzige Vorteil dieses langen Klinikaufenthaltes ist, wir haben eine Diagnose.

Am 28. Mai 2008 rief ich bei Frau Freitag, vom staatlichen Schulamt an und erkundigte mich, ob sich in Sachen Körperbehinderten-Schule etwas getan hätte. Frau Freitag war sehr freundlich und erklärte mir: „Der Aufnahmeantrag an die Körperbehinderten Schule wurde von dem zuständigen Schulleiter bearbeitet, leider hat dieser eine Beschulung Leon's in dieser Schule abgelehnt. Er führte die Begründung auf, dass diese Schule zwar groß angebaut habe, um ihre Aufnahmekapazität zu erhöhen, leider sei dieser Anbau ebenfalls schon vollkommen überbesetzt. Diese Schule bevorzugt körperbehinderte Kinder und nimmt keine anderen Kinder mehr auf." Ich fragte nach einer Körperbehinderten-Schule, die auch Lernhilfe- und Erziehungshilfe-Kinder aufnimmt (eine Schule im Landkreis mit sehr gutem Ruf, aber eine Privatschule, die sehr teuer ist), oder vielleicht eine Sprachheilschule. „In dieser Richtung habe ich mich schon erkundigt", sprach Frau Freitag weiter, „Sprachheilschulen nehmen ihren Sohn nicht auf, die sind ebenfalls voll und Leon passt dort nicht ins Konzept. Die andere Körperbehinderten-Schule, die im Landkreis und nicht in der Stadt ist, kommt im Moment nicht in Frage, diese Schule kostet Euro 17,00 pro Tag. Auf diese Schule können wir evtl. später zurückkommen, jetzt werde ich mich für Ihren Sohn an der Jean-Paul-Schule einsetzen. Nächste Woche sind Sitzungstermine mit einigen Schulen und dort werde ich mich nach einem Platz erkundigen. Ich melde mich dann nächste Woche noch Mal."

Am selben Tag rief ich bei der Jean-Paul-Schule an, ich hatte mich schon öfters dort nach einem Platz für meinen Sohn erkundigt. Auch im Zusammenhang mit dem SPZ, Herrn Wolter (Sozialpädiatrisches-Zentrum), ich sprach dort vor und erzählte der Sekretärin, dass Herr Wolter mir in dieser Schule einen Platz versprochen hätte. Die Dame am Telefon sagte mir klipp und klar: „Herr Wolter verspricht ständig irgendwelchen Eltern hier in der Schule einen Platz zu besorgen, er kann auch nichts daran machen, dass unsere Schule aus allen Nähten kracht. Lassen Sie sich nicht so einen Unsinn erzählen!"

Ich versuchte so ca. alle 3 bis 4 Monate mich dort nach einem Platz zu

erkundigen. Frau Noll hatte dort ebenfalls schon oft angerufen und wir erhielten immer die gleiche Antwort: „Die Aufnahmekapazität in unserer Schule ist schon weit überschritten. Sie haben keine Chance auf einen Schulplatz!“
Am 20. Mai 2008 bekam ich die übliche Antwort, „Es ist immer noch kein Platz frei, ich kann Ihnen leider nichts anderes sagen.“
Am nächsten Tag, den 29.06 2008 rief ich in der Körperbehinderten-Schule an und sprach mit Frau Berg über die Ablehnung Leon's von ihrem Vorgesetzten. Frau Berg tat das Ganze wirklich Leid, dieser Frau konnte man ihre Anteilnahme glauben. „Der arme Junge fällt irgendwie durch jedes Raster, mein Chef hat diese Entscheidung getroffen. Es ist wirklich so, dass wir schon wieder voll sind. Trotz des großen Anbaus, können wir kaum alle Kinder, die diesen Schulplatz aufgrund ihrer Körperbehinderung brauchen aufnehmen. Es tut mir wirklich Leid. Ich wünsche Ihnen und Ihrem Jungen, dass Sie noch eine passende Schule finden!“ Ich bedankte mich. Und jetzt ist guter Rat teuer.
Ich rief Frau Noll an und erzählte ihr die letzten Vorgänge. Frau Noll riet mir Ruhe zu bewahren, „Warte erst mal ab, was Frau Freitag erreicht und dann sehen wir weiter.“
Eigentlich wollte ich für Leon so einen Schulplatz wie er in der Körperbehinderten-Schule angeboten wurde. 6 Kinder in einer Klasse, viele Betreuer, sehr nette geduldige Lehrer und Betreuer, individuelle Förderung und viel Zeit für die Ängste und Sorgen der Kinder. Sehr viel Musikunterricht, Schwimm- und Sportunterricht.
Wenigstens für ein bis zwei Jahre hätte ich mir so einen Schulplatz für Leon gewünscht. Mein Sohn braucht endlich einmal eine Schule, an der er sich wohl fühlt und an der er wieder Vertrauen zum Lehrpersonal aufbauen kann.
Er ist doch nur ein kleiner Junge, der all diese Gemeinheiten, den Stress und die Diskriminierungen vergessen will und wieder Spaß am Lernen haben möchte. Ein kleiner Junge, der Anerkennung durch seine Lehrperson sucht. Der oft gefragt hat: „Warum hat mich in der Schule eigentlich keiner lieb?“
Am 25. Juli 2008 wurde Leon aus der KJP entlassen, ich habe mein Kind wieder bei mir, aber mein Kind ist sehr verängstigt. Wenn er das Haus verlassen soll, hat er Angst und weint, er will nicht mehr zum Reiten ge-

hen, er will auch mit Frau Noll keine Unternehmungen mehr machen.
Wir waren zwei Wochen nach Leon's Entlassung aus der Klinik ein paar Tage in Urlaub an einem See in unserer Nähe. Wir hatten ein kleines Ferienhaus gemietet, seine Schwestern Danny und Ines waren mit ihren Kindern und unserer Oma mit uns in Urlaub gefahren. Leon hat sich ständig mit seinen Schwestern gestritten und auch sein Benehmen mir gegenüber war sehr ungezogen. Leon war sehr unzufrieden. Mein Sohn war noch nie in einem Urlaub frech oder unzufrieden.
Leon will nicht in die Jean-Paul Schule. Wir haben dort einen Schulplatz für ihn bekommen. Er kommt dort in die 4. Klasse. Er hat einen extra Fahrdienst dorthin.
In Leon's Klasse sind 18 Kinder, lt. Klassenlehrerin sind die Kinder recht eigen. Diese Schule unterrichtet nach dem Waldorf-Prinzip. Welches für Leon echt von Vorteil sein kann.
Vielleicht bekommt die Klassenlehrerin noch eine zusätzliche Lehrkraft gestellt. Ansonsten wird es für die Lehrerin sehr schwierig werden.
Ich hatte mich im Vorfeld um einen Betreuungsplatz in unserer Regelschule für Leon bemüht. Die Erzieherin hätte ihn gerne genommen, vom Landkreis, die für diese Betreuung zuständig ist, gab es keinerlei Einwende. Im Gegenteil, der Landkreis sucht händeringend für die Betreuung in unserem Ort Kinder, um die Betreuungskosten für die Eltern zu senken. Außerdem sind dort zu wenig Nachfragen für einen Betreuungsplatz. (kein Wunder bei den Preisen) Die Dame vom Landkreis war sehr von meinem Anliegen begeistert, da die Betreuung kurz vor dem aus steht (Anmerkung vom Landkreis).
Die Direktorin Frau Wagner von unserer Grundschule im Ort lehnt es rigoros ab, Leon in ihrer Schule für die Nachmittagsbetreuung aufzunehmen.
Bei einem Gespräch mit dem Jugendamt Frau Kröger, erklärte mir diese, dass das Jugendamt entweder eine adäquate Nachmittagsbetreuung übernimmt, oder einen Schulassistenten.
Jetzt warten wir ab, wie Leon sich in der Schule einlebt und was er am dringendsten braucht. „Auf was kann mein Sohn am ehesten verzichten, Nachmittagsbetreuung oder Schulassistent?“
Leon kommt jetzt auch auf die Liste des Autistischen-Zentrums. Dort

steht Leon auf Platz 14. Wartezeit wenn wir Glück haben ½ Jahr oder sogar ein Jahr und mehr.
Die Beistandschaft vom Jugendamt läuft am 31. August 2008 aus. Frau Noll geht und niemand Anderer kommt. Die Hilfen vom Jugendamt und auch andere Hilfen greifen ca. 2 Jahre, eher weniger als zwei Jahre. Danach ist Schluss.

Wir haben jetzt eine endgültige Diagnose,
Leon Schulz, geb. am 15. März 1999 leidet unter

- Asperger-Autismus
- ADHS (Aufmerksamkeitsdefizit-Hyperaktivitäts-Syndrom)
- Seine Intelligenz ließ sich auf Grund seiner Aufmerksamkeitsstörung, die sehr stark ausgeprägt ist nicht testen

Leon lässt sich immer noch nicht richtig testen. Leon ist in ca. 2 Jahren sechsundzwanzig (26) Mal getestet worden.
Leon bekommt jetzt Retalin, er wird immer dünner und isst immer weniger.

Wir werden jetzt noch eine Weile von Frau Schömberg (Kinder- und Jugendpsychiatrie betreut, „danach???" Keine Ahnung.
Das Kultusministerium wie auch das staatliche Schulamt haben das Interesse an meinem Sohn verloren, für sie ist der Fall Leon endlich abgeschlossen.
Die Direktorin wird weiter an der Schule herrschen.

Ich denke, ich werde nicht aufgeben, ich brauche jetzt eine kleine Pause. Dann benötigen Leon und ich viel Kraft, um die Umschulung gemeinsam durchzustehen. Veränderungen sind sehr schlimm für mein Kind.

Wir werden es schaffen. Mein größter Wunsch: „Ich möchte erreichen, dass mein Sohn einmal ein selbstständiges, gesundes und zufriedenes Leben führen kann. Dass er genau wie seine „gesunden Schwestern" einen guten Schulabschluss bekommt, einen Beruf erlernt und eine eigene Familie gründen kann!"

Wenn du denkst es geht nicht mehr,
kommt von irgendwo ein Lichtlein her!

Hilfe und Kontakte

Hilfen gibt es beim Jugendamt, in der Abt. für Erziehungshilfe.
Beim Kinderarzt, der verschiedene Anlaufstellen wissen muss.

Auskünfte über Internet:
www. Autismus. de
www. Asperger de
www. Aspies.de

Einstiegshilfen für den Unterricht von Kindern und Jugendlichen mit autistischem Verhalten
Herausgeber:
Hessisches Kultusministerium
Luisenplatz 10
65185 Wiesbaden
Telefon 00611/386-0
Telefax 0611/368-2096

E-Mail: pressestelle @hkm.hessen.de
Internet: www.kultusministerium.hessen.de

Adressen von Selbsthilfegruppen erfährt man bei der
Nationalen Kontakt Stelle für Selbsthilfegruppen Telefon: 030/89140

Autistische-Zentren gibt es in jeder größeren Stadt,
die Telefonnummer des Zentrums in Kassel lautet:
0561/33430
Fax: 0561/33435